KB265623

한국고대사의 이해와 '국사' 교육

한국고대사의 이해와 '국사' 교육

서의식 徐毅植

본관 부여, 본가 청양
1956년 충남 예산의 외가에서 출생
서울대학교 사범대학 역사과(학사)
서울대학교 대학원 국사학과(석·박사)
서울산업대학교 기초교육학부 교수 역임
현재, 서울대학교 사범대학 역사과 교수

한국고대사의 이해와 '국사' 교육

서 의 식 지음

2010년 3월 20일 초판 1쇄 발행

펴낸이·오일주
펴낸곳·도서출판 혜안

등록번호·제22-471호
등록일자·1993년 7월 30일

⑪ 121-836 서울시 마포구 서교동 326-26번지 102호
전화·3141-3711~2 / 팩시밀리·3141-3710
E-Mail hyeanpub@hanmail.net

ISBN 978-89-8494-383-4 93910

값 20,000 원

한국고대사의 이해와 '국사' 교육

서 의 식 지음

혜안

국사國史란 우리 선조들이 함께 고조선을 세워 운명공동체가 된 이래 나라를 유지·계승하면서 오늘날에 이른 내력을 우리 자신의 안목으로 정리하여 이해한 역사체계를 이르는 말이다. 여기에는 지금까지 단절 없이 여러 나라를 이어오면서 우리가 겪은 온갖 경험과 그 과정에서 창출하고 지켜온 문화·전통·가치가 고스란히 꿰어져 담겨 있다. 따라서 국사를 가르치는 것은 후손들이 이 나라를 보전해 온 선조의 각고의 노력을 이해함으로써 스스로 그 후손임을 자랑스럽게 여기고, 선조들이 축적하고 굳게 지켜온 지혜와 자세를 배워 익히며 발전시킴으로써 현재 우리가 당면한, 또는 앞으로 그들이 당면할 난제들을 주체적으로 슬기롭게 헤쳐나가 다시 그 자손에게 나라를 온전하게 넘겨줄 수 있도록 하기 위함이다. 우리가 '국사' 인식과 그 교육을 제대로 하지 않으면 안 되는 이유가 여기에 있다.

그런데 이처럼 엄중하고 긴요한 국사 인식과 그 교육 문제가 지금 안팎으로부터 중대한 도전에 직면해 있다. 밖에서는 아직도 제국주의 사관으로부터 헤어나지 못한 일본이 중학교 교과서에서 우리 관련 사실을 왜곡하는 일이 한동안 꼬리를 물더니 근년에 들어서는 중국의 이른바 '동북공정東北工程'·'탐원공정探源工程' 사관에 의한 국사 침탈이

조직적으로 자행되고 있으며, 우리 사회 안에서는 한때 서구 중심의 몰아적沒我的 근대화사관이 횡행하더니 뒤이어 역사 사실의 상대화와 해체를 추구하는 포스트모더니즘 사관이 국사 인식의 폐기를 주장하고 나섰다. 그리하여 마침내 『국사』 교과목을 폐지하여 『역사』로 바꾸고 그나마 이를 선택하는 학생만 수강하도록 중등교육과정을 개편하려는 움직임마저 일기에 이르렀다. 사실상의 국사교육 포기라 해도 결코 과언이 아닌 상태다.

　더 아프고 두려운 것은 밖으로부터의 공격보다 우리 내부에서 일어나고 있는 역사인식의 혼란과 분열이다. 저들의 공격에 대응하기는커녕 오히려 돕고 거드는 논의가 '객관' 혹은 '보편'의 깃발을 내세우고 백주대로를 활보하는 실정이다. 이들은, 고구려사를 자기 역사로 편입하려는 중국도 문제지만 한국사로 당연시하는 국사학자들도 딱하기는 마찬가지라고 한다. 고구려사는 고구려인의 역사일 뿐 중국사는 물론 우리 역사도 아니라는 것이다. 이들에게 '우리'는 현재 대한민국의 국민에 한정할 뿐이다. 북한 주민은 '우리'가 아니며 따라서 같은 민족이랄 수도 없단다. 그러니 이들에게 고구려는 물론 조선을 비롯한 그 이전의 모든 국가 국민들이 우리일 수 없고, 그 역사가 우리 역사일 수 없다.

이들은 '국사' 인식이 우리를 편협하고 독선적이며 심지어는 다른 민족이나 국가에 대해 공격적이게 만드는 독소로 작용하고 있으므로 가능한 한 빨리 철저하게 폐기해야만 한다고 주장한다. 역사란 객관적으로 보아야 하는 것인데 국사는 주관이 너무 강하여 사실을 미화하는 경향이 있는데다가 겨우 수십 년 전에 생긴 민족 개념을 수천 년에 걸친 전全 역사 과정에 적용하는 오류를 범하였다고 하기도 하고, 애초에 민족은 상상의 공동체로서 실체가 아닌데 이를 주체로 삼아 역사를 인식하고 서술해 왔으니 국사 인식체계는 허구일 수밖에 없다 하기도 하며, 과거에는 어땠는지 몰라도 세계가 하나의 공동체를 이뤄 그야말로 '지구촌'이라는 말이 실감나는 국제화 시대에 제 나라 제 민족만 내세우는 국사의 일국사적一國史的 태도는 세계사적 관점에서의 폭넓은 인식을 어렵게 할 뿐더러 국제사회로부터 따돌림 당하기 안성맞춤인 '우물 안 개구리'식 인식일 따름이라 매도하기도 한다.

그러나 내 삶을 남이 살아줄 수는 없는 노릇이다. 나에 대해 다른 사람이 자기 나름대로 생각하고 규정하여 말하는 것이 그대로 나일 수는 없다. 나에 대한 남의 기억은 그의 것이지 나의 것이 아니다. 누가 뭐래도 사람은 각자 자신의 삶을 자신의 의지대로 사는 법이다.

역사도 마찬가지다. 나에 대해 남이 하는 말을 객관이라고 부르며 그 말을 그대로 받아들이고 믿는다면 그는 분명 얼빠진 사람일 터다. '객관'이란 '제3자의 관점'을 뜻하는 말이 아니다. 그것은 주관을 가진 자가 스스로를 돌아볼 때 가질 수 있는 것이지 남의 생각을 몰아적으로 수용함으로써 가질 수 있는 것이 아니다. 세계사적 관점은 내가 갖는 것이지 세계로부터 받는 것이 아니다. 주관 없는 자에게 객관은 없다.

또 나에게는 나만의 삶이 있다. 나만이 처한 환경과 처지가 있고, 나대로의 꿈과 가치가 있다. 결국 매순간 내 스스로 선택한 삶을 내가 살아내야 하는 것이다. 남들이 대개 그렇게 산다고 해서 나도 그렇게 살아야 한다고 생각한다면 어리석음을 지나쳐 얼빠진 일이다. 인류 보편의 가치를 존중하고 추구하는 것과 자기 삶의 기준 자체를 보편에 두는 것은 전혀 다른 문제다. 특수한 사정에 처한 자신을 인식하지 못한 채 보편의 이름으로 남의 삶을 살려 해서는 곤란하다. 보편에 주목하는 이유는 이를 통해 대세를 파악하는 동시에 자신이 처한 특수한 사정을 절감하기 위해서지 나를 버리고 남으로 살기 위해서가 아니다.

늘 이렇게 생각하며 시대착오적 민족주의의 온상으로 지목된 '국사' 의 한 모퉁이를 차지하고 앉아 고대사를 연구해 온 필자로서는, 더구나 존폐의 위기에 몰린 역사과歷史科의 교사 양성기관에 직職을 걸고 있는 처지에서, 이제 무슨 말인가 분명히 해야 할 때라고 여기면서도 머리는 아둔하고 손은 더딘 탓에 이렇다 드러낼 성과를 얻지 못하였다. 그래서 우선 아쉬운 대로 그동안 써온 글들을 하나로 묶어 편집하고 부족한 부분을 새로 써 논지를 정돈하기로 했다. 이는 그 결과다.

이 책은 한 세기에 걸쳐 축적된 우리 고대사 연구 성과를 필자의 안목에서 개괄한 글과 국사로서의 고대사가 최근 처하게 된 위기 상황의 실상을 밝힌 글, 올바른 국사 인식과 교육의 방향을 필자 나름대로 생각해 본 글로 구성하였다. 근대 국사학이 추구해 온 가치를 이해하고 그 토대 위에서 우리 고대사가 처한 위기의 원인을 진단하며, 그래서 우리가 지향해야 할 인식과 교육의 방향을 제시하고자 해서다.

이 책에는, 비록 우리가 자신의 정신을 담는 그릇인 한글을 국제화의 장애물로 취급하여 홀대하면서 영어는 크게 중시하여 온全 국민에게 이를 가르치기 위해 초등학교에서 대학교까지 원어민 모시기에 급급한 몰아沒我의 상황이고, 국사학國史學을 당장 '경제'에 도움이 되지 않는 '비실용적' 학문 또는 '국제화 시대'에 걸맞지 않는 '후진적' 학문쯤으로 인식하는 이들이 정책결정자로 구실하는 현실이지만, 본디 우리가

어찌해 왔고 또 어찌했어야 마땅한 것이었는지는 분명히 말해 두어야겠
다는 심산이 내면에 깔려 있다. 생각은 거칠고 글은 투박하지만 필자의
의중을 읽어주길 바라는 마음 간절하다.

2010년 정월

저 자 識

차 례

Ⅰ. 서언

20세기 초, 우리에게 '국사國史'는 민족의 독립과 활로를 모색하는 근거였고 방법론이었다. 그리고 십수 년 전까지만 해도 국사를 민족중흥의 발판으로 여기는 이들이 아직은 다수였다. 그러나 지금, 국사의 빛은 퇴색되고 희미해져서 우리에게 이것이 무슨 의미인지, 아니 국사 자체가 무슨 뜻인지조차 알지 못하는 상황에 처했다. 국사를 왜 배워야 하는지, 과거의 일들이 현재 우리의 삶에 무슨 필요가 있는지 의아스레 반문하는 이들이 적지 않다.

우리 사회는 이제 내부에서 일어나는 직능집단 혹은 지역집단 사이의 이해관계 대립을 조정할 능력을 상실한 듯 보이는 징후가 여기저기서 나타나고 있다. 그 원인을 여러 측면에서 찾을 수 있겠지만 가장 근본적으로는 우리 사회가 현재의 기능성과 효율성(때로는 생산성)을 최고의 가치로 여긴 나머지 그동안 오랜 시간에 걸쳐 형성해 온 공동 경험을 무시하거나 말살함으로써 방향성을 상실하게 된 사실을 지목해야 할 것이다. 과거를 가볍게 여기고 현재에 골몰하는 사회는 공동체적 정체성을 상실하고 발전의 목표와 지향을 잃게 마련이다.[1] 공동체가 와해되

---

1) Richard E. Sullivan, "Speaking For Clio, part Ⅱ", *The Uses of History*, Thomas

어 개인과 소집단이 개별화된 상태에서는 정당한 요구와 주장조차 집단이기주의로 내몰리고, 반인륜적 반사회적인 행동이 산업화 혹은 현대화의 한 과정으로 당연시되는 혼돈에 빠지기 쉽다. 역사와 전통을 부정하고서는 비판과 지향의 사회적 준거를 제시할 능력을 가질 수 없는 법이다.

우리 사회가 이 지경에 이른 것은 대세로서 추진된 근대화의 실상이 개화開化와 개발開發 일변도였던 데서 본질적으로 기인한 것이다. 보편성의 획득이라는 미명하에 서구화를 강행하며 우리의 고유성과 특수성을 단지 청산해야 할 대상으로만 여기고, 세계자본주의체제로 편입되면서는 수출상품으로서 경쟁력이 없는 것은 모두 무가치하다고 생각하게 되었던 것이 사실이다. 여기에 자주自主와 자존自尊이 설 곳은 없었다. 게다가 '정보화 사회'로의 이행은 현재의 경험조차 제대로 소화하기 어렵게 함으로써 과거의 경험에 대한 탐구의 필요성을 상대적으로 크게 축소시켰으며 과거의 것은 이제 낡아빠져서 더 이상은 무용하다는 인식을 부추겼다.

이러한 추세 속에서 국사의 연구와 인식이 정당하게 이루어지고 그 교육의 목표와 가치가 제대로 평가될 리 만무하였다. 한때 '역사 바로 세우기'가 정치적 표어가 되어 내걸리기도 했던 사실이 그간의 곡절을 단적으로 말해준다. 국사 교과서의 서술 내용이 한때 사법부의 심판 대상이 된 적도 있으며, 얼마 전에는 특정 교과서를 교육 현장에서 몰아내려는 움직임이 범정부적 차원으로 추진되기도 하였다. 『국사』는 주기적인 교육과정 개편 때마다 그 개편의 핵심을 이루는 단골 메뉴가

Jefferson University Press, 1991, 40~50쪽.

되었다. 실용만능, 기능만능의 상업주의적 합리·효율론을 유일무이의 척도로 삼아 교육마저도 상품의 하나로 이해하고 개발의 대상으로 파악하는 형편에서, 경제성·시장성을 가질 리 없는 역사교과가 제 위치에 존립하기는 실로 지난至難한 일이었던 것이다.

국사 연구와 교육이 질곡 속에서 흔들리며 부침하는 사이, 우리 사회의 구성원들은 개별화된 채 자기를 둘러싼 이해관계의 단위를 '세계'로 인식하기에 이르렀고, 그 결과로서 한편에서는 고작 지방색을 기치로 이해관계를 구분하며 또 다른 한편에서는 상호이해를 명분으로 자아와 타자, 주체와 객체를 혼동하는 가치관의 혼란에 빠져들었다. 우리 사회가 제 역사를 대수롭잖게 여기게 됨으로써, 곧 자신의 기억을 팽개치고 부인함으로써 정체성을 상실한 때문이었다. 따라서 이런 혼란에서 벗어나려면 무엇보다 국사 인식체계를 올바로 정립하고 그 교육을 정상화하는 일이 급선무다.

이를 위해서는 우선 우리가 국사를 근대 역사학으로 연구하기 시작한 이래 지금까지 어떠한 성과를 얻었고 또 어떤 과제를 남겼는지 그 인식체계의 형성과 변화라는 관점에서 살펴볼 필요가 있겠다. 하지만 이는 매우 광범위한 작업이어서 고대사만 궁구해 온 필자로서는 감당하기 어려운 일이다. 그래서 여기서는 고대사 인식체계를 중심으로 살피고자 한다. 그렇더라도 근대 한국 사학이 걸어온 굴곡의 행로와 도달점을 이해하는 데에는 큰 문제가 없을 것이다.

시기는 대략 셋으로 나누어 살펴보는 것이 좋겠다. 열강에 의해 국권이 침탈당하게 되자 스스로 국사의 의의를 깨닫고 교육에 힘쓰기 시작하던 한말韓末, 나라를 잃고 국사를 민족의 혼이라 여기며 근대역사학의 방법론을 익혀 고조선 이래의 역사 전개를 계기적 발전의 형태로 체계화하고 국권의 회복을 암중모색暗中摸索하던 시기, 광복 후 남북으로 분단된 채 서로 역사 전개의 필연성과 정통성을 주장하여 각자도생各自圖生의 처지를 합리화해 온 지금까지의 시기로 나누어, 우리의 전통적 역사인식이 근대적 역사의식으로 성장한 과정과 근대화 및 국제화와 맞물려 또한 인접 국가의 사실 왜곡에 의해 일그러지고 굴절된 역사인식을 다잡으려 노력해 온 과정을 알아보자는 것이다.

남북으로의 국토 분단과 뒤이어 일어난 민족상쟁의 6·25사변이 우리의 진로에 미친 부정적 영향은 이루 헤아리기 어렵지만, 이를 계기로 각 분야의 중견 연구자들이 거의 소진되고 만 것과 남북한 공히 반쪽의 사상과 시각만으로 격변의 국제사회를 살 수밖에 없는 처지가 되고 만 것은 그 무엇보다 큰 손실이었다. 역사학 분야에서는 신민족주의를 표방한 중진 사학자들이 절멸하고, 정치적 지향을 달리한 사학자들이 남북으로 이산離散되어 남한은 문헌고증사학文獻考證史學에, 북한은 마르크스-레닌주의 역사학에 각각 전일專一하다시피 하기에 이르렀다. 남북한이 적대 관계에 놓이자 양측 역사학계의 격절隔絕도 불가피해져, 같은 민족으로서 역사를 공유함에도 불구하고 연구 성과의 교류는커녕 참고마저 불가능한 상태가 오랫동안 지속된 탓이었다. 그 결과 남북한의 우리 역사 이해는 지금, 연구의 방법론에서나 자료의 취사선택 등에서 완연히 대척점에 서 있다. 이는 관련 자료가 적어 방법론에 의지하는 비율이 상대적으로 높은 삼국시대의 이해에서 특히 심하다.

삼국시대사의 인식과 서술에서 남북한 간에 가장 큰 견해차를 보이는 부분은 대략 다음 세 가지로 압축될 수 있다. 첫째는 시대구분에 대한 견해차이다. 남한에서는 삼국의 형성 과정을 고대사회의 성립 과정으로 보는 견해가 주류를 이루는 반면, 북한에서는 삼국이 형성되면서 우리나라의 중세가 시작된 것으로 본다.[2] 둘째는 삼국의 국가형성과정에 대한 견해차이다. 남한에서는 대체로 진국辰國의 존재를 부정하고 삼국 성립의 토대를 원시공동체사회의 해체에서 구하지만, 북한에서는 진국의 존재를 인정하여 고조선과 진국의 역사 경험을 전제로 삼국의 형성을 논한다.[3] 셋째는 한국사의 이해체계에서 정통正統으로 인식하는 국가가 다른 점이다. 남한이 신라 중심 이해체계를 세우고 있는데 반해 북한은 고구려 중심의 이해체계를 보인다.[4]

이와 같은 견해차는 기본적으로 학문풍토의 이질성을 보여주는 측면이지만, 남북한 주민들로 하여금 서로 다른 역사 위에 이질화된 정체성을 갖게 함으로써 적대의식을 조장 확대하여 분단체제를 고착화하는데 크게 기여해 왔다. 그러나 이제 남북한 간의 교류가 어떻든 활발해지고 그만큼 통일에 대한 기대가 점증하는 현 시점에 이르러서는 이런 견해차를 극복하는 것이 무엇보다 시급한 선결 과제라 할 것이다. 역사인식의 차이는 같은 민족으로서의 동질성을 훼손하는 발원發源이

---

2) 朴性鳳,「南北韓의 古代史 時代區分論에 대하여」,『國史館論叢』50, 國史編纂委員會, 1993.

3) 盧泰敦,「古朝鮮과 三國의 歷史에 대한 研究動向」,『北韓이 보는 우리 역사』, 乙酉文化社, 1989.
전호태,「삼국시대에 대한 인식」,『북한의 한국사인식 Ⅰ』, 한길사, 1990.
이기동,「북한에서의 한국고대사 연구의 성과와 문제점」,『북한의 한국학 연구성과 분석(역사·예술편)』, 한국정신문화연구원, 1991.

4) 박성봉,「북한의 고구려사 연구동향과 특성」,『동방학지』65, 1990.
박경철,「최근 북한학계의 고구려사 연구동향에 관한 소고」,『백산학보』46, 1996.
신형식,「북한의 신라문화에 대한 이해와 그 비판」,『경주사학』16, 1997.
이기동,「북한에서의 고구려사 연구의 현단계」,『동국사학』33, 1999.

기 때문이다. 따라서 이와 관련한 남북한의 삼국시대 연구 성과를
비교하고 그 문제점을 면밀히 살펴 이해의 격차를 줄이는 노력을 기울여
야 한다. 그러자면 북한의 연구 동향을 면밀히 검토 분석해볼 필요가
있다.

그래서 이 책에서는 삼국시대사 인식에서 결정적 차이를 보이는
위의 세 가지 측면에 초점을 두고 북한의 연구 성과를 정리하면서
그 논지의 유기적 구성 관계를 알아보고자 한다. 저들이 제시한 입론立論
의 근거를 구체적으로 살펴보고 북한 내부에서 진행된 논쟁의 추이를
점검해보면 앞으로 진행될 남북한 역사교류에서의 논점을 좀더 명확히
짚어낼 수 있을 것이다. 그러나 이 검증 과정에서는 특히 유의해야
할 점이 있다.

그것은 첫째 위와 같은 남북한 간의 견해차가 서로의 역사연구 방법론
이 판이하게 다른 데서 기인했다는 사실이다. 남한이 실증사학 편중의
연구방법론을 주로 차용해 왔다면 북한은 유물사관 및 주체사관에
편중되어 왔던 것이다. 이는 남북한의 학자들이 이견의 차를 좁히기
위해서는 상호의 연구방법론에 대한 이해를 심화하는 한편 각자의
시각과 관점만을 일방적으로 고집하고 홍보하는 태도를 버려야 함을
의미한다. 그리고 둘째, 60년대 이후 북한에서 발표된 논문은 내부의
집체적인 연구와 토론을 거쳐 그 공식적인 결과만을 발표하는 형식을
취해 왔다는 점이다. 따라서 우리로서는 북한의 공식 견해 이면에
어떤 논점이 부각되었고 어떠한 논쟁이 진행되었는지 잘 알 수가 없는
형편이다. 이는 북한 역사학계의 연구 성과와 논점을 제대로 정리하자
면, 국사 이해의 체계화와 남북한 역사인식의 접점 모색이라는 맥락에

서 적극적으로 논점을 찾고 논쟁을 유발할 필요가 있음을 의미한다.

남북한 간에 역사인식의 차가 크게 벌어진 상태에서 설상가상으로, 우리의 역사인식은 외부로부터도 도전받고 있다. 특히 금세기로 접어들던 시점부터는 우리 역사의 본원인 고조선의 역사와 고구려 발해로 이어진 우리 북방사를 송두리째 자기 역사로 인식하는 심각한 역사 조작이 중국에 의해 자행되어 지금도 진행중에 있다. 고구려사는 중국에서 연원하여 중국에 흡수 소멸된 것일 뿐 오늘날 우리 한민족韓民族과는 거의 관련성이 없다는 주장으로 시작된 중국의 이른바 '동북공정東北工程' 역사인식이 그것이다. 그리고 이는 이제 우리의 국조國祖인 단군檀君마저 중국 민족의 시조인 황제黃帝의 후손이라 우기는 '탐원공정探源工程' 역사인식으로 확대되어 있다. 중국이 이와 같은 침략적 역사인식을 제기하게 된 일차적 배경에는 그 내부의 경제적 불평등과 민족적 차별성에서 기인하는 여러 가지 복잡한 사정이 놓여 있지만, 크게는 제2차 세계대전을 경과하면서 형성된 국제질서가 20세기 말에 붕괴되고 재편된 사실과도 긴밀하게 연관되어 있다.

돌이켜보면, 제2차 세계대전이 끝난 후 세계는 승전국을 중심으로 편성되었던 동서 양 진영이 첨예하게 대립하는 이른바 '냉전시대'로 돌입하였다. 승전국으로서의 연합국은 동맹국과 맞서 전쟁을 수행하는 과정에서, 그동안 다소간에 스스로도 지녀 왔던 제국주의적 요소를 뒤로하고 대신 외양으로나마 보편주의를 내세울 수밖에 없는 처지가 되었으며, 대체로 그것은 스스로의 국가 경영의 논리를 그 영향력 속에 있는 국가들에게 일반화하는 선에서 이루어졌다. 그것은 두 방향 곧 자본주의와 사회주의로 정리되어 나타났고, 이로써 세계는 양분되게 되었던 것이다.

이렇듯 냉전체제가 조성 유지되면서 동서 양 진영에서는 비록 일시적이나마 공히 국가 중심, 민족 중심의 국가주의적 역사인식은 세계질서를 해칠 우려가 있는 시대착오적 의식으로 간주하는 경향이 강하였다. 그러한 경향은 우리나라가 위치한, 따라서 역사적으로 우리와 불가분의 관계에 있었던 동북아 지역에서도 마찬가지였다. 그와 같은 분위기 속에서, 과거 우리와의 관계에서 상대적으로 침략적 성향이 강했으며 그로 인하여 우리와 관련된 역사인식에서 많은 부분을 왜곡 기술하여 왔던 일본 및 중국의 학계 일각에서는 과거 그들의 역사인식을 스스로 시정하고자 하는 움직임이 일어나기도 하였다.

제국주의 시기에 타율성론과 정체성론으로 조선 침략을 정당화하는 데 전일專一해 왔던 일본에서는 일부의 역사가들이 다소간 정도차가 있기는 하였어도 한국사의 내재적 발전을 인정하고 이해하는 쪽으로 태도 변화를 보였으며, 고래로 우리 민족의 영역을 수시 침범하고 그때마다 그 행위의 정당성을 당위론적으로 강변하며 기술해 왔던 중국에서는 그 침략성을 솔직히 인정하는 한편 맹렬히 반성하는 분위기마저 조성되었다. 예컨대 수·당의 고구려 공격을 명백한 침략 행위로 규정하고 자성·규탄하는 논조가 형성될 정도였다.

실로 이와 같은 보편주의적 경향은, 직접적으로는 그동안 제국주의적 국가주의에 근거하여 국제간의 극한 대립을 지속해 온 데 대한 반성에서 또는 그 뒤처리를 위한 숨고르기에서 오는 것이기도 했지만, 그 논리적 차원에서만 본다면 과거 중세적 질서의 기초가 되었던 봉건적 보편론의 한계를 극복하고 새로운 공존의 국제질서를 창출하고자 하는 의미가 담긴 것이기도 하였다. 그러나 그 자체는 한편으로 종래 문명적 인류생활의 현실적 기초가 되어 왔던 국가주의의 한계를 넘어선 형태는 아니었다. 그간에도 세계는 여전히 국가를 단위로 하여 움직이고 있었으며 이러한 성향은 강대국일수록 더욱 강하였다. 이 같은 추세 위에서 국제사회는 대략 1970년대를 경과하면서 다시 과거 제국주의시대의 강대국들을 중심으로 다축화多軸化하는 경향을 보이더니 급기야는 미·소 양국을 축으로 한 냉전 질서를 붕괴시키기에 이르렀다.

그러자 나라에 따라서는 그동안의 보편주의적 경향에 편승하여 억눌러 왔던 저들의 팽창주의적 국가 중심 역사인식을 다시 서서히 표면화하는 움직임을 보이기 시작했다. 마치 전전戰前의 제국주의 역사학으로 다시 역행하는 듯한 논조가 보이기 시작한 것이었다. 이와 같은 변화는 우리가 관련된 동북아 지역의 국제적 역사인식에도 큰 영향을 미쳐, 1980년대로 접어들던 시점에 시작하여 지금까지 거듭되고 있는 일본의 '중학교 역사교과서 파동'으로 나타났다. 일본에서는 이미 그 이전부터 극우적 역사관이 몇몇 정치인들에 의해 간간이 표출되어 온 터였지만 이때에 이르러서는 과거 그들의 아시아 '침략'을 '진출'로 호도하고 그 정당성을 주장하는 글을 중·고등학교 교과서에 담음으로써 그것을 국론화하기에 이른 것이었다. 그리하여 2001년에는 그러한 유類의 교과서가 실제 인가되더니, 이후 논지를 더욱 강화하면서도 세련된 문장으로 서술함으로써 교묘하게 분쟁을 피하는 방향으로 꾸민 새 교과서가 나오게 되었다. 그리고 이런 교과서의 채택률이 해마다 오르고 있다고 한다.

이러한 경향이 단지 제국주의 시기 침략국이었던 일본에서만 나타났던 것은 아니다. 우리와 같이 침략을 당한 당사국이었던 중국에서도 그 사회 일각에서는 자국 중심의 역사인식이 점차 배타적 성향으로까지 진전되는 징후가 나타났다. 1980년대부터 중국의 일부 연구자에 의해 발해사와 고구려사를 자국사로 편입하려는 시도가 일어난 것은 그 한 예였다. 이는 일찍이 위안스카이袁世凱(1859. 9. 16~1916. 6. 6)의 속방론屬 邦論에서 그 노골적인 선례를 찾아볼 수 있는 것으로, 기본적으로는 전근대 동아시아 세계의 오랜 외교적 관행이었던, 그들과 인접국 간의 조공朝貢-책봉冊封 형식을 실질적인 영토적 예속의 상황으로 주장함에 서부터 출발하는 것이었다. 즉 그러한 이해를 주축으로 하여 그 역사적 맥락을 무시한 채 발해와 고구려를 단지 과거 그들의 지방정권으로만 인식하고자 하는 형태였다.

물론 이러한 이해는 우리가 아는 한 종래의 동아시아사의 상식에서 크게 벗어나는 것으로 설사 일부 그러한 견해가 제기된다고 하여도 학술적인 면에서는 크게 우려할 바는 아니다. 그러나 인접국인 저들 나라에서 그러한 왜곡된 인식을 보통교육 단계의 교과서를 통해 국론화 해 간다면 그것은 학술적인 측면에서도 결코 좌시할 수만은 없는 일임이 분명하다. 이에 우리 학계는 이미 그러한 역사인식을 교과서에 반영한 일본의 경우에는 이 같은 시도가 표면화하기 시작한 단계부터 강경하게 대처해 왔다. 학술회의 및 기획 연구 등을 통하여 그 내용을 심도 있게 비판하고 그에 대한 시정을 요구하였으며 그러한 견해가 일본 정부에 의해 인가되기에 이르렀던 제2차 파동시에는 정치적 조정 하에 그를 시정하기 위한 '한일역사공동연구위원회'가 발족되기에 이르렀 다. 다만 중국의 경우 다소 모호한 점이 없지는 않지만 교과서 상으로는 아직은 확연치 않아 직접적인 대응은 자제해 온 셈이었다.

그런데 21세기로 접어들면서 중국 학계에서는 일부 연구자들에 의해 주장되었던 위와 같은 발해사, 고구려사에 대한 논리를 그에 앞선 고조선사에까지 확대 적용하여 국론화하고자 하는 움직임을 보여 왔다. 특히 이번의 경우에는 당국의 직접적인 지도와 막대한 지원 하에 관련 연구자가 거의 총동원된 상태에서 이루어지고 있을 뿐 아니라 그들이 도출한 결론 또한 거의 일률적으로 고구려사를 완전히 중국사에 흡수하고자 하는 데 목적을 둔 것으로 나타나고 있어 그 심각성을 더해주고 있다.

중국은 1996년 '고구려사와 동북지역의 강역문제'를 사회과학원을 주관 단위로 하는 중점연구과제로 설정하고 그를 국가 차원의 연구 사업으로 추진하기 시작하였으며, 이에 사회과학원 변강사연구중심의 주도하에 통화通化 사범대학 고구려사연구중심을 주축으로 만주지역의 고구려사 연구자들이 망라되는 공동연구단이 구성되었고, 이미 여러 차례에 걸쳐 70명에 달하는 연구자가 그 작업 내용을 발표하는 회의가 개최되었던 것으로 전한다. 그리고 그를 통하여 보고된 내용들을 보면, 이들의 논지는 1) 고구려는 당초 중국의 영역에서 기원하고 또한 중국왕조와 조공 또는 책봉 관계에서 지속적으로 예속되어 왔으며 그 멸망과 더불어 대부분의 주민이 중국에 흡수되었으므로 중국사에 편입되어야 하며, 2) 현재의 한민족은 신라 및 백제족에 소수의 고구려족이 포함되어 이루어진 것이므로 고구려족과 구별되는 별도의 민족이고, 3) 그에 부수하여 고조선 또한 같은 논리의 연장에서 현재의 한민족과는 전혀 무관하다고 주장하는 데까지 이른 것으로 나타나고 있다. 또 그 중한 회의에서 채택된 결의문에 의하면 그들의 역대 정사에 기초한 전통적인 역사 서술은 물론 국민의 상식이라 할 교과서까지도 개찬改撰할 것을 촉구하고 있다.

이러한 중국 학계의 작업 결과와 관련하여 교육면에서 중국 당국의 직접적인 처사는 아직 이루어지지 않고 있는 것으로 전한다. 그러나 이 작업은 당국의 전폭적인 지원 아래 이루어진 것이었으며 부분적으로는 이미 일반화되는 조짐이 나타나고 있다. 유물 관련의 홍보 책자나 안내판 내용에 동북공정 역사인식을 그대로 표출하고 있는 것이다. 우리로서는 더 이상 묵과하기 어려운 일이다.

동북공정 역사인식의 골격은 기왕에 동북아 삼국에서 이루어져 온 고구려사 이해와 전혀 상반되는 것일 뿐더러 우리 민족사의 상고사 부분을 완전히 부정하는 것이다. 고조선 이래 누천 년을 두고 이어져 온 우리 한민족사의 발전 과정에 관한 그간의 인식체계를 일거에 파괴하려는 의도를 가진 것이 아닌가 의구심을 떨치기 어려울 정도다. 역대의 정사正史를 통해 중국인 스스로 대代를 거듭하면서 확인하고 정리해왔던 바 총체적 결론으로서의 우리 민족사의 계기적 맥락을 부정하고, 고대의 제왕주의적帝王主義的 사관史觀에서 태생한 중화사관中華史觀에 입각하여 기술된 부분 예컨대 우리에 대한 영역적 침탈을 호도하기 위한 당위론적 기술 또는 중세 봉건적 국제질서에서 이루어진 외교적 형식 등을 말뜻 그대로 이끌어 활용하고 있는 점에서 이런 의구심이 더욱더 강도強度를 더한다.

그러나 문제의 본질은 국사에 대한 우리 자신의 인식 변화에도 있었다. 수천 년을 전승하여 기억해 온 역사 사실을 우리는 근대적 역사

방법론과 인식이라는 이름 하에 스스로 부인함으로써 뿌리와 계통을 상실하고 말았기 때문이다. 다음과 같이 따져 묻는 중국 측의 질의에 속 시원하게 답하기 어렵게 된 현재의 처지가 우리 역사인식의 현주소를 알려준다.

한국은 어디서 기원했는가? 조선? 그렇다면 조선은 어디서 기원했나? 고려? 그러면 고려는? 통일신라? 그런데 통일신라는 백제와 극히 일부의 고구려를 병합한 나라가 아닌가? 그리고 궁극적으로 통일의 주체는 신라라 할 것인데, 신라는 어디서 기원한 나라인가? 한국의 국사학자들은 경주 일대에 있던 원시공동체사회가 촌락사회로 발전하고, 그러한 촌락사회 6개가 연맹하여 사로국이라는 소국小國을 세웠으며, 그 소국이 주변의 다른 소국들을 통합하면서 3~4세기에 신라로 발전했다고 하지 않는가? 그러니 결국 대한민국은 경주에서 출발한 나라라 할 것이다. 반면에 현재의 중국은 청淸에서 기원했고, 청은 곧 후금後金이니 요遼·금金을 계승한 나라이며, 요·금은 발해渤海의 후신 격인 나라들이다. 그런데 한국의 학자들도 동의하듯이 발해는 고구려에서 나온 나라가 아닌가? 고구려는 고조선의 고토故土에서 일어난 나라이니 고조선의 역사와 문화를 계승한 국가라 할 것이다. 그렇다면 고조선古朝鮮 이래 고구려高句麗 → 발해渤海 → 요금遼金 → 후금後金 → 청淸으로 이어진 역사는 중국의 역사임이 분명하다. 아닌가?

겨우 경주 지역에서 성립한 사로6촌을 신라의 기원으로 보고 있는 현재의 통설로서는 중국 측의 이러한 질문에 정면으로 반박할 논리가 궁색할 수밖에 없다. 삼국통일의 주체였던 신라의 기원을 경주 지역 토착사회에서 구하며 기자조선까지는 국가로 인정하지 않는 처지에서 고조선사에 대한 연고권을 주장하는 것은 논리상 무리임이 여실한 까닭이다. 우리 고대사에 대해 현재 통설화된 이해체계와 인식은 『삼국유사』의 그것보다도 한참 후퇴한 형태라 하여 과언이 아닌 상태라 할 것이다. 중국의 역사 왜곡은 우리 국사 인식의 이런 허점을 교묘하리 만치 정확하게 파고든 일격인 셈이었다. 우리 역사인식의 문제점을 점검하여 바로잡을 필요가 있다. 그 성패 여부에 우리 미래가 달려 있다고 해도 과언이 아니다. 역사 이해를 둘러싼 한韓·중中 간의 인식차와 분쟁·갈등은 과거사를 둘러싸고 벌이는 여가餘暇의 호기적好奇的 다툼이 아니라 장차의 국가적·민족적 존망을 걸고 벌이는 사생관두死生關頭의 싸움인 까닭이다. 중국 측의 주장과 더불어 우리 역사인식의 현황을 살피려는 이유가 이런 사정에 있다.

　광복 후 우리 역사인식의 변화는 그간 우리 사회가 겪은 정치적 변동 및 경제적 파동과 그 궤적을 같이한다. 세계적으로도 많은 변화가 있었고, 그만큼 인류의 세계관도 달라졌다. 기본적으로 역사는 과거에 이미 일어났고 또 지금 일어나고 있는 사실들에 대해 합리적인 이해를 추구하는 학문 영역이다. 그러므로 역사학은, 한편으론 사회의 변화에 대응하여, 또 한편으론 합리성에 대한 과학적 사고의 진전에 영향을 받으며, 그 연구 방법론 및 시각을 달리하는 가운데 발전해 왔다. 사실 자체의 규명에서 사실에 대한 해석으로, 객관성·법칙성의 강조로부터 주관성·우연성의 긍정으로 근대 역사학의 기조가 변화한 것은 그 결과다. 그리하여 역사학은 현재 우리가 당면한 과제를 해결하여 더욱 진보된 미래로 나아가는 방향을 제시할 수 있는 유력한 학문 영역으로 자리잡게 되었다.

　그러나 현대 사회의 급격한 변화 양상은 현재성을 중시해 온 근대 역사학의 논리 체계를 위협하고, 다양한 가치를 추구하는 경향은 근대의 신념이었던 '진보'를 획일적 서구화의 다른 이름이라고 비난하기에 이르렀다. 시시각각 새로운 당면 과제가 폭주하는 현실에서 '역사의 현재성'이란 설득력 없는 구호일 수밖에 없었고, 개발·발전이라는 미명하에 자행된 생태계의 파괴와 유전자 조작 등이 인간의 생존과 인간성의 존엄을 위협하는 현실에서 '진보'란 곧 재앙의 포장이 아니었는지 회의될 수밖에 없었다. 특히 근대의 산물인 민족·국가·사회라는 개념이 숱한 개인을 죽음과 공포로 몰아넣는 전쟁과 테러의 주체主體·근인根因이 된 마당에, 역사학이 도대체 어떤 과제를 해결하여 인류의 진보에 기여해 왔는지를 묻는 것은 일면 지당한 질문이었다.

그 결과 민족이나 국가·사회는 실체가 아니며 따라서 역사의 주체로 설정될 수 없다는 생각이 지지를 얻고, '역사적 사실'이란 역사가의 사적史的 상상력 혹은 주관적 판단기준과 가치체계에 의해 재구성된 것일 뿐이라는 발상이 공감대를 넓혀가고 있다. 포스트모던 시대의 역사학은 이러한 생각과 발상에 근거하여 전개될 것이라고 한다. 그리고 이와 같은 경향은, 그동안 민족 중심의 역사 이해와 서술에 중점을 두어온 국사의 연구방법론에 대해 자성과 각성을 촉구하기에 이르렀다. 민족이 아직 성립하지 않은 단계라고 할 전근대의 역사까지 민족사의 시각에서 조망해온 것은 아무래도 무리며, 민족·국가·사회 등 이른바 거대담론巨大談論을 거부하는 세계사의 추세를 거슬러 오히려 이를 옹호한다는 것은 시대착오적일 수밖에 없다는 것이다. 이로써, 일제 식민주의사학의 영향을 받으며 근대역사학으로 성립하여 그 식민성을 극복하는 방안을 소위 '민족주의사학'—기실은 '정통역사학'—의 학문적 전통에서 찾고 발전해온 국사학은 이제 바야흐로 근본이 흔들리는 위기에 직면한 듯 보인다.

적어도 그동안의 국사 인식에서 서구적 모더니즘의 가치를 무비판적으로 적용하려는 경향은 없었는지 점검해 볼 단계에 이르렀음이 틀림없다. 그러나 그간 추구해온 국가·민족 중심의 국사 인식이 과연 잘못된 것이었는지, 실제로 이 인식이 이제 그 효용을 다한 시점에 이른 것인지는 좀더 신중히 검토해야 할 과제다. 포스트모더니즘의 역사인식을 참고할 수는 있지만, 이를 국사의 이해에 적용함에 있어서는 여전히 무분별한 태도를 경계해야 한다. 더구나 최근에 들어서는 포스트모더니즘에 대한 반성론이 무게 있게 제기되기에 이른 형편이다. 인간의 삶은 사회적 맥락·원인으로부터 결코 유리될 수 없는 법인데 그 맥락을 판단할 준거를 사상시켰다는 점, 비체계적이어서 종래의 것을 대신할 새로운 판단 기준을 제시하는 데는 이르지 못하였다는 점 등이 이 사조에 대한 반성의 주된 논거다. 포스트모더니즘 역사인식이 대두하는 배경부터 살펴 그 인식의 본질을 검토함으로써 우리가 지향할 올바른 인식 방향을 가늠해 볼 필요가 있다.

한편 돌이켜보면, 우리나라 역사에서 자국사의 교육이 올바른 방향에서 제대로 시행된 적은 한 번도 없었다고 해도 과언이 아니다. 고려 시기에도 제 나라 사실을 아는 이가 드문 실정이었고,5) 더욱이 조선 시기에는 유교적 보편사관에 매몰되어 아동들에게 국사보다 중국사를 먼저 가르쳐 왔으며, 한말의 국사교육 정상화 노력도 헛되이 일제 식민지사관에 휩쓸리고 말았었다. 그리고 해방 후에는 근대 시민의 양성을 표방하는 가운데 사회생활과를 강화하는 추세 속에서 국사는

---

5) 金富軾, 「進三國史記表」, 『三國史記』.

단지 자신의 후진성을 역사 속에서 깨닫는 제재로만 활용되었다. 1973년에 이르러서야 비로소 국사를 독립 교과로 편제하고 그 교육을 뒤늦게나마 정상화하는 듯 보였으나, 이는 궁극적으로 유신체제의 역사적 정당화라는 정치적 의도에서 추진된 일이었다며 국사교과를 이른바 '국책과목'으로 몰아세워 1992년부터 다시 사회과로 해소하는 한편 대학의 필수이수과목에서도 제외하고 말았다. 국사의 처지가 이러했으니 세계사의 경우는 더 말할 나위가 없었다. 고등학교 교육과정에서 세계사는 배워도 그만 안 배워도 그만인 심화선택과목으로 편제되어 대학 입시에 불리하다는 이유로 선택에서 외면당하는 참담한 지경에 있었다. 이제 제대로 된 역사교육을 실시하자는 그동안의 논의를 역사교육 '강화' 논의가 아니라 '정상화' 논의라고 말해야 옳다는 지적은 이런 사정을 염두에 둔 것이었다.

그럼에도 불구하고 그동안 역사교육의 정상화 요구는, 이를 교과이기주의적 발상으로 매도하는 모리배적 주장과 민주 시민의 양성이라는 보편 가치만을 앞세우는 비주체적 논리에 의해 번번이 묵살되어 왔다. 역사교육의 목표와 의의를 설득력 있게 제시하여 이들 주론主論을 극복하지 못한 역사교육계와 사학계의 한계도 없지 않다고 하겠으나, 이웃 나라가 우리 역사를 왜곡하며 침략적 의도마저 드러내는 현실에 당면해서야 뒤늦게 역사교육의 중요성을 깨닫게 되었다는 것은 우리 사회 구성원 모두가 자성해야 할 일이라 할 것이다. 만시지탄이 있으나 이 기회를 빌어서라도 역사교육의 제 위치를 속히 찾아주지 않으면 안 된다.

그러자면 우선 우리가 추구할 바람직한 역사교육의 수준과 방향을 설정하고 제시하는 일이 시급하다. 세계 주요국에서 역사교육이 어떻게 이루어지고 있는지 살펴 대략의 국제적 기준을 가늠해 보는 것도 하나의 방안이다. 나라마다 편차가 있겠지만 여러 나라 역사교육의 실태를 일괄해 본다면 그 보편적 수준과 방향을 알 수 있겠기 때문이다. 그리고 이 작업은 우리의 역사인식과 교육이 가진 문제점을 생각해 보는 준거도 마련해 줄 것이다. 이러한 논의의 토대 위에서 국사교육의 의의와 본연의 목표를 다시 생각해 보고자 한다.

그리고 나아가 우리가 시행하려는 역사교육의 방향이 올바른 것인지도 짚어보겠다. 역사과를 사회과로부터 독립시켰으나, 그동안 단독으로 제작해 사용해 온『국사』교과서를 없애고 세계사와 한데 묶어『역사』로 교육하기로 하였는데6) 과연 이것이 옳은 방향인가 하는 것이다. 이렇게 결정한 발상의 저변에 혹시 자신에 대한 자각을 버려야 세계시민이 된다는 생각이 깔려 있었던 것은 아닌지 걱정된다. 만일 그렇다면 '너와 내가 하나가 되자'는 구호를 말뜻 그대로 '너와 내가 하나의 유기체를 이루자'는 뜻으로 해석한 나머지 정말로 하나가 되기 위해 자신의 피부를 벗겨내기 시작한 행위와 마찬가지라 할 것이다. 국가와 민족은 우리의 피부며, 국사는 그 피부로 인해 생명력을 갖고 독자성을 띠게 된 유기체의 지금까지 살아온 기억이고 정신이다. 국사를 독립된 하나의 체계로서 가르치는 것과 그렇지 않은 것의 차이와 득실을 따져보고 싶다.

---

6) 2009년 12월 17일, 교육과학기술부는 개정교육과정(미래형 교육과정)을 확정, 발표하였다. 이에 의하면, 2007년의 개정교육과정에서 공표되었던 고 1『역사』과목은『한국사』로 변경하여 선택과목으로 편제하고,『세계사』는『동아시아사』와 함께 사회(도덕)과 선택과목 9 과목 안에 포함시킨다고 한다. 현실적으로 거의 선택하지 못하도록 한 조처나 진배없다.

Ⅱ. 한국고대사의 연구와 이해

김택영金澤榮·현채玄采 등 그 학문의 기반을 실학實學에 두고 있던 유학자들이 종래의 전통적인 역사 서술에서 탈피하여 근대적인 역사 서술을 시도하던 때부터 기산起算하면, 우리가 국사를 근대 역사학의 방법론으로 연구하고 교육하기 시작한 지도 이제 한 세기를 넘어섰다. 그동안 국사학은 질적인 면에서나 양적인 면에서 실로 눈부신 발전을 거듭해 왔다. 주요 문헌에 대한 정리와 고등사료비판高等史料批判 작업을 거의 마무리하고, 한국 사회의 내재적 역사 발전 과정을 체계적으로 파악하게 되었으며, 시야를 아시아 전체사로 확대하여 타 문화와의 상호 공존 논리를 그 사적史的 전개 과정을 통해 확인하고 전망하기에 이르렀다. 1990년 이후로는 매해 발표되는 국사 관련 논문이 2천 건을 상회할 만큼 연구가 활발하게 진행되고 있다.

그러나 이 기간 내내 제대로 발전만을 거듭해온 것은 아니다. 국권 상실과 국토 분단의 현실이 여러 면에서 국사학의 학문적 발전을 제약하였으며, 정치적 의도와 이념적 지향이 역사를 보는 안목에 간여하였다. 그리고 무엇보다도 우리 사회가 추구해온 실용 만능의 근대화 방향이 국사학의 온전한 발전을 저해하는 요소로 작용하였다. 이는 현재 역사

교육이 놓인 처지에서 단적으로 확인된다. 중등교육과정에서 역사는 대학수학능력시험 사회탐구영역의 한 선택과목일 뿐 그 이외의 의미를 전연 찾기 어려운 처지다. 특히 국사교육의 강화는 세계화의 대세를 거슬러 내셔널리즘 혹은 쇼비니즘을 부추기는 시대착오적 처사라는 것이 일반 대중의 인식이고, 이 같은 사정이 교육과정에 그대로 반영되어 국사의 소멸로 나타났다. 국사에 대한 우리 사회의 인식이 이러한 형편에서 그 연구에 대한 지원이 학문의 성격이나 위치에 걸맞게 이루어질 리 만무하였다.

국사학 전반이 모두 어려운 처지에 놓였지만 그 중 고대사 부문이 특히 열악하였다. 역사의 현재성을 강조하는 근대 역사학의 풍토에서, 현실에 당면한 과제의 해결과 직접적인 연관성이 적은 고대사의 연구는 기껏 고급 호사가들의 단순한 지적 호기심을 충족하기 위한 봉사 활동쯤으로 인식되기 십상이었다. 고고考古 자체가 고대사의 일부로 간주되고 오히려 그 서술 범위를 확대해 온 사실이 이를 말해 준다. 고대사 연구자들이 자기 정체성을 올바르게 파악하지 못한 까닭도 없지 않다고 여겨지지만, 국사 교과서에서 고조선과 삼한의 역사 서술을 고고학자들이 담당하게 된 것은 어떤 현실적 이유로도 합리화될 수 없는 일일 것이다.

한국고대사의 연구는 근본적으로 자료상의 제약을 크게 받아왔다. 남아 있는 문헌 기록의 영성零星함도 문제였지만, 고조선이나 부여·고구려·발해 등 주요 고대국가의 영역 대부분이 지금은 외국 영토로 편입되어 있어 그 유적·유물을 직접 대할 수 없었던 데서 온 제약이 무엇보다 컸다. 그리하여 연구가 주로 한반도 안의 자료를 대상으로 이루어졌고, 여기서 한국사는 한반도 안에서 일어난 역사적 사실을 다루는 학문 분야라고 인식하는 경향이 알게 모르게 자리를 잡아왔다. 국사 교과서의 서술을 우리나라 원시사회의 형성과 해체 과정에 대한 설명부터 시작하지 않고서 '선사시대'라는 비역사적非歷史的 편목을 두어 구석기~청동기 시대의 도구 등 유물·유적을 소개하는 내용으로 시작하고 그것도 한반도 안에서 발견된 것을 소개하는 데 그쳐, 제시된 문화 유적의 분포와 상관없이 민족의 형성과 고조선의 국가 성립 과정을 별도로 이해할 수밖에 없게 된 것은 그 결과다. 이런 형편에서 그동안의 한국고대사 이해가 체계적으로 온당하게 이루어져 왔다고 확신하기는 어려울 것이다.

물론 역사교육이 한국고대사의 연구 성과를 충실히 반영하여 이루어져 왔다고는 할 수 없다. 또 역사교육의 본령이 학문적 성과를 학생들에게 전달하는 데 있는 것도 아니다. 그렇지만 역사교육이 목표하는 역사적 사고력의 함양은 늘 당대의 역사학이 이룬 성과에 기초하여 추구되기 마련이다. 이런 사실을 염두에 두고 역사교육의 현 위치를 돌아볼 때, 지난 한 세기 동안의 한국고대사 연구가 상당한 성과와 더불어 적잖은 문제점을 안고 있었음을 부인하기 어렵다고 하겠다. 이제 그 성과와 과제를 남북한 전체를 시야에 두어 살피고 앞으로 나아갈 방향을 생각해 보려 한다.

한국고대사는 그 연구의 초창기부터 식민주의사관에 의한 왜곡이 가장 극심하게 이루어진 분야였다. 왜곡의 요인은 식민지사학에 대한 대항으로서 성립한 우리나라 정통역사학正統歷史學 계열의 연구 경향에도 그대로 내재해 있었다. 정통역사학자들은 국권을 상실한 조국의 국가정신 또는 민족혼의 오염되지 않은 원형으로 고대를 지목하고 연구에 착수하고 있었으므로 객관적으로 사실을 구명究明하기보다 민족사의 지난 영광을 홍보함에 더 역점을 두기 쉬웠다. 그리고 해방 후에는 남한과 북한에서 서로 다른 체제와 내용으로 연구와 교육을 진행해 왔다. 시대구분이나 국가형성과정에 대한 이해에서, 고조선·진국辰國을 둘러싼 사실의 파악과 삼국 중 정통으로 인정하는 국가의 설정에서 견해차가 크게 벌어졌고, 역사교육은 그 목표부터 방향이 상반하였다.

그러나 지금은 남북한 간에 상호이해의 필요성이 점증하는 시점에 있다. 국제정치의 이해관계가 매우 복잡다단하게 얽히고 있지만, 남북한의 상호이해는 궁극적으로 민족문제에 대한 인식의 차를 좁히는 데 초점이 놓이게 될 것이다. 그리고 이것은 무엇보다 민족사에 대해 공통의 이해체계를 획득하기 위한 노력을 기울이는 작업으로부터 착수되어야 할 과제다. 그러자면 먼저 고대사 부분의 연구 및 교육의 성과와 과제를 정확히 검토하고 이해할 필요가 있다.

이와 관련해서는 이미 여러 차례 다양한 각도에서 검토가 이루어진 바 있다.[1] 따라서 여기서 같은 작업을 반복하는 것은 큰 의미가 없으리

---

1) ① 남한의 한국고대사 연구 성과는 歷史學會에서 지속적으로 정리해온 바 있다(『歷史學報』 39·44·49·60·72·84·152·154·163·167·171輯). 國史編纂委員會(『韓國史論』 23 및 『國史館論叢』 10)와 歷史教育研究會(『歷史教育』 45)의 정리도 참고된다. ② 북한의 한국고대사 연구 성과를 정리한 책으로는 『북한이 보는 우리 역사』(을유문화사, 1989), 『북한의 한국사인식Ⅰ』(한길사, 1990), 『북한의 한국학 연구성과 분석 － 역사·예술편』(정신문화연구원, 1991), 『北韓의 古代史研究』(一潮閣, 1991) 등이 있다. 『한국사시민강좌』 21집도 '오늘의 북한 역사학'을 특집으로 다뤘다. 이 외에 참고할 수 있는 논고도 여럿 있지만, 그 중 쉽게 접할 수 있는 것들을 예시하면 다음과 같다.
金哲埈, 「韓國 古代史 研究의 回顧와 展望」, 『東方學志』 6, 1963.
李龍範, 「渤海史 研究의 回顧와 國史」, 『韓國思想』 7, 1964.

라고 생각된다. 이 글에서는, 선행 연구 성과를 토대로, 지난 한 세기 동안 남북한의 고대사학계가 어떤 문제의식 위에서 어떠한 작업을 해 왔는지, 그리고 우리에게 남겨진 과제가 무엇인지를 살피는 데 초점을 둘 것이다.

1. 한말의 국사교육과 고대사 이해

조선 사회가 근대 세계와 접촉하여 격변하던 19세기 말, 성리학性理學이라는 일가一家의 사상만을 정도正道·정리正理로 삼고 신봉해 온 조선의 지식인들은 서구의 다양한 사상과 학문, 기술에 접하면서 여러 가지 착잡한 사고의 혼란을 경험하고 있었다. 전통적으로 추구해 온 학문을 스스로 '구학문舊學問'이라 불러 새로 도입되는 서구의 '신학문新學問'과 구분하며, 신학문은 시의時宜에 적절한 것이므로 배우지 않을 수가

申瀅植, 「韓國古代史研究의 成果와 推移」, 『現代韓國歷史學의 動向 -1945~1980-』, 一潮閣, 1982.
李基白 외, 『韓國古代史論』(한길역사강좌12), 한길사, 1988.
송호정, 「북한에서의 고·중세사 시기구분」, 『역사와현실』 창간호, 1989.
朴性鳳, 「北韓의 高句麗史 研究動向과 特性」, 『東方學志』 65, 1990.
申瀅植, 「百濟史研究의 成果와 問題」, 『韓國史學論叢(上)』, 水邨朴永錫敎授華甲紀念論叢刊行委員會, 1992.
朴性鳳, 「南北韓의 古代史 時代區分論에 대하여」, 『國史館論叢』 50, 1993.
구선희, 「해방 후 남한의 한국사연구 성과와 과제」, 『한국사 23』, 한길사, 1994.
박태균, 「북한 역사학의 전개와 역사인식」, 『한국사 23』, 한길사, 1994.
朴京哲, 「最近 北韓學界의 高句麗史 研究動向에 關한 小考」, 『白山學報』 46, 1996.
申瀅植, 「北韓의 新羅文化에 대한 理解와 그 批判」, 『慶州史學』 16, 1997.
李基東, 「北韓에서의 高句麗史 연구의 현단계 - 孫永鍾 著《고구려사》를 읽고 - 」, 『東國史學』 33, 1999.
李鍾旭, 「한국고대사연구 100년 : 과거 - 문제」, 『韓國史研究』 104, 1999.

없다고 인정하게 된 데서 그 혼란이 시작되고 있었다. 그동안의 학문 태도가 기껏 일가一家에 매여 온 지나치게 편협한 형태는 아니었는지 반성이 이는 한편, 새로운 학문에 의한 변화가 궁극적으로는 자아自我의 상실을 초래하지 않을지 걱정하고 두려워하는 분위기가 팽배하였다. 그러나 적어도 논리상으론 대응의 방향이 뚜렷하였다. 우선 주체가 바로 서지 않으면 변화에 대응할 수 없으며, 우리의 주체는 유학을 버리고서 확립될 수 없다는 것이었다. 동도서기東道西器, 구본신참舊本新參, 내수외학內修外學의 논리였다.2)

따라서 유학을 종도宗道로 삼아온 '사士'의 역할이 자연 강조되었고, 허론虛論에 몰입해 실용實用을 외면해 온, 그리하여 결국 쇠미해지고만 '사士'의 기풍을 진작시키는 것이 무엇보다 시급한 당무當務로 인식되었다. 위축된 나라의 원기를 회복하는 길은 기개 있는 선비를 육성함에 있다는 것이, 그래도 5백년 왕조의 사직을 지켜온 당시 지식인들의 안목이었다. 그러나 그 '사士'를 봉건적인 지배계층이 더 이상 독점해서는 안 된다는 사실 또한 명백해지고 있었다. 한편으로는 구미歐美의 시민 중심 정치·사회체제에 대한 이해가 깊어지고 있었고, 한편으로는 격동하는 조선 사회가 봉건적 신분제의 폐기를 요구하고 있었다. 근대식 보편 교육만이 나라가 처한 위기를 타개할 유일한 방안이라는 인식이 확산되었고, 이는 1894년 예조禮曹를 학무아문學務衙門으로 개편하며,

---

2) 金敬泰, 「開港初期의 政治思想 狀況 – 論點整理를 위한 試考 –」, 『梨大史苑』 15, 1978, 119~134쪽.
金敬泰, 「韓國 近代敎育 形成의 思想的 背景」, 『梨花史學硏究』 10, 1978, 1~9쪽.
權五榮, 「東道西器論의 構造와 그 展開」, 『韓國史市民講座』 7, 1990, 76~96쪽.
朱鎭五, 「開化論의 論理와 系譜」, 『金容燮敎授停年紀念韓國史學論叢(3) 韓國 近現代의 民族問題와 新國家建設』, 1997, 161~184쪽.

이듬해 황제皇帝가 교육입국조서敎育立國詔書를 반포하고 학무아문을 다시 학부學部로 격상하는 조처로 반영되어 나타났다.3)

주체 의식을 기르기 위한 교과로 가장 주목된 것은 국사였다. 나라의 정신이 국사에 깃들어 있다는 생각에서였다. 그래서 종래 학생들에게 처음 가르쳐온 것이 중국 사서인『사략史略』이나『통감通鑑』이었다는 사실에 깊은 반성이 일어났다. 외국의 역사를 먼저 가르쳐온 것은 '조선 백성의 정신을 다른 나라에 있게 만든 것으로서, 어릴 때부터 벌써 노예정신을 머리 속에 깊게 박아 평생의 학문을 모두 노예의 학문, 평생의 사상을 모두 노예의 사상이 되게 만든 일이 아닐 수 없었다'고 자각하게 된 것이었다.4) 이에 학부學部는 각급 학생들을 위한 국사 교재의 개발에 착수하였고, 1895년 몇몇 교과서를 서둘러 출간하였다.『조선역사朝鮮歷史』와『조선역대사략朝鮮歷代史略』 등이 그것이었다.5)

---

3) 1895년 2월에 반포된 교육입국조서는 왕실의 安全과 국가의 富强을 기약하는 근본이 교육에 있다는 당시 지배층의 인식을 그대로 보여준 것으로서, 교육의 목표를 德·體·智의 涵養에 두었다. 이에 입각하여 漢城師範學校官制(1895.4.16. 칙교 79호), 外國語學校官制(1895.5.10. 칙령 88호), 成均館官制(1895.7.2. 칙령 136호), 小學校令(1895.7.19. 칙령 145호), 漢城師範學校規則(1895.7.23. 학부령 1호), 成均館經學科規則(1895.8.9. 학부령 2호), 小學校則大綱(1895.8.12. 학부령 3호), 補助公立小學校規則(1896.8.12. 학부령 1호) 등이 연이어 제정 공포되었다.

4) 朴殷植,『夢拜金太祖』, 1911 /『독립운동사교양총서』2, 한국독립운동사연구소, 1989, 73쪽. 이는 국치를 당한 이후의 저술에 보이는 인식이므로 좀더 다듬어진 형태라고 하겠지만, 그 인식의 기본은 이미 19세기 말부터 형성되어 國史에 대한 관심의 고조로 나타났다고 보아 틀림없을 것이다.

5)『朝鮮歷史』는 국한문 혼용의 소학교용 국사 교과서,『朝鮮歷代史略』은 순한문으로 된 고등용 국사 교과서로서, 모두 단군에서 현재(1893년)에 이르는 역사 사실을 편년체로 엮은 것이다. 年紀는 전통적인 편사의 예에 따라 干支로 표시하고, 상단 공백에 조선 개국을 紀元으로 하는 연대를 따로 표시하였다. 내용은 국왕을 주어로 기술함을 원칙으로 삼았으며, 실학자들의 三韓正統論을 계승하여 우리 역사의 유구성과 자주·독립성을 드러내는 데 초점을 두었다. 우리 역사는 檀君이 일으켜 箕子 – 三韓 – 三國 – 高麗 – 本朝(朝鮮)로 國統을 이어온 一系的 發展의 역사라는 인식이다. 다만『朝鮮歷

그러나 근대식 보편 교육의 성격을 제대로 이해한 단계가 아니었던 데다가, 근대 역사학에 대한 이해가 전무하다시피 한 처지였으므로 국사 교과서 내용은 종래의 왕조 중심 편년체 사서를 간추린 데 불과하였고, 그 인식도 삼한정통론을 벗어나지 못하였다. 더구나 한문漢文으로 편찬된 교과서는 보편 교육과 거리가 먼 형태였다. 초등교육용 국사 교과서는 국한문 혼용으로 편찬되었지만 한문에 토를 단 데서 크게 나아가지 못하였다.

그럼에도 불구하고 이 교과서는, 그 서술을 단군檀君에서 시작함으로써 우리 역사의 유구함을 명시하였고, 삼한정통론을 통해 우리가 일계적一系的으로 국통國統을 이어온 자주독립국임을 드러냈다는 점에서, 당시 사회가 요구하고 있던 주체성의 제고提高에 그 몫을 다하고 있었다. 무엇보다 중요한 것은 학생들에게 제 나라의 역사를 나름대로의 체계 위에서 가르치기 시작한 사실이었다. 이는 국민 일반이 스스로 역사 주체임을 자각하기 시작한 중요한 계기였다.

代史略』은 卷頭에 둔 '總目法例'에서 "삼한이 비록 한때 병립했지만 정통은 처음부터 마한에 있었다(三韓雖一時并立正統旣歸馬韓)"고 하여 삼한 중 마한을 정통으로 삼았고, 삼국시대는 정통이 없었으나 문무왕이 삼국을 통일한 후 신라가 정통을 이었다고 봄으로써 『東史綱目』의 역사인식을 그대로 따랐다.
이 밖에 『朝鮮略史』가 있었는데, 정확한 간행 주체와 연대는 정확하지 않으나 사용된 활자가 『朝鮮歷史』에 쓰인 것과 같다는 점, 그리고 국한문 혼용으로 소학교용의 『朝鮮歷史』보다 크게 축약된 體裁를 갖추었다는 점 등으로 미루어, 1896년에 설치된 보조공립소학교에서 사용하도록 學部가 편찬한 교과서가 아닌가 짐작된다. 『朝鮮略史』는 모두 10課로 편제하고, 각 課마다 대략 한 왕조씩을 배치하여 始祖의 건국 사실을 총론 격으로 서술한 다음, 政治制度 편을 설정하여 官制, 年號, 城鎮, 版圖, 國敎, 學校, 寺院, 書籍, 名人, 衣冠, 飮食, 居處, 外交, 工藝 등의 항목을 두고 이와 관련된 각 국의 사정을 간략하게 설명하는 형식을 취하였다. 체제가 이러하므로 이 책에서는 정통론적인 역사인식이 전혀 발견되지 않을 뿐더러, 衛滿朝鮮과 4郡2府를 독립된 課로 다른 왕조와 대등하게 다뤄 영역 중심의 인식을 보인 점이 주목된다. 編者는 요동에서 한반도에 이르는 판도 안에서 일어난 모든 사실이 동등하게 國史로 서술되어야 한다는 인식을 가졌던 것이 아닌가 추측된다. 다만 가야와 발해에 대해서는 전혀 언급하지 않았다. 이는 이 책의 저본이 『朝鮮歷代史略』이었던 데서 온 한계일 것이다.

1899년 4월에는 중학교관제가 칙령 11호로 공포되었고, 이에 맞추어 중학교용 교과서가 편찬되었다. 순한문체로 서술된『동국역대사략東國 歷代史略』과『대한역대사략大韓歷代史略』이 그것이었다.6) 그리고 이 무렵에 민간에 의한 교과서 편술도 시작되고 있었다. 현채玄采(1886~1925)가 우리 나이 14세 때인 1899년에 편집하여 발간한『보통교과동국역사普通 敎科東國歷史』는 국한문 혼용의 소학교용 국사 교과서로서, 학부學部가 중학교 교과서로 만든『동국역대사략』을 저본으로 삼아 내용을 편역編 譯하고 체재體裁를 다듬은 것이다.7) 단군에서 고려까지만 서술하였는데, 정통론을 벗어나 3조선설三朝鮮說을 따르고 3한을 각기 기紀로 서술한 점이 눈에 띈다.

국사 교과서의 간행은 1905년 을사조약이 체결된 이후에 더욱 활발해졌다. 그만큼 위기감이 고조된 결과였다.『역사집략歷史輯略』8)과『대

---

6)『東國歷代史略』과『大韓歷代史略』은 기실 書名만 다를 뿐 같은 책으로서, 후자는 고려까지만 다룬 전자에 이어 조선의 역사만 다룬 것이다. 학부에서 기존에 간행한 국사 교과서들을 망라하고 증보하여 모두 8권 5책으로 편집하였다.『大韓歷代史略』 끝에 붙여진 學部 編輯局長 李圭桓의 跋文에 의하면, 前祭書 金澤榮이 편찬의 주무를 담당했다고 한다. 중학교용 국사 교과서가 이렇게 비교적 巨帙로 간행된 것은 중학교 학제가 尋常科 4년, 高等科 3년의 7년제였기 때문이다. 전통적인 편년체 사서의 體例를 따른 이 교과서는 衛滿朝鮮紀를 한 글자 내려서 서술하고, 三韓 대신에 馬韓紀를 두는 등 馬韓正統論에 선 고대사 인식을 보인다. 마한이 멸망한 해를 A.D. 9년으로 보고, 三國紀에서도 이때까지는 마한의 開國紀年을 3국의 王曆보다 먼저 표기하였다. 권2 三國紀부터는 또 西曆紀元을 처음 도입하여 중국 및 일본의 王曆과 병기한 점이 주목된다. 三國紀의 年紀는 正統이 서지 않은 시기라는 이유를 들어 신라 고구려 백제 순으로 王曆을 모두 소개하고, 삼국을 통일한 文武王 8년부터 비로소 신라의 정통을 인정하여 권3 新羅紀로 편제하였다. 역시 가야와 발해에 대한 서술은 보이지 않는다.

7)『普通敎科 東國歷史』는 당시의 學部 編輯局長 李奎桓이 序文을 썼다. 이는 이 책의 편찬에 學部가 관여했음을 짐작하게 하는 사실이다. 대개 1895년 이래 학부가 간행해 온 교과용 도서는 학부가 직접 편찬한 것이 아니라 역사가들에게 서술을 의뢰하고, 간행만 학부에서 한 것이었다(金容燮,「日本・韓國에 있어서의 韓國史敍述」,『歷史學報』 31, 1966, 131쪽).

8)『歷史輯略』은 金澤榮이 찬술하여 學部 編輯局(編輯局長 李鍾泰) 명의로 간행한 순한문체

동역사大東歷史』9)가 당장 1905년에 간행되었다. 그런데 이 중 최경환崔景煥의 『대동역사』는 고대사의 인식에서 지금까지의 역사서와 다른 특징을 지녔다는 점에서 주목된다. 단군을 실존 인물로 생각하고 개국시조로 받든 것은 당시의 사서들이 공통적으로 취한 역사인식이었지만 대부분 자료의 부족을 빌미로 개괄적인 서술에 그쳤던 반면, 이 책은 당시 전하던 고조선 관련 기록을 그대로 사실로 받아들이고 망라하여 매우 상세하게 다뤘다. 고조선古朝鮮을 단군조선檀君朝鮮과 후조선後朝鮮으로 구분하고, 그 역년歷年이 단군조선 1212년, 후조선 929년이었다고 명기明記한 점이 우선 다른 교과서와 다르다. 기원전 1122년에 단군의 후손이 기자箕子에게 손위遜位하고 부여로 옮겨가서 부여국을 개창하였다고 한다. 부여왕 해부루解扶婁와 금와金蛙, 대소帶素 등이 모두 단군의 후예라는 것이다. 허목許穆의 『동사東事』, 이종휘李種徽의 『동사東史』로 이어지는 역사인식의 영향을 받은 서술이다.10)

의 고등용 교과서로서 단군에서 고려까지를 王紀 중심으로 다룬 편년체 개설서다. 金澤榮은 1894년 學務衙門의 編史局主事로 일하기 시작한 이래 줄곧 교과서 편찬에 종사해 오다가 1905년 당시에는 學部 編輯委員으로 있던 國學者였다. 이 책은 그가 이미 1902년에 『東史輯略』이라는 이름으로 간행한 국판 크기의 책을 4·6배판 크기로 판형을 바꾸고 제목을 변경하여 다시 출판하면서, 그 사이 새로 열람한 柳得恭의 『四郡志』와 『渤海考』의 내용을 附記로 增補한 것이다. 序文은 韓國學政參與官이라는 직명으로 學部에 배속되어 新敎育을 위한 敎科課程에 관여하고 있던 일본인 학자 幣原坦(시데하라 히로시)가 썼다.

9) 『大東歷史』 역시 순한문체의 고등용 교과서로서 崔景煥 편집과 鄭喬 편집의 두 종류가 있으나 단군에서 삼한까지만 서술한 전자에 삼국편과 통일신라편을 증보하여 후자로 간행한 것이었다. 崔景煥 편집의 『大東歷史』도 鄭喬가 評閱을 담당한 것으로 되어 있는데, 鄭喬가 이 책에 쏟았던 관심과 노력이 대단했다고 여겨진다. 그러나 鄭喬는 1904년 10월부터 濟州 郡守로 내려가 있었으므로 그가 직접 자료를 수집하고 편집하여 이를 이듬해에 간행했다고 생각되지는 않는다. 후자의 『大東歷史』가 鄭喬 편집으로 간행된 것은 독립협회의 간부로 활동한 경력을 가져 이미 명망이 높았던 그를 편집자로 내세움으로써 교과서의 권위를 높이려 한 의도에서 비롯한 일일 것이다.

10) 趙誠乙, 「朝鮮後期 歷史學의 發達」, 『金容燮敎授停年紀念論叢(1) 韓國史 認識과 歷史理論』, 1997, 24쪽.

그리고 이 책은 기자를 조선태조문성왕朝鮮太祖文聖王이라 칭하고, 그로부터 애왕哀王(준왕準王)에 이르기까지 38왕의 왕통을 빠짐없이 기록하였다. 후조선은 애왕 28년(B.C. 194)에 위만衛滿에게 망했으며, 나라를 빼앗기고 금마군金馬郡(지금의 익산)으로 도망쳐 나온 애왕이 죽자 태자인 탁卓이 왕위를 계승하여 국호를 마한馬韓으로 개칭하게 되었다고 한다. 마한은 무강왕武康王(탁)이 즉위한 때(B.C. 193)부터 마지막 왕인 학學이 백제百濟에게 멸망할 때(A.D. 9)까지 9왕王 202년을 유지한 것으로 나타난다.『삼국지三國志』등에 마한 54국으로 나오는 것을 여기서는 마한의 54주州로 파악하였다.

1906년에는 현채의『중등교과 동국사략中等教科東國史略』, 원영의元泳義・유근柳瑾의『신정동국역사新訂東國歷史』,11) 국민교육회의『대동역사략大東歷史略』12) 등이 간행되었다. 이 중『중등교과 동국사략』은 최초의 근대적 역사서라는 점에서 주목되는 책으로, 일본인 학자 하야시 다이스케林泰輔가 쓴『조선사朝鮮史』7권13)을 현채가 국한문 혼용체로 편역編

金英心・鄭在薰,「朝鮮後期 正統論의 受容과 그 變化 – 修山 李種徽의『東史』를 중심으로 –」,『韓國文化』26, 2000, 191쪽.

11)『新訂東國歷史』는 단군조선에서 고려까지를 편년체로 서술한 개설서로서 張志淵이 교열을 담당한 국한문혼용의 초등용 교과서다. 張志淵은 서문에서 教科를 설치함에 있어서는 반드시 자기 나라의 역사를 앞세우는 것이라면서, 조국의 정신을 불러일으키고 민족적인 동질성을 고취함으로써 애국의 혈성을 배양하고 발전하겠다는 의지를 공고히 해야 한다고 역설하였다. 그러나 뜻은 이러하였지만 전통적인 史體에 입각하여 근대성을 지향하지는 못하였다.

12) 國民教育會가 간행한『大東歷史略』은 고려까지만 다룬 편년체의 초등용 교과서였다. 삼국시대 서술에서는 고구려와 백제를 附로 기술하여 신라중심의 인식을 보인 사실 외에 다른 특징은 보이지 않는다.

13) 林泰輔(하야시 다이스케)는 東京大學 古典講修科를 졸업하고(1887), 그가 배운 고증학적 방법에 토대를 두고 서양사의 체제를 모방하여『朝鮮史』5권(1892)과『朝鮮近世史』2권(1901)을 저술하였다. 시대를 太古・上古・中古・슥代로 구분하고 각 시대에 관해 政治的 變遷, 對外關係, 制度, 教法, 文學・技藝, 産業, 風俗 등을 정리 설명한 것이다. 이를 싸잡아 통칭『朝鮮史』7권이라 한다.

譯한 것이다. 현채는 자서自序에서 "학부學部에서 용역傭譯하며 몇 부의 역사서를 편집하였는데 노고勞苦가 헛되이 체제體制가 서지 않아 보는 사람으로 하여금 제대로 이해할 수 없게 하였으므로 부끄럽고 창피함이 심하였다."고 술회하고, 하야시의 『조선사』가 부문별로 일목요연하게 잘 서술하였으므로 이를 번역하게 되었다고 하였다.14) 그러나 『조선사』는 일제의 대륙침략을 합리화할 목적으로 한국사를 연구한 하나의 결과물이었으므로 현채로서는 이를 그대로 완역하여 소개할 수 없었다.

현채는 『조선사』가 부정否定한 단군의 실재성을 인정하여 그의 조선 건국을 사실로 서술하였고, 『조선사』가 대서특필한 한사군漢四郡 및 임나일본부任那日本府 관련 기술을 아예 삭제하였으며, 마한과 관련해서는 최경환의 『대동역사』를 받아들여 무강왕 탁武康王卓부터 원왕 학元王學에 이르는 왕통을 그대로 소개하였다. 또 역사상의 위인偉人·명장名將을 소개하고 외침外侵에 대한 저항을 상세히 다뤄 자주성과 독립성을 고취하였다. 『조선사』가 일본의 승리로 서술한 임진란壬辰亂 항목에서 이순신李舜臣과 의병義兵의 활동을 상세히 서술한 것은 그 한 예다. 현채가 책 이름을 바꾸어 『동국사략東國史略』이라 한 것도 이런 맥락에서였다. 현채는 자서自序에서, 우리 한국사를 읽은 후에 만국사를 읽어 안목을 넓히고 세계정세를 인식하며, 힘을 다해 병兵·형刑·농農·공工 등의 실천사업實踐事業에 노력하면 머지않아 지난날의 문화를 회복하고 독립국으로서의 면모를 떳떳이 이룰 수 있을 것이라고 기대하였다.

그러나 이 책의 저본이 역시 『조선사』였던 까닭에, 신공후神功后가 신라를 침범함에 신라왕이 동생인 미사흔未斯欣을 인질로 보냈다고

---

14) 韓國學文獻研究所 編, 『韓國開化期教科書叢書』 16, 亞細亞文化社, 1977, 3~6쪽.

하는 등 일본 측의 견해를 거르지 않고 그대로 서술한 부분이 적지 않다. 그렇지만 당시 이 책은 한국사를 가장 잘 정리한 책으로 호평을 받아 여러 학교에서 사용되었고 민간에서도 교양서로 널리 읽혔으므로 재판再版을 거듭하였다. 그리고 이 책의 체재는 그 후의 역사서술에 기준이 되었다.15)

1908년에는 정인호鄭寅琥(1869~1945)의 『초등대한역사初等大韓歷史』, 유근柳瑾(1861~1921)의 『초등본국역사初等本國歷史』, 조종만의 『초등대한력〈』, 헐버트·오성근吳聖根 공저共著의 『대한력〈』가 간행되었다. 정인호의 『초등대한역사』는 국한문혼용의 초등용 국사 교과서로서, 인물 또는 사건에 관한 그림과 지도를 여러 곳에 삽입하고 전설과 설화를 많이 소개하여 학생들의 흥미를 유발한 점에서 지금까지의 다른 교과서와 구별되는 새로운 형식의 교과서였다. 고조선과 삼한의 판도를 나타낸 지도와 여러 인물상은 자료로서의 가치가 인정된다. 정인호는 이 책에서 단군에서 삼한까지를 상고上古, 삼국에서 후삼국까지를 중고中古, 고려를 근고近古, 조선을 현세現世로 시대구분하고, 왕 중심의 편년체編年體와 정통론에서 탈피하여 근대적인 역사서술을 시도하였다. 발해국편을 두어 발해사를 한국사로 인식하고, 김수로金首露가 가락駕洛을, 뇌질주일惱窒朱日이 가야伽倻를 각각 건국하였다고 이해한 점도 눈에 띈다. 삼한이라는 명칭의 유래와 관련해서는 한강 남쪽에 일대륙一大陸이 있었기 때문에 '일一' 또는 '대大'를 뜻하는 '한韓'이라고 칭한 것이었다고(한韓이라칭稱홈은한강남漢江南에일대륙一大陸이유有혼고故로방언方言에일一이라대大라ᄒᆞᆫ의義롤역譯홈이라) 해설했다. 그리고 신라新羅에

---

15) 金容燮, 앞의 논문, 1966, 129~132쪽.

서는 박제상朴堤上의 고사故事를 자세히 소개하여 일본에 대한 저항의식
을 고취하는 한편 소정방蘇定方이 김유신金庾信에게 사죄謝罪한 사실을
그림과 함께 실어 민족의 자주와 자존을 강조하였다.

　조종만의 『초등대한력亽』와 헐버트 · 오성근 공저의 『대한력亽』는
순수하게 한글로 쓰여진 책이라는 점이 특징이다. 조종만의 책은 유근
의 『초등본국역사』를 우리글로 옮긴 것인데 서문에서 우리 역사를
순한글로 편술한 의도가 자국의 문자로 독립의 기본을 삼아 우리가
자주국이요 자유민임을 세계에 표시하고자 함에 있다고 밝혔다. 헐버
트H. B. Hulbert는 1886년 육영공원育英公院의 외국어 교사로 초빙된 미국
인으로서, 이 책에서 기독교적인 평등사상을 드러내고자 하였다. 한글
전용으로 서술된 이들 교과서는 소학교 학생들이 국사를 이해하는
데 실질적으로 큰 기여를 했으리라 짐작된다.

　한편, 통감부統監府가 1908년 8월 학부령學部令으로 「교과용도서에
관한 규정」을 공포하여 교과서 행정에 관한 모든 사무를 장악하고
민간 발행의 교과서를 통제하기 시작하자 국사 교과서의 간행 활동이
크게 위축되었다.16) 한국인의 애국심을 고취하고 반일감정을 자극하
는 책은 이 규정에 의해 교과서에서 제외하도록 하였기 때문이다.
이에 따라 9종의 국사 교과서가 인가를 받지 못하게 되었는데, 여기에는
최경환의 『대동역사』, 현채의 『보통교과 동국역사』와 『중등교과 동국
사략』, 원영의 · 유근의 『신정동국역사』, 정인호의 『초등대한역사』 등
이 포함되었다. 이 시기에 출간된 교과서의 다수가 고려까지만 다뤄
현실 문제에 대한 역사적 인식을 회피했음에도 불구하고 이런 교과서까

---

16) 정선영 · 양호환 · 김한종 · 이영효, 『역사교육의 이해』, 三知院, 2001, 272~273쪽.

44

지 인가에서 제외한 것은 교과서의 내용보다 저자들의 사상과 활동 자체를 중시한 결과로 보인다. 현채의『중등교과 동국사략』은 하야시 다이스케의『조선사朝鮮史』를 편역한 것이었는데도 인가를 받지 못했을 뿐더러, 이듬해에는 내부대신발매금지도서內部大臣發賣禁止圖書로 분류되 어(1909년 5월 5일자) 아예 판매 자체가 불가능해졌다.

1909년에도 박정동朴晶東의『초등대동역사初等大東歷史』, 안종화安鍾和 의『초등본국역사初等本國歷史』, 흥사단興士團 편編의『초등본국약사初等本 國略史』 등이 간행되었고, 1910년에는 유근의『신찬초등역사新撰初等歷史』 등이 간행되었으나, 단편적인 사실 나열에 그치고 일제의 침략을 인정 하기도 하는 등 그 역사의식이 현저히 후퇴한 것들이었다. 국사 교육을 통한 민족정신의 함양과 독립정신의 고취는 이제 더 이상 기대하기 어려운 여건이었다.

한편 이 무렵에 이루어진 연구로서 특히 고대사 이해와 관련하여 주목되는 것이 1908년『대한매일신보大韓每日申報』에 연재된(8월 27 일~12월 13일, 50회) 신채호申采浩의『독사신론讀史新論』이다.17) 신채호 는 여기서 국가를 민족정신으로 구성된 유기체로 이해하고, 따라서 국사는 모름지기 민족사 발전의 전 과정을 단계적으로 파악한 형태여야 한다고 주장했다. 왕조 혹은 정통론 중심의 이해는 국가를 일족一族 혹은 개인의 소유물로 본 결과이므로 이런 좁은 시각에서 벗어나야 한다는 것이다.

신채호는 우리 민족을 이룬 종족을 선비족鮮卑族·부여족夫餘族·지나 족支那族·말갈족靺鞨族·여진족女眞族·토족土族의 여섯으로 나누고 이

---

17) 申采浩,『讀史新論』, 1908 ; 丁海濂 編譯,『申采浩 歷史論說集』, 현대실학사, 1995.

중 단군의 자손인 부여족이 민족사의 주인이라고 파악했다. '4천년 우리 역사는 부여족의 흥망성쇠의 역사'라는 것이다. 그리고 이러한 이해 위에서 우리 민족사는 압록강 유역에서 일어나 북으로는 요동 및 만주로, 남으로는 한반도로 뻗어나간 역사라고 보았다. 그러나 남북으로 나뉜 민족이 서로 다툰 결과 대륙의 강대한 국가와 쟁패하던 북쪽 민족을 남쪽 민족이 공격하는 어리석음을 범하여 북방 영토의 상실을 초래하고 말았으며, 그러면서도 남방 영토에 안주하여 조상의 발상지를 되찾지 못한 것은 물산이 풍부하여 생업이 자족한 때문이었다고 하였다.

　국사를 민족사로 이해하고, 역사 주체와 활동 무대의 변화를 두 축으로 삼아 그것을 해석한 것은 일찍이 볼 수 없던 새로운 안목이었다. 신채호가 무엇보다 유의하고 있었던 것은, 당시의 국사 교과서와 사서史書들이 하나같이 고래古來의 역사인식에서 벗어나지 못하고,18) 각 시대마다 당대當代의 강대국을 앞세워 스스로 종속적인 처지에서 역사를 이해해 온 현실이었다. '한 가닥 아직 남아 있는 나라의 명맥을 지키고자 한다면 역사를 버리고는 다른 방책이 없다고 할 것'인데도, 자기 역사 발전의 계기를 다른 민족에게서 찾고 있으니 차라리 역사가 없는 것만 같지 못하다는 것이 신채호의 소견이었다.19)

　19세기 말부터 모색되던 주체적이고 근대적인 역사인식은 신채호에

---

18) 한말의 교과서에 보이는 역사인식은 혈통관념으로서의 민족의식이 미약하고, 유교중심의 문화 의식에 국한되며, 한반도 중심의 小朝鮮主義를 탈피하지 못한 한계를 보였다. 이는 조선 후기의 민족지향적 역사가들의 인식보다 오히려 더 후퇴한 형태였다(韓永愚, 「韓末에 있어서의 申采浩의 歷史認識」, 『丹齋申采浩先生誕辰100周年紀念論集 - 丹齋申采浩와 民族史觀 -』, 螢雪出版社, 1980, 149~160쪽).

19) 申采浩, 앞의 책, 13쪽.

의해서 이때 비로소 그 구체적인 관점과 내용이 분명해지고 있었다. 서양사의 체제를 모방하여 왕조 중심의 편년사와 정통론을 탈피한다고 해서 역사학의 근대성이 저절로 획득되는 것은 아니었다. 봉건적 지배층 중심의 역사인식에서 벗어나 민족 전체가 역사의 주체가 된다는 점에 종래의 사체史體를 탈피하는 의미의 본질이 있다는 사실과, 민족사의 전개 과정을 타율에 기대지 않고 내재적 발전 과정으로 설명해 낼 수 있어야만 역사인식의 주체성이 확보된다는 사실을 깨닫지 못한다면 '근대성'이란 단순한 표방에 불과한 것이었다. 이 점에서 역사는 사실의 나열이 아니라 그 자체가 사상이고 정신인 것이었다. 신채호는 이를 어렴풋이 깨달아 가고 있었다.

2. 근대역사학의 성립과 한국고대사의 위치

1910년 8월 29일 국치國恥를 당한 후, 한국인은 주체적으로 국사를 연구하고 교육할 권리를 박탈당하였다. 우선 역사교육에서는, 이듬해 8월 23일에 공포된 제1차 조선교육령에 따라 초등의 보통학교와 중등의 고등보통학교 과정에서 한국사를 가르치지 못하게 되었다. 보통학교에서는 아예 역사 과목의 설치가 허용되지 않았고, 고등보통학교에서는 일본사와 세계사만을 가르칠 뿐이었다. 이 시기의 '국사國史'는 곧 일본사日本史였다. 1919년에 3·1운동이 일어나자 그 이듬해에는 이른바 '문화정치'를 표방하면서 교육령의 일부를 개정하여, 일본열도에서 사용하는 일본사 교과서(『심상소학국사尋常小學國史』)를 그대로 가져다 보통학교 교재로 쓰면서 보조교재인『심상소학국사보통교재尋常小學國史普通教材』를 따로 만들어 이를 통해 한국사를 가르치도록 하였으나, 한국인으로서의 민족정신이나 독립의식을 갖게 할 우려가 있는 내용은 철저히 배제하였다.

　제2차 조선교육령 시기(1922. 2. 4~1938. 3. 3.)에는 '국사(일본사)' 교재 내용 중에 한국사를 부분적으로 군데군데 끼워 넣어 교육했다. 일본사만이 아니라 한국사의 큰 줄거리도 알게 한다는 것이 표방되었지만 기본은 한국사의 특수성과 후진성을 강조함으로써 일제의 식민 지배를 정당화하는 데 있었다. 그러나 민족말살정책이 본격화된 제3·4차 조선교육령 시기에는 이마저도 더 이상 허용되지 않았다. 우리말을 사용하는 것 자체가 금지되는 형편이었으니 그 역사를 운위하지 못함은 두말할 나위 없는 일이었다. 그러므로 일제강점기에 한국인의 민족의식은 마음으로 내연하였고, 이를 겉으로 표출하는 행동 자체가 독립운동으로서 의미를 지녔다.

　한국의 전통적인 국사 연구와 서술은 18세기에 들어와 실학자들에 의해 연대年代나 지리地理를 고증하고 오류를 바로잡는 방향으로 발전하고,[20] 19세기 말에는 변법자강變法自强의 맥락에서 사실의 역사적 의미를 추구하는 방향으로 발전하고 있었다. 안정복의『동사강목東史綱目』과 정약용의『아방강역고我邦疆域考』등이, 민족의식과 독립정신을 강조한 한말의 여러 교과서들이, 그 산물이었다. 앞에는 '실사구시實事求是'를 중시한 청조淸朝 고증학考證學의 영향이, 뒤에는 '미언대의微言大義'의 궁구窮究를 표방하며 학문의 현실적인 기여를 중시한 공양학公羊學과 양명학

---

20) 趙誠乙, 앞의 논문, 11~39쪽.

陽明學의 영향이 각각 작동하고 있었지만, 정작 이러한 역사학의 발전을 견인한 것은 그 시대의 사회 변화를 체험하며 전위적으로 살아간 지식인들의 고뇌였다. 전통적으로 역사가歷史家는 연구자이면서 동시에 교육자였다. 본질 상, 연구와 교육은 분리될 수 있는 것이 아니었다.

그러나 일제가 한국을 강점한 후, 한국사 연구는 근대역사학의 소양을 갖춘 일본인들이 도맡고 한국인들은 그 결과를 배우고 가르치기만 하면 되는 것처럼 형세가 굳어졌다. 연구와 교육이 분리되기 시작한 것이었다. 랑케Leopold von Ranke 사학史學의 문헌비판적인 사풍을 이어받아 사료에 대한 합리적 이해를 내세운 일본인 학자들은 한국 정통역사서의 많은 기록들을 허구虛構와 날조로 간주하고 고대부터 계승되어 온 한국인의 역사인식을 근거 없는 신념으로 매도하였다. 이들은 특히, 한국인들이 민족정신의 출발점으로 삼고 있던 고조선사古朝鮮史를 초토화시켰다. 합리의 이름으로 단군조선의 실재성이 부인되고, 과학적 인과론의 이름으로 한사군의 정치적 문화적 영향이 대서특필되며, 실증의 이름으로 '임나일본부의 남선南鮮 지배'가 사실화하였다. 그리고 그 위에 한국사 전반을 압도한 특징으로 타율성과 정체성이 부각되었다.21) 한국인 교사는 이를 그대로 가르치고, 한국인 학생은 그것을 배울 수밖에 없는 처지에 놓였다.

한국 정통역사학의 유산을 계승한 역사가들은 연구방법론을 시급히 근대화해야 함과 동시에 일제의 침략적 역사인식에 대항해야 하는 이중의 부담을 안게 되었다. 그러나 무엇보다 중요한 것은 빼앗긴 조국을 되찾기 위한 '사업'을 실천하는 것이었다. 이는 청조의 공양학·

---

21) 金容燮, 앞의 논문, 133~136쪽.

양명학陽明學이나 근대 역사학의 현재 중심적 학풍과 무관하게, 국치國恥의 책임을 면할 길 없는 봉건 지식인으로서의 책무와 관계된 일이었다. 따라서 방향은 명백하였다. 하나는 근대 역사학의 방법론에 입각하여 일제에게 부인당한 기록들을 합리적으로 설명해 내는 것이었고, 또 하나는 봉건적 계급성에 토대한 인식을 철저히 탈피해 한국 민족 전체에게 역사 주체로서의 지위를 돌려주는 것이었다.

이미 갑신정변과 갑오개혁의 실패를 통해 민중의 지지를 받지 못한 운동은 그것이 무엇을 추구하든 실효가 없다는 사실을 절실히 체험했던 당시의 역사가들은, 민족 전체가 역사의 주체이며 이러한 인식 위에서야만 독립 또한 실현될 수 있다는 사실을 잘 알고 있었다. 이는 정통역사학의 근대적 성립이 곧 독립을 위한 출발이고 기반임을 의미하였다. 그러나 이는 결코 쉽게 이룰 수 있는 일이 아니었다. 제대로 된 고등교육기관에 들어가 근대 역사학의 방법론을 체계적으로 학습하기도 어려웠지만, 왕실과 관부官府를 조선총독부朝鮮總督府가 장악하고 소장 도서를 독점하였으므로 필요한 자료를 열람하는 일조차 용이하지 않았다. 더구나 언론의 자유가 철저히 통제되었으므로 민족의 자주와 독립에 대해 말을 꺼낼 수도 없는 형편이었다.

정통역사학자들은 독립운동을 위해, 그리고 민족 주체의 역사의식을 체계화하기 위해 국외로 망명하였다. 박은식朴殷植(1859~1925)과 신채호申采浩(1880~1936)가 그 대표적인 사학자였다. 이들에게 부과된 가장 큰 과제는 도대체 우리가 무엇을 잃은 것인지, 그리고 어쩌다 이 지경에 이르렀는지 역사적으로 해명하는 일이었다. 이들은 우리가 단순히 나라를 잃었다고만 생각해서는 부족하다고 믿고 있었다. 국권을 빼앗기고 영토를 잃은 것은 조선 왕실과 양반 지배층일 뿐 피지배 민民은 잃은 것이 없다는 사고방식이 나돌고, 온 겨레의 복리와 발전을 위해서는 일본의 지배가 오히려 바람직하다는 주장이 공공연히 피력되는 판이었다. 한국민은 나라만이 아니라 정신도 잃은 것이 분명하였다.

정통역사학자들은 만주 대륙의 광활한 강역疆域이 모두 우리 조상이 물려준 땅인데도, 그것을 잃고 한반도에 틀어박혀 살면서 옛 땅을 되찾고자 노력하기는커녕 스스로 '소중화小中華'라 하여 중국의 노예됨을 영광으로 알고 살아온 것이 오늘날의 결과를 초래한 근인根因이라고 생각하였다. 영토의 상실은 어제오늘의 일이 아니며, 우리가 조상의 근로와 공덕을 잊고 자주 독립의 정신을 잃은 고려 때부터 이미 그 상실이 시작되고 있었다는 인식이었다. 따라서 이들은 고려 이전 시기의 기상氣像을 되찾는 것이 독립정신을 바로 세우는 일이라고 믿었다. 일제의 관학자官學者들에 의해 파괴된 한국고대사를 시급히 복원해야 할 이유가 여기에 있었다.

박은식은 1911년에 『몽배금태조夢拜金太祖』, 『천개소문전泉蓋蘇文傳』, 『대동고대사론大東古代史論』(이상 현전現傳), 『동명왕실기東明王實記』, 『발해태조건국지渤海太祖建國誌』, 『명림답부전明臨答夫傳』(이상 실전失傳) 등을 저술하였다. 모두 고대사에 관한 글이었다. 박은식은 우리가 영토뿐 아니라 민족도 잃어 왔다고 생각했다. 고구려와 발해를 형성했던 만주족 또한 단군의 자손으로서 우리의 동족인데, 분리되어 살면서 오랫동안 왕래하지 않아 언어가 통하지 않게 됨에 따라 다른 종족처럼 되고 말았다는 것이다. 그는 이러한 이해 위에서 당시 활발하게 전개되고 있던 한국인의 만주 지역 이주를 역사적인 맥락을 가진 일이라고 보고,

그동안의 격절을 극복하는 좋은 계기가 될 것으로 기대하였다.[22]

역사를 올바로 안다면 되찾아야 할 강역은 한반도만이 아닌 셈이었다. 만주족이 '조선족'과 동족이라는 역사의 진상을 깨달아준다면 만주 대륙의 회복은 단순한 몽상이 아닐 것처럼 여겨졌다. 『몽배금태조』와 『대동고대사론』이 이런 그의 역사적 신념을 표출한 것이다. 그리고 이와 같은 생각의 연장에서 박은식은 잃어버린 영토를 되찾기 위한 전제가 역사에 대한 정확한 인식이라는 데 주목하였다. 국가가 형체라면 역사는 정신이므로 정신이 보존되어 소멸하지 않으면 형체는 반드시 부활할 시기가 있으리라는 생각이었다.[23] 역사는 곧 '국혼國魂'이라는 것이 그가 깨달은 역사의 본질이었다. 그는 '국혼'을 되살려 유지하는 일에 그의 생애를 바쳤다.[24]

신채호의 생각도 사상과 정신이 민족의 성쇠를 가름한다고 여긴 점에서 기본은 박은식과 같았다. 그러나 신채호는 민족의 종교가 나라를 되살리리라고 믿어 대종교大倧敎에 투신했던 박은식의 신념에 유보적이었다. 유대민족이 그 확고한 종교로서도 침륜沈淪의 화禍를 면치 못한 사실로 미루어, 정신을 확립하는 일만큼 현실의 환경에 잘 적응하는 것이 중요하다고 생각한 때문이었다. 그러므로 신채호로서는 역사 주체인 민족의 범위를 만주족에까지 확대하는 견해에 동조하기 어려웠다. 조선사朝鮮史의 주체인 '아我'는 현재의 조선민족이어야 한다는 것이

---

22) 박은식, 앞의 『夢拜金太祖』, 53~57쪽.

23) 박은식, 『韓國痛史』 緖言, 上海 : 大同編譯局, 1915 ; 李章熙 역, 『韓國痛史』, 博英社, 1996, 25쪽.

24) 愼鏞廈, 「朴殷植의 生涯와 思想과 獨立運動」, 『季刊 現代社會』 가을호, 現代社會研究所, 1982, 23~46쪽.
   韓永愚, 「1910년대 朴殷植의 民族主義 史學」, 『韓國民族主義歷史學』, 一潮閣, 1994, 123~146쪽.

그의 소견이었다. 여진女眞·선비鮮卑·몽골蒙古·흉노匈奴는 본디 아我의 동족이지만 이미 분리된 존재라고 인식한 것이었다. 다만 이들이 분리된 뒤에 다시 합하지 못한 의문은 해명되어야 할 과제라고 생각했을 뿐이다.

또한 신채호는 근대 역사학의 방법론에 더 밝았다. 일찍이 『독사신론讀史新論』에서, '새로운 역사를 지어내려면 첫째로 우리나라 문헌의 정사正史와 야사野史를 다 모아 조각난 자료를 가려 뽑고, 둘째로 횃불 같은 눈빛으로 고금의 정치·풍속의 각 분야를 정밀하고 자세하게 관찰'해야 한다는 연구 방향을 세웠던 그였다.25) 그는 역사가란 모름지기 사실을 그대로 직시하지 않으면 안 된다고 여겼다. 역사는 '객관적으로 사회의 유동 상태와 거기서 발생한 사실을 그대로 적은 것'이지, '저작자의 목적에 따라 그 사실을 좌우하거나 첨가添加 혹은 변개變改하라는 것이 아니'라는 것이었다. 그러나 그는 역사를 기록하는 데서 더 나아가 역사를 연구함으로써 사학史學으로 발전시켜야 한다고 생각했다. 그의 근대 역사학에 대한 이해는 『조선사朝鮮史』(뒤에 『조선상고사朝鮮上古史』로 개제改題 간행) 총론總論에 잘 집약되어 있다.

신채호가 '연구'하고자 했던 것은 잃어버리거나 왜곡된 조선 역사의 진면목이었다. 그것을 찾음으로써 국민성을 발견하고 민족 발전의 방향을 설정한다는 것이 그가 역사를 연구한 이유이고 목적이었다.26) 그는 유가儒家의 사대주의事大主義에 의해 '낭가郎家'의 독립사상을 잃은 것이 역사상 가장 큰 손실이었다고 생각했다. 유가의 사서가 고조선사古朝鮮史의 진상을 호도糊塗 왜곡歪曲하고 국수國粹의 정신을 탕잔蕩殘했다는

---

25) 申采浩, 앞의 책, 13~14쪽.
26) 申采浩, 「檀君史考覽」, 『丹齋申采浩全集(下)』, 乙酉文化社, 1972, 403쪽.

것이다. 박은식의 '국혼國魂'이 신채호에 의해 '낭가사상郎家思想'으로 역사적 실체로서 구체화되고 있었다.

신채호는 이두문 해석과 사료 비판을 통한 지명地名 고증考證의 새로운 연구 방법론을 터득하고 '평양平壤'과 '패수浿水'가 이동하고 있었다는 확신을 가졌다. 이를 토대로 그는 「전후삼한고前後三韓考」를 작성하였는데, 이 논고는 근대역사학의 방법론에 입각하여 일제日帝 사가史家들의 왜곡된 한국고대사 인식을 정면으로 비판하고, 삼국의 형성 과정을 고조선사古朝鮮史와의 계기성繼起性 속에서 파악할 수 있는 안목과 단서를 제공한 귀중한 연구 성과였다. 그는 이로써 이미 근대 역사학자로서의 면모를 충분히 보여주고 있었다.

그러나 신채호 사학史學이 근대적인 이유는 그가 '근대'의 정신을 문화의 전 범위에서 이해하여 그것을 사관史觀으로 체계화하였다는 데 있다. 이는 그가 일제의 물리적 정신적인 침략과 저들의 논리에 부화뇌동하는 내부의 식민지근대화론에 맞서 온몸으로 투쟁하면서 중세의 체질을 반성 비판하는 한편, 자기 역사와 문화의 전통 위에서 근대 국가를 건설하고자 심혈을 기울여 노력한 데서 획득된 성과였다.27) 신채호는 역사학의 근대적 성립이 연구 방법론이라는 기술적인 문제로서만이 아니라 더 본질적으로 역사를 연구하는 자세와 정신에 달린 문제라는 것을 실천으로 보여준 사학자였다. 이 점에서, '실증성의

---

27) 金哲埈, 『한국문화전통론』, 세종대왕기념사업회, 1983, 146~161쪽.
　　鄭昌烈, 「韓末 申采浩의 歷史意識」, 『孫寶基博士停年紀念韓國史學論叢』, 知識産業社, 1988.
　　鄭昌烈, 「20세기 前半期 民族問題와 歷史意識 - 申采浩를 중심으로 -」, 『金容燮敎授停年紀念韓國史學論叢(1) 韓國史 認識과 歷史理論』, 知識産業社, 1997.
　　申一澈, 「申采浩의 近代國家觀 - 自强主義 '國家'에서 애너키즘的 '社會'에로 -」, 『申采浩의 思想과 民族獨立運動』, 螢雪出版社, 1986.

결여'나 '국수적 민족주의의 지나친 강조'를 가지고 그를 비판하려 한다면 그것은 역사의 본령을 외면한 처사라 할 수 있을 것이다.

박은식이나 신채호의 사학이 안고 있던 문제는 그들이 역사 주체라고 생각한 '민족'이 실제로는 행동하는 실체가 아니라는 점에 있었다. 3·1운동이라는 거국적이고 전全 민족적인 독립투쟁이 전개되었지만, 기실은 이를 탄압하는 데 앞장선 것도 역시 '조선민족'의 구성원이었다. 이런 반민족적 친일 지주층까지 우리 역사의 주체로 인식할 수는 없는 노릇이었다. 이에 민족 대신에 인민대중(민중)이라는 계급적 범주가 역사의 주체로 부각되었다. 그리고 또 다른 문제는 '국혼國魂'이나 '낭가 사상郞家思想'이 결국은 한국인에게만 고유한 특질일 수밖에 없다는 점이 었다. 즉 한국사의 '특수성'으로 정체성과 타율성을 주장하는 일제 사가들에 맞서 제시한 것이 필경 또 다른 형태의 '특수성'이었던 셈이다. 따라서 특수성을 앞세운 일제의 침략 사관에 제대로 대항하기 위해서는 우리 역사의 '특수성'보다 그 발전의 '보편성'을 학문적으로 입증하는 것이 더 유효하다는 방법론상의 반성이 일어났다. 이러한 문제의식을 가장 먼저 역사 서술로 표출한 사학자는 백남운白南雲(1894~1979)이었다.

백남운은 1918년 일본에 건너가 도쿄 상과대학東京商科大學(현재의 히토쓰바시 대학一橋大學)에서 경제학사經濟學史를 공부한 학자였다. 그의 지도교수는 일본 부르주아 사회학의 태두인 다카다 야스마高田保馬였지만, 당시 도쿄 상과대학의 교수진은 후쿠다 도쿠조福田德三, 우치다 긴조內田銀藏, 미우라 히로유키三浦周行 등 역사학파 경제학자들이 주류를 이루고 있었다. 특히 후쿠다 도쿠조는 독일 뮌헨 대학에 유학하여 브렌타노Ludwig Joseph Brentano에게서 신역사학파 경제학을 배우고 돌아와 '조선

사회 봉건제 결여설'을 주장함으로써 한국사의 정체성停滯性을 이론적으로 체계화한 인물이었다. 역사학파 경제학은 본디 후진자본주의 국가인 독일이 영국의 선진자본주의가 침투해 들어오는 것을 막고 자국 산업을 보호 육성하기 위해 성립한 것으로, 국민경제는 나라마다 그 역사적인 특수성이 있다는 데 논리의 근거를 두고 있었다.

백남운은 후쿠다 등에게서 한국사의 특수성과 관련한 강의를 들으면서 이를 극복할 새로운 방법론을 모색하였다. 그는 브렌타노에 대한 베버Max Weber와 좀바르트Werner Sombart 등의 비판에 유의하였다.[28] 즉 역사성이 경제적 요소를 결정하는 것이 아니라 진실은 오히려 그 반대라는 시각이었다. 그러나 이 이론을 한국사에 적용할 때는 한국이 처한 현재의 경제 상태를 극복하고 독립하여 비약할 수 있는 가능성을 찾기 어려웠다. 민족사적 특수사관으로는 인류사회 전체의 발전 과정을 밝히지 못하고, 세계사적 경제사관으로는 자연 환경론이나 기계론에 빠져 역사의 질적 전환을 망각하게 된다는 것이 백남운의 고민이었다.

백남운은 점차 마르크스·엥겔스의 유물사관唯物史觀과 계급투쟁사관階級鬪爭史觀에 빠져들었다. 한국의 역사적 현실을 이론적으로 파악하여 질적 전환을 실천적으로 도모한다고 할 때 당시의 학문 수준에서,

---

28) 백남운은 민족의 특수성을 주장한 역사학파 경제사에 대응하여 보편사적 세계사적 이해를 주장한 '경제사관학파'의 대표로 베버와 좀바르트 외에 쿠노(Heinrich Wilhelm Carl Cunow)를 들었다(『신동아』 3-2, 1933년 12월호에 실린 白南雲의 강연 속기록, 「朝鮮經濟史의 方法論」/ 하일식 편, 『백남운 전집4 - 彙編』, 이론과실천, 1991, 90쪽). 쿠노는 독일 사회민주당계의 경제학자이자 사회학자로 수정파 마르크스주의자였다. 백남운이 쿠노에 대해 알게 된 것은 사회학자인 그의 지도교수 高田保馬(다카다 야스마)를 통해서였지 않을까 짐작된다. 백남운은 東京商科大學의 수학 과정에서 역사학파와 경제사관학파의 이론적 대립, 마르크스의 유물사관 등 세계적 지식의 판도에 대해 알게 되었을 것이다.

그리고 그를 둘러싼 환경에서 이는 거의 필연인 셈이었다. 그는 1918년에 도일渡日하여 도쿄에서 야마모토 사네히코山本實彦의 집에서 하숙하였는데 야마모토는 1919년에 가이조사改造社를 창립하여 사회주의 출판물의 본산으로 성장시킨 사람이었다. 백남운은 1920년에 하숙을 옮겨 야마모토의 집에서 나왔지만 이후로도 교류는 이어졌다. 백남운은 가이조샤가 간행한 사회주의 서적들을 지속적으로 접하였을 것으로 추측된다. 그가 도쿄 상과대학 본과에 진학하던 1922년에 일본공산당이 창립되었다. 일본의 공산주의 운동이 본격화하고 있던 당시의 현실은 백남운의 역사의식 형성에 큰 영향을 미쳤을 것이다.[29] 그는 이 무렵부터 『조선사회경제사朝鮮社會經濟史』를 기고하였다고 한다.[30]

또한 백남운은 1923년 도쿄 대진재東京大震災(간토 대지진關東大地震)를 통해 민족적 참상을 직접 목격하게 되었다. 이 사건은 그의 민족의식을 크게 격발시켰던 것으로 보인다. 백남운은 『조선사회경제사』를 집필하게 된 동기의 하나로 '일선동조론日鮮同祖論에 대하여 과학적으로 그 정체를 폭로하려는 것'을 꼽았다.[31] 3·1운동 이후 크게 고양된 한국인의 독립정신을 무마하려는 의도에서 일제는 일선동조론을 내세우고 있었으나 이때 수천 명의 조선 양민을 학살하였으니, 이는 그들 스스로 일선동조론의 허구와 침략성을 폭로한 것이나 다름없는 일이었다. 백남운은 이를 계기로 '조선인의 현실적 존재로부터 반영되는 사회의식'을 더욱 첨예하게 가다듬으며,[32] 독자의 '조선사관'을 수립하지 않으

---

29) 趙東杰, 「年譜를 통해 본 鄭寅普와 白南雲」, 『한국독립운동사연구』 5, 1991, 398쪽.
30) 1956년 10월 과학원 역사연구소 주최의 토론회에 참석한 백남운의 「토론 요지」, 김광진·도유호 외, 『삼국 시기의 사회경제 구성에 관한 토론집』, 일송정, 1989, 346쪽.
31) 위와 같음.
32) 白南雲, 「朝鮮社會經濟史 出版에 대한 所感」, 『中央』 창간호, 1933 / 하일식 편, 앞의

면 일제의 침략사관에 대항할 수 없다는 점을 박은식·신채호 등과는
다른 각도에서 절실히 깨달았다. 상고上古의 민족 연원淵源에 주목하여
만주족을 조선족과 동족이라고 보는 관점에서는 같은 방식으로 일선동
조론을 주장하는 일제 침략사관의 허구를 파쇄破碎할 수 없음이 분명하
였다.

　백남운의 견지에서 박은식·신채호의 역사인식은 후쿠다 도쿠조와
분야만 다를 뿐 궁극적으로 특수사관이라는 점에서 같은 맥락에 서
있었다. 그리고 세계사적 경제사관이라는 것도 독립하여 민족국가를
건설해야 할 과제를 안고 있는 한국 사람으로서는 수용할 논리가 아님이
분명하였다. 역사가 현실을 대상으로 하는 학문이라고 할 때, 그 현실성
은 두 측면에서 동시에 모색되어야 할 과제였다. 하나는 노예와 같은
처지에 있는 한국사회를 자주적 민족국가로 비약(질적 전환)시켜야
한다는 현재의 당위적 현실이고, 또 하나는 역사상의 민중 전체가
실제로 생활하며 발전한 과거의 실체적 현실이었다. 따라서 문제는
이 양자를 여하히 통일적으로 체계화할 것인가에 있었던 것이고, 백남
운은 그 해답을 유물사관에서 구한 것이었다.

　그는 역사가가 지녀야 할 제일의 덕목은 냉철한 과학적 논리성이라고
확신하였다. 현재의 실천적 현실에만 매몰된다면 이는 획득될 수 없는
것이었다. 이를 획득하려면 고통스럽더라도 세간의 통념에 맞서 고대
문헌을 자유롭게 비판할 수 있는 용기가 필요하였다. 그리하여 그는
'조선민족의 역사적 현실에 대한 이론적 검토의 제일보'로서 단군을
한국사의 출발점으로 보아온 지금까지의 견해에 과감히 반기를 들었다.

　책, 86쪽.

'단군은 원시적 존장에 대한 칭호'일 뿐 '실재적 인격자도 아니고 우리의 민족적 시조도 아니'라고 선언한 것이었다. 그가 설정한 한국사의 출발점은, 통념대로라면 불경스럽게도, '원시공산사회'였다. 이로써 그는 단군신화를 '조선 문화의 효모, 더 나아가 동방문화의 연원으로까지' 믿고 있는 단군론자들의 환상적 민족관을 폭로하고자 한 것이었다.[33]

백남운은 그의 견해를 체계화하여 『조선사회경제사朝鮮社會經濟史』(1933)와 『조선봉건사회경제사朝鮮封建社會經濟史』(1937)로 발표하였다. 여기서 종래의 한국사 인식은 완전히 파괴되어 재편되었다. 그는 한국사가 원시씨족사회에서 출발하여 원시부족국가(삼한三韓·부여扶餘·고구려高句麗·동옥저東沃沮) 단계를 거쳐 노예국가(삼국三國), 집권적 봉건국가(고려·조선) 시대로 발전했다고 보았다. 고대사와 관련해서는 특히 노예제사회의 존재를 인정하면서 그 물적 토대를 '토지국유제'로 파악한 점이 특징이다. 그러나 이는 논리적으로 명백한 모순으로서, 본디 노예제적 사회구성은 토지에 대한 사유의 발생을 기초로 성립하는 것이므로 토지 국유와 병립할 수 있는 개념이 아니었다. 또 그는 노예제사회 결여론을 토대로 성립한 아시아적 생산양식론을 수용하여 한국에서 노예제사회가 아시아적 생산양식(봉건제사회)으로 발전했다고 논증했는데, 이것도 논리상 맹점이 있는 구상이었다.[34] 개념의 혼란도 없지 않았다. 이를테면 '부족국가'는 '부족'이라는 혈연 개념과 그것을 벗어난 단계에서 성립하는 '국가'를 합칭合稱한 것으로서 그 실체를 가늠하기 어렵다고 비판받을 소지가 있는 개념이었다.[35]

---

33) 白南雲, 『朝鮮社會經濟史』, 改造社, 1933, 22쪽.
34) 방기중, 「백남운의 역사이론과 한국사인식」, 『역사비평』 9, 1990, 218~230쪽.
35) 金貞培, 「韓國古代國家起源論」, 『白山學報』 14, 1973, 62~70쪽.

물론 지금에 와서는 그의 견해가 가진 한계를 얼마든지 지적할 수 있고 또 그것을 분명하게 알아야 마땅하다. 그렇지만 많은 문제점에도 불구하고, 보편성과 법칙성에 입각하여 한국사의 발전 과정을 내재적·계기적으로 파악하고자 한 그의 문제의식은 지금까지도 여전히 유효하다. 백남운이 제시한 역사적 구상의 한계를 간단히 지적하고 그를 극복했다고 단언하는 것은 치기稚氣에 불과하다.

백남운이 특수사관을 극도로 배격할 때, 그가 자신의 논리를 마음껏 펼칠 수 있도록 고·중세의 한문 원전을 해석하여 제공하고 격려한 이는 박은식·신채호를 존경하여 그 사학 정신을 계승한 정인보鄭寅普 (1893~1950)였다.36) 정인보는 백남운보다 한 살 많은 또래였는데, 두 사람은 연희전문학교延禧專門學校에 함께 교수로 있으면서 학문의 반려자로서 서로 많은 영향을 주고받았다. 정인보는 백남운을 '얼'이 있는 사가史家라고 여긴 것이었다.

정인보는 역사만이 아니라 모든 학문과 예교禮敎와 문장의 본질이 '얼'이라고 생각했다. 그가 역사를 통해 풀고자 했던 과제는 '할 수 없어', '원체 그러니까' 하는 식으로 표출되는 한국인의 패배의식이었다. 이광수李光洙의 민족개조론과 같이 우리 민족성을 비하하는 사고는 스스로 정체성正體性을 상실한 결과로서 '얼'빠진 것이고, 이는 '자실自失' 한 것이지 누가 '약취掠取'한 것이 아니라는 점에서 문제가 매우 심각하다고 생각한 것이었다. '과거의 탁절卓絕·기위奇偉·장특壯特·정고貞固함' 을 잊는 것은 기억상실증에 걸린 '얼'빠진 행위이므로, '얼'의 본질인

千寬宇 編, 『韓國上古史의 爭點』, 一潮閣, 1976, 215~217쪽.
李基白, 「高句麗의 國家形成 問題」, 『韓國古代의 國家와 社會』, 一潮閣, 1985, 83~85쪽.
36) 趙東杰, 앞의 논문, 404~407쪽.

과거에 대한 기억 곧 역사를 통해 그 '얼'을 되살려야 한다는 것이 정인보가 한국사를 연구하고 서술한 이유였다.[37)]

　정인보는 단군을 조선의 시조로 믿어 의심치 않았다. '단군은 신神이 아니요 인人'이며, 그의 사적事迹은 신화가 아니라 역사라는 것이 그의 소견이었다.[38)] 이 점에서 그는 백남운과 다른데, 이는 그가 동양 고전에 더 해박한 지식을 가졌던 데서 나온 차이로서 정인보가 백남운보다 신화나 고대 문화에 대한 근대 학문의 성과를 덜 이해하고 있었기 때문에 나온 것이 아니라는 사실에 유의할 필요가 있다. 정인보는 '남의 기술記述에서 내 사료를 가져온 것이 많은' 한국 고대사의 원형을 복원하는 데 특히 심혈을 기울인 사학자였다.[39)] 그는 우리의 본래의 어떤 모습을 중국인들이 그렇게 기록했는지 늘 되짚어 생각하였고 이 면에서 적잖은 성과를 냈다.

　예컨대 '조선朝鮮'은 어떤 한 나라의 국명國名을 특칭特稱한 것이 아니라 '관속管屬된 토경土境'이라는 뜻을 가진 말로 치하에 여러 국가를 세워 이를 총괄하여 부른 명칭임을 밝힌 것, '예濊'는 '고故'의 역譯인 '예'로서 특정한 나라 혹은 부락·종족을 지칭한 말이 아님을 밝힌 것, 진국辰國을 고조선의 후신으로 본 것 등은 지금으로서도 다시 음미해 볼 가치가 있는 탁견卓見이다. 그는 한군漢郡이 압록강을 건너온 적이 없음을 여러 자료를 통해 확신하였다. 기실 정인보는 우리나라의 전통적인 문헌고증사학을 계승하여 근대적인 실증사학으로 한 단계 끌어올린 역사가로

---

37) 鄭寅普, 『朝鮮史研究』, 서울신문사, 1946 / 1983 『薝園 鄭寅普 全集 (3)』, 연세대출판부, 1983, 6~29쪽.
38) 鄭寅普, 위의 책, 32~47쪽.
39) 鄭寅普, 위의 『薝園 鄭寅普 全集 (4)』, 朝鮮史研究 附言, 271쪽.

기억되어야 할 사가史家다. 그가 도달했던 '고증考證하는 법문法門이 실낱만큼이라도 트이고 사료 다루는 손아귀가 약하나마 자못 잡히는 바 없지 아니'했던 수준을 더 심화시키지 못하고, 언어상의 자의적인 유추쯤으로 간주하여 사장시키고 만 것은 한국고대사학의 가장 큰 손실 중 하나라고 해도 결코 과언이 아니다.

한편 식민정책 하에서 랑케 사학의 기반 위에 성립한 일제의 고증사학 방법론을 수업한 일부 역사가들은 문헌비판을 통한 합리적인 해석을 추구하며 개별 사실의 규명에 주력하고 있었다.[40] 이들은 사회과학 등 인접 학문의 방법론을 역사 연구에 원용하여 사실을 일반화·이론화 하려는 성향을 극도로 배척하였다. 유물사관사학(사회경제사학)은 억측에 지나지 않는 공식주의적인 용감한 서술을 하고 있을 뿐이라는 것이 이들의 생각이었다. 또한 이들은 전통의 역사인식을 계승하여 근대역사학으로 발전시키고자 노력하며 일제의 식민주의사관에 대항 했던 학풍을 '민족주의사학民族主義史學'이라고 규정하고, 이념에 매몰되 어 학문적 객관성을 잃었다고 비난했다. 정통역사학과 사회경제사학이 모두 목표를 중시하여 실증성을 결여했다는 것이었다.

이들이 각 분야에서 이룬 업적은 뒷날 한국사의 체계화에 밑거름이 되었다. 그러나 이들이 추구한 역사는 현재성·실천성을 결여한 사실의 나열 혹은 사건 서술로서 역사학을 위한 역사였다는 점에서 한계가 명백하였다. 식민지 상태에 있는 조국의 처지는 이들에게 학문외적인

---

40) 李基白, 「社會經濟史學과 實證史學의 問題」, 『文學과知性』 1971년 봄호 / 재수록 『民族과 歷史』, 一潮閣, 1971.
　　金容燮, 「우리나라 近代歷史學의 發達(2) - 1930, 40年代의 實證主義歷史學 -」, 『文學과知性』 9, 1972.
　　洪承基, 「實證史學論」, 『現代 韓國史學과 史觀』, 一潮閣, 1991.

환경에 불과하였다. 이들에게는 우리 역사의 발전 과정을 체계적·구성적으로 이해한다는 문제의식이 없었으므로 일제의 식민주의사관에 저항할 이유도 없었다. 그저 '실증'이 이들이 역사를 하는 목표이고 이유였다.[41] 이들 중에는 고대사 관련 논문을 적잖이 발표한 사람도 있었지만, 존재와 의식의 통일이라는 역사학 본연의 과제를 방기하고 착수된 작업 결과는 필경 잡동사니에 지나지 않는 것들이었다. 이것들을 수습하여 새로운 한국사 인식 속에서 정리하고 체계화하는 일은 또 다른 과제로 남았다.

3. 남한의 고대사 연구

국사학은 정통역사학과 사회경제사학이 이룬 성과를 통해 사학史學 정신과 방법에서 근대 역사학으로 성립하였다. 따라서 해방 후 국사학의 발전은 정통역사학을 토대로 사회경제사학의 연구 방법을 통합하는 방향에서 비로소 기약될 수 있었다. 그리고 그 통합을 위한 토대는 이미 1930~40년대를 거치면서 마련된 터였다. 신민족주의사학이 바로 그것이다.

---

41) 이 점에서 이들은 분명히 친일적이었고, 그 사학은 實證'主義'史學이었다. 이들의 학풍을 '實證史學'이라고 부르는 것은 본질을 호도하기 쉽다. 實證은 역사학의 기본이므로 특정 학풍에 대한 지칭으로 쓰기도 곤란하거니와, 이들이 추구한 실증만을 無黨派·無階級·無敎條的인 '科學'이었다고 할 수도 없다. 이러한 관점에서, 정통역사학자를 民族'主義'史學者로 규정하는 데 동의할 수 없다. 이들은 민족을 무슨 '주의'로 생각한 사학자들이 아니었기 때문이다. 굳이 이런 방식으로 표현한다면 정통역사학은 '민족사학'으로, 문헌고증사학은 '실증주의사학'으로 표현하는 것이 사실을 덜 왜곡하는 방안일 것이다.

일본에 유학하여 근대 학문을 배운 이들 중에는 거기서 습득한 세계사적 전망을 준거로 삼아 한국인으로서 처한 현실을 이해하려는 학자들이 있었는데, 안재홍安在鴻(1891~1965)과 문일평文一平(1888~1939)이 그 대표적인 인물이었다. 둘다 와세다 대학早稻田大學 정경과政經科에서 정치를 전공한 사람으로 본디 역사학도는 아니었으나, 지닌 의식과 처한 현실이 이들을 제 역사에 대한 성찰로 이끌었다. 안재홍은 졸업 후에, 문일평은 학업을 마치지 못하고 중국으로 망명하여 독립운동에 가담하였는데, 두 사람 모두 신채호·정인보 등과 교유하면서 국사 연구의 실천적 의의에 눈을 뜨게 되었다. 이들은 민족·민중을 역사의 주체로 생각하는 정통역사학의 토대 위에서 사회경제사학의 성과를 비판적으로 수용하여 민족사의 발전 과정을 더 넓은 안목으로 바라보고자 노력했다. 특히 안재홍은 한국사의 연구 방향과 목표를 내적으로는 민주주의를 성취하여 민족을 구성하는 여러 사회계층 상호간의 대립 반목을 해소하는 데 두고 외적으로는 타 민족에 대하여 자주적인 입장을 견지하는 데 두어, 이를 '신민족주의新民族主義'라고 불렀다.[42]

안재홍은 고대사 분야에서 새로운 인식 체계를 제시한 이로 주목된다. 그는 '단계檀系가 기대箕代로 옮긴 일이 없다'는 정인보의 견해를 발전시켜, 기자조선箕子朝鮮의 존재를 인정하되 중국인 기자箕子와는 무관함을 밝히고, 단군조선을 그대로 계승한 기자조선이 결국 진국辰國으로 이어져 이를 토대로 삼국의 형성이 가능했다고 파악했다.[43] 단군조선에서 삼국시대에 이르는 한국 고대사의 대계大系를 고조선 사회의

---

42) 金容燮, 「우리나라 近代歷史學의 發達(1) ─ 1930·40年代의 民族史學 ─」, 『文學과知性』 4, 1971 / 再收錄 『韓國의 歷史認識(下)』, 1976, 482쪽.
43) 安在鴻, 『朝鮮上古史鑑(上)』, 1947.

발전이라는 시각에서 계기적으로 정리한 것이었다.44) 그리고 이러한 고대 사회의 전개를 종전처럼 평면적으로 나열하지 않고서 사회 발전의 단계성이라는 측면에서 체계화하고자 하였다. 정통역사학 계열의 논지를 사회경제사학의 성과에 접목시켜 가다듬은 업적이었다.

안재홍의 신민족주의 이론은 손진태孫晋泰(1900~1950?)·이인영李仁榮(1911~ ?) 등에 의해 더욱 체계화되었다.45) 이들은 신민족주의의 개념을 '민주주의적 민족주의'로 정의하고, 이를 구현하는 것이 현대 한국이 지향해야 할 목표라고 보았다. 그러자면 이미 자본가 계열의 이념으로 변질한 '민족주의'를 청산하고 세계사적인 전망 위에서 새로운 민족사관을 수립할 필요가 있다는 것이 이들의 안목이었다. 세계사적 보편성과 한국사의 개별성을 주체적으로 조화시킬 수 있는 방향에서 현대적 민족사관의 가능성을 발견한 것이었다. 따라서 그 수립을 위해서는 정통역사학이 추구해온 민족성장의 논리와 사회경제사학이 추구해온 사회발전의 논리를 하나의 일관된 이해체계로서 통합해 내지 않으면 안 되었다.46)

이들이 제시하고 지향한 역사인식의 방향을 후세後世가 계승 발전시켰다면 한국사학의 현실은 지금과 매우 달랐을 것이다. 그러나 우리에

---

44) 金容燮, 앞의 논문, 480~481쪽.
45) 孫晋泰, 『朝鮮民族史槪論(상)』, 1948.
李仁榮, 『國史要論』, 1950.
46) 金容燮, 앞의 논문, 485~497쪽.
李基白, 「新民族主義史觀論」, 『文學과知性』 1972년 가을호 / 『韓國史學의 方向』, 1978, 104쪽.
한편 李仁榮 씨에 대해서는, 이론적으로는 신민족주의사관에 기울었지만 실제로는 식민주의사관에 머물렀다는 부정적 평가도 있다(李基白, 「新民族主義史觀과 植民主義史觀」, 『文學과知性』 1973년 가을호 / 『韓國史學의 方向』, 1978, 106~119쪽). 李仁榮 씨가 추구한 한국사의 이론적 이해는 결국 몸부림만으로 끝났으며, 그 몸부림을 이해해 주는 것이 해방 직후 한국사학계가 당면했던 고민을 이해하는 길이라는 것이다.

게 해방은 일제에 대신한 미美·소蘇라는 또 다른 강대국의 점령일 뿐이었고, 사실상의 식민통치가 남북에서 그대로 계속된 상황에서 국사학은 본연의 모습으로 회생하기 어려웠다. 한반도를 분할 점령한 미국과 소련이, 주체성을 내세우며 자주적 민족주의를 추구하는 한국 지식인들의 노력을 극도로 경계하고 기피하였기 때문이다.

당시 국내외의 정세가 분단을 향해 치닫자 완전히 독립한 통일민주국 가의 건설이 우리 민족 최대最大 최급最急의 당면 과제로 부각되었다. 존재와 의식의 통일을 추구하며 역사학의 실천성을 중시했던 역사학자들이 이 과제의 해결 방안을 모색하기 위해 부심하고 또 실천적으로 활동하였음은 물론이다. 정통역사학 계열이 신민족주의를, 사회경제 사학 계열이 신민주주의를 내세워 계급간의 갈등 해소와 좌우 합작을 촉구하고 나섰다. 주체적이고 자주적인 민주주의 민족국가의 건설이 모두가 지향한 목표였다.

그러나 한민족의 주체와 자주는 정치적으로 자본가 중심의 미국형 자유민주주의나 무산자 독재의 소련식 프롤레타리아 민주주의를 모두 거부함을 의미하였고, 이는 미·소 양국 어느 쪽도 바라는 바가 아니었다. '민족자주'의 추구는 남북에서 각각 반미反美·반소反蘇로 판독되었고, 정치적 견제와 탄압이 뒤따랐다. 계열에 따라 궁극적으로 추구하는 국가상이 달랐던데다가 자주적인 모색 자체가 사실상 거의 불가능해지자 역사학자들은 저마다 '현실적'인 방안을 찾아 정치 노선을 달리하며 분열되었다. 사학史學은 질식하고 정치적 투쟁이 한국 사회를 전횡하였다. 대학마저도 정치적 구호와 선동으로 뒤덮이는 판이었다.

미군정美軍政은 신민족주의사학자와 사회경제사학자를 정치적으로 견제하면서, 정치색이 없는, 바꾸어 말하면 현실의 실천적 과제에 대해 아무런 의식이 없는 문헌고증사학자들을 지원하여 이들이 만든 국사교과서를 중등학교 역사 교재로 제공하였다. 1946년 5월에 발간된 진단학회의『국사교본國史敎本』은 해방 후 최초의 역사교과서였는데, 급히 만든 것이어서도 그랬겠지만 기본적으로 그동안의 연구 성과를 반영하려는 의지가 없었으므로, 당쟁黨爭과 사화士禍를 대서특필하고 역사 변화에서 외국의 영향을 중시하는 등 한말 역사교과서의 수준으로부터도 오히려 후퇴한 왕조사 중심의 통사에 불과하였다. 이를 통해서는 민족 주체와 자주의 기본적인 의미조차 발견하기 어려웠다.47)

미군정은 1947년 중학교 교수요목을 제정하여, 역사를 지리·공민과 함께 사회생활과로 편제하고, 역사 속에서 국사('우리나라의 생활')는 동양사('이웃나라의 생활'), 서양사('먼 나라의 생활')와 더불어 1/3씩의 비중으로 가르치도록 했다. 미군정 하에서 정책 결정에 참여한 지식층 다수는 지난날 일제에 협조하여 자신의 기득권을 보호해 왔고,

---

47) 미군정기에 나온 역사서로서 그 중 體裁를 갖춘 것으로는 1947년 1월에 출판된 崔南善의 『國民朝鮮歷史』(東明社)를 들 수 있다. 서문에서 최남선은 '國民的 眞姿實力을 如如히 알려주는 大歷史家'가 이 땅에서 나와 '우리 국민 생활의 軌道를 敷設하고 時代人心의 焦點을 指示'해 주기를 바라며, 그때까지 '時代의 急需에 應하는 啓蒙初步'로서 이 책을 서술한다고 하였다. 통일신라까지를 上古, 고려를 中古, 조선을 近世, 대원군 집정 이후를 最近으로 시대구분하여 4편으로 편제하고, 총 128章(목차는 127章이나 1章을 補하여 第19章이 둘이다)의 항목을 두어 개요를 서술하였다. 고대사에서는 단군의 조선 건국을 사실로 인정하고 箕子朝鮮을 부인한 것이 주목된다. 단군조선은 제정일치의 神政으로 시작하여 신앙을 담당하는 九月山 唐莊坪의 '단군'과 정치를 담당하는 平壤의 '개아지'로 나뉘었다고 하였다. 衛滿은 개아지조선에 들어와 혁명을 일으켜 主權을 잡은 者라고 한다. 그리고 단군조선의 인구가 증가하여 사방으로 퍼졌는데, 새로 생기는 백성들의 덩어리를 '불'이라 하였으므로 '부여'가 성립하고 三韓의 여러 '벌'·'부리'가 생겨났다고 보았다. 三韓은 발전이 더디다가 衛滿에게 쫓긴 準王이 들어와 그 교화로써 비로소 開明하였다고 한다. 가야에 대해서는 따로 언급이 없는데, 이는 삼한 중 弁韓을 '갈한〈가라한'으로 읽고, '가라'란 곧 물가에 있는 나라라는 뜻이라고 보았기 때문이다. 그 밖에 동해 건너편의 일본 서부 山陰 지방에 신라의 식민지가 있었다고 본 것과 발해를 고구려의 후신으로 파악한 점이 눈에 띈다.

이제 미국을 표상으로 삼음으로써 신국가에서도 그 주도권을 유지하는
데 관심의 초점을 두고 있던 부류였다. 이들은 불행한 과거를 조속히
잊고 온 민족이 초계층적으로 단결하여 근대화에 매진할 것을 역설하였
으며, 그러자면 미국식의 문물과 정신을 배우고 실천하는 것이 교육의
목표가 되어야 한다고 주장했다. 국사를 통해 우리의 후진성을 자각하
고, 서양사를 통해 미국의 선진성을 인식해야 한다는 것이 이들의
생각이었다. 국사는 일제하에서와 마찬가지로 여전히 식민성의 국사였
고, 모범은 서양사였다.[48] 이는 1948년 정부 수립 후 제정된 제1차
교육과정에서도 대체로 유지되었다. 동·서양사를 통합해 세계사로
편제함으로써 역사 속에서 차지하는 국사의 비중을 1/2 수준으로 다소
높였을 뿐이다.[49]

신민족주의사학은 이처럼 어려운 여건 속에서 정통역사학의 맥을
계승하여 주체적 역사인식체계의 수립을 위해 진력하고 있었다. 그러
나 6·25사변이 일어나 그 명맥을 아예 끊고 말았다. 전쟁이 손진태와
이인영을 앗아간 것이었다. 이는 근대 한국사학사에서 실로 재앙이나
다름없는 일대사건이었다. 이들의 죽음은 이 땅에서 좌우 인식의 융합
을 이제 더 이상 운위할 수 없게 되었음을 의미하였다. 서로 다른
노선의 무력 충돌이 양자를 절충하고 보완할 여지를 삼제芟除했을뿐더
러 일제하에서도 살아남은 '민족'을 일거에 생매장하고 만 것이었다.

어떤 생각이라도 융합하고 통일할 수 있는 토대였던 '민족'은, 방향이
다르면 피차 타도와 격멸의 대상으로 여길 뿐인 '좌우'에 묻혔다. 서로의
생각을 이해하려는 의도 자체가 불온으로 간주되고 융합과 통일의

---

48) 李景植,「韓國 近現代社會와 國史敎科의 浮沈」,『사회과학교육』1, 1997, 41쪽.
49) 정선영·양호환·김한종·이영효, 앞의 책, 282~284쪽.

지향이 불순으로 내몰리는 처지에서 우리는, 남북한 어느 쪽에서나 공히, 반쪽의 사상과 시각만으로 격변의 국제 사회를 살 수밖에 없었다. 그러므로 이후 남북에서 거론된 역사의식의 주체성과 자주성은 허울뿐인 용어에 지나지 않는다고 하여 과언이 아니다. 내실이 있다 해도 기껏 반쪽에 지나지 않는 것이었다.

6·25사변을 전후하여 인민적 민주주의 국가 건설을 추구하던 대다수의 사회경제사학자들이 월북하고 신민족주의를 제창하던 학자들이 소멸하자 문헌고증사학자들이 남한 역사학계를 장악하였다.50) 친일파로 지목되어 진단학회에서 제명되었던 이병도李丙燾가 1954년 다시 이사장으로 취임한 사실이 그 표징表徵이었다. 이로써 일제하에서 식민지 근대화를 합리화하는 데 복무하거나 이용당하던 역사가들이 '민족'·'자주'·'주체'라는 용어를 전유할 수 있게 된 것은 어느 모로 보나 한국 근대사의 자가당착이 아닐 수 없었다. 민족주의가 자신의 생활을 정당화하고 처신을 합리화하는 구실로 변질하고, '민족자주'의 주장이 서구의 내셔널리즘으로 그대로 직역되고 이해되어 기피해야 할 대상으로 지목받게 된 것은 이 결과라 할 것이다.

한국고대사의 연구와 서술 또한 한동안 문헌고증사학 일색으로 이루어졌다. 연구 주제를 정하면 주로 『삼국사기三國史記』와 『삼국유사三國遺事』에서 그 주제어가 포함된 기사를 모두 뽑아 시기 순으로 나열하고, 나름대로 사료 비판을 가한 다음, 기사 내용에 어떤 변화가 있는지 살펴 이를 지적하는 것이 정형화된 연구 방법이었다. 이 연구 성과는 관련 사실의 연구를 위한 기초 자료를 제공하고 변화의 대략적인 흐름을

---

50) 朴贊勝, 「분단시대 남한의 한국사학」, 『裵鍾茂總長退任紀念史學論叢』, 1994, 352~360쪽.

파악하게 해준 점에서 이후 연구의 기반이 되었다고 할 수 있다.

그러나 중국 사서史書의 내용을 국내 문헌에 대한 사료비판의 시금석으로 삼아 『삼국사기』 초기 기록 대부분을 부인하고, 문헌에 잘 나타나지 않는 '확인하기 어려운 사실'을 '믿을 수 없는 사실'로 인식하여 허다한 사실을 허구로 단정하며, 선가仙家 계열의 기록을 죄다 위서僞書로 간주하여 아예 치지도외置之度外한 것은, 허구 속에서도 사실을 가려내 운용할 수 있는 사료의 폭을 넓힌다는 문헌고증사학 본연의 소임을 방기한 무책임의 소치였다는 비난을 면하기 어렵다. 그렇잖아도 영성零星한 한국 고대사 자료가 이로써 더욱 위축되었거니와, 이는 한국의 문헌고증사학이 일제의 정체성론과 타율성론에 맞서 투쟁하는 가운데 진실을 찾아 제시하고 한국사 발전의 계기성繼起性을 체계적으로 이해하고자 노력하는 방향에서 성립하고 성장한 역사 연구 방법론이 아니었던 데서 온 한계였다. 게다가 6·25사변 후 더욱 고조된 친미반공親美反共의 사회 분위기를 타고 친일세력이 거의 모든 분야를 장악한 상황에서 '민족자주'와 '역사의 주체성'을 거론한다는 것 자체가 금기시禁忌視되고 있었으므로, 역사학은 그저 의미가 있거나 없거나 '사실史實'을 되뇌는 것 외에 달리 구실이 없기도 했다.

이러한 문헌고증사학 일변도의 한국사 연구 경향에 반성이 일어난 것은 1960년 4·19를 계기로 민주·정의와 함께 민족·자주를 거론할 수 있게 되면서부터였다. 더욱이 5·16군사정변으로 권력을 쥔 이른바 혁명 주체 세력이 한일 간의 국교정상화를 적극 추진하였기 때문에, 역사학계로서는 한일회담에 임하는 정신 자세와 관련하여 일제가 우리에게 무엇이었는지 역사적으로 정리해줄 의무가 있었다. 이에 일제에 의한 한국사 서술의 방향과 성격을 밝히고, 기왕의 한국사연구 경향에 반성과 비판을 시도하며, 새로운 한국사 연구를 위한 방법론적 구상을 제시하는 글들이 잇따라 발표되었다.[51] 김용섭金容燮이 일제 관학자官學者들의 역사인식 문제를 처음으로 정면에서 다뤄 식민주의사관의 구도와 틀을 분석했고,[52] 고대사 분야에서는 김철준金哲埈의 비판이 준엄하였다.[53] 오늘날에 와서는 그 내용이 이미 상식이 되다시피 하였지만 당시로서는 실로 제 살을 도려내는 아픔과 스스로의 안위를 돌보지 않는 용기로써 어렵게 집필된 글들이었다.

그러나 1965년 한일국교정상화를 위한 기본조약이 굴욕적인 내용을 담고 체결된 이후 친일세력이 다시 득세하고 문헌고증사학도 학계를 풍미하였다. 몇몇 소수의 학자들만이 역사학의 과학성과 주체성을

---

51) 金容燮, 「日帝官學者들의 韓國史觀 – 日本人은 韓國史를 어떻게 보아 왔는가 –」, 『思想界』 2월호, 1963.
李基白, 「民族史學의 問題 – 丹齋와 六堂을 중심으로 –」, 『思想界』 2월호, 1963.
千寬宇, 「내가 보는 韓國史의 問題點들 – 史觀과 考證 및 時代區分 –」, 『思想界』 2월호, 1963.
洪以燮, 「韓國植民地時代史의 理解方法」, 『東方學志』 7, 1963.
洪以燮, 「이 沈滯의 늪에다 돌을… – 韓國의 後進性과 歷史意識의 缺如 –」, 『世代』 2월호, 1964.
洪以燮, 「韓國植民地時代精神史의 課題」, 『史學研究』 18, 1964.

52) 金容燮 씨는 일제 관학자들의 한국사관을 다룬(위의 논문) 후, 우리가 그것을 어떻게 극복하여 근대역사학으로 성립시켰는지 규명하는 작업을 계속 진행하였다.
金容燮, 「日本·韓國에 있어서의 韓國史 敍述」, 『歷史學報』 31, 1966.
金容燮, 「우리나라 近代歷史學의 成立」, 『韓國現代史 6권』, 新丘文化社, 1971.
金容燮, 「우리나라 近代歷史學의 發達(1) – 1930·40年代 民族史學 –」, 『文學과知性』 4, 1971.
金容燮, 「우리나라 近代歷史學의 發達(2) – 1930·40年代 實證主義史學 –」, 『文學과知性』 9, 1972.

53) 金哲埈, 앞의 「韓國古代史 研究의 回顧와 展望」. 그러나 여기서 金哲埈 씨는, 공히 한국고대사를 연구한 것이라고 생각해서인지, 국내 학자의 연구와 일본 학자의 연구를 상호보완적 관계로 간주하여 평면적으로 나열하고 말았다. 이는 金 씨 개인의 실수였다기보다 당시의 한국사학이 서 있던 정신사적 위치를 말해주는 한 예가 아닌가 여겨진다.

견지했을 뿐이다. 그러나 박정희정권이 '조국근대화'를 제일의 국정목표로 내걸고, 후진국개발론에 입각하여 일본을 모델로 수출주도형 경제개발을 추진하고 있었기 때문에, '자주'와 '주체'는 제자리에 서기 어려웠다. 박정권이 오히려 '민족주체성 확립'을 내세운 사실이 이를 말해준다. '민족주체성'이 기껏 민중의 희생을 강요하는 경제개발 논리를 정당화하고, 굴욕적인 한일회담의 결과 사회 전반에 만연된 민족적 위기감과 좌절감을 무마하기 위한 전략으로 표어화標語化되는 실정에서, 그 본연의 의미와 정신을 온전하게 새길 곳은 어디고 없었다.

1960년대 말까지의 이와 같은 학내외적 분위기는 한국고대사 연구에도 고스란히 반영되어, '주체성 확립'을 위해 고대사학계가 앞장서 우선 해결했어야 할 중요한 과제를 전혀 손도 못 댄 채 방기하고 마는 결과로 나타났다. 그것은 일제 식민주의사관의 발원처인 '만선사관滿鮮史觀'을 타파하는 일이었다. 이는 고조선사에서 발해사에 이르는 만주 지역의 고대사와 한사군漢四郡 문제를 정면에서 체계적으로 다루지 않고서는, 몇 마디의 언설言說로써 그 허구성을 지적한다고 해서 이루어질 일이 아니었다. 그러나 그런 연구는 극히 드물었다.54) '만선사관'을 극복해야 할 당위성을 언급하면서도, 결국은 '민족적 주체의식'과 '역사적 일반의 기초인 객관성' 사이에서 고민하지 않을 수 없다는 속내를 토로함이 고작이었다.55) '만선사관'에 대한 비판은 역사학의 객관성을

---

54) 해방 후 만주 지역에 대한 연구에 본격적으로 착수한 이는 李仁榮 씨였으나 6·25사변으로 희생되고 말았고, 그 후 金庠基 씨가 간접적으로 관련 사실을 다룬 몇 편의 논고를 발표하였을 뿐이다. 李 씨의 업적은 사변이 끝난 후 한 권의 단행본으로 간행되었다.
李仁榮, 『韓國滿洲關係史의 硏究』, 乙酉文化社, 1954.
金庠基, 「東夷와 淮夷·西戎에 대하여」, 『東方學志』 1·2, 1954·1955.
金庠基, 「百濟의 遼西經略에 對하여」, 『白山學報』 3, 1967.
55) 李龍範, 「韓國史의 他律性論 批判 - 所謂 滿鮮史觀의 克服을 위하여 -」, 『月刊 亞細亞』

어느 정도 포기하지 않고서는 거의 불가능하지 않겠는가고 생각할 정도로 당시 한국고대사학계의 정신은 황폐하였고, '만선사관'은 그만큼 거대한 걸림돌이었던 것이다.

한국고대사학계의 풍토가 이러하였기 때문에 삼국사三國史의 연구는 고조선사는 물론 삼한사와도 제대로 연계되지 않은 채 고립적으로 이루어졌다. 삼국의 형성 시기를 4세기 무렵으로 늦추어 보고, 삼국 성립 이전의 사회 상태를 원시공동체로 파악하게 된 것은 그 결과였다. 물론 여기에는, 한국사에서 독자의 청동기시대를 설정하지 못하고 철기시대 초기까지를 금석병용기로 파악한 당시의 학문 수준이 크게 작동하고 있었지만 더 결정적으로는, 만주사를 중국사와 분리시켜 큰 문화적 낙차를 설정하고 다시 한국사는 만주사의 동향에 타동되어 종속적·타율적으로 전개되었다고 본 '만선사관'의 영향이 컸다.56)

3월호, 1969, 75쪽.

56) '滿鮮史觀'은 韓民族이 그 기원부터 일찍이 중국 漢族과 대등하게 각축하며 성장하였던 역사를 부인하고, 滿洲族이 그들의 뿌리를 고조선으로 파악한 『滿洲源流考』 등의 史書를 근거 없는 날조로 몰아 부정한 기초 위에서 성립한 것이다. 女眞이나 靺鞨 등 肅愼(朝鮮)으로부터 나온 諸民族을 한민족과 별개로 이해하는 시각을 의문의 여지가 없는 합리로 여기게 된 데에는 조선 실학자들의 역할도 없지 않지만 궁극적으로는 이 사관을 수용한 결과라 할 수 있다. 고구려와 발해의 민족 구성 등 그 역사에 대한 인식이 협소해지고, 한국 고대문화의 질을 중국에 수백 년 뒤진 후진적 형태로 폄하하게 된 것은 여기서 비롯한 일이다. 우리가 발해사를 한국사로 파악하는 근거로 흔히 제시하는 것들이 모두 '滿鮮史觀'의 찌꺼기에 지나지 않음에도 불구하고 이를 근본적으로 반성하여 우리 민족사를 하나의 거대한 체계로서 재구성하지 못한 결과다. 이 때문에, 학계 일각에서 '만선사관'의 아류를 들고 나와 이를 학문의 객관성과 결부시키고 무슨 대단한 합리나 되는 듯이 주장하더라도 할 말이 없게 되고 말았다. 이를테면 발해사와 같이 '한국사와 다른 나라 역사의 공유지대가 있었다는 것'을 인정하지 않고, '역사가 시작될 때부터 한국사의 영역은 다른 민족의 역사와 분명하게 구별되어 미분화되거나 중복되는 영역은 없었던 것처럼 말끔히 정리'한 '국사는 국가주의 어용학문의 사령탑이고, 민족모순을 악화시키는 원흉'(조동일, 『인문학문의 사명』, 서울대학교출판부, 1997, 398~411쪽)이라는 비난에 대해서조차, 한국고대사학계는 그 인식의 오류를 제대로 지적해줄 능력을 갖고 있지 못한 것이다.

이와 같은 처지에서 고대 사회의 발전을 체계적으로 이해한다는 것은 난망한 일이었다. 이병도 같은 이는 부족국가部族國家·부락국가部落國家·부족연맹국가部族聯盟國家라는 용어를 편의에 따라 동의어로 혼용할 정도였다.57) 고대사 이해체계를 둘러싸고 학계 내부에서 일어난 혼선이 그대로 역사교육의 난맥상으로 이어졌음은 물론이다. 1968년도 검인정 국사 교과서를 살펴보면, 부족국가와 부족연맹체를 동의어로 사용한 교과서도 있고, 부족국가에서 부족연맹체로의 발전을 제시한 교과서가 있는가 하면, 거꾸로 부족연맹체에서 부족국가로의 발전을 설정한 교과서도 있다.58) 이러한 사정은 삼국의 국가 형성 과정에 대한 이해가 이후 한국고대사학계 최대의 쟁점으로 부각되는 배경이 되었다.

한편 박정희정권이 '민족주체성 확립'을 내세움에 따라 1960년대 말부터 국사학계는 아연 활기를 띠었다. 근대화와 근대성, 한국사의 주체적 발전 과정에 대한 관심이 고조되어 이 분야의 연구 성과가 속출하였고, 이와 관련하여 한국사의 시대구분 논쟁이 가열되었다.59)

---

57) 李丙燾 씨는 『韓國史 古代篇』에서 6촌의 각 촌을 씨족적 취락(366쪽)이라 하기도 하고, 6촌은 사로국이라는 '부족연맹국가'를 형성한 '부족연맹사회'(370쪽)라고도 하였다. 또한 李 씨는 『三國志』에 보이는 韓 사회의 여러 國들을 '부락국가'(363쪽), 부족국가(280쪽)라 하기도 하여, 스스로 사로국을 '부족연맹국가'라고 규정한 바와는 다른 개념을 사용하면서도 전혀 이율배반성을 느끼지 않고 있었다. 李 씨에게 있어서 이들 제국은 수개 이상의 씨족적(366쪽) 촌락결합체(365쪽)로서 '부락국가' 또는 '부족국가'라 할 수 있는 것이었으며, 그러한 결합체라는 점에서는 한편으로 '부족연맹국가'(370쪽)이기도 한 것이었다. 그러나 이러한 용어와 개념의 혼동은 당시 학계의 일각에서 추구되고 있던 한국사의 체계화를 위한 작업들의 성과에 대해 전혀 관심을 갖지 않은 결과였다고 할 수 있다. 이를테면 백남운 씨는 일찍이, 부족국가가 동맹 단계를 거쳐 정복국가(노예국가)로 발전하였다는 견해를 밝힌 바 있었고(白南雲, 앞의 『朝鮮社會經濟史』), 金哲埈 씨는 부족국가, 부족연맹체, 고대국가의 단계적 발전을 상정하고 있었다(金哲埈, 「新羅 上代社會의 Dual Organization(上)」, 『歷史學報』 1, 1952).

58) 拙稿, 「古代·中世初 支配勢力研究의 動向과 '국사' 敎科書의 敍述」, 『歷史敎育』 45, 1989, 86~87쪽.

한국적인 것, 자주적인 것이 강조되고 고유의 문화와 정신이 부각되었다. 그러나 그것은 정략의 일환으로 이용되기 쉽게 포장되고 박제화된 전통이고 고유일 뿐이었다. 진정한 '민족주체성'과는 거리가 멀었다. 이는, 1973년에야 비로소 국사교과를 사회생활과로부터 분리하여 독립 교과로 편성할 때, 이 정당한 조처를 '국책과목'이란 굴레를 씌워 행한 사실에서 단적으로 드러난다. '민족주체'는 기껏 하나의 정책에 불과했던 것이다.[60]

　1974년에 이기백李基白이, 이듬해에는 김철준이 각각 그동안의 연구성과를 정리하여 단행본으로 간행하였다.[61] 이는 그동안의 한국고대사 연구 경향에 대해 나름대로 반성을 하면서 민족사에 대한 새로운 인식방향을 모색해 온 노력들이 일단락되었음을 의미하는 획기적인 결실이었다.[62] 이로써 한국고대사 이해체계의 기본 골격이 세워졌으며, 이후의 한국고대사 연구는 이를 토대로 발전하였다고 해도 과언이 아니다.

　이기백과 김철준은 서울대학교 사학과 출신으로 이병도·손진태로부터 한국고대사를 배워 그 학문적 배경이 거의 같았다고 할 수 있는 이들이었지만, 관심 분야와 연구 성향에서 두 사람 사이에는 적잖은 간격이 있었다. 두 사람 모두 사실의 고증만으로는 역사학이 성립할 수 없다는 점에 동의하고 있었으나, 그 위에 더 무엇을 추구할 것인가에

---

59) 韓國經濟史學會 編, 『韓國史時代區分論』, 乙酉文化社, 1970.

60) 拙稿, 앞의 논문, 2000, 48~49쪽.

61) 李基白, 『新羅政治社會史研究』, 一潮閣, 1974.
　　金哲埈, 『韓國古代社會研究』, 知識産業社, 1975.

62) 金哲埈, 「國史學의 成長過程과 그 方向」, 『韓國의 民族文化 – 그 傳統과 現代性 –』, 韓國精神文化研究院, 1979, 265쪽.
　　朱甫暾, 「新羅史研究 50年의 成果와 展望」, 『慶州史學』 16, 1997, 232쪽.

대해 생각이 엇갈렸다. 이기백이 그 시대를 살아간 사람들을 '이해'하는 데 관심을 가졌다면, 김철준은 역사적 관점에서 그들을 '비판'하는 데 초점을 두었다. 따라서 이기백은 한국고대사회의 다원성多元性과 그 변화를 중시한 반면, 김철준은 개성과 본질('체질')을 중시하는 경향이 강하였다.

김철준은 한국 고대사회의 조직 원리를 족장세력族長勢力에 대한 편제 원리로 파악하고, 고대의 왕권은 씨족사회 이래의 족장권을 오히려 강화시키고 보장하는 측면에서 성립하였다고 이해하였다.[63] 이러한 논의의 발상은 신라사회에 일관하는 지방적 분립성을 해명한다는 문제 의식에서 출발한 것이었다. 즉 6부 귀족제가 왕권에 대한 억제력으로 작용하기 위해서는 지방과의 연결 관계가 필수적인 조건으로 상정되며 그것은 공동체적 유제의 존속 형태일 수밖에 없으리라고 생각한 것이었 다. 존속의 계기와 관련해서는 씨족공동체가 촌락공동체화하는 과정에 서 공동체관계의 분해를 억제하면서 그것의 대표로서의 각 족장의 지배세력을 강화시키고, 공동체관계를 그대로 각 씨족원을 통합 지배 하는 통제기구로 전화轉化시켰다는 이해 방향을 제시하였다.

따라서 족장적인 기반에서 성립한 지배세력을 누층적累層的으로 쌓아 올리면서 성립한 고대 왕권은, 귀족세력의 족장적 기반이 가진 분립성分 立性이 왕권의 강화를 제약하는 요소로 나타났어도 그 족장적 체질을 부인할 수 없었다고 이해하였다. 혜공왕대惠恭王代에 전제왕권이 무너진

---

63) 金哲埈, 앞의 「新羅 上代社會의 Dual Organization」 上·下 ; 「高句麗·新羅의 官階組
織의 成立過程」, 『李丙燾博士華甲記念論叢』, 1956 ; 「新羅 貴族勢力의 基盤」, 『人文科
學』 7, 1962 ; 「新羅上古世系와 그 紀年」, 『歷史學報』 17·18合輯, 1962 ; 「韓國古代國
家發達史」, 『韓國文化史大系 I』, 高大民族文化研究所, 1964 ; 「新羅時代의 親族集團」,
『韓國史研究』 1, 1968.

것은, 귀족의 족장적 기반을 부인하는 방향에서 추진된 전대前代의 개혁
이 결국 '간干(족장)'적인 체질을 벗어나지 못하고 있던 왕권 스스로를
부인하는 결과로 이어졌기 때문에 일어난 일이었다는 것이다. 말하자면
족장적 체질을 신라사회에 일관한 본질적 성격으로 인식한 것이었다.

한편 이기백은 전대의 유제遺制보다는 사회 변화에 주목하여 단계적
인 발전상으로 체계화하는 데 관심을 가졌다. 그는 초기 연구에서
왕위계승관계와 왕비족王妃族의 변화를 기준으로 시대구분을 시도함으
로써 부족연맹왕국에서 전제적인 고대국가로의 이행 형태를 단계적
발전적으로 설명하고자 하였다.64) 그리하여 그는 왕권이, 첫째, 부족들
의 연맹세력이 부족연맹장으로서의 왕권을 제약하는 시기, 둘째, 허다
한 연맹부족들 중에서 뚜렷한 일 부족과 혼인관계로 결탁함으로써
왕권이 일단 더 강화되던 시기, 셋째, 왕권이 전제화專制化하면서 왕비족
의 교체가 가능하게 된 시기, 넷째, 왕비족이 평범한 귀족으로 지위가
격하되고 왕권이 전제화된 시기를 거치면서 단계적으로 강화되었다고
보았다.

이는 왕권의 성립 기초가 족장세력의 편제에 있었다는 점을 일단
인정하고 나서, 성립 이후 왕권의 강화과정을 단계지어 설명함으로써,
'전제왕권專制王權'기를 전후하여 시대를 3대로 구분한 『삼국사기』의
관점을 긍정적으로 수용하고자 한 견해였다.65) 그리고 그 발상은 기본
적으로 신라사회의 분립성을 귀족연합적貴族聯合的 성격으로 이해할 때,
그 분립적 성격이 신라 전 시기에 걸쳐 등질적等質的이었던 것은 아니라

---

64) 李基白, 「百濟王位繼承考」, 『歷史學報』 11, 1959 ; 「高句麗王妃族考」, 『震檀學報』 20,
　　1959.
65) 李基白, 「新羅 惠恭王代의 政治的 變革」, 『社會科學』 2, 1958.

는 사실을 해명함으로써 신라사회의 발전적 전개를 부각시킨다는 데 놓여 있었다. 혜공왕대의 정치적 변혁은 일단 왕권 중심으로 통제되었던 귀족들이 다시 분열하여 귀족연립의 양상을 띠어간 것으로서, 족장적 세력의 성장을 토대로 한 상대上代의 귀족연합적 경향과 구별되어야 한다는 것이다.66)

이에 앞서, 변화한 요소에 대해 주목할 것을 주창한 연구자는 변태섭邊太燮이었다. 그는 중위제重位制를 면밀히 검토하여, 신라의 관등조직官等組織이 골품제도骨品制度와 관련을 맺고 편성되었다는 사실을 인정하면서도 법흥왕法興王대에는 이미 3·2·1두품이 소멸하였다는 점을 중시하여 시간적 변화에 유의한 검토의 필요성을 지적하였다.67) 그리고 이 시각은 신라의 골품제가 사회발전에 상응하여 변화해 온 사실을 묘제廟制의 변천과정을 통해 논증함으로써 더욱 구체화되었다.68) 즉 시조묘始祖廟에서 신궁神宮, 5묘제五廟制로의 전환은 골骨에서 족族, 다시 가家로의 분화를 반영한 것으로서, 통일 이후 골품제가 해체되면서 가家가 분립 성장하여 하대下代에는 유력가를 중심으로 한 족당族黨의 결합이 생겨나고 이것이 귀족간에 전개된 치열한 항쟁의 배경이 되었다는 것이다.

이는 종래 신라에는 후대까지 골骨이라는 의식만 농후하였다고 봄으로써 신라사회의 정체성과 후진성을 부각시켜 온 주장을 부인한 주목할 만한 견해였다. 이로써 한국고대사학계는 그동안 흔히 혼란으로만 인식해온 하대의 사회 현상을 골품제의 분화에 따른 가家의 성장을 기반으로 한 발전의 한 형태로 이해할 수 있는 입각점을 마련하게

---

66) 위와 같음.

67) 邊太燮, 「新羅 官等의 性格」, 『歷史敎育』 1, 1956.

68) 邊太燮, 「廟制의 變遷을 通하여 본 新羅社會의 發展過程」, 『歷史敎育』 8, 1964.

되었다.

　1970년대 중반 이후에 활성화된 한국고대사 연구는 이와 같은 업적들이 제시한 문제의식을 계승하고 발전시키는 방향에서 이루어졌다. 고대국가의 성립을 체계적으로 이해하기 위해 삼국의 국가 형성 과정을 단계적으로 설명하는 방안을 모색한 것, 삼국의 정치 사회 구성을 구체적으로 파악하기 위해 '부部'의 구조와 성격·'골품제'와 '관등제官等制'의 원리와 그 변화·'하호下戶'와 '민民'의 존재형태 등을 규명하는 작업에 착수한 것, 지배세력의 성격과 경제적 구성의 실상을 알기 위해 '혈족집단'·'가加'와 '간干'·'식읍食邑'과 '녹읍祿邑'·'지방제도' 등의 연구에 많은 노력을 기울이게 된 것 등이 그것이다. 그러나 『삼국사기』 초기 기록을 부인하고 삼국 이전의 사회를 원시공동체로 파악하는 관점에서 출발하였기 때문에 삼국에서도, 특히 초기의 경우는 더더욱, 공동체관계의 잔존과 그 유제遺制를 사회 구성의 기본 성격으로 이해하는 한계를 한동안 벗어나기 어려웠다. 고고학계考古學界에서 삼국시기 초기를 '원삼국시대原三國時代'라는 비非역사적 개념을 통해 이해하려는 경향을 보이기도 했던 것69)은 고대사학계의 이러한 사정과 무관하지 않다.70)

　1975년부터 지금까지 근 30년에 걸쳐 이루어진 고대사 연구는 그 수에서 전대前代의 몇 곱절에 이르고 그 주제와 내용이 매우 다양다기多樣

---

69) 1972년에 金元龍 씨가 처음 '原三國時代'라는 용어를 사용하고(金元龍, 「石村洞發見 原三國時代의 家屋殘構」, 『考古美術』 113·114合輯, 1972), 이듬해 이를 『韓國考古學 槪說』(一志社)의 서술에 적용한 이래, 고고학계에서는 최근까지 이를 보편적으로 사용하고 있다.

70) '原三國時代'라는 개념과 그 문제점에 대해서는 다음 논고를 참고할 것.
　　李賢惠, 「原三國時代論 檢討」, 『韓國古代史論叢』 5, 1993.
　　金貞培, 「'原三國時代' 용어의 문제점」, 『韓國史學報』 창간호, 1996.

多岐하여, 논저 목록을 주제별 부문별로 나누어 작성해도 각기 단행본을 이룰 정도다. 또 연구의 영역이 확대 심화되어, 고조선사古朝鮮史·삼한사三韓史·가야사加耶史·발해사渤海史의 전문 연구자들이 나타나고 단독 저서가 출판되기에 이르렀다.[71] 사상사 등 분야사의 연구 성과도 다대하다. 이제 한 사람이 한 편의 글로써 그 연구 성과를 망라한다는 것은 어떤 형태로든 미흡할 수밖에 없는 형편이라 할 것이다. 그러나 이 시기 한국고대사 연구의 초점은 고대국가 형성과정과 정치사회조직의 규명에 모아졌다고 해도 과언이 아니다. 그 중에서도 특히 '사회발전단계론社會發展段階論'과 '부체제설部體制說'에 대한 관심이 커서 논쟁으로까지 발전하였다.

'사회발전단계론'은 1970년대 들어 그동안의 고고 발굴 성과를 토대

---

71) 1975년 이후에 간행된 단독 연구자의 저서들만 제시하면 다음과 같다.
　① 古朝鮮史
　千寬宇, 『古朝鮮史·三韓史研究』, 一潮閣, 1989.
　李鍾旭, 『古朝鮮史研究』, 一潮閣, 1993.
　윤내현, 『고조선연구』, 一志社, 1994.
　송호정, 『한국고대사 속의 고조선사』, 푸른역사, 2003.
　② 三韓史
　李賢惠, 『三韓社會形成過程研究』, 一潮閣, 1984.
　千寬宇, 앞의 『古朝鮮史·三韓史研究』.
　文昌魯, 『삼한시대의 읍락과 사회』, 신서원, 2000.
　③ 加耶史
　文定昌, 『加耶史』, 柏文堂, 1978.
　尹錫曉, 『伽耶史』, 民族文化社, 1990.
　千寬宇, 『加耶史研究』, 一潮閣, 1991.
　金洗尾, 『加耶史』, 신라, 1999.
　丁仲煥, 『加羅史研究』, 혜안, 2000.
　강평원, 『쌍어속의 가야사』, 생각하는 백성, 2001.
　김태식, 『미완의 문명 7백년 가야사』 1~3, 푸른역사, 2002.
　④ 渤海史
　韓圭哲, 『渤海의 對外關係史 - 南北國의 形成과 展開 -』, 新書院, 1994.
　宋基豪, 『渤海政治史研究』, 一潮閣, 1995.

로 미국 인류학계의 신진화주의 국가형성 이론을 받아들여 이것을 우리나라 고대국가의 형성 과정을 밝히는 작업에 적용하면서 제기되기 시작했다. 여기에는, 혈연血緣 개념에서 성립한 '부족部族'과 지역地域·지연적地緣的 관계를 기초로 성립한 '국가國家'는 서로 단계가 다른 것인데도 불구하고 이를 연칭連稱하여 '부족국가'라는 용어를 만들어 사용해온 것은 그 개념부터 모호한 것이었다는 반성이 놓여 있었다.72) 이에 대해서는 지연의 증대가 곧 혈연관계의 청산이나 감소를 의미하는 것은 아니며, 삼국 사회에 잔존한 공동체관계의 기원을 밝히는 취지에서도 '부족국가' 개념은 나름대로 의미가 없지 않다는 점이 지적되기도 했지만,73) 이 개념을 회의적으로 생각하는 견해가 우세하였다.

그리하여 '부족국가'를 대신할 새로운 용어와 개념이 다양하게 제시되었고, 그에 따라 고대국가의 발전을 단계적으로 파악하기 위한 각자의 방안도 다기하게 제출되었다. '군장사회君長社會'·'읍락국가邑落國家'·'성읍국가城邑國家'·'초기국가初期國家'·'소국小國'·'벌국伐國' 등이 그것이다.74) '부족국가'를 둘러싸고 벌어진 논의는 기본적으로 삼국이 성립하기 전에 존재한 것으로 사서史書에 나타나는 '국國'의 성격을 역사적으로 규정할 합리적인 방향을 모색하기 위한 것이었다. 논의는 대체로, 그것을 온전한 '국가'로 인정할 수는 없으나 그렇다고 해서 국가

---

72) 金貞培, 앞의 「韓國古代國家起源論」, 62~70쪽. 金貞培 씨는 이 논고에서 국가와 문명의 기원에 대한 서비스(Elman R. Service) 등 미국 인류학계의 이론을 소개하고, Bands – Tribes – Chiefdoms – Primitive State – State의 단계적 발전론을 적용하여 국가가 성립하기 이전 단계와 성립한 이후의 단계를 구별하고, 이전 단계에서도 부족사회와 Chiefdoms를 구별해 파악할 것을 제안하였다. Chiefdoms를 국가로 잘못 파악해서는 곤란하다는 것이었다.
73) 千寬宇 編, 앞의 『韓國上古史의 爭點』, 216~217쪽.
74) 李基東, 「韓國 古代國家形成史 研究의 現況과 課題」, 『汕耘史學』 3, 1989, 41~69쪽.

형태가 아니었다고 단정하기도 어렵다는 쪽으로 방향을 잡아 갔다. 제시된 대부분의 용어가 '국國' 또는 '국가國家'를 포함하고 있는 데서 알 수 있듯이, 그 삼국 성립 이전의 '국'을 엘만 서비스가 제안한 'Chiefdom'으로 파악하여[75] 아직은 국가가 아니었다는 점을 명백히 해야 한다는 생각보다 일단 '국가'로 인정하되 다른 무슨 개념으로 수식함으로써 일정한 한계를 설정해 두는 편이 낫다는 생각이 더 설득력을 얻은 결과였다.

그러나 궁극적으로 그것을 온전한 국가로 인정하지 않으려고 했다는 점에서, 다시 말하면 한국사에서 최초의 국가는 삼국이라는 기본 인식을 벗어나지 못했다는 점에서, 이 논의가 한국고대사 이해체계의 확대에 기여한 바를 크게 인정하기는 곤란하다. 논의 과정에서 '국國'의 외형적인 모습이 다소간 구체화된 것이 사실이지만 그 이상의 진전이 있었던 것은 아니다.[76] 고조선은 물론, 삼한 제국 단계를 지나 삼국 초기에 들어선 시점에서도 '국가'의 성립을 말할 수 없다는 것이 여전히 중론衆論이었다.

한편 '부체제部體制'는 노태돈盧泰敦이 삼국의 사회상을 구체적으로 개념화하기 위해 제시한 용어로서, 삼국이 고대국가로 성립하는 과정에서 제 부족이 유력한 부족을 중심으로 통합됨으로써 성립한 부部가

---

75) 서비스(Elman R. Service)는 *Primitive Social Organization : An evolutionary perspective*(New York : Random House, 1962)에서 사회발전단계를 Band→Tribe →Chiefdom→State로 나눴다. 한편 모튼 프리드(Morton H. Fried)가 *The Evolution of Political Society*(New York : Random House, 1967)에서 제시한 사회발전단계설도 자주 거론되었는데, 이에 따르면 State는 Egalitarian Society→Ranked Society→Stratified Society 단계를 거쳐 성립했다고 한다.

76) 학계 일각에서 衛滿朝鮮을 한국사 최초의 '국가'로 인정해야 한다는 견해(崔夢龍, 「韓國古代國家形成에 대한 一考察」, 『金哲埈博士回甲紀念史學論叢』, 知識産業社, 1983)가 제시된 정도로는 인식의 진전을 말하기 난처하다.

82

왕국의 지배자집단으로 배타적으로 존재하면서 지배민인 부원部員과 여타 지역의 민民 사이에 큰 격차를 둔 이원구조를 형성했음을 뜻하는 말이었다.77) 따라서 '부체제' 하의 왕권은 하나의 유력한 부部에서 나와 국가체제 전반에 통제력을 지녔지만, 실제로는 단위정치체單位政治體로 서의 부部들을 완전히 장악하지 못했던 것으로 이해되었다. 그런데 이러한 '부체제설'에 대해 이종욱李鍾旭이 '국왕중심체제설國王中心體制說' 이라고 부를 수 있는78) 논리로 반론을 제기하면서79) 논란이 확산되었 다.80)

부部의 성격에 대해서는 자치력을 보유한 단위정치체였다는 견해와 왕권에 의해 편제된 행정구역이었다는 견해로, 왕권의 성격에 대해서 는 부장部長인 동시에 국가 전체에 대한 정치적 지배자였다는 견해와 부장을 임명하던 한 단계 상위의 정치적 지배자였다는 견해로, 양자의 대립은 한국고대사 전반에 걸쳐 전개되고 있다. 그렇지만 '부체제설'을 둘러싼 대립은 근본적으로는 삼국의 국가 발전 과정에 대한 이해가 다른 데서 기인한다.

신라사에 한정하여 말하자면, 두 설은 똑같이 사로국斯盧國이라는 소국이 주변의 진한辰韓 소국들을 통합함으로써 신라로 발전하였다고 이해하며, 초기 사회의 기본 단위가 읍락이라고 지칭된 지연집단이었 다는 점에 인식을 같이한다. 그러나 그 통합 과정에 대한 생각이 다르다.

---

77) 盧泰敦, 「三國時代의 '部'에 關한 硏究」, 『韓國史論』 2, 1975.
78) '部體制說'을 둘러싼 논의의 역사적 의미는 拙稿, 「5~6세기 新羅의 權力構造와 그 變化」, 『歷史教育』 74, 2000, 73~81쪽을 참고할 것.
79) 李鍾旭, 「新羅 '部體制說'에 대한 批判」, 『韓國史研究』 101, 1998.
80) 韓國古代史學會에서 세미나를 주최하여(1999년 7월 29~30일) '部體制'와 관련된 여러 연구자들의 생각을 듣고 토론하는 기회를 가졌다. 그 결과는 『韓國古代史研究』 17輯 (2000)으로 간행되었다.

'부체제설'은, 사로국이 중심이 되긴 하였지만 다른 소국의 지배세력도 초기 고대국가의 건설에 주체적으로 참여함으로써 자치권을 어느 정도 인정받은 상태로 연합체를 구성하였다고 보는 반면, '국왕중심체제설'은 그러한 연맹 단계가 있기는 하였으나 진한 소국은 병합 단계를 거치면서 사로국에 종속되어 그 왕의 지배대상이 되었다고 인식한다. 논의는 결국 '사회발전단계론'과 결부되어 있는 것이다.

그렇지만 한국사 이해체계 전반을 놓고 본다면, 이 두 설의 대립은 한정적인 의미를 지닌다고 할 수 있다. 두 설 모두 '사로육촌설斯盧六村說'에 근거하고 있기 때문이다. 말하자면 '부체제'를 둘러싼 논의는 '사로육촌설' 내부의 의견 조정을 위한 논의일 뿐인 셈이다. '사로육촌'이라는 용어는, 신라의 건국을 전하는 『삼국사기』『삼국유사』의 기사가 기실은 경주 지역의 6개 촌락이 사로국을 형성한 사실을 기록한 내용이라는 이해를 담은 용어다. 사로국이 발전해서 신라가 되었다고 생각하는 것이다. 그러나 이는 정작 기록이 전하는 바와는 거리가 있는 이해 형태다. 『삼국사기』와 『삼국유사』는 진한에 6촌이 있었다 하고, 이것이 '진한육부辰韓六部'가 되었다고 했을 뿐이다. '사로육촌'은 기록 어디에서도 보이지 않는 조어造語인 것이다. 사실 이는 이병도가 제안한 개념이었는데 이를 '합리'라고 여긴 사학자들이 수용하면서 무슨 역사적 실체인 것처럼 쓰이게 되었을 따름이다.

'사로육촌설'에 따르면, 신라는 경주 지역의 토착사회가 중심이 되어 형성한 사로국이 비슷한 처지의 주변 제 소국을 통합 정복함으로써 성립한 국가로서 고조선과는 직접적인 계승관계가 없었던 나라가 된다. 그러나 『삼국사기』와 『삼국유사』는 나라를 잃고 남하한 고조선의 유민

들이 중심이 되어 진한 6촌을 건설했고, 그 지배세력이 '진한육부'를
형성하여 국정에 참여하는 국가를 세우고 그 이름을 서나벌徐那伐이라
했다고 기록하였다. 즉 신라는 경주 지역의 토착사회가 발전하여 세운
나라가 아니라, 고조선 유민들이 그 동안의 역사 경험과 문화 능력을
토대로 건설한 국가라는 것이다. 나라가 망한 뒤 근거지를 잃고 남의
땅으로 이동해 온 처지에서 많은 제약과 우여곡절이 따랐지만 궁극적으
로 신라의 건국과 발전은 고조선 사회의 계기적 발전 형태로 이해해야
마땅하다는 인식이 담긴 기록인 셈이다. 이에 입각한 고대사 인식을
'사로육촌설'과 구분하여 '진한육촌설'이라 부를 수 있겠는데, 이 '진한
육촌설'에 설 경우엔 국사의 이해체계가 그 기본부터 달라질 수밖에
없다.81) 국사에서 고조선이 차지하는 위치는 물론 고대사회 및 고대국
가의 성립 시기 등 모든 면에서 큰 시각 차이가 발생하게 되기 때문이다.
　'진한육촌설'은 1925년에 신채호가 『동아일보』의 지면을 통해 우리
가 아는 삼한三韓이 고조선을 이루던 전삼한前三韓이 남하하여 형성한
후삼한後三韓임을 밝힌82) 이래 박은식 정인보 등에 의해 근대 역사학의
방법론으로 체계화된 것이다. 그러나 한국사의 타율성과 정체성을
억지 주장하던 일제강점기에 이를 주목할 리 없었고, 광복 후 6·25사변
을 거치면서 문헌고증사학이 일세를 풍미하게 된 실정에서, 그리고
1970년대로 접어들어 사회발전단계론에 함몰된 고대사학계의 풍토에
서 이 설이 올바로 수용되기는 난망한 일이었다. '진한육촌설'은 민족주

---

81) '斯盧六村說'과 '辰韓六村說'의 고대사 이해체계에 대해서는 다음 논고를 참고할 것.
　　拙稿, 「'辰韓六村'의 性格과 位置」, 『新羅文化』 21, 2003.
82) 申采浩, 「前後三韓考」, 『朝鮮史研究草』 / 『丹齋申采浩全集(中)』, 丹齋申采浩先生記念
　　事業會, 1972, 68~102쪽.

의 사학자들의 낭만적 구상쯤으로 내몰리고 이들이 제시한 여러 증거는 '실증實證'이라는 명분하에 묵살된 반면, 엘만 서비스가 지금도 원시 상태로 남아 있는 사회를 대상으로 구성한 가설은 '이론理論'이라는 이름으로 받아들여지고, 중국의 통일제국인 한漢과 1년을 대결한 조선은 물론 그 유민들이 세운 3국도 그 초기는 국가 성립 이전의 원시사회로 간주하는 견해가 '합리合理'로 통용되었다.

그러나 이러한 여건 속에서도, 고조선과의 연관성에 대한 판단을 보류한 채이긴 하나 진한의 12촌이 각각 둘씩 결합하여 형성한 Dual organization system이 신라를 구성한 6촌의 실체였다고 본 김철준과83) 신채호가 제시한 삼한이동설三韓移動說의 타당성을 새로운 각도에서 재확인한 천관우84) 등이 '진한육촌설'의 명맥을 이었다. 필자의 이중용립구조론二重聳立構造論도 그 한 형태다.85) 그리고 김용섭과 이경식李景植이 '진한육촌설'에 서서 국사의 체계적 이해를 시도하였다.86)

이와 같이, 한국고대사에서는 어떤 부문, 어떤 주제로 논쟁을 벌이더라도 궁극적으로 그것은 고조선·진국과 부여·삼국·가야의 역사를 어떻게 이해하여 한국사 발전의 계기성繼起性과 고대사학의 과학성을 동시에 담아낼 것인가 하는 문제로 회귀한다. 이로써 한국사의 보편성과 특수성이 드러나고, 나아가서는 주체성 여부가 판가름 나는 중요한 사안인데도, 이 문제가 해결되지 않고 남아 있는 상태에서 논의를

---

83) 金哲埈, 앞의 「新羅 上代社會의 Dual Organization」 上·下.
84) 千寬宇, 앞의 「古朝鮮史·三韓史研究」.
85) 拙稿, 「韓國 古代國家의 二重聳立構造와 그 展開」, 『歷史敎育』 98, 2006.
86) 金容燮, 『東아시아 역사 속의 한국문명의 전환 - 충격, 대응, 통합의 문명으로 -』, 지식산업사, 2008.
　　李景植, 『韓國 古代·中世初期 土地制度史』, 서울대학교출판부, 2005.

진행하기 때문에 늘 걸림돌로 작용하는 것이다. 따라서 이와 관련한 지금까지의 연구 경향이나 시각이 가진 문제점은 한국고대사 연구 전반이 해결해야 할 문제점이기도 하다.

무엇보다 먼저 거론되어야 할 것은, 앞에서도 잠시 언급했지만, 만주 지역의 역사에 대한 관심이 적고 시각이 협소한 점이다. 일제강점기부터 우리나라 정통역사학자들이 제기해온 '민족' 문제를 마무리하지 못하고 덮어둔 결과다. 그리하여 발해사를 한국사의 체계 위에서 이해하는 것을 아전인수의 침략성을 띤 '애국주의' '민족지상주의'의 비과학적 산물로 여기는 견해가 고개를 들기에 이르렀다. 뿐만 아니라, 중국은 발해사를 자국사로 서술하기 시작한 지 오래고, 나아가 발해의 모체인 고구려의 역사까지도 역시 중국사의 일부로 보아야 한다고 주장하기에 이른 형편이다.

민족에 대해서는 그동안 몇 편의 연구가 있었지만,[87] 기본적으로 한국사의 구체적인 주체로 드러나는 '민족'과 근대 서구에서 정리된 민족이란 용어의 '개념' 사이에 놓인 거리를 좁히는 데 주안점을 두었다. 말하자면 서구의 '민족' 개념에 부합하는 형태가 한국사에서는 언제 어떤 배경에서 등장하였는가가 논의의 초점이었던 셈이다. 그러나

---

87) 金廷鶴, 「韓國民族形成史」, 『韓國文化史大系 Ⅰ』, 1964.
　　金貞培, 「韓國民族과 濊貊」, 『韓國民族文化의 起源』, 高麗大學校出版部, 1973.
　　金貞培, 「韓國民族文化의 源流와 問題點」, 『韓國民族文化의 起源』, 高麗大學校出版部, 1973.
　　愼鏞廈, 「민족 형성의 이론」, 『民族理論』, 文學과 知性社, 1985.
　　李鮮馥, 「민족단혈성론의 검토」, 『北韓의 古代史 研究』, 一潮閣, 1991.
　　盧泰敦, 「한국민족 형성과정에 대한 이론적 고찰」, 『韓國古代史論叢 1』, 1991.
　　都珍淳, 「근대 민족주의의 형성과 분화」, 『韓國古代史論叢 1』, 1991.
　　李鮮馥, 「신석기·청동기시대 주민교체설에 대한 비판적 검토」, 『韓國古代史論叢 1』, 1991.

서구의 '민족'은 근대국가의 성립과 관련하여 그들의 역사에서 추출된 개념일 뿐이다. 따라서 그것은 '민족'의 절대적인 개념일 수도 없고 보편적인 실체일 수도 없다. 우리는 우리 자신의 역사를 통해 추출한 '민족' 개념을 객관적으로 따로 정립할 필요가 있다. 민족은 역사적 실체이기 때문이다. 우리에게 '민족'은 무엇인지 학문적으로 체계화하고, 부여·고구려·발해의 역사를 어떻게 이해할 것인지 과학적인 관점을 획득하기 위한 작업을 이제 더 이상 미루기 곤란하다.

둘째는, 사실의 고증에서 중국 측 문헌을 무조건 우선시하고, 고고 유물을 절대시하며, 인류학 등 인접 학문의 이론을 보편적인 사실인 양 받아들이는 태도의 문제점이다. 우리 기록이 극히 미비하고 영성한 데 근인根因이 있지만, 전하는 많은 기록들을 위서僞書 혹은 날조로 폄훼貶毁하여 외면해온 데에도 원인이 있다. 『환단고기桓檀古記』나 『단기고사檀奇古史』 등 선가仙家·도가道家에서 소장해 내려온 기록들과 『산해경山海經』 등 중국 선진시대의 문헌들, 『만주원류고滿洲源流考』 등 청조淸朝의 역사 서술 등을 과학적으로 재평가하여 적극 자료로 활용할 수 있는 안목을 기르고,[88] 『삼국사기』 초기 기사와 중국 문헌의 상치하는 듯 보이는 내용을 상호보완적으로 이해할 수 있는 고대사 이해체계를 모색해야 한다.

중요한 것은 '사실事實'이지 '합리'나 '이론'이 아니다. 그리고 그 '사실'은 가능한 한 많은 기록을 총체적으로 이해할 수 있는 방향에 존재한다. 사료 비판에 지나치게 너그러워 불확실한 자료로 우리 역사를 꾸며서도

---

88) 金光洙 씨가 『史記』 『山海經』 등에 보이는 蚩尤 관련 기사를 분석한 것은 좋은 예가 될 수 있다.
　　金光洙, 「蚩尤와 貊族」, 『孫寶基博士停年紀念 韓國史學論叢』, 知識産業社, 1988.

곤란하지만,[89] 겨우 남은 자료를 말살하는 어리석음을 범하는 것은 아닌지 늘 염두에 두어야 한다. '합리'는 세계사적 보편론의 적용에만 있는 것이 아니다. 우리 역사에는 일찍부터 중국 문헌을 더 중시하여 자기의 역사 기억을 부인한 유교적 합리주의사관과 이에 대항한 '반존화적反尊華的 도가사학道家史學'의 전통이 병립해왔다.[90] 선가仙家·도가道家 쪽에서 전승해온 역사 기억이 오늘날까지 불식되지 않은 것을 '비합리'를 청산하지 못한 결과로 본다면 그것은 '합리'가 아니다. 단순히 한쪽 편을 일방적으로 선호하는 것일 뿐이다. 이제는 양쪽의 전통을 동시에 시야에 두고 진정한 이 시대의 '합리'를 체계화하는 작업이 필요하다.

셋째는, 백남운이 그렇게 본 이래로 지금까지 바뀌지 않고 있는, 삼국 성립 이전의 사회 발전 단계를 원시공동체로 파악하는 관점의 문제점이다. 당시 백남운은 청동기문화의 존재를 알지 못하였기 때문에 이렇게 생각한 것이었는데, 그 후 이 견해는 역설적이게도 고고발굴考古發掘의 성과가 축적됨에 따라 오히려 더 견고하게 굳어졌다. 그리하여 지금은 진국의 존재 자체를 부인하거나, 인정하더라도 일개 소국 이상의 것으로 보지 않는 견해가 일반화되었다. 삼국의 역사를 고조선·진국의 역사와 분리해 별도로 이해함으로써 삼국의 성립을 한국사의 실질적인 출발점으로 삼기에 이른 것은 그 결과다. 그러나 고고발굴의 성과는, 기록을 제쳐두고 이에 전적으로 의존하기에는 아직 미흡하다. 그리고 삼국 이전의 사회단계를 원시공동체로 보기가 곤란하다는 것은

---

89) 李基東, 「韓國古代史 研究의 現況과 課題」, 『韓國古代史論』, 한길사, 1988, 9~10쪽.
90) 韓永愚, 「17世紀의 反尊華的 道家史學의 成長 - 北厓의 "揆園史話"에 대하여 -」, 『韓國學報』 1, 1975.

지금까지의 성과만으로도 충분히 논리를 세워 말할 수 있는 내용이라고 여겨진다.

청동기문화의 가장 큰 특징은 승리자·지배자만이 그것을 누릴 수 있었다는 점에 있다. 정복당한 집단은 가지고 있던 청동기를 모두 빼앗기고 신석기 단계에서나 다름없이 살았다. 청동기는 유력한 집단이 독점하였다. 그런데 우리는 아직 청동을 제련해 내던 문화 중심지를 찾아내지 못하였거니와, 기원전 1세기에서 3세기 사이에 축조된 것으로 밝혀진 풍납토성의 경우만 하더라도 4m 지하에서 최근에야 우연히 그 내부의 유구遺構 일부를 발견한 형편이다. 이러한 처지에서, 그 본체가 더 깊이 묻혀 있을지도 모를 한반도의 청동기문화에 대해 어떤 확신을 가진다는 것은 성급한 일이 아닐 수 없다. 신석기만 발굴된다고 해서 그 지역이 청동기시대로 진입하지 못하였다고 단정할 수는 없는 것이다.

게다가 그나마도 시야를 한반도의 토착사회에 고정한 채 우리 조상들이 실제로 신석기문화와 청동기문화를 구가했던 중심 지역이 한반도 밖에 따로 있었다는 기록과 증거를 애써 외면하는 태도는 딱하기까지 하다. 특히 최근에는 다링허大陵河 유역에서 황허 문명보다 시기상 앞선 고대문명이 발견되었는데, 이는 황허 문명과 일단 무관한 독자의 문명이며 그 표지유물이 빗살무늬토기에서 비파형동검으로 이어지는 사실로 미루어 그 문화의 주인공이 우리 조상일 개연성이 매우 큰 것으로 드러난 상태다. 중국은 애초부터 만리장성 이북 지역의 문화 주체를 동이東夷로 기록하여 자신들과 구분하였으며, 우리는 스스로 거기서 발원하여 발전했다고 기억하고 기록한 바였다. 나중에는 비록 중국에 밀려 그곳을 포기하고 남하하기에 이르렀으나 거기서 이동해 온 유민들이 삼국을 건설했다는 전래의 기록을 사실로 입증해줄 증거들이 속출하고 있는 셈이다. 그럼에도 불구하고 억설臆說과 강변强辯으로 이를 애써 부인한 채 우리 역사의 기원을 경주 일대의 원시사회에서 찾는 견해를 이제 더 이상 합리로 여기기는 어렵게 되었다고 할 것이다.

또 유물의 형태와 유형類型을 편년의 기준으로 잡으며 쌓아올린 우리나라 고고 편년考古編年에 대해서도 전면적으로 재검토해 볼 여지가 있다. 유형 간의 편년에 조금씩만 오류가 생겼어도 전체의 역사상을 크게 왜곡할 가능성이 크기 때문이다. 고대사학과 고고학의 상호 이해와 긴밀한 협력이 요청되는 대목이다. 그렇지만 이를 위해서는 고대사학 쪽에서 먼저 고조선 사회의 발전이라는 계기적 시각에서 삼국의 국가형성사를 이해하는 안목을 확립할 필요가 있다. 정인보에서 단절된, 남의 기술記述에서 내 사료를 가져온 것이 많은 한국고대사의 원형을 복원하는 작업을 다각적으로 다시 시도해야 한다. 진국辰國 및 삼한사三韓史에 대한 치밀하고 신중한 점검이 요구된다.

넷째는 사회경제적 토대(하부구조)에 대한 올바른 인식이 없이 몰입하는 정치사 연구는 한순간 사상누각沙上樓閣으로 변해버릴 가능성이 있음을 늘 염두에 두어야 한다는 점이다. 정치제도와 정치 과정을 경제제도·사회구성·사상 및 그 변화와 서로 유기적으로 설명할 수 있을 때에만 정치사 연구는 의미를 갖는 것이다. 이는 거꾸로 정치사 연구가 잘못되면 경제사·사회사·사상사가 모두 허상을 쫓는 결과로 이어진다는 뜻이기도 한데, 이런 맥락에서 한국고대사학계는 지금까지 각 부문에서 이루어진 연구 성과 전반을 종합적으로 검토 논의하는 기회를 갖는 것이 필요하다.

예컨대 고구려의 경우, 초기 지배세력인 '가加' 계급의 성격을 '집권적 왕조국가의 일반화된 지배계급'으로 볼 수 있고,[91] 초기의 왕위가 일관되게 부자계승으로 이어진 것으로 파악할 수 있으며,[92] '국상國相' 직에 나타나는 관제구성官制構成의 성격을 '새로운 국가적 발전에 따른 지배체제의 재정비 과정에서 관제 일반을 한층 직능 위주의 막료체제幕僚體制로 재편하는 의미를 지닌 것'으로 파악할 수 있다면,[93] 고구려는 이미 2세기에 봉건적 사회경제구성으로 전환하고 있었다고 봄이 타당하다. 또 '식읍食邑'을 노예제적 경제관계, '녹읍祿邑'·'정전丁田'·'전사법佃舍法'을 봉건적 경제관계의 산물로 파악하는 것[94]이 정당하다면, 신라·고구려의 정치제도에 대한 기존의 통설적 이해는 전면 재검토되지 않으면 안 되게 되는 것이다.

역사학은 작지만 새로운 변화의 조짐을 잘 읽어내는 특성을 가진 학문이라고 할 수 있다. 학계 일각에서 제시된 소수 의견일지라도 그 의미를 신중히 검토해 볼 여지는 충분하다. 더구나 토지제도를 전공한 원로 연구자가 한국사 이해의 전반적인 체계를 염두에 두고 제기한[95] 문제의식에 대해서는 한국고대사학계가 성실히 답변할 의무가 있을 것이다.

---

91) 金光洙, 「高句麗 前半期의 '加'階級」, 『建大史學』 6, 1982.

92) 金光洙, 「高句麗 初期의 王位繼承 問題」, 『韓國史硏究』 55, 1986.

93) 金光洙, 「高句麗의 '國相職'」, 『李元淳敎授停年紀念 歷史學論叢』, 敎學社, 1991.

94) 李景植, 「古代·中世의 食邑制의 構造와 展開」, 『孫寶基博士停年紀念 韓國史學論叢』, 知識産業社, 1988.
    李景植, 「新羅時期 祿邑制의 施行과 그 推移」, 『歷史敎育』 72, 1999.
    李景植, 「新羅時期의 丁田制」, 『歷史敎育』 82, 2002.

95) 金容燮, 「土地制度의 史的 推移」 및 「結負制의 展開過程」, 『韓國中世農業史硏究』, 지식산업사, 2000.

4. 북한의 고대사 연구

1) 삼국의 사회경제구성에 대한 토론

1970년대에 남한에서 큰 논쟁거리가 되었던 '부족국가'는 본디 백남운이 처음 사용한 용어였다. 백남운은 마르크스-레닌주의 사관에 입각하여 '국가'란 계급에 의한 계급의 억압기관이라고 생각했으므로,[96] 그 사회의 계급이 분화한 징후가 명백하고 실질적으로 사유재산제가 시행되어 토지의 자본화가 진행된 결과 더 이상 씨족경제와는 양립할 수 없는 요건으로 성숙한 단계는 이미 '국가'로 파악해야 한다고 여겼다. 문제는 그것이 한국사에서 언제 처음 나타났으며, 그 성격은 무엇이었는가 하는 것이었다.

백남운이 역사를 통해 해결하고자 한 과제는 두 가지였다. 하나는 한국사를 민족사적인 견지에서 서술함으로써 한국이 자주적 민족국가로 독립해야 할 당위를 학문적 근거로 설명하는 일이었고, 또 하나는 한국사를 세계사적 보편사관에 입각하여 서술함으로써 정체성론에 기반을 둔 일제의 침략사관을 파쇄破碎하는 일이었다. 그러므로 그의 한국사 서술은 민족국가의 성립과 발전 과정을 보편사관으로 풀어내는 것으로 압축되었으며, 그것은 부족사회의 원시공동체가 해체되어 국가를 형성해가는 과정과 씨·부족氏部族이 민족으로 형성되는 과정을 일원론적으로 파악하는 데서 출발하지 않으면 안 되었다.

그러한 백남운으로서는 노예제결여론이나 봉건제결여론 어느 쪽도

---

96) 白南雲, 앞의 『朝鮮社會經濟史』, 183쪽.

수용할 수 없었다. 그는 한국사에서도 역시 원시씨족공산사회가 노예
제사회, 봉건제사회를 거쳐 현재의 상품생산제사회로 발전한 '세계사
적 기본법칙'이 예외 없이 관철되어야 한다고 생각했다. 그런데 한국사
에서는 노예제나 봉건제의 전형이 잘 드러나지 않는다는 데 난점이
있었다. 그는 한국사를 '그 시초부터 현대까지, 또는 현대로부터 그
시초까지 오르내리며 수차 세밀히 검토 분석'하고 '엥겔스의 저서에
의하여 희랍 및 로마형의 노예사회와도 비교 검토'한 끝에,[97] 삼국이
한국사 최초의 노예제국가였으며 그 사회는 노동노예제에 입각한 '특수
한 아시아적 노예소유자적 사회'였다고 판단하게 되었다. 그리고 노예
제국가 단계에서 강력한 중앙집권력에 의해 기존의 부족동맹과 종족동
맹들이 민족적·국민적 규모로 통합되었다고 이해했다.[98]

그러나 기록은 삼국 성립 이전에 이미 노예군奴隸群이 발생한 사실을
전하고 있었다. 이는 백남운에게 있어서, 계급이 분화한 결과로서 그
사회에 더 이상 씨족경제와 양립할 수 없는 요건이 발생하였음을 뜻하
는, 즉 '국가'가 성립한 사실을 의미하는 현상이었다. 그는 삼한三韓·부
여·(초기)고구려·동옥저에서 씨족제의 가부장적 가족제로의 전화,
공유재산의 사유재산으로의 변질, 생산력의 급격한 발전, 노예제의
발생, 공산체의 계급사회로의 분화, 화폐에 의한 교환 등 '국가'의 성립을
인정할 수 있는 증거들을 확인하였다. 이에 그는 경제적 측면에서
노예군이 발생하였으나 아직은 계급제로의 명확한 발전을 보지 못한
'국가' 단계를 따로 설정하고, 이를 민족 형성 이전의 상태로 설정한

---

97) 과학원 역사연구소 고대 및 중세사 연구실 편, 「백남운 원사의 토론 요지」, 1957
　　／『삼국시기의 사회경제구성에 관한 토론집』, 일송정, 1989, 348쪽.
98) 白南雲, 앞의 책, 185, 191쪽.

종족·부족 개념과 결부시켜 '부족국가'라고 불렀다.

백남운에게 있어서 '부족국가'는 국가 발전 단계와 민족 형성 과정을 동시에 표현할 수 있는 매우 적절한 용어였던 셈이다.[99] 따라서 문제의 근본은 '부족국가' 개념에 있는 것이 아니었다. 삼국 이전의 사회 단계에 대해서도 '국가'라는 개념을 적용할 수 있는 것인지, 삼국은 과연 한국사 최초의 노예제국가인지, 그렇다면 삼국은 언제 그러한 국가로 성립했는지 등이 문제의 핵심이었다. 이는 한국사 이해체계와 그 연구 방법론이라는 고대사 연구의 본질에 관한 사안이므로 번거롭더라도 자세히 살펴볼 필요가 있다.

북한은 역사학이 '인민 대중을 교양하는 사업'에서 큰 역할을 담당하고 사상 전선에서 '계급투쟁의 가장 강력한 무기'로 기능한다고 인식하였기 때문에 분단 직후부터 국사학國史學에 큰 관심을 갖고 국가 차원에서 연구를 지원하였다. 1947년 2월 임시역사편찬위원회를 조직한 것은 그 일환이었다.[100] 이 위원회의 주된 목적은 『조선통사』의 편찬에 있었는데, 종래의 지배층 중심 역사인식에서 벗어나 한국사를 '사회의 생산력과 생산관계의 역사' '근로 인민 대중의 역사'로 다시 서술한다는 것이 목표였다. 이 위원회는 부실한 연구 기반과 성과를 우선 활성화하기 위해 『조선력사연구논문집』(1947)과 『력사제문제』(1948)와 같은 학술지들을 간행하기 시작했다.

---

99) 이 점에서 1970년대에 남한에서 진행된 '부족국가' 개념에 대한 비판이 단지 血緣地緣 개념의 상충이라는 시각에서 시작된 것은 正鵠을 벗어난 일이었다고 할 수 있다. 백남운의 저러한 문제의식을 한국사 이해의 전 체계 속에서 다루고 事實과 論理로써 그 한계를 규명하려는 시각에서 출발했어야 했다.

100) 이 기구는 1948년에 내각 결정 제11호 「朝鮮物質文化遺物調査保存委員會에 關한 決定書」에 의해 교육성 산하의 '조선력사편찬위원회'로 정식 발족하였으며, 1949년 내각 지시 제8호에 따라 백남운이 위원장으로 취임하였다.

그러나 이 시기에 북한에서 활동한 역사학자가 많지 않았기 때문에[101] 한국사 연구는 기대하는 바대로 체계적으로 이루어지지 못하였다. 북한이 6·25동란 중에 남한의 역사학자들에 대해 대대적인 회유와 납치를 자행한 것은 이러한 연구 인력의 기근을 무단으로 해소하려한 것이었다. 이에 저항했거나 역사인식의 토대가 달랐던 많은 역사가들이 희생되었다. 하지만 이 기간에 자진 월북, 또는 마지못해 협력한 사학자가 적지 않았고, 해외에서 귀국하여 활동을 시작한 연구자도 있었다.[102]

연구의 인적 기반을 어느 정도 확충한 북한은 연구 기관의 정비에 착수하여, 전쟁이 일단 소강 상태에 접어든 1952년 3월, 조선역사편찬위원회를 해체하고 조선역사연구소로 확대 개편하였다. 이 기구는 같은 해 10월 최고 학술기관인 과학원科學院이 창설되면서 그 산하 기구로 편제되었다. 이는 '연구 사업 진행에서 낡은 태도인 개인 취미 본위적인 수공업적 방식과 산만성을 극복하고 집체적 연구와 호상 협조, 동지적 방조傍助의 작풍을 수립'한다는 취지에서 이루어진 개편이었다. 역사연구소는 12월부터 사업을 개시하여, 1955년 1월에 창간한 『력사과학』을 통해 그 연구 성과를 발표하기 시작했다. 그러나 이 시기의 한국사 연구는 소련 역사학계의 연구 성과를 적극 수용하여 자기 역사에 어떻게 적용할 것인가 하는 데 중점이 놓여 있었다.

---

101) 이기동, 「북한 역사학의 전개과정」, 『한국사시민강좌』 21, 1997, 5~7쪽. 해방 당시 북한에 있던 역사학자는 金洸鎭 한 사람뿐이다시피 하였고, 李淸源이 1946년에, 金錫亨·朴時亨이 1947년에, 白南雲·崔益翰·李萬珪·李如星 등이 1948년에 각각 월북한 정도였다.

102) 全錫淡·林建相·洪熹裕·鄭燦永·孫永鍾 등이 6·25동란 중에 월북하였고, 都宥浩·韓興洙 등이 해외에서 귀국하여 합류하였다(이기동, 위의 논문, 7~8쪽).

북한의 한국사 연구는 1955년 12월에 김일성이 행한 이른바 '주체연설'(「사상 사업에서 교조주의와 형식주의를 퇴치하고 주체를 확립할 데 대하여」)을 계기로 더욱 활성화되었다. 여기서 조선 혁명을 하기 위해서는 조선 역사를 알아야 한다고 강조했기 때문이다. 이에 따라 혁명 과업의 완수를 목적으로 한 역사인식 체계의 확립이 한국사 연구의 초점이 되고, 역사학의 정치적 예속이 크게 심화되었다. 북한은 본디, '조선 노동당의 노선과 정책을 깊이 파악하고 그것을 대중 속에 해석 선전'하는 데 역사학 연구의 본령이 있으므로 "국가 건설을 위한 당의 투쟁 및 사상 정치 사업과 유기적 관계를 가져야 한다"고 주장하고 있었던 만큼 이는 새삼스러운 변화가 아니었으나, 이를 계기로 시대구분 문제가 무엇보다 우선하여 해결해야 할 과제로 부각되게 된 사실은 주목할 만하다.

당시 북한의 사회경제적 구성이 봉건적 형태에 머물렀는지 자본주의적 형태로 진입한 단계인지가 먼저 밝혀져야 이른바 사회주의혁명을 위해 투쟁할 대상이 무엇인지 명확해질 수 있었던 것이고, 이를 밝히자면 한국사 발전의 전반적인 형태가 단계적으로 정리되지 않으면 안 되었던 것이다. 1956년 10월에 과학원 역사연구소 주최로 '삼국의 사회-경제 구성에 관한 토론회'가 열린 것은 그 일환이었다.

삼국의 사회 구성과 생산력-생산관계를 둘러싸고는 여러 의견이 엇갈리고 있었으므로, 앞서 4월에 간행된 『조선통사(상)』에서조차 시대구분에 대한 명확한 태도를 유보해 두고 있던 터였다. 유물사관과 계급투쟁사관의 관철을 표방하고 이루어진 통사通史 서술에서 시대구분을 외면했다는 것은 역사 이해의 체계성 획득에 일단 실패했음을 의미하는 일이었다. 이래서는, 저들이 '계급투쟁의 가장 강력한 무기'로 생각하는 역사가 제 구실을 다할 리 없었다. 문제가 심각하였다. 삼국시기의 사회경제구성에 대해 북한 학계 전체가 토론을 벌여서라도 어떤 단안을 내려야 한다는 분위기가 팽배하였다.

토론의 초점은 노예제사회의 존재 여부에 놓였다. 그러나 논의는 사실의 규명이나 확인보다 어떤 이해체계가 마르크스-레닌주의 역사 이론에 더 근접한 '과학적' 형태인가를 가리는 방향으로 치달았다. 마르크스 레닌 엥겔스 등의 저작을 누가 더 많이 정확히 읽고 이해했으며 누구 견해가 그 원론에 더 충실한가를 가리는 것이 논쟁의 초점이 되고 있었다. 따라서 이 토론에서 밀린다는 것은 곧 마르크스-레닌주의를 제대로 이해하지 못한 것이 되고, 나아가 당이 추진하는 혁명 전선에서 그 사상성思想性의 한계를 드러냄을 의미하는 것으로 비쳐질 수밖에 없었다. 토론에서의 패배는 결국 '학문적 지도 간부'로서의 지위를 잃고 숙청될 수도 있음을 예고하고 있었던 것이다. 논쟁은 각박하게 전개되었다.

북한에서는 백남운이 『조선사회경제사』(1933)와 『조선봉건사회경제사(상)』(1937)에서 제시한 시대구분론에 따라 삼국시대를 노예제사회로 파악하는 것이 통설로 인정되고 있었다. 1947년에는 한길언韓吉彦이 「조선고대국가 성립과정」이라는 논문을 통해 백남운의 시대구분을 지지하였으며,[103] 1948년에는 리응수李應洙가 「조선 노예 시대사 연구」를 발표하여, 『삼국지三國志 위서魏書』 동이전東夷傳에 보이는 '국國'을 모두 국가로 간주하고 그리스·로마에서 볼 수 있는 고전고대의 노예제도가

---

103) 한길언, 「조선고대국가 성립과정」, 『조선역사연구논문집』, 조선역사편찬회, 1947.

우리 역사에도 존재했음을 논하였다.104)

그러나 소련 역사학계가 1952년부터 『고대사통보古代史通報』를 통해, 원시공동체제 및 노예소유자적 구성의 역사적 전개 과정에서 나타난 생산력과 생산관계 발전의 특성과 법칙, 그리고 노예소유자적 구성의 붕괴 및 봉건적 구성의 발생 문제를 둘러싸고 열띤 논쟁을 벌이기 시작하면서105) 사정이 달라졌다. 이 논쟁에 자극되어, 우리나라 생산력과 생산관계의 발전 과정은 원시공동체사회에서 노예제사회를 거치지 않고 곧바로 봉건사회로 이행한 형태라고 파악하는 견해가 대두한 것이었다. 과학원 산하의 경제법학연구소(1953년 3월 설립) 소장으로 있던 김광진金洸鎭이 이를 주도하였다.

김광진은 일찍이 고구려의 생산양식에 대한 연구를 통해 고구려에서 노예제사회의 모습을 찾기 어렵다고 밝혀106) 삼국시대를 노예제사회로 본 백남운의 견해에 이의를 제기한 이였다. 그는 본디 노예제사회의 전형을 서구의 고전고대사회에서 구하였기 때문에 그 전형이 발견되지 않는 삼국은 후기까지 원시공동체의 사회구성을 완전히 탈피하지 못했던 것으로 보아야 한다고 여기고 있었다. 그러나 소련아카데미의 논쟁에 접하면서 그의 생각은 급속히 바뀌었다. 그가 삼국에서 노예제적 요소를 발견할 수 없었던 것은, 원시사회가 완전히 해체되지 않고 늦게까지 지속되었기 때문이 아니라, 삼국이 국가로 성립하면서 곧바로 봉건사회로 이행했기 때문이라고 견해를 수정하게 된 것이었다.

---

104) 리응수, 「조선 노예 시대사 연구」, 『역사제문제』 9, 10, 11, 1948.

105) 이 시기 소련역사학계의 동향에 대해서는 香山陽坪 譯編의 『奴隷制社會の諸問題』(東京 : 有斐閣, 1958)를 참고할 것.

106) 金洸鎭, 「高句麗社會의 生産樣式」, 『普專學會論集』 3, 1937.

1953년 9월 중앙당 회의실에 열린 사회과학자대회에서 노예제 문제를 둘러싸고 열띤 토론이 전개되었는데, 여기서 김광진은 우리 역사에 노예제도는 없었다고 주장하였다. 원시공동체 말기의 현상으로서 우클라드uklad(생산관계 및 제도)로서의 노예 소유는 있었으나 그것은 가내노예 혹은 사치노예와 같은 형태로서, 생산의 기본 노동력을 대량의 노예에 두는 본격적인 노예제도는 존재하지 않았다는 것이었다. 김광진은 1955년에 그의 견해를 체계화하여 장편의 논문으로 발표하였다.107) 주요 논지를 요약해 보면 다음과 같다.

① 1~2세기 한국의 제 종족들은, 각각 그 발전의 차이는 있었으나 일반적으로 아직 원시공동체적 경제 구조를 토대로 하고 있으면서 동시에 붕괴 과정을 경험하던 원시사회 말기의 과도기적 단계에 처해 있었다. 사회 내부에 상당한 계급분화가 진전되었고 내부 모순이 외연적外延的으로 표출되어 정복전과 약탈 전쟁이 전개되고 있었으나, 기본적인 사회구성은 원시공동체 체제를 벗어나지 못하였다.

② 한국에서는, 씨족제도가 오랫동안 완강히 잔존하였고, 상품생산과 상업자본 및 고리대자본의 발전이 극히 미약하였으며, 노예 공급의 원천이 협소하였던데다가, 대규모의 관개수리사업이 국가적으로 조직되지 못하였다.

③ 이와 같은 조건들은 노예제도의 발전과 그 관철이 전면적으로 억제하였으며, 이로 말미암아 결국 노예제도는 노예소유자적 구성으로 전화되지 못하고 정체성을 가진 초기적 노예제도로서의 가부장적 노예제, 가내노예제 내지는 종족적 노예제로 존속하였다.

④ 전한 시대부터 급격히 한반도에 전파된 중국의 철기문화가 한국의

---

107) 金洸鎭, 「조선에 있어서의 봉건제도의 발생 과정」(상) (하), 『력사과학』 1955-8, 9, 1955.

원시사회를 붕괴시키는 원동력이 되었으며, 이와 더불어 소개된 중국의 봉건사회 건설 경험이 한국에서 이전의 원시공동체에 대신하는 새로운 사회경제 구조를 봉건적인 형태로 이끌었다.

　⑤ 고구려에서는 기원을 전후하여, 백제와 신라에서는 각기 그보다 1, 2세기 후에 왕권이 형성되었으며, 족장들과 씨족적 귀족들이 왕권을 중심으로 집결하여 연합체를 구성함으로써 '미개국가'가 출현하였다. 이 종족 동맹은 '국가'라는 외피를 쓰고 있었으나, 씨족제도에 토대를 두고 있었고, 국토 확립을 위한 정치적 통일을 완수하지 못하고 있었으며, 다른 지방의 종족 또는 씨족 공동체를 집단적으로 착취하는 공납제도貢納制度=속민제도屬民制度가 지배적이었으므로 원시공동체적 관계를 그대로 보존한 '미개국가'에 불과하였다고 보아야 한다.

　⑥ 공납제도의 불철저한 착취 제도는 점차 지대地代 및 조세租稅의 형태로 분화 발전하였는데, 이 과정에서 식읍 제도가 나타났다. 식읍은 봉건적 영지의 맹아 형태다.

　⑦ 고구려와 백제는, 주위의 제 종족 내지 씨족들을 정복하여 공납 관계를 유지하는 내부적 통일 과정과, 중국 세력 하에 있던 지방들을 정복 통일하는 과정을 경험하면서 3세기 말부터 4세기에 걸쳐 완전한 봉건주의의 성립을 보았다. 고구려는 3세기 말경, 백제는 4세기 초에 국가 성립의 단계로 들어섰다고 간주할 수 있다. 신라는 6세기 초에 이르러야 봉건적 토대가 구축되고 국가가 성립한다.

　⑧ 한국에서는 봉건사회가 성립한 후에도 노예제도가 가내노예 혹은 가부장적 노예의 형태로 잔존하여 한국 봉건사회의 발전을 더디게 만들었다.

이는 종래 그가 표명해온 고대사 인식과 크게 다른 내용이었으나, 삼국사회를 노예제사회로는 볼 수 없다는 기본 태도를 관철했다는 점에서, 김광진은 이것이 그의 이전 견해가 가진 결정적 결함을 일거에 극복할 수 있는 유력한 방안이라고 여겼던 듯하다. 삼국시대 말까지 원시공동체의 유제遺制가 잔존했다는 종래의 견해는, 한국사를 지나치게 후진적인 형태로 파악함으로써 주위 세계와 무관한 형태로 고립시키는 결과를 초래했으며, 잔존하는 유제에 주목한 나머지 당시 사회의 지배적 생산관계가 무엇이었는지에 대해서는 전혀 고려할 여지를 갖지 못했다는 비판을 면하기 어려운 인식이었다. 그런데 김광진은 이 새로운 논고를 통해 그런 비판으로부터 얼마간 비껴났을 뿐만 아니라, 연구방법론상 사회 발전의 일반 법칙을 기계적으로 적용하는 수준을 뛰어넘었음을 과시할 수 있게 되었다. 그는 한국 봉건제의 성립에 중국의 영향이 컸음을 강조하면서 우리나라의 역사 과정을 고립적으로 보지 말고 국제적인 상호 연관성에 주목할 것을 촉구하였다. 예전의 논지에서라면 응당 그 스스로가 받았어야 할 비판의 화살로 다른 사람들을 겨냥한 것이었다.

김광진의 이 새로운 인식은, 그리스·로마에서와 같은 고전고대적 노예제를 우리 역사에서 찾기 위해 노력해온 종래의 연구 경향에 적잖은 충격을 주었다. 사실은 김광진 자신도 이러한 연구 경향에서 벗어나 있던 인물이 아니었지만, 마르크스-레닌주의의 일반적 원리를 주체적·창조적으로 적용하는 것을 최상의 가치로 여기던 당시 북한의 연구 풍토에서, 한국사 발전의 특수성에 주목하겠다는 발상은 일견 시의적절한 것으로서 김광진으로 하여금 논쟁의 유리한 고지를 선점하게 해주었다.

삼국시대를 노예제사회로 보지 않고 봉건사회로 파악한 사학자는 기실 김광진이 처음은 아니었다. 일찍이 전석담全錫淡이 『조선경제사朝鮮

經濟史』(1949)에서, 원시공동체사회로부터 직접 봉건제로 이행했다는 이른바 '노예제결여론'을 주장한 바 있었다. 우클라드로서의 노예제는 존재했으나 사회구성체로서의 노예제사회는 성립하지 않았다는 것이었다. 삼국시대 봉건사회론을 주장한 학자로는 김광진 말고도 이청원李淸源과 김석형金錫亨이 더 있었다. 이청원은 인민경제대학 강의에서, 토지국유제에 기초하여 국가로부터 토지를 분여받아 조용조租庸調의 의무를 진 농민을 노예로 볼 수 없다는 이유를 들어 한국사에서는 노예 시대의 존재를 인정할 수 없다고 하였다.[108] 그는 본디 우리 역사에 노예제가 존재했음을 인정하고 그 형태는 아시아적 생산양식에 규정된 공납적 노예제 혹은 공동체적 성격이 강한 노예제였으며 그 존재 시기도 고려까지 내려온다고 보던 이였다.[109]

한편 김석형은 노비에 대한 연구를 통해 삼국시대를 봉건사회로 보는 기본 입장을 밝혔다. 삼국시대에는 피정복민을 대규모의 집단 경리에 노예로 사역한 것이 아니라 부곡이나 향·장·처 등 특수 부락을 만들고 거기서 농노적으로 착취하였으므로 이런 봉건적 피착취 예속민에 기초한 사회를 노예제사회로 파악할 수 없다는 것이었다. 그리고 '호戶'를 조세 징수의 단위로 이해하고, '호구戶口'로 표시한 인구통계를 통해 대농장 경영이 없었음을 증명해 보이고자 하였다.[110] 김석형은 앞서도, 과학원『학보』1955년 3호에 실린 「조선 봉건사회에 있어서의 토지소유관계에 대하여」라는 글에서 이와 같은 시각의 일단을 내비친

---

108) 이청원, 「통일전 신라 사회의 계급적 본질에 대한 약간의 참고 자료」, 인민경제대학 강의 교재(프린트).
109) 李淸源, 『朝鮮社會史讀本』, 1936.
110) 김석형, 「조선의 노비 – 주로 농민인 노비에 대하여 –」, 『력사과학』 1956-4, 10~67쪽.

바 있었다.

그러나 김광진의 주장은 적지 않은 논점을 내포하고 있었으므로 곧바로 반론에 직면하였다. 먼저 반격에 나선 이는 선사고고학자先史考古學者인 도유호都宥浩였다. 도유호는 독일 프랑크푸르트 대학을 거쳐 오스트리아 비인 대학에서 선사학先史學을 전공하고 1935년 박사학위를 받은 후 1939년 12월 귀국할 때까지 동 대학의 선사학연구실에서 선사고고학과 민속학을 연구한 사람으로,[111] 오역이 많은 일본의 번역서를 거치지 않고 마르크스나 엥겔스의 저작을 직접 정확히 읽을 수 있는 언어 능력을 가진 이였다. 그는 김광진의 인용에 원전의 본지本旨를 부정확하게 이해한 부분이 적지 않음을 지적하면서, 노예소유자적 구성을 오히려 예외적인 현상으로 파악한 데 이의를 제기하였다. '미개 국가'를 설정한 것은 노예소유자적 국가의 본질을 잘못 이해한 데서 비롯한 결과라는 것이다.[112] 그가 주요 논점으로 삼은 사항은 다음과 같다.

① 그리스·로마의 노예제를 계승하여 게르만 봉건시대가 열렸다는 것을 무시하고 게르만은 원시에서 봉건으로 직접 넘어갔다고 보면서 한국에서 봉건시대가 시작되는 데 중국의 영향이 컸다고 강조하는 것은 이율배반적인 논리다.

② 소위 '발달한 노예소유자적 구성' 즉 그리스·로마식의 노예제가 없었다는 점을 들어 한국사 상에 노예소유자적 구성이 있었음을 부인하면서, 유럽의 봉건제도와 현저한 차이가 있는 우리 봉건제도는 '봉건제도'의

---

111) 도유호, 『조선원시고고학』, 과학원출판사, 1960 / 백산자료원, 1994, 401쪽.
112) 도유호, 「조선 력사상에는 과연 노예제 사회가 없었는가 - 김광진 동지의 부정론과 관련하여 -」, 『력사과학』 1956-3, 15~77쪽.

범주로 파악하는 것은 불합리하다.

③ 원시공동체 말기에 사회 내부에서 노예제가 발생한 사실과 그 노예가 생산에서 중요한 역할을 담당했다는 사실을 인정하면서도 다수의 노예노동이 집체적으로 운영되던 시대를 노예제 시대로는 파악할 수 없다니 이해할 수 없다. 노예제 시대라고 해서 노예 수가 반드시 반수 이상을 차지해야 한다는 법은 없다.

④ 한국의 노예제가 여러 제약 조건들로 말미암아 노예소유자적 구성을 형성하지는 못하였다고 파악하였는데, 노예제사회로의 이행마저도 불가능하게 만든 제약 조건이 봉건사회로의 이행은 가능하게 했다는 것이 과연 가능한 논리인가?

⑤ 노예소유자적 국가의 본질은 원시공동체가 붕괴되어 사회의 기본적 계급 분화가 노예소유자 대 노예로 이루어지고 그 계급 대립에 기초하여 성립한 국가라는 점에 있다. 그럼에도 불구하고 그 국가의 본질과 직접 관계가 없는 원시공동체적 잔재에만 주목하여 이를 과도기적인 '미개국가' 곧 국가 이전의 형태로 규정한 것은 마르크스–레닌주의 역사관에 부합하지 않는 것이다.

⑥ 우리나라 초기의 국가들이 공동체 시대의 전통을 많이 가지고 있었던 것은 사실이나, 그렇다고 해서 그 국가 형태를 원시공동체의 범주에 포함시켜서는 안 된다. 이런 전통을 통하여 그 국가의 독특성을 엿보는 데에 우리의 과업이 있다. '동양적인 전제정치'를 국가 발생 이전, 계급 발생 이전의 단계로 분류하는 것은 엥겔스의 지적에 반하는 것이다.

⑦ 한국에서 노예소유자적 구성의 성립을 제약한 조건으로, 씨족제도의 전통이 강하여 자족自族 내에서는 노예를 얻지 못하였다고 말한 것은 당치 않다. 부여와 고구려에서는 형벌 노예의 형식으로 자족 내에서도 노예가 발생했음을 전하는 기록이 있다. 또 상업자본의 미발달을 거론한 것도 오류다. 상인자본은 어떤 계급사회에서도 다 있었으며, 그것이 노예제도의 형성을 촉진하는 요소도 아니었다는 것이 마르크스의 견해다. 그리고 '노예 공급의 원천이 협소하였다'는 데도 동의할 수 없다. 사다함이 받았다는

포로 200구口(열전列傳에는 300구)나 『당서唐書』의 '노동삼천인奴僮三千人' 등
이 이를 증명한다. '대규모의 관개수리사업이 국가적으로 조직되지 못하였
다'는 것도 벽골지碧骨池나 시제矢堤의 경제사적 의의를 과소평가한 언급이
다.

⑧ 철기의 사용과 봉건제도의 출현을 직결시켜 파악한 것은 무리다.
김광진은 청동기시대의 존재를 부정하나, 청동기시대가 없었다고 해서
노예제 시대가 없었다는 증거가 될 수 없을 뿐더러, 청동기시대가 없었다는
주장 자체도 무슨 뚜렷한 근거에 입각한 것이 아니기 때문이다.

⑨ 부여는 노예소유자적 국가였고, 고구려는 부여와 본질을 같이하는
국가였으며, 백제·신라의 경우도 도시국가로 출발하여 노예소유자적 구
성을 이룬 국가였다. 신라가 6세기 초에 봉건 국가로 성립했다면 봉건
말기에나 기대할 수 있을 9세기의 '인민봉기'를 어떻게 설명할 것인가?

도유호의 반론은 삼국시기의 사회경제구성을 둘러싼 문제에 대해
북한 학계 전반의 관심을 촉발하는 계기가 되었다. 이 문제를 전면적으
로 다루는 대토론회가 준비되었고, 학계의 주시注視에 밀린 김광진은
도유호의 반론에 답하는 글을 다시 집필하지 않으면 안 되었다. 김광진
은 '삼국의 사회-경제 구성에 관한 토론회'가 열리기 약 한 달 전에
그의 견해를 재정리하여 발표하였다.113) 물론 도유호의 견해를 비판하
면서 자신의 논리를 확인하고 피력하는 데 논의의 초점이 놓인 글이었
다. 그는 도유호의 글에 '이해할 수 없고 정당하지 못한 견해들도 포함되
어 있다'면서, 도유호는 '역사 발전의 일반적 합법칙성-계기성繼起性을
강조하는 데 편중한 나머지 조선을 포함한 개별적 국가들의 특수한
역사 발전의 구체성을 경시'하였다고 비판했다. 우리나라에 주어진

---

113) 金洸鎭, 「삼국시대의 사회 - 경제 구성에 관한 몇 가지 문제에 대하여」(상)(하), 『력사과
학』 1956-5, 6.

역사적 환경과 생산력의 형편, 경제적 조건 등을 분석해 보면 원시공동체가 해체되면서 노예소유자적 구성이 성립한다는 일반적 법칙을 그대로 받아들이기 어려운 특수성이 발견된다는 것이 김광진이 가진 기본 관점이었다. 기원전 2~1세기부터 기원후 2~3세기까지 진행된 철기의 보급과 그에 따른 생산력의 발전이 중국에서와 거의 같은 수준에 이르렀고, 이는 노예제사회를 거치지 않고 봉건사회로 비약할 수 있는 토대로 작용했다는 것이다.

여기서, 기원을 전후한 시기에 한국의 생산력 수준이 중국과 비등했다는 것은 그가 앞서 주장한 '중국 문화의 결정적 영향'론이 비주체적 인식이라는 지적에 당면하자 논지를 약간 수정한 것이었다. 그리고 그리스·로마의 '발달한 노예소유자적 구성'만을 잣대로 한국 노예사회의 존재를 부인했다는 비판을 의식하여, 동양적 노예제 사회의 존재 가능성도 타진해 보았으나 관개농업 지대가 아니었던 삼국 사회에서는 대규모의 관개수리사업에서 발전하는 동양적 노예제 사회가 성립할 수 없었던 것으로 여겨진다고 논지를 보강했다.

그러나 김광진에 대한 비판에 리응수가 가세하면서 노예사회론의 입지도 더 보강되었다.[114) 리응수는 1세기부터 9세기까지를 노예제 시대로 보고, 노예에는 직속노예, 가내노예 및 식읍·녹읍민 등의 제 형태가 있었다고 파악한 학자였다. 그는 우선 노예제의 존부를 둘러싼 논의가 누구나 아는 같은 기록을 놓고 벌이는 방법론상의 문제이며, 노예제 자체가 없었다는 것이 아니라 당시 그것이 지배적인 사회경제구성이었는가에 대해 의견이 엇갈리는 것일 뿐이라고 정리했다. 그리고

---

114) 리응수, 「다시 한번 조선 노예 시대 문제를 론함」, 『력사과학』 1956-5.

그는 김광진·이청원 등 노예 시대 부정론자들이 입각한 방법론적 근거가 과연 타당한지를 검증하는 데 초점을 맞추었다. 논지는 다음과 같다.

① 동양의 소규모 농업과 수공업 하에서는 가내노예 및 사치노예만 존재했다는 엥겔스의 지적은, 그래서 동양의 노예제도가 노예시대로 발전할 수 없었다는 것을 말한 내용이 아니다.

② 국가에 예속되어 토지를 분급分給받고 조용조를 바친 농민을 노예로 파악할 수 없다는 이청원의 주장은 부당하다. 동양의 대다수 국가들과 그리스의 많은 지역이 이런 형태의 농민을 가지고 노예 시대를 경과했다. 또 삼국이 토지국유제에 기초해 있었다는 주장도 부당하다. 토지는 기본적으로 사유였으며 따라서 지대와 조세가 분리되어 있었고, 개인(양반·귀족)과 직속 노비(또는 농노)의 계급모순에 기초하여 생산관계가 형성되어 있었다.

③ 김광진은 외래적 영향을 지나치게 중시했다. '동양 세계의 정화精華를 이루고 있던 중국 문화의 기초가 없이는 조선 봉건주의의 발전도 없었을 것'이라는 주장은 수긍할 수 없는 지나친 과장이다.

④ 중국에서 봉건사회가 발생한 시점에 대해 아직 결정적인 결론이 없음에도 불구하고 고구려가 중국의 영향으로 3세기에 봉건 시대로 이행했다고 주장하는 것은 위험한 논리다.

⑤ 중국 문화가 하필 봉건 시기에 와서야 우리나라에 영향을 주었다는 데는 동의하기 어렵다. 고대에는 중국 문화의 영향이 없었는가? 그리고 기본적으로 우리 역사는 우리 사회 내부의 요인에 의해 발전해 온 것으로 일관되게 서술되어야 한다. 우리 역사를 내적 발전 법칙에 유의하여 주체적으로 파악하지 않으면, 일제 어용학자들의 '중국문화 이식론'이나 '한국고대문화 말살론'을 극복할 수 없다.

⑥ 노예 시대 부정론자들은 우리 역사의 수구성悠久性을 부인하고 그

문화를 지나치게 후진적으로 인식하는 경향이 있다. 김광진은 우리 사회가 3~5세기까지 원시시대에 머물렀다는 것을 증명하기 위해 원시시대 사회상에 부합하는 듯 보이는 사료만 취사선택하여 엥겔스가 분석한 그리스·로마 원시사회의 명제와 결부시켰는데, 이는 매우 일방적인 방법이다. 노예시대의 사회상을 입증해주는 사료가 오히려 더 풍부하다.

리응수의 이런 지적들은 대체로 타당한 것으로, 특히 한국사 발전의 독자성을 무시했다는 비판은 김광진에게 꽤 심각한 타격을 안겨주었을 것으로 여겨진다. 그러나 노예제 시대의 존부存否와 관련한 이 일련의 논쟁에 참여한 학자들이 모두 공감하였듯이, 문제의 소재는 구체적인 사실이 아니라 한국사 이해체계 전반과 그 연구방법론에 놓여 있었다. 따라서 토론은 자칫 사상과 신념의 문제로 흘러 역사학의 영역을 벗어날 위험성을 내포하고 있었다. 기록에 구체적으로 나타나는 실체로서의 '하호下戶'가 이런 위험성으로의 경사傾斜를 최대한 억제하는 버팀목으로 기능하였으나, 하호에 대한 이해 역시 각자의 시각에 따라 자의적으로 이루어지기는 마찬가지였다.

1956년 10월, 그동안 지상紙上을 통해 토론을 전개해오던 학자들이 직접 대면하여 논쟁할 기회를 가졌다. 나중에 이 논쟁을 정리하여 간행한 토론집에 따르면,[115] 김광진[116]과 도유호[117]가 발제 형식의 대표 토론에 나서고, 정찬영[118]·채희국[119]·노정한[120]·한용옥[121]

---

115) 과학원 역사연구소 고대 및 중세사 연구실 편, 앞의 『삼국시기의 사회경제구성에 관한 토론집』.
116) 김광진, 「조선 원시 사회 붕괴의 특수성과 봉건적 우클라드의 발생과정」, 위의 책, 1957, 15~36쪽.
117) 도유호, 「삼국 시대는 봉건 시대가 아니다」, 위의 책, 1957, 37~85쪽.
118) 정찬영은 외국의 경우를 우리 역사의 이해에 기계적으로 적용하려는 논리와 역사의 일반적 합법칙성에 입각한 논리를 모두 배격하면서 고구려가 봉건적 사회였으며

초기적 중앙집권적 체제를 갖추어 발전하던 나라임을 주장하였다. 그는 김광진이 인접 국가의 영향을 지나치게 강조했다는 비판을 받은 것을 의식하여 '인접 국가로부터의 영향을 일률적으로 논함도 옳지 못하거니와 과대평가에 빠질까 두려워서 이를 전적으로 무시함도 옳지 못한 것'이라 하고, 인접 국가로부터 받는 영향은 당해 사회 내부의 생산력 발전 정도에 따라 좌우되는 것이라고 강조했다. 기본 논지는 다음과 같다. ① 고구려 시조 고주몽은 전설적 존재이고, 유리왕 때는 인접한 동부여나 황룡국보다 훨씬 미약함을 자인하던 처지로서 국가 형성이 끝난 시기가 아니라 국가권력의 발생기였다. 고구려는 3세기 중엽에 국가로 형성되었고 4세기 소수림왕 때 중앙집권적 봉건왕국으로 완성되었다고 보아야 한다. ② 고구려가 원시사회에서 직접 봉건사회로 비약할 수 있었던 이유로는 ㉠ 부여의 별종으로서 부여의 발달한 생산력 수준을 계승하고, 동가강 및 압록강 유역에 들어와 살던 중국인들로부터 생산기술과 생산조직을 배웠다 ㉡ 강력한 중국의 정치세력과 대립 투쟁하려면 저들과 같이 봉건체제를 갖추어야 했다 ㉢ 중국에서 한자와 유교를 수입하는 과정에서 그들로부터 봉건적 이데올로기가 침투되었다는 점 등을 들 수 있다. ③ 고구려가 수행한 전쟁의 결과 획득된 포로는 노예가 아닌 하호로 편제되었다. 下戶는 '上戶' 즉 귀족에 대해 평민을 지칭한 말로서, 租賦와 役을 부담한 농노적 농민이었다. 다만 이들은 다수 잔존하던 氏族的 諸關係下에서 예속되어 있었기 때문에 하호라고 불렸을 뿐이다. ④ 진대법 등으로 보아 고구려의 지배계급에게 중요한 것은 인간 자체의 지배보다 그들을 어떻게 토지에 고착시킬 것인가 하는 문제였음을 알 수 있다. ⑤ 고구려에 노예제가 존재했으나 우클라드였을 뿐 사회경제구성의 토대를 이루지는 못했다. 동천왕이 죽었을 때 近臣들이 殉死한 것을 殉葬으로 보면 곤란하다. ⑥ 봉건적 토지소유자의 토지는 그의 완전한 소유가 아니고 복종의 대가로 부여되는 제한된 소유다. 고구려는 정복한 땅을 城邑·郡縣으로 주었을 뿐 아니라 허다하게 食邑을 사여했다. 이는 봉건적 관계 하에서의 양상이다. ⑦ 고구려에서는 大對盧 교체 때 귀족이 싸우면 왕이 단지 '閉宮自守'하는 등 왕권이 미약하고 귀족의 권력이 강하였다. 이는 봉건적인 분산성에서 기인한 현상이다. 그리고 이런 사정은 고대 동방형의 노예소유자국가의 형태와 거리가 멀다(정찬영, 「고구려의 사회경제적 성격에 대하여」, 위의 책, 1957, 194~229쪽).

119) 채희국은 삼국의 사회경제 구성을 노예제 사회로 규정하는 견해들이 봉건사회로의 이행 과정을 설명하는 데 난점을 보인다는 점에 주목하고, 고구려를 노예제 사회로 본다면 그에 대신하여 일어난 발해가 어떠한 생산력 발전에 힘입어 봉건사회로 성립했는지 설명할 수 없다고 하였다. 논지를 요약하면 다음과 같다. ① 고구려 사회를 노예제 사회로 보려면 殉葬이 발견되어야 하는데 고고 발굴의 결과는 순장이 있었음을 입증해주지 않는다. ② 노비를 노예로 보는 것은 가능하나 하호를 노예로 볼 수는 없다. 고구려의 하호는 정복된 종족의 인민과 고구려 종족 내부에서 몰락한 동족원들에서 기원했으며, 토지를 제외한 기타의 생산수단을 가진 예속민이었다. ③ 백제와 신라의 기본적인 생산대중은 '민호'에서 농노화된 농민들로 두 나라 모두 농노적 농민을 착취하는 기초에 서 있는 봉건국가였다(채희국, 「삼국시기의 사회 - 경제 구성을 해명하기 위한 몇 가지 문제에 대하여 -」, 위의 책, 1957, 242~274쪽).

120) 노정한은 김광진을 적극 옹호하는 태도를 취해 문제가 되고 있던 '과도기적 미개국가'의 설정을 지지하고, 그 성립의 상한을 기원 전후로, 하한을 3~4세기로 잡을 수 있다고 하였다. 논지의 개요는 다음과 같다. ① 세계 어느 곳에서나 원시공동체 사회에서

이 김광진을 지지하여 삼국시대를 봉건사회로 보는 취지로 토론했으며, 임건상[122] · 한길언[123] · 리능식[124], 강병도[125]가 도유호를 지지하여

<hr>

노예소유자적 사회구성으로 이행하는 시기에는 거의 전부가 청동기시대였으며, 봉건 사회의 성립기에는 거의 전부가 철기시대였다. ② 노예와 농노의 근본적 차이는 그들이 생산수단과 결합되는 형태에 있다. 그런데 고구려의 기본적 생산수단에 대한 소유관계 를 말해주는 모든 자료들은 원시공동체적 소유에서 직접 봉건적 소유로 이행하는 제 형태에 관한 것들이다. 하호는 노예적 사역을 당한 직접적 생산자가 아니라 공납을 바치는 독립된 직접적 생산자 - 예속적 공동체원이었다. ③ 도유호가 '노예제도와 농노제도와의 차이는 결국 정도 문제'라고 언급한 내용에서, 정도 문제를 인신적 예속의 정도 또는 착취의 정도가 아니라 사회경제적 관계의 본질에서의 정도 차이로 본다면 그것은 중대한 오류다. ④ 리응수는 '노비'라는 술어에 해당하는 중세의 사회적 신분을 일률적으로 '노예'로 간주함으로써 중세의 농노적 소작민마저 노예로 파악하는 오류를 범했다(노정한, 「고구려에서의 토지소유관계」, 위의 책, 1957, 304~345쪽).

121) 한용옥은 한국고대문학을 전공한 사람이었으나 삼국의 사회경제구성 문제에 인접 학문 분야가 참고될 수 있다는 생각에서 토론에 참가한 이였다. 그는 『三國史記』의 嘉實傳과 溫達傳, 『三國遺事』의 薯童說話, 廣德과 嚴莊, 桃花女說話, 『三國史節要』의 印觀 · 署調說話를 분석하여 이런 이야기 속에 반영된 '근로인민의 생활과 사상 - 정신 - 도덕적 특질'로 보아 삼국 시기는 "노예소유자적 사회였던 것이 아니라 봉건적 사회경제구성을 가진 사회였다"고 결론지었다(한용옥, 「조선 고대 문학 작품들을 통하여 본 삼국시기 근로 인민들의 사회-경제 생활정형에 대하여」, 위의 책, 1957 293~303쪽).

122) 임건상, 「삼국의 사회경제 구성에 대한 몇 가지 문제」, 위의 책, 1957, 86~156쪽.

123) 한길언은 금속 농구가 일반화된 시기를 통일신라 이후로 보아 삼국의 생산력 발전 수준이 매우 저급하였다고 하면서, 이를 근거로 삼국은 "多우클라드 사회로서 노예소유 자적 국가였다."고 규정했다. 그리고 그는 신라에서 6세기 초에 봉건적 우클라드가 발생하여 삼국통일을 계기로 더욱 발전하였고, 722년 百姓丁田을 지급하여 기존 경작지 에 대한 점유를 법적으로 인정함에 이르러 봉건적 토지소유형태 및 봉건적 지대착취형 태가 전반적으로 확립되었다고 보았다. 그리하여 834~890년 전후에 신분제도로서 골품제가 확립됨으로써 봉건적 우클라드가 지배적 위치를 차지하였다는 것이다(한길 언, 「조선에서의 노예소유자적 사회-경제 구성체에 관하여」, 위의 책, 1957, 157~193 쪽).

124) 리능식은 우리나라 고대사회는 동방적 특징을 가진 노예소유자 사회의 구성과 관련해서 해명해야 한다고 보았다. 기본 논지는 다음과 같다. ① 김광진은 우리 역사 발전의 특수성을 야기한 '제약조건'의 역할을 과대평가했다. ② 김광진은 이 제약조건으로 말미암아 노예제가 지배적 착취제도가 되지 못했다고 생각했는데, 이는 노예제가 지배적 착취제도로 기능한 그리스-로마를 염두에 둔 언급일 뿐이다. 그리스-로마와 비교 분석하는 것은 잘못이 아니지만 그 '발달한 노예소유자적 구성'을 척도로 한국의 노예제사회를 부정한 것은 방법론적 오류다. ③ 김광진은 한국이 관개농업지대가 아니기 때문에 동방적 노예제 사회가 성립할 수 없었다고 단정했는데, 한국이 대규모 관개농업 지대는 아닐지 모르나 원시사회 말기에 소규모 관개농업사회로 들어섰음은

노예제론을 옹호하는 토론을 전개한 후, 백남운 원사가 토론 전반에 대해 소감을 말하고 총평한 것으로 되어 있다. 토론집에는 정희영126)·리응수127)·엄창종의 글도 실려 있으나 이들은 일단 토론이 마무리된 후 보론격의 토론문을 작성하여 나중에 덧붙인 것으로 보인다. 또

분명하다. ④ 동방적 노예제 사회의 본질은 노예사회 내부에 공동체적 관계와 노예소유자적 관계가 공존하며, 공동체적 관계가 강하게 잔존하여 노예소유자적 관계의 발전을 크게 제약한다는 데 있다. 동방적 노예제 사회는 多우클라드적 노예사회로서 노예가 반드시 비노예를 양적으로 능가했던 것은 아닌 사회다. 김광진이 말한 과도기의 노예제가 바로 이것이다. ⑤ 김광진은 2~3세기 조선의 생산력 수준이 중국과 비등했다고 보면서 생산관계에서는 한국은 원시공동체적이며 중국은 봉건적이었다고 보았는데, 이는 논리상의 모순이다(리능식, 「동방적 노예소유자 사회의 성격에 관하여」, 위의 책, 1957, 275~292쪽).

125) 강병도는 우리 역사에 노예사회가 없었다면 그럴 수밖에 없었던 '특수한 원인'이 찾아져야 할 것인데, 이것을 찾아보아도 찾아지지 않는다면 일반적 발전법칙에 따라 원시공동체 와해의 필연적 결과로서 노예제도를 경과했다고 결론지어야 할 것이라는 비교적 단순한 논리로 문제에 접근했다. 논지는 다음과 같다. ① 고대 게르만족과 슬라브족은 노예시대를 경과하지 않았는데, 슬라브족의 경우 그 원인은 국가가 출현할 당시 완강한 공동체 제도가 근로자의 대중적 노예화를 저지했고, 농업기술의 수준이 높아 노예노동이 오히려 수익성을 저하시켰으며, 국제적으로는 파산에 직면한 노예소유자 세계와 적대관계에 있었기 때문이다. 그러나 우리 역사에서는 이런 원인을 찾을 수 없다. ② 우리 민족의 국가 형성기에 중국 한족이 놓여 있던 사회경제적 처지는 아직 미해결로 남아 있으므로 이를 우리나라 역사 문제를 해결하는 논거로 삼을 수 없다. ③ 우리 역사에 영향을 준 것으로 지목된 한사군 문화의 실상은, 그 중 3군은 처음부터 유명무실했고 낙랑군만 나중까지 남았지만 고구려를 위시한 한민족에 의해 대립적 포위 속에 고립된 형세였다. 포위 속에 있는 孤島가 그를 포위하고 있는 大洋에 역사적 단계를 초월하게 할 만한 영향력이 있었다고 생각할 수 없다. 더구나 고대 한국과 중국의 관계는 서로 문화적 영향을 줄 수 없는 독립적 종족국가 관계였다. ④ 밖으로부터의 영향력이 없었다면 우리는 내적 발전법칙에 의해 역사단계를 이행했다고 보아야 한다. 조선의 원시공동체는 내부에서 계급적 분열이 일어나 초기 국가를 형성하였고, 이들 상호간에 벌인 부단한 전쟁을 통한 노예획득과 부채상환 불이행자·법률 위반자의 노예화 등을 통해 노예군의 대열을 보충할 수 있었다. 그리고 조선의 노예는 단순히 가정의 사치노예가 아니라 생산노동에 종사한 군중이었다. 이는 우리나라에 노예시대가 있었음을 입증한다(강병도, 「조선역사는 노예시대를 경과하였는가」, 위의 책, 1957, 230~241쪽).

126) 정희영, 「삼국시기 이전의 국가 발전에 대한 고찰」, 위의 책, 1957, 359~399쪽.

127) 리응수는 '공납'이나 '토지국유제'가 봉건사회의 標識가 될 수 없음을 지적하고 노예수를 토대로 해서는 노예제 사회의 여부를 가릴 수 없다고 하였다(리응수, 「조선 노예시대 문제 소론」, 위의 책, 1957, 400~418쪽).

백남운의 총평을 보면 전석담도 토론에 참가해 삼국의 사회 성격을 봉건적 구성으로 보아야 한다는 내용으로 '신중성이 많으므로 경청할 바가 있는' 주장을 펼쳤던 것으로 나타나나[128] 토론집에는 실리지 않았다.

김광진과 도유호의 발제는 상대편의 비판을 염두에 두고 이에 답하는 내용으로 이루어져 있는데, 결국 앞서 발표한 각자의 견해를 부연하는 수준에 머물렀으므로 여기서 다시 정리해 소개할 필요는 없겠다. 주목되는 것은 역시, 1956년에 간행된『조선통사(상)』에서 고대 국가 형성 부분을 집필한 경험을 가졌던 임건상林建相의 토론이다. 그는 서울대학교 문리과대학 사학과 출신으로 6·25동란이 일어나자 월북한 이였다. 따라서 그의 견해에 주목하는 것은, 그와 같은 배경에서 공부한 김철준·이기백 등이 남한의 고대사 체계를 세운 장본인이었다는 점에서, 남북한의 고대사 연구가 출발한 토대를 확인한다는 의미를 갖는다. 또 한편으로 그는 통사를 집필하면서 시대구분 문제를 유보했던 당사자였으므로, 한국사 이해체계와 관련하여 무엇을 고민하고 있었는지 그의 말을 들어본다는 것은 다른 의미를 제쳐두고서도 일단 흥미로운 일이다. 임건상은 71쪽에 달하는 장편의 토론문을 통해, 삼국의 제 계급의 본질과 계급들의 상호관계 및 기본 계급의 규명을 시도했다. 논지의 개요를 찬찬히 살펴보면 다음과 같다.

① 삼국은 원시사회를 토대로 성립한 첫 계급국가였다고 보기 때문에 지금 우리는 삼국을 대상으로 우리 역사가 노예제를 경과했는지 혹은 비약했는지 논의하고 있으나, 사실은 삼국에 선행한 사회가 있었다. 따라서

---

128) 위의 책, 350쪽.

이들을 무시하고 삼국 형성의 토대를 원시 말기의 일반적 형태에서만 찾아서는 안 된다.

② 삼국 중 가장 후진적인 신라가 기원을 전후하여 계급사회로 진입하였다. 그 기초는 염사치 설화에 보이는 노예생산과 고조선 및 낙랑인의 유입·진국辰國의 발전·중국 문화와의 교류 등으로 말미암은 농업생산력의 발전에서 찾아야 할 것으로, 낮은 생산력의 신라가 높은 생산력을 가진 중국의 영향으로 비약적 발전을 보았고 그래서 공동체의 낡은 잔재를 많은 부분에서 보유하게 되었다고 파악하는 데는 동의할 수 없다.

③ 1~3세기의 '육부경병六部勁兵'과 '알천閼川에서의 열병閱兵'은 신라가 상당한 정도의 무력 장치를 가졌음을 보여주며, 많은 죄수 석방 기사는 신라의 폭력 기관으로서의 성격을 보여준다. 이런 표징으로 미루어 늦어도 3세기 초에는 신라가 국가 기구를 완성한 것으로 보아야 한다. 고구려는 1세기 중엽에 국가 기구를 완성하였다. 삼국은 시간적으로 선후는 있으나 기본상 동일한 경제구조를 가졌다.

④ 삼국 내부에 '국'으로 지칭된 다수의 자립적 세력은 촌락공동체 또는 종족동맹체로서, 이 공동체들이 정복에 의해 성城 또는 군현郡縣으로 편입되어도 그 내부 조직이 깨지지 않고 보존된 사실에서 공동체적 관계가 삼국시대를 일관하여 관통하였고 이것이 당시대當時代의 특징임을 알 수 있다. 이런 특징이 삼국을 그리스·로마와는 판이하게 구별되는 고대 동방제국과 동일하게 공동체 위에 선 국가로 성립시켰다. 그러므로 이 공동체 관계를 간과하면 자칫 삼국의 정치기구를 봉건적 체계로, 미약한 왕권은 봉건적 분권에서 기인한 것으로 보기 쉬우나 이는 오류다.

⑤ 삼국의 공동체 관계는 가부장적 내용을 담고 있었고, 따라서 그 위에 형성된 국가는 전제적인 대가부장적 형태를 띠었다. 삼국의 최고 지배층은 국왕과 같은 혈통을 가진 귀족(=본원적 종족의 상층)들로, 공동체에 대해 종래 지녀온 실권을 전제정치의 테두리 안에서 보유하였다. 또 하나의 지배층은 병합된 종족의 족장과 그 자손들로, 그 지방에 대한 통치권을 보유하였으나 국왕에 대한 충실성을 표시하기 위해 때때로 수도를

방문할 의무가 있는 등 그 지배권은 국부적인 것이었고 그것도 중앙에서 파견된 지방장관의 관할하에 예속되었다. 이와 같은 공동체의 잔존과 그 위에 선 전제정치의 존재는 그것이 고대 동방의 노예소유자적 국가 형태와 기본적으로 근사한 것이었음을 말한다.

⑥ 삼국의 주요 계급들로 노예와 노예주, 소농민층 및 예속민층 등 4계급을 들 수 있다. 이 중 소농민은 원시사회 말기에 공동체 내부에서 발생한 공동체 농민층이다. 이들은 공유=국유적 토지소유형태에서의 세습적 토지점유자에 불과했다. 즉 공동체적 보장이라는 조건에서 자기 생존을 위해 생산에 종사한 층이다. 따라서 이들이 국가에 부담한 공납과 부역은 봉건적 지대가 아니라, 공동체적 소유로 인한 토지의 국유적 형태에 기초하여 성립한 전제 국왕에게 예속된 농민이 공동체의 잉여 노동 부분을 바친 형태에 불과하다. 사적 토지소유가 발생하고 소유의 불평등으로 말미암은 소농민층의 분화가 진행되었으나 공동체에 토대하여 성립한 전제정치가 토지의 집중화를 극도로 제한하였다. 그러나 소농민층이 분화하여 빈궁한 자가 노예화하고, 토지가 몇몇 귀족들에게 집중되며, 교환관계가 발전함에 따라 생산물이 상품으로 전화하게 되자 공동체적 관계가 서서히 붕괴되어 갔다. 그렇지만 그것이 공동체적 관계의 완전한 폐기를 의미하는 것은 아니었다. 요컨대 삼국의 '민' 또는 '백성'은 곧 공동체 농민이며 이들은 동방적 형태의 노예제사회에서 있을 수 있는 층이었다.

⑦ 자료에 '하호下戶'·'속민屬民'·'부용민附庸民'으로 나타나는 예속민층은 지방의 촌락공동체 농민으로서, 주로 정복 전쟁의 결과 함락된 부락공동체 농민이었다. 이들은 소농민층과 더불어 또 하나의 광범한 피착취계급을 형성하였는데, 이들이 바친 공납은 토지영유를 기초로 한 것이 아니라 노동력의 예속에서 성립한 것으로 봉건적 형태가 아니다. 이들도 공동체적 농민층이었다는 점에서 소농민층과 기본적 성격의 차이가 없으나 좀더 가혹한 조건에서 수탈되었다. 삼국은 사회 기저에 놓여 있는 공동체적 소유 형태로 말미암아 정복민을 개개의 노예로 이끌어 올 여지가 제한되고 있었기 때문에 이와 같은 예속민층이 널리 존재한 것이었다.

⑧ 공동체의 잔존과 이에 토대한 전제정치 하에서 노예제는 필연적으로 가내적=가부장적 노예제와 공동체적=국가적 노예제의 두 형태를 띤다. 자연경제 하의 공동체 농민은 공동체의 테두리 속에서 토지와 굳게 결합되어 있었기 때문에 고전적 노예제를 수용할 여지가 없는 까닭이다. 가내노예제로서도 노예제사회의 사회경제구성이 관철된다. 노예공급의 원천은 전쟁포로였으며 전쟁은 노예약탈전으로서의 성격을 띠었다. 고구려에서는 우마牛馬(=축력畜力)와 노예를 상등한 비중에서 취급하였는데, 노비 3명을 내놓으면 살인자의 죄도 면하게 했다는 것으로 보아 노예 노동력에 대한 사회적 요구가 점증하고 있었음을 알 수 있다.

⑨ 신라나 백제에서 구축된 저수지 및 관개는 대규모의 사업으로 국가 소유의 노예군도 투입되었다. 국가 곧 공동체의 최고집단에 예속된 노예제가 생산에 관계된 사실은 삼국의 귀족들이 노예주 계급이었음을 말해준다. 즉 삼국은 노예소유자적 국가였던 것이다.

여기서 우선 주목되는 것은 임건상이 삼국에 선행한 사회에 대해 유의한 점이다. 이는 한국사를 내재적 발전 형태로 이해하려 할 때 필연적으로 갖게 되는 시각이지만, 한국에서는 계급사회가 삼국 형성기에 처음 성립했다고 전제하고 곧바로 삼국시대 연구에 착수하여 이 시대 속으로 침잠해 버린 연구자는 좀체로 갖기 어려운 인식이다. 아마도 임건상은 통사를 서술해 본 경험을 통해 이런 관점을 획득할 수 있었던 것이 아닌가 여겨진다. 다음은 그가 방법론뿐만 아니라 구체적인 사실에 기초하여 한국고대사 이해를 체계화하려고 노력한 점이다. 구체적인 사료에 직면하여 그가 어떤 고민을 하였는지 넉넉히 읽을 수 있다.

그러나 무엇보다 주목되는 것은, '공동체적 관계의 잔존'이라는 관점을 통해 삼국의 정치·경제·사회관계 전반을 일관된 시각에서 이해하는 방법론을 제시한 점이다. 기실 '공동체적 유제遺制'에 대한 유의는, 백남운의 『조선사회경제사』 이래 대다수의 한국고대사 연구자들이 삼국시대 연구의 출발점으로 여겨오던 터였다. 이는 마르크스-레닌주의 역사학을 표방하고 추구한 북한뿐 아니라 남한에서도 마찬가지였다. 이를테면 김철준은 삼국이, "① 정치적 측면에서, 고대국가 지배체제의 편성 과정은 씨부족사회의 전통에서 제가부장가족諸家父長家族의 대표로 성립한 족장세력에 대한 편제 과정이었으며, 이것이 골품제도 및 관등제도로 나타났다. ② 경제적 측면에서, 공동체적 유대관계를 그대로 유지하면서 예민隸民과 노예奴隸를 지배하는 세력으로 성장한 부족국가의 지배 기반을 양적으로 통합해 들였을 뿐 질적 전환을 보지 못함으로 해서 총체적 노예제적 구성을 보였다. ③ 사회적 측면에서, 철기문화가 일으킨 전반적인 사회변혁의 결과로 원시사회의 씨족공동체가 몇 개의 친족공동체나 가부장가족으로 분열하였지만 씨족공동체의 유대관계는 이러한 몇 개의 친족공동체를 포괄하는 연합조직이라는 성격상의 변화를 보이면서 존속하였다."고 이해하였다.[129] 이는 임건상의 시각과 기본적으로 동일한 것으로서, 남북한 고대사 연구가 실제로는 동일한 학문적 토대에서 출발하고 있었음을 보여준다.

토론이 끝난 후, 백남운은 총평에서 자신이 24년 전에 『조선사회경제사』를 집필하면서 삼국시대를 아시아적 노예소유자적 사회로 규정하고, 삼국시대 말기는 봉건적 요소의 맹아 형태가 내포된 시기였으며 신라 통일 후는 그 봉건적 요소들이 더욱 많이 발생하고 있던 시기였다고 파악한 것과 관련해, 현재로서도 자신의 기본 논지를 수정할 의사가

---

129) 金哲埈 씨의 고대사 이해체계에 대해서는 拙稿, 앞의 「고대·중세초 지배세력연구의 동향과 '국사' 교과서의 서술」, 31~36쪽을 참고할 것.

없음을 밝혔다. 고조선과 한사군에 대해서는 앞으로 더 연구해 보아야 겠지만 기본적으로 단군은 한국사의 기점이 될 수 없다는 것이 그의 판단이었다.130) 그리고 그는 토론자들을 노예사회 긍정론자와 부정론 자로 구분해 보려는 시각에 반감을 표시하고, 편향성을 갖지 말고 사실을 사실 그대로 정당하게 과학적으로 분석할 것을 촉구했다. 이데 올로기 형태에서 당시 사회구성의 성격을 규정하려는 시도는 무리한 시도일 뿐 아니라 마르크스-레닌주의적 방법론과도 배치된다는 것이 그의 생각이었다. 그리고 논쟁의 핵심에 서 있는 김광진과 도유호에 대해서는 두 사람 모두 방법론과 사료를 통일적으로 결합시키지 못했다 고 힐책하고, 특히 김광진이 외부의 '급격한 충격'에 의존하여 논리를 전개한 것은 '주체성 없는 허무주의적 입론'이었다고 통박했다.

　토론이 끝난 후의 전반적인 분위는 대체로 김광진·도유호에 대한 양비론적兩非論的 평가가 주류를 형성했던 것 같다. 이는 엄창종의 보충 토론문을 통해 유추할 수 있는데, 그는 김광진이 철기문화만을 가지고 사회경제구성을 논하는 '도식적이고 추상적인' 태도를 보였다고 비판 하고, 도유호는 '문제의 본질을 떠나' 있었기 때문에 고고 유물을 면밀히 검토하여 그것이 사회경제구성과 어떤 관계가 있는지 규명하지 못했다 고 비판하였다.131) 그리고 그는 김광진이나 도유호를 비롯한 많은 사람들에게서 '사료에 대한 체계적인 고증과 분석이 부족'함을 발견한 다면서, 이런 태도는 마르크스-레닌주의 이론을 하나의 교조로 만들기 쉽다고 경고하였다.132)

---

130) 백남운, 앞의 토론요지, 346~347쪽.
131) 엄창종, 「삼국시대의 사회 경제 구성에 대한 연구와 관련하여 제기될 수 있는 몇 가지 문제」, 앞의 토론집, 423~424쪽.

그러나 이 토론회의 성과가 결코 적은 것은 아니었다는 것이 저들의 자평이었다.133) 상호의 논지를 정확히 이해하게 되면서 자신의 일부 견해를 수정하는 경우가 적지 않았고, 삼국시대의 사회구성을 둘러싼 논점이 어디에 있는지도 명확해졌다는 것이다. 그리하여 중국의 생산력 발전과 그 사회 성격에 대한 파악, 삼국의 토지 소유 형태와 상업 발전의 정도 및 관개수리사업이나 전제왕권에 대한 정확한 이해가 향후의 연구 과제로 부각되었으며, 연구방법론 상으로 우리나라의 형편을 그리스·로마의 소위 고전고대노예제와 직접 결부시켜 파악하던 관점을 일소하고 한국의 특수성에 주목해야 한다는 점에 공감하게 된 것도 토론이 거둔 큰 성과였다고 평가했다.

그렇지만 이 토론이 거둔 무엇보다 중요한 성과는 '상대의 사회구성을 논함에 있어서 하필 삼국으로부터 시작할 것이 아니라 그 이전 시기 즉 고조선, 삼한 등에서부터 시작하여야 할 것과 또 일반적으로 이 시기의 연구에 우리가 많은 주의를 돌려야 하겠다는 것'을 새삼 인식하게 된 사실이었다.134) 임건상도 이 점을 환기시켰지만, 이 문제를 정면에서 다룬 이는 정희영이었다. 정희영은 보충 토론을 통해 고구려의 중심 지역이 현도玄菟와 낙랑樂浪이라는 소위 '한사군漢四郡'이었다는 점을 분명히 해야 한다면서 기원전 고구려의 대한족對漢族 투쟁 과정을 일별一瞥하고, 한민족韓民族의 유래를 살펴 예맥濊貊·동호東胡는 조선과 구별해야 하며 조선의 중심은 이동하지 않은 것으로 보아야 한다고 주장하고, 우리나라 노예사회의 지표를 기원전 약 12세기경으

---

132) 위의 토론요지, 447~448쪽.
133) 위의 책, 서문.
134) 위와 같음.

로 설정할 것을 제기하였다. 그는 토론에 앞서도 『역사논문집』 1집에 「조선에서의 첫 국가 형성은 삼국의 형성으로부터 시작된 것이 아니다」 라는 제목의 논문을 발표한 바 있었다고 한다.[135]

필자는 정희영의 학문 배경에 대해 아는 바가 없으나, 『관자管子』·『산해경山海經』·『상서尙書』·『맹자孟子』·『예기禮記』 등의 기록을 종횡으로 인용한 그의 토론문을 통해 짐작컨대 경학經學에 토대를 두고 우리나라 정통역사학의 계보를 이은 학자가 아니었나 싶다. 따라서 사료비판에 크게 유의하지 않은 그의 토론 내용이, 과학성을 표방하던 마르크스-레닌주의 역사가들에게 그다지 큰 감명을 주었으리라고는 생각되지 않는다. 그러나 적어도 그의 논리는 전통의 역사 상식에 서 있었다는 점에서 설득력이 있었고, 바로 이 점이 그의 토론문을 토론집에 게재하게 한 배경이 되었으리라고 추측된다. 그리고 결과적으로 북한 역사학계는 삼국에 선행한 국가 혹은 사회를 주목함으로써 시대구분 문제 해결의 돌파구를 찾았다. 물론 여기에는 정희영과 같은 이들의 주장이 아니라 고고 발굴에 의한 청동기문화의 확인이 결정적으로 작용했지만, 고조선·부여·진국을 노예제사회로 보고 삼국은 그 성립부터 봉건사회로 접어들었다고 봄으로써 삼국시기의 사회경제구성에 대한 의견 대립을 조정할 수 있게 되었던 것이다.

하지만 이러한 사실은 1956년 10월의 저 열띤 토론이 큰 한계를 가지고 있었음을 의미한다. 즉 청동기문화의 존재를 알지 못한 채 진행된 논쟁이었다는 점이다. 노정한이 단언하였듯이, 세계 어느 곳을 물론하고 원시공동체 사회에서 노예소유자적 사회구성으로 이행하는

---

135) 정희영, 앞의 논문, 359쪽 각주 1).

시기에는 거의 전부가 청동기 시대였으며, 봉건 사회의 성립기에는 거의 전부가 철기시대였다는 것이 당시의 일반적 인식이었다. 따라서 한국 청동기문화의 존재를 분명히 확인한 단계였다면 논쟁의 내용이나 양상은 처음부터 크게 달랐을 것이다. 그렇지만 한편으로 그 문화의 존재가 확인되면서 곧바로 시대구분 문제를 조정하고 그것을 공식화할 수 있었던 것은 이 토론이 거둔 성과에 토대한 일이었다는 사실을 인정하지 않을 수 없다. 1962년판『조선통사(상)』부터 이런 새 인식이 적용되었다.

고조선과 진국의 역사를 시야 정면에 두게 된 것은 한국사 이해의 체계화라는 맥락에서 하나의 분기점을 이룬 발전이었음이 틀림없다. 그러나 이로써 시대구분 문제의 핵심이 해결되었다고 보기는 어렵다. 오랜 청동기문화 단계의 존재를 확인한 후에는 몇 가지 사항을 재론하지 않으면 안 되었다. 그것은 첫째, 기록과 달리 고고 유물의 출토 상황은, 적어도 삼국 초기까지의 문화가 중국 문화에 비해 큰 낙차를 보이며 뒤쳐져 있었던 것으로 나타나는 사실을 어떻게 이해할 것인가 하는 점이다. 한국 문화와 역사의 고립성을 과연 그대로 인정할 수밖에 없는가 하는 문제 제기와 연계하여, 또한 그 문화의 시초부터 우리 민족의 조상들이 중국인들과 각축하며 성장한 것으로 나타나는 문헌 기록의 이해와 관련하여, 이 문제는 반드시 재론되었어야 할 문제였다. 그리고 둘째, 우리가 삼국 이전에 이미 장구한 역사 경험을 통해 발달한 문화 능력을 보지保持했다면, 삼국에서 공동체적 특성처럼 나타나는 제 현상을 과연 그대로 공동체적 유제로 간주해도 좋은지 다시 문제 삼았어야 옳았다. 고구려 · 백제의 5부나 신라의 6부를 더 이상 종족적 관계의 토대 위에서 이해할 수 없게 된 셈이었으므로 그에 선행한 사회에서도 공동체 관계를 종전의 시각으로 설명해서는 안 되었다. 또한 아울러, 중국의 봉건제도를 곧장 중세의 봉건적 사회구성체로 파악하려는 경향에 대해서도 재검토했어야 했다. 그랬다면 식읍과 녹읍을 동일시하는 수준에서 벗어난 새로운 인식이 가능했을 것이다.

2) 고대국가 형성 과정에 대한 논의

일제의 관학자들은 한국에 청동기시대의 존재를 인정하지 않고 '금석병용기'라는 용어를 썼다. '금석병용기'란 본디 일본이 만든 용어로서 신석기시대에서 금속기로 넘어가던 과도기Chalcolithic Period, 즉 순동純銅(Copper)과 돌Stone을 도구로 쓰던 시대Copper Age를 지칭하기 위해 만들어낸 것이었다. 그러나 관학자들은 이 용어를 한국사에 적용하면서 초기 철기시대까지를 싸잡아 일컫는 용어로 사용하였다. 초기 철기시대의 유적에서 돌도끼 등 석기가 반출伴出한다는 이유에서였다. 그리고 그들은 이 용어를 통해 한국사의 정체성停滯性과 타율성他律性을 입증하고자 하였다. 한국에는 독자의 청동기문화가 없었으며, 한반도의 원주민들이 석기시대의 야만 상태에 있었는데 한 무제漢武帝가 위만조선을 침공함을 계기로 비로소 발달한 한족漢族의 철기문화를 알게 되었으며, 이런 연유로 철기와 석기가 함께 반출한다는 것이었다.136) 그리하여 한반도에서 원시공동체가 해체되고 최초의 계급사회가 출현하게 되는 것은 4~6세기 이후에야 가능하였다고 하였다. 이와 같은 이해를

---

136) 梅原末治·濱田耕作, 「金海貝塚發掘調査報告」, 『大正九年度古蹟調査報告』 1, 朝鮮總督府, 1923, 45~47쪽.

토대로 삼국의 국가 형성 과정과 시기를 논의해 오던 것이 1950년대의 남북한 역사학계의 일반적인 상황이었다.

그런데 해방 후 고고 발굴 성과가 축적되면서 청동기문화의 존재가 남북한에서 공히 확인되기에 이르렀다. 북한에서는 분단 직후 유적과 유물의 보존 관리에 대한 문화재 관계 법령을 정비하고 1947년부터 대대적인 유적 발굴 사업에 착수하였었다. 이 사업은 6·25사변이 일어나면서 일시 중단되었으나, 전후 복구와 새로운 건설 사업이 진행되면서 여러 곳의 각종 건설 현장에서 유물 유적들의 존재가 드러나자 이를 학술적으로 발굴하고 보존 처리하기 위한 사업이 1955년부터 본격 재개되었다. 발굴 성과가 축적되면서, 그동안 일제가 한국 역사의 유구성을 부인하기 위해 그 존재를 애써 외면해 오던 구석기문화가 확인되었고, 독자적 청동기문화의 실체가 점차 명확해짐으로써 '금석병용기'의 허구성이 드러났다. 이 사업을 주도한 이가 도유호였다.[137]

도유호는 1960년에 그간의 신석기 및 청동기 유적 발굴 성과를 묶어『조선원시고고학』이란 단행본을 출간하였는데, 여기서 그는 '금석병용기'라는 개념의 허구성과 이를 한국사에 적용해 역사를 왜곡한 일제 어용학자들의 불순한 의도를 폭로하였다.[138] '금석병용기'란 애초에 철기문화와는 전혀 무관한 용어로 성립한 것이었고, 청동기시대는 물론 철기시대에 들어서도 그 초기에는 석기를 사용한 것이 세계적인 보편 현상이므로 '초기적인 잔재물'에 불과한 석기가 초기의 철기와 공반共伴한다고 해서 이를 '금석병용기'라 부른다면 세계사 전체에서

---

137) 한창균,「도유호와 북한 고고학」, 앞의 백산자료원 편 ,『조선원시고고학』, 부록, 328~383쪽.
138) 도유호, 위의『조선원시고고학』, 129~131쪽.

청동기시대의 존재를 아예 부인하는 것과 같다는 것이었다. 또 우메하라 스에지梅原末治 등 일본인 학자들이 한국의 청동기시대 석검(돌단검)을 중국 청동검(놋단검)을 본따 만든 것으로 간주한 사실과 관련하여, 한국사를 가능한 한 타율적 후진적인 것으로 묘사하려고 애쓴 일제의 '불순한 동기'를 꼬집었다. 그리고 그는 우리나라 청동기시대의 상한을 기원전 8~9세기로 올려보고, '경우에 따라서는 기원전 제2 천년기 말로 올라갈 가능성도 없지 않다'고 전망하였다.[139]

이 무렵 북한학계의 관심은 주로 좁은 놋단검문화에 대한 연구에 집중되었으며, 이것이 바로 고조선 문화라는 것을 확신하는 데 모아지고 있었다. 그리고 1960년대로 접어들면서는 연구의 관심이 비파형동검 문화로 확대되어, 이 문화가 고조선의 문화일 뿐 아니라 고대 한민족 전체의 문화라는 것을 밝히게 되었다.[140] 발굴이 계속 진행되면서 청동기문화가 시작된 시점은 기원전 2천년기 초로, 철기문화의 개시 시점은 기원전 1천년기 전반기로 각각 더 소급되었지만, 1960년대 초의 성과만으로도 청동기문화에 입각한 국가의 존재를 충분히 논의할 수 있었고, 이에 따라 삼국의 국가 형성 과정에 대한 연구도 새로운 국면에 접어들었다.

1962년판 『조선통사(상)』에서는, 기원전 5~3세기에 고조선·부여·진국이라는 동방적 노예제에 기초한 고대국가가 건설되었으며, 이 노예제의 특성인 원시공동체의 강고한 잔존으로 말미암아 가내노예제적 우클라드가 다른 공동체적 소농민 우클라드 등을 희생시키며 발전하였다는 시각이 공식화되었다. 이는 임건상이 삼국을 노예제사회

---

139) 위의 책, 267쪽.
140) 박진욱, 『조선고고학전서(고대편)』, 과학백과사전종합출판사, 1988, 4쪽.

로 보면서 종래 주장해 온 내용과 대략 일치하는데, 이 견해가 시기를 소급하여 고조선 및 부여·진국의 이해에 그대로 적용된 것이었다. 그리고 삼국을 봉건사회로 파악하게 되면서, 김석형·정찬영의 종전 주장이 또한 거의 변동 없이 채용되었다. 3국은 아시아적 형태의 봉건제 사회로서, 공납제적·농노제적 우클라드가 노예제적 우클라드와 병존은 하였지만 기본적 생산관계를 형성했다는 것이다.

고대국가의 사회구성은 국왕을 비롯한 중앙 및 지방의 귀족관리와 이들에게 복무한 승려들, 그리고 평민 신분을 가졌으나 생산수단을 자영소농민보다 많이 가지고 노예 혹은 예속민을 착취함으로써 부유해진 호민들이 노예소유자계급을 형성하고, 노예·하호·평민으로 구성된 피지배계급을 통치했다고 보았다. 그리고 이 중 하호에 대해서는 최하층의 빈민으로서 노예적인 착취를 당하였으며 점차 노예 신분으로 전락하는 과정에 있던 계층이었다고 정의했다. 국가의 형태와 관련해서는, 고조선·부여·진국 등이 모두 시기를 서로 달리하여 일어난 '소국'들을 통합하여 성립한 국가였다고 이해되었다.

그러므로 삼국의 국가 형성 과정은 그런 소국 중 일부 세력이 봉건세력의 새로운 정치적 중심을 형성하고 주변의 소국들을 다시 통합함으로써 영역을 확대해 나간 과정으로 파악되었다. 그러나 삼국을 형성한 주체가 봉건세력이었다는 진술과 연계하여 이를 입증할 구체적인 사실을 제시하지는 못하였다. 저들이 말하는 소위 '역사 발전의 일반적 법칙'에 입각하여, 생산력 발전과 노예계급의 투쟁이 새로운 사회로 전환하는 원동력이 되었다는 정도의 서술에 그쳤을 뿐이다. 다만 고구려의 성립과 관련해서는, 주몽이 졸본으로 오는 도중에 만났다는 재사再

思·무골武骨·묵거黙居가 성씨가 없었다는 점을 들어 이들을 평민출신의 지방 토호세력으로 이해하고, 주몽은 이들과 같이 노예소유자 귀족계급에 반대한 세력에 의거하여 나라를 세우고 정복사업을 진행했다고 하여, 그 봉건성을 다소나마 부각시키고자 하였다.

여기서 주목되는 점은, 삼국을 봉건사회로 파악하게 되면서 그동안 '원시사회의 부족' 정도로만 규정해온 '부部'에 대해 새로운 이해의 필요성이 생긴 사실이다. 노예소유자사회를 거쳐 봉건사회에 이르렀다는 시점에 존재한 고구려·백제의 5부나 신라의 6부를 원시공동체적 혈연집단으로 파악할 수는 없는 노릇이었겠기 때문이다. 그리하여 '부'는 지역적 정치집단으로, 각 부의 '족族'은 제각기 지역을 지배한 대표적 정치세력으로 이해하는 방안이 새로 제시되었다. 그렇지만 그 실체나 성격은 애매한 채 그대로 남겨졌다.

그리고 또 한 가지 주목되는 점은, 노예제사회로 파악한 고조선과 부여의 역사를 서술함에 있어『관자』·『산해경』의 기사를 그대로 사실로 받아들인 사실이다. 문헌고증사학이 주도한 남한에서는 고등사료비판의 이름으로 이들 서적의 신빙성을 부정하였고, 따라서 구체적인 역사 서술에서는 그 기사를 거의 인용하지 않는 것이 일반 상식화되고 있던 터였다. 선진문헌先秦文獻의 기록을 사실로 받아들인 북한의 태도가 사료의 결핍을 메우기 위한 궁여지책에서 나온 것이든 아니든,[141] 여기에 정희영 같은 정통역사학 계열의 문헌사학자들의 견해가 반영되

---

[141] 전체적으로는 사료 가치가 적은 저작일지라도 부분적으로는 正史보다 정확한 서술이 있을 수 있으며, 따라서 관계 사료를 모두 종합하여 주어진 문제와 결부시킴으로써 합리적으로 설명할 수 있는가의 여부에 의해 사료의 시비를 가려야 한다는 것이 북한 학자들이 가진 일반적인 생각이었다(리지린, 『고조선 연구』, 과학원출판사, 1963, 389쪽).

었으리라는 점은 분명하다. 그리고 이런 사정은 선진문헌에 대한 신뢰 문제를 둘러싸고 일군一群의 역사학자가 분리되어 이른바 '재야사학자在 野史學者'로 따로 존재하게 된 남한의 경우와 대비된다.

한국 고대사와 중세사의 시대구분과 각 시대의 사회경제구성에 대한 기본 시각이 일찍 정리되었던 까닭에 1962년판(제2판)『조선통사(상)』 의 내용은 이후에도 한동안 별다른 수정 없이 그대로 통용되었다. 15년 뒤인 1977년에 제3판『조선통사』가 간행되었으나, 하권의 근현대 사 서술 내용이 크게 수정된 반면 상권의 내용은, 그간의 발굴성과를 반영하여 '원시시대'편과 '노예소유자시대'편의 일부 내용을 좀더 보강 하고, '봉건사회'편에서는 고구려 관련 서술에 중점을 두는 변화를 보였을 뿐이다. 종전의 통사를 제한된 매수 안에서 고쳐 썼기 때문이라 고 한다.[142]

그러나 여기에는 의아한 점도 없지 않다. 1963년에 간행된 리지린李址 麟의 『고조선 연구』에서 논의된 내용이 별반 반영되지 않은 점이다. 『고조선 연구』는 개인의 독자적 저술이라기보다, 고조선 문제를 둘러싸 고 1950년대 이래 계속되어온 논쟁의 성과를 정리했다는 의미가 강한 저술이었기 때문이다. 북한에서는 고조선사에 대한 이해에서 문헌사학 자와 고고학자들 사이에 이견이 심각해지자 1961년 6월부터 9월까지 7회의 토론회를 가졌고, 다시 1962년 10월부터 2개월 간격으로 세 차례 토론을 벌였었다.[143]

리지린은 『고조선 연구』에서 고대국가의 붕괴가 계급투쟁에 의해 촉발되었다는 것을 증명하기 위해 노력했다. 마르크스-레닌주의 역사

---

142) 사회과학원 력사연구소,『조선통사(상)』, 과학백과사전출판사, 1977, 2쪽.
143) 이기동, 앞의「북한 역사학의 전개과정」, 20쪽.

학을 표방한 이상, 우리나라 고대사회의 발전도 계급투쟁에 의해 이루어져 왔다는 사실을 증명해 보여야만 하였던 것이다. 리지린은 두 가지 역사 사실을 주목했다. 하나는 위만의 정변이었고, 또 하나는 마한인馬韓人이 '호작적好作賊'하다는 『삼국지』 한전의 기사였다. 그리고 그는 이것이 계급투쟁과 연관된 사실이라고 확신하였다. 위만의 정변은 고조선의 노예소유자 귀족 계급을 반대한 광범한 인민 대중의 계급투쟁을 배경으로 발생한 것이며, '호작적'은 통치 계급을 반대하여 빈번히 항거하는 행동을 했다는 의미로 해석한 것이었다. 이는 저들의 사관에 부합하는 것으로서 통사의 서술에서 유용하게 원용할 수 있는 이해 형태였다고 여겨진다.

그러나 제3판 『조선통사(상)』은 고대국가의 붕괴 원인으로 철기문화에 의한 생산력 발전을 계급투쟁보다 우선하여 자세히 기술하고 리지린의 견해를 외면하였다. 계급투쟁과 관련해서는 그 구체적인 사례를 예시하지 않고, 노예적 예속을 반대하는 노예들의 투쟁이 있었다는 원론적인 서술만 했을 뿐이다. 그리고 위만은 변방후국세력으로서 자기의 무력을 양성하고 주변의 토호세력을 규합한 다음, 조성된 복잡한 정세를 이용하여 정변을 일으켰다고만 기술했다. 위만조선은 오히려 인민들의 투쟁을 가혹하게 탄압했다는 것이 『조선통사(상)』의 기본 시각이었다.144) 위만조선이 한漢의 침략에 적절히 대응하지 못하고 내분으로 멸망한 사실을 기술하기 위해서는, 그 정권이 인민 대중의 계급투쟁에 의해 성립했다고 보기보다 대중과 유리된 무능한 귀족관료들에 의해 세워졌다고 보는 것이 더 합리적이라고 판단한 결과인 듯하

---

144) 앞의 『조선통사(상)』, 60~63쪽.

다. 그리고 이는 북한의 역사학자 집단과 고고학자 집단 사이에 미묘한 갈등 대립 관계가 형성되어 있었음을 반영하는 사실이 아닌가 여겨진다.

제3판『조선통사(상)』에서도 삼국시대를 봉건사회로 이해하는 근거는 법칙화된 역사 이해의 수준을 벗어나지 못한 형태로 제시되는 데 그쳤다. 우리나라에서 봉건사회는 기원을 전후한 시기에 성립하였으나, 이 사회의 토대를 이룬 봉건적 생산관계는 생산력이 발전하고 계급투쟁이 격화된 결과로서 그보다 이른 시기에 발생했다는 것이다. 여기서 봉건사회란 '정권이 봉건지주계급의 손에 있고, 주요 생산수단인 토지에 대한 봉건적 소유형태가 지배적인 지위를 차지하는 사회'이며, 봉건적 생산관계란 노예주와 일부 호민층들이 '자기들이 소유한 토지를 노예들과 예농들에게 떼어주어 독자적으로 부치게 하고 그들로부터 수확의 대부분을 착취'한 관계를 말한다고 하였다.145)

『조선통사(상)』의 한국사 이해가 이와 같이 공식적인 형태에 머문 이유는 이 책이 일반 대중을 상대로 집필된 것이라는 데 있다. 일제의 식민지사관 및 지배계급 중심의 부르주아사관으로 세례를 받아 복고주의와 허무주의에 빠진 대중에게 '철저한 주체적 입장에서 당성·노동계급성을 관철'한다는 것이 이 책을 간행한 기본 목적이었던 것이다.146) 따라서 '역사의 주체는 근로인민대중'이라는 인식을 앞세우는 문맥에서는 지배세력의 동향에 불가피하게 주목할 수밖에 없는 삼국의 국가형성 과정에 대해 체계적으로 서술할 필요성이 느껴지지 않았을 것이다.

---

145) 위의 책, 84쪽.
146) 위의 책, 1쪽.

그러나 주체사상의 민족지상주의적 속성이 강화되어 가면서 이와 같은 보편주의적 서술은 한계를 드러내게 되었다. 북한은 이미 1972년 12월에 김일성의 주체사상을 개정헌법 제4조에 삽입하여 국가 차원의 '지도적 지침'으로 내세우고 있었고, 이는 1977년의 제3판『조선통사』 서술에도 반영되어, 고구려의 건국 과정을 외세에 대한 반침략투쟁과 정으로 서술하는 등 민족적 관점을 강조하는 방향으로 나타났다. 그렇지만 이것으로는 '주체사상에 기초한 사회력사발전의 합법칙성에 관한 리론'이 역사 서술에 제대로 관철되었다고 여기기 어려웠다. '민족의 존엄과 영예를 떨쳐온 선조들의 슬기로운 력사를 사회발전의 합법칙성에 따라 체계화'함으로써 '인민들에 대한 주체사상교양과 혁명교양, 사회주의애국주의교양을 강화하고 그들을 사회와 력사 발전에 대한 과학적 지식으로 무장시키며 온 사회를 주체사상화'할 필요성이 있었다.147) 이런 요청에 따라 간행된 것이『조선전사』다.

　『조선전사』는 1979년 5월에 제1권(원시편)을 필두로, 9월에 제3권 (중세편 고구려사), 10월에 제2권(고대편)과 4권(중세편 백제 및 전기 신라사)등이 차례로 간행되었다. 물론 역사인식이 갑자기 바뀔 리는 없었고, 따라서『조선전사』는『조선통사』에서 제시된 한국사 이해를 기본 틀로 유지하고 거기에 구체적인 역사 사실을 자료와 예증으로 풍부하게 제시하는 수준을 넘지 못하였다. 그러나 전체적으로 서술 분량이 크게 늘었기 때문에 여기에는 그동안 북한 역사학계가 이룬 연구 성과들이 대부분 반영되었다. 말하자면『조선전사』는 북한의 한국사 연구 성과를 집대성한 결과물인 것이다.

---

147) 사회과학원 력사연구소, 『조선전사 1』, 과학백과사전출판사, 1979, 1~4쪽.

『조선전사』의 간행은 한국 고·중세사의 견지에서 몇 가지 중요한 의미를 지닌다. 첫째는 북한에서 남한의 한국사 연구 성과에 유의하기 시작했다는 점이다. 예컨대『조선전사』원시편에서는 남한 고고학계의 발굴 성과 일부가 자료로 채택되고 있다. 그리고 사실『조선전사』는 남한에서 25권에 이르는 방대한 분량의 한국사가 편찬 간행된 사실148) 에 자극을 받아 출간하게 된 것일 개연성이 크다. 둘째는 북한의 고구려 중심 역사인식이 노골화된 점이다.『조선통사(상)』에서도 삼국시대사 는 고구려 관련 서술에 편중되었지만 이 책이 단행본이었던 까닭에 외견상으로는 잘 드러나지 않던 것이『조선전사』에서는 고구려사가 단독으로 한권의 책(제3권)을 이룸으로써 노골적으로 표출되게 된 것이었다. 그리고 이에 맞추어, 바로 2년 전 제3판『조선통사(상)』까지 만 해도 신라의 삼국통일을 '신라에 의한 국토남부의 통합'으로 기술했 던 태도를 바꾸어,『조선전사』에서는 통일이나 통합이라는 용어를 아예 배제하고 통일신라를 '후기신라'로 표현하였다. 이로부터 크게 강화된 북한의 고구려 중심 역사인식에 대해서는 따로 자세히 살펴볼 필요가 있다.

3) 고구려 중심 역사인식

북한의 고구려 중심 역사인식은, '우리나라의 력사는 신라를 중심으 로 발전하여 온 것이 아니라 고구려를 중심으로 발전하여 왔다'는 김정일의 언급에서 단적으로 드러난다.149) 손영종은 '삼국시기 우리나

---

148) 국사편찬위원회,『한국사』전 25권, 1973~1979.
149) 손영종,『고구려사 1』, 과학백과사전종합출판사, 1990, 10쪽 머리말.

라 력사가 신라를 중심으로 발전해온 듯이 력사적 사실을 왜곡하여 묘사하고 있는 남조선반동사가들과 그 아류들의 책동을 타파하기 위해서’ ‘참으로 고구려는 삼국시기 우리 력사 발전에서 선도자적, 중심적 역할을 담당 수행한 나라였다’는 사실을 밝히는 것이 중요 임무고 과업이라고 주장하였다.150) 그리하여 북한의 삼국시대 서술은 고구려 역사의 영광을 드러내는 데 초점이 맞추어졌다.

북한이 고구려 중심의 한국사 인식을 갖게 된 배경에는 저들이 현재 차지하고 있는 지역의 대부분이 옛 고구려 영토에 해당한다는 사실이 놓여 있다. 삼국 중에서 고구려를 한국사의 정통을 이은 국가로 내세운다면 저들이 그 정통을 이은 것처럼 수식할 수 있고, 이는 지금의 분단 상황에서 저들이 민족사 상의 명분을 갖게 됨을 의미한다고 생각한 것이겠다. 물론 이는 민족사 전체를 놓고 말할 때 무슨 명분이나 정통성은 고사하고 지방적인 분파의식만을 조장하는 유치한 발상에 지나지 않는 것이고, 고려를 멸하고 새 왕조를 세운 후 국호를 조선이라 함으로써 고려의 고구려 계승의식 등 종래 뿌리 깊게 유지되어온 시대착오적인 삼국분리의식을 불식하려 했던 개창세력의 역사의식에서도 크게 후퇴한 퇴행적 사고일 뿐이다. 그러나 이것이 남북한의 이질감을 조장하는 역사인식의 출발점을 이루고 있다는 점에서 그렇게 간단히 매도하고 넘어갈 문제만은 아니라고 여겨진다.

기실, 삼국 중 고구려가 가장 선진이었다는 인식은 남한에서도 그대로 통용되고 있는 전통적 역사인식의 한 갈래다. 그리하여 ‘가장 후진국’이었던 신라가 삼국을 통일한 데 대해 유감을 가진 이들이 적지 않은

---

150) 위의 책, 11쪽.

실정이다. 무엇보다 민족사의 판도를 크게 축소당하는 계기가 되었다는 것이다. 그러나 이는 근본적으로『삼국사기』의 기록을 믿지 않는 데서 출발한 인식이고, 또 한편으로는 중국과 가까이 있었을수록 선진이고 멀리 있었을수록 후진이리라는 단순한 발상, 말하자면 '사대적' 역사의식이 다소간에 은연중 작용한 인식임을 부인하기 어렵다.

물론 우리 민족사가 고조선에서부터 시작된 것으로 보는 한, 그리고 고조선의 중심이 북방에 있었음이 분명한 한, 이를 '사대적' 인식이라고 단언하기는 어렵다. 그렇지만 고조선 국가가 붕괴되면서 그 중심 세력이 남하하여 진한을 형성했다는 기록을 무시한 채, 그 역사 경험과 문화 능력을 고려하지 않고 성립한 인식인 것만은 분명하다 할 것이다. 삼국의 형성 시기와 그 사회 발전의 경과는 고조선 이래 우리 민족사의 계기적 발전이라는 시각에서 전반적으로 검토되고 이해되어야 할 문제다. 바로 이 점에서, 고구려 중심 역사인식의 타당성 여부를 가리는 일은, 그것이 가진 지방분파적 역사인식의 한계성과 일단 무관하게, 한국사의 체계적 이해라는 문제와 직결된 중요한 과제가 된다.

북한이 고구려 중심 역사인식을 합리화하기 위해 중점적으로 내세운 사실은 ① 삼국 중에서 고구려가 가장 일찍 봉건국가로 형성되었다는 점(B.C. 277), ② 가장 선진적인 경제와 문화를 가진 나라로서, 우리나라 역사 발전에서 중심적인 지위를 차지하고 주도적인 역할을 했다는 점, ③ 외래 침략세력들을 물리치고 고조선의 영토를 되찾았을 뿐 아니라, 계속된 반침략투쟁을 통해 전 민족적 범위에서 국토와 겨레를 보위하는 방패 역할을 담당 수행했다는 점, ④ 선진적인 경제와 문화로서 이웃한 동족의 나라들(부여 · 백제 · 신라 · 가야)의 발전에 커다란 영향을 미쳤고, 해외에까지도 우수한 문화를 전해주었다는 점 등이다. 이 중에서 한국사의 이해 체계와 관련하여 가장 논쟁의 소지가 있는 부분은 고구려의 건국 기년을 크게 올려본 점이다.

북한은 고구려를 가장 선진으로 보기 위해 그 건국 시점이 신라에 앞섰다는 사실을 증명하는 데 주력해 왔다. 제3판『조선통사(상)』 (1977)까지만 해도 대체로『삼국사기』의 기록을 따르는 분위기가 우세 하였다. "고주몽은 기원전 37년에 졸본부여를 정복하여 고구려국을 세웠다고 전한다."고 서술하고, 그렇기는 하지만 "고구려족의 소왕국의 건국은 이보다 앞선다."는 정도의 단서만 덧붙이는 태도를 보였다. 『삼국지』고구려전의 '본연노부위왕本涓奴部爲王 초미약稍微弱 금계루부대 지今桂婁部代之'라는 기사를 "계루부 출신의 고주몽이 왕으로 되기 전에 소노부(연노부) 출신들이 왕으로 되었음을 말한다."고 이해하고, 문무 왕文武王이 670년에 안승安勝을 고구려왕으로 책봉하면서 고구려의 '역 년歷年이 8백년이나 되려 한다'고 말한 내용을 주몽의 건국 이전에 성립한 소왕국의 건국 시기까지 소급하여 계산한 것으로 이해한 것이 다.151)

그러나『조선전사』(1979)에서는 이를 완전히 부인하고, 고구려의 건 국 기년을 크게 앞당겨 "고조선의 소국이었던 졸본부여를 고구려가 병합한 것은 기원전 2세기쯤에 벌어졌던 력사적 사건이었다."고 하였 다.152)『삼국사기』고구려본기 보장왕 27년 2월에, 당唐의 시어사侍御史 가언충賈言忠이 고구려高句麗 비기秘記에 '9백 년이 되기 전에 여든 살의 대장이 이를 멸망시킬 것'이라는 구절이 있는데 고구려는 마침 9백

---

151) 앞의 『조선통사(상)』, 1977, 89쪽.
152) 앞의 『조선전사 3』, 1979, 24쪽.

년이 되었으며 당장唐將 이적李勣의 나이가 여든 살이므로 고구려를
멸망시킬 수 있을 것이라고 말한 기사 내용을 주목하여, 고구려 멸망으
로부터 900년을 역산하고 '기원전 2세기'라는 건국 기년을 이끌어낸
것이었다. 그리고 기원전 2~1세기 혼강 및 압록강 중류 일대에서 발견
된 철기 유물들을 근거로 이 무렵의 생산력 발전이 봉건적 생산관계를
형성할 만했다고 보아 위의 기술을 뒷받침하였다.

고구려의 건국 기년을 인상한 근거는 이것이 전부다. 그런데『조선전
사』 개정판을 내게 된 1991년에 이르러서는 그 기년을 더 인상하여
아예 기원전 277년에 고구려가 건국되었다고 명시하였다.[153] '연구가
심화되는 과정에 새로운 문헌적 및 고고학적 자료들을 찾아내게' 되었
기 때문에 건국 기년을 명확히 밝힐 수 있게 되었다고 한다. 근거를
요약하면 다음과 같다.

① 『삼국사기』 고구려본기 마지막 사론에 '고구려는 진秦 · 한漢 이후로
중국의 동북 모퉁이에 끼어 있었다'는 구절이 있어, 늦어도 진秦이 중국을
통일한 때(기원전 221)에는 국가로 형성되었음을 알 수 있다.

② 고구려가 진秦의 동북방에서 이웃했다면 고구려 영역이 요서에 미쳤
던 것이고, 그러기 위해서는 고구려가 부여를 통합했거나 적어도 부여
서부의 일부분을 차지했어야 옳다. 압록강 중류 및 혼강 유역에서 성립한
고구려가 요서에 진출하는 데에는 상당한 시간이 소요되었을 것이므로
고구려 건국이 진시왕의 통일보다 수십 년 앞선 때에 이루어졌음을 알
수 있다.

③ 『당회요』 권95 고구려조에는 『고려비기』가 인용되었는데, 여기에

---

153) 사회과학원력사연구소, 『조선전사 3』(개정판), 과학백과사전종합출판사, 1991, 24~27
쪽.

고구려가 1,000년이 못 될 것이라는 구절이 있다.

④ 광개토대왕릉비에는 광개토왕이 추모왕(동명왕)의 17세손으로 되어
있는데, 『삼국사기』에 의하면 그는 시조왕의 12세손으로밖에 되지 않는다.
이는 『삼국사기』에 5세대의 왕들이 누락되었음을 의미한다.

⑤ 국내의 여러 기록들은 동명왕이 계해년癸亥年에 나서 갑신년甲申年에
건국하고 임인년壬寅年에 죽었다고 하였다. 진시왕의 통일보다 앞선 갑신년
은 바로 기원전 277년이니, 이때 고구려가 건국되었음을 명확히 알 수
있다.

말하자면 '고구려기년 4갑자 인상설高句麗紀年四甲子引上說'이라 부를 만
한 견해인 셈인데, 추론의 근거가 궁색하기 그지없다. 우선 『당회요』에
인용되었다는 『고려비기』는 앞서 가언충이 언급한 고구려 비기임이
분명하며, 여기서 1,000년이라 한 것은 가언충이 900년이라 한 것을
알기 쉽게 말하려고 표현을 바꾼 내용에 지나지 않는다. 그리고 애초에
비기秘記라는 것을 사료로 취할 수 있을지 의문이려니와, 가언충의
말은 고구려의 멸망을 희망한 당인唐人이 비기 내용에 사실事實을 꿰맞추
기 위해 언급한 것에 지나지 않는 내용이었다. 또 광개토대왕릉비의
17세손은 꼭 혈연 개념이 아니라 왕위 계승의 대수代數를 말한 내용일
가능성이 더 크다.154) 이 추론이 기대고 있는 가장 유력한 자료는
김부식金富軾의 사론史論이다. 그러나 이는 그가 진실로 역사적 사실에
입각하여 말한 내용이라고 생각하기 어렵다. '고구려자진한지후高句麗自
秦漢之後 개재중국동북우介在中國東北隅'에서 '진한秦漢'은 중국을 지칭하는
다른 표현으로 흔히 쓰던 말로서, 문장가인 김부식이 뒤에 이어 나오는

---

154) 盧泰敦, 「高句麗의 初期王系에 대한 一考察」, 『李基白先生古稀紀念韓國史學論叢(上)』,
　　一潮閣, 1994.

'중국'과 동어同語반복을 피하기 위해 바꿔 쓴 말에 지나지 않는다. 게다가 근본적으로, 고구려의 멸망이 건국 후 708년에 해당한다고 명기한 고자高慈 묘지명墓誌銘이라는 확실한 사료를 도외시한 채 근거가 불분명한 기록에 의거해 기년을 인상하려는 데는 도저히 찬성할 수 없는 것이다.155)

기실 고구려의 기년을 인상시켜 파악할 여지가 있다는 주장은 이미 1957년에 제기된 바 있었다.『고구려비기』관련 기록과 광개토대왕릉 비문 등 1991년의『조선전사』개정판이 새로 찾아냈다며 제시한 자료와 거의 같은 내용을 근거로, 김일출이 고구려 기년의 인상 가능성을 타진한 것이었다.156) 그러나 이 논고는 이후의 연구에서 거의 인용되지 않았다. 추론의 과학성을 학계가 인정하지 않은 것이겠다. 그러던 것이 다른 증거의 추가 없이 그대로 인정되면서 고구려 건국 기년을 인상하는 근거로 작용한 사실은 이것이 학문적인 연구의 결과로서 이루어진 내용이 아님을 의미한다고 볼 수 있다. 다분히 정치적인 의도가 개입한 결과임이 분명하다. 고구려사의 인식은 1990년대로 들어서는 시점에서 역사학의 테두리를 넘어 정치적 선전의 영역으로 들어서고 있었던 것이다. 이는 역사학의 포기고, 정치의 자기최면적 타락이다.

그럼에도 불구하고 북한의 이런 노력이 고구려의 건국 이전에 존재한 정치세력에 대해 관심을 갖게 해주었다는 점은 성과로 인정되어야 할 것이다. 고구려가 건국될 무렵에 그 주변에 존재한 것으로 나타나는 비류국沸流國이나 행인국荇人國, 황룡국黃龍國 등을 고구려의 성립 기반과

---

155) 李基東, 앞의「北韓에서의 高句麗史 연구의 현단계 - 孫永鍾 著《고구려사》를 읽고 -」, 11쪽.
156) 김일출,「고구려 '유국 900년'설에 관하여」,『력사과학』1957-1, 10~15쪽.

관련하여 주목하는 것은 아무튼 의미있는 일이다. 위만조선이 멸망함으로써 중앙의 구심점을 상실한 여러 정치세력들이 요서 지방부터 한반도 북부에 이르기까지 여기저기 흩어져 제각기 발전하고 있었으리라는 것은 능히 추정할 수 있는 사실이다. 이들에 유의하는 것은 고조선의 멸망과 삼국의 건국 사이에 놓인 시간적 간극을 메워 한국사의 계기성을 회복하는 유력한 방향이다. 그렇지만 이들을 통일세력으로 파악하여 구려句麗라는 독자의 국가 형태를 상정하는 것은 무리가 아닌가 여겨진다.

1979년의 『조선전사』 제1판 고대편(제2권)은 고조선사·부여사·진국사로 구성되어 있는데, 1991년의 개정판에서는 여기에 '구려사'를 추가하였다. '구려'라는 독립된 고대국가가 존재했다고 여긴 것이다. 『조선통사(상)』에서 주몽이 건국하기 전에 소노부(연나부)가 왕위를 차지하던 단계를 설정했으므로 고구려에 선행한 정치세력의 존재는 일찍부터 암시되고 있었다고 할 것이나, 이것을 독립된 고대국가로까지 파악하지는 않았었다. 그러다가 고구려의 건국 기년을 4갑자 인상함과 더불어, 이에 앞서 연나부 왕조 시기가 있었고 그 형태는 고대국가였으며 국호는 '구려'였다고 단정하게 되었다. 근거는 단순하다. 『삼국지』에 계루부가 왕위를 차지하기 전에 연나부가 왕이었다고 한 구절과, 『삼국유사』가 인용한 고기에 '천제天帝가 흘승골성에 내려와 도읍을 정하고 나라를 세웠으며 동명왕은 이 나라를 이어 일어나 졸본주에 도읍을 세우고 졸본부여가 되었다'고 한 구절이 근거의 전부다. 그리고 여기에, 『상서尚書』 권11 주관周官 제22 주서周書에 대한 주석에 주무왕周武王이 상商나라를 멸망시킨 후 구려句麗가 서주西周 왕실과 길이 통하게 되었다고 한 것을 연계시켜 고구려에 선행한 '구려'를 상정하였다.157) 이와 관련하여 제시된 고고 자료는 국내성 밑에서 발견된 토성이 유일하다. 이 토성은 구려국句麗國의 지방 성성城이었다고 한다.158) 구려를 형성한 5족이 고구려의 5부로 편성되었다고 한 것으로 보아 그 영역은 비교적 광범하였다고 생각하는 듯하다.

　『조선전사』 스스로 "구려국의 성립과정을 명백히 론할만한 직접적인 자료는 없다."159)고 했으니 더 이상 말할 필요가 없겠으나, 이 정도의 근거로써 혼강 유역과 압록강 중류 일대에 걸친 고대국가의 존재를 상정하고, 이 지역에서 발견되는 기원전 10~3세기의 유물은 무조건 구려국의 것이라고 보아, 생산력의 발전과 경제형편, 통치체제에 대해 서술하는 것은 수긍하기 어렵다. 적어도 현 단계로서는, 이른바 '역사발전의 일반적 합법칙성'이라는 이름으로 자행된 역사 왜곡이라 하여 지나친 말이 아닐 것이다. 고구려의 건국에 앞서, 삼한의 소국처럼, 맥족 사회에서 새로 흥기하고 있던 소규모의 정치세력에 대한 이해는 고조선 및 부여와 연관하여 추구되어야 할 문제로서 그 자체로 단독의 광역 국가를 상정하는 것은 그 방향부터 오류다. 더구나 예濊·맥貊은 본디 우리말로 '부루'·'새(쇠)'라고 불리던 고대 조선족으로서160) 고조선 및 부여·고구려·예·옥저 등을 형성한 주체였다고 보고, 다시 독자의 '고구려족'이라는 것을 상정하여 그 전체를 '구려'라고 인식하는 것은 자체로서도 논리의 모순이다.

---

157) 사회과학원력사연구소, 『조선전사 2』(개정판), 1991, 165~167쪽.
158) 위의 책, 168~169쪽.
159) 위의 책, 168쪽.
160) 위의 책, 129쪽.

북한에서 처음 '구려'에 대해 언급한 저서는 1985년에 간행된 채희국의 『고구려력사연구』다.[161] 채희국은 여기서 "고구려족은 일찍부터 고대국가를 세우고 살았다."면서, 『위략魏略』에 보이는 '고리국'이 바로 그 '고대의 고구려 소국'이라고 하였다. '고리'는 『상서』에 보이는 기원전 12세기의 '구려'라고 한다. 그리고 『맹자』에 20분의 1을 거둔 맥국의 조세제도가 보이는 사실이 기원전 5세기경에 이미 맥국이 조세제도를 갖춘 계급국가였음을 명백히 보여준다고 이해했다. 채희국은 '구려국'보다 '고리국'이라는 국명國名을 선호하고 있는데, 그가 생각한 '고리국'은 '맥족의 한 소국'이었다.[162] "고구려족이 맥족의 한 갈래였다고 하여 고대조선의 여러 종족들과 확연히 구별되는 존재는 아니었다."고 보았기[163] 때문에 '고리국'을 고대국가로 파악했어도 그 영역을 크게 볼 수 없었던 것이다.

그러나 이런 관점은 1990년에 간행된 손영종의 『고구려사 1』에서 크게 수정되었다. 손영종은 그의 저서 제1장 제1절을 '기원전 5~3세기 고구려의 전신국가 구려국의 형편'이라는 항목으로 내걸고 '구려국'에 대해 전면적인 서술을 시도하였다.[164] 내용은 1년 뒤에 간행된 『조선전사』 개정판과 대략 일치한다. 『조선전사 3』(개정판) 고구려편의 기본 방향이 손영종에 의해 완성된 셈이다.

삼국 중 고구려가 가장 선진국으로서 그 성립 시기도 가장 빨랐다는 생각은, 삼국 관계를 주도한 나라도 고구려였으며, 따라서 삼국통일이

---

161) 채희국, 『고구려력사연구 – 고구려건국과 삼국통일을 위한 투쟁, 성곽 –』, 종합대학출판사, 1985.
162) 위의 책, 3~7쪽.
163) 위의 책, 4쪽.
164) 손영종, 『고구려사 1』, 1990, 13~20쪽.

라는 민족적 과제 역시 고구려가 주도하여 통일 위업을 거의 다 완성하는 단계까지 이끌었다는 인식으로 확대되었다. 통일을 완수하지는 못했지만 그것에 거의 다다르고 있었다는 정황론적 주장을 앞세워 고구려의 '주도'를 강조한 것은 6·25사변의 전개 과정을 염두에 둔 인식인 듯한데, 고구려의 대외 팽창 내지 정복전쟁을 모두 국토통일을 위한 일관된 노력이었다고 파악하는 것은 역사 사실을 지나치게 미화한 것이라고 하지 않을 수 없다.165)

북한에서는 이와 같은 고대사 연구 성과가 그대로 역사교육에 반영되고 있다. 그것은 그들이 말하는 '위대한' 수령이나 지도자의 교시와 지도에 입각해 연구된 '당'의 공식 견해이기 때문이다. 북한에서 역사교육은 '인민대중을 교양하는 사업'의 본질로 간주된다. 인민대중이 역사의 주체라는 인식과 역사는 계급투쟁을 통해 발전해 왔다는 인식 등 '사회주의 교양'의 핵심을 역사를 통해서 체계적으로 전달할 수 있다는 생각에서다.

북한의 학제學制는 유치원 1년과, 초등학교 과정인 인민학교 4년, 중·고등학교 통합 과정인 고등중학교 6년 등 총 11년제 의무교육 과정으로 구성되어 있는데, 역사교육은 유치원부터 철저하고 집요하게 이루어진다고 하여 과언이 아니다. 유아들에게 들려주는 옛날이야기의 대다수가 '봉건통치배들'에 대항한 '인민'들의 이야기고 '혁명'에 관한 이야기다. 역사교육을 통해 당과 혁명의 역사적 뿌리를 똑똑히 알게 하며 항일혁명투쟁 시기에 이룩된 주체사상의 체계와 혁명 업적 및 투쟁 경험, 혁명적 사업 작품을 체득하게 한다는 데 초점을 두는 까닭이

---

165) 李基東, 앞의 논문, 11~13쪽.

다.

　인민학교 과정에서는 주로 김일성·김정일의 '혁명'과 관련된 내용을 학습하고, 고등중학교에 들어와서야 2~4학년에서 통사체(한국현대사 제외)의 국사교과서인 『조선력사』를 배운다. 2학년에서 '우리 역사의 시작'부터 '삼국시대'까지, 3학년에서 '후기신라(통일신라)'부터 '임진왜란'까지, 4학년에서 '조선후기'부터 1920년대까지를 학습하는 것으로 되어 있다.166) 원시·고대 부분에서는, 우리 민족의 기원을 승리산사람으로 보아 평양을 한국사의 시원지始原地로 이해하고 민족사의 유구성을 강조하며, 고구려를 중심으로 삼국시대사를 서술하여 당과 손잡은 신라의 삼국통일을 민족을 팔아먹은 행위로 비판한 것 등이 특징이다. 전체적인 내용이 '통치배'들에 대항한 '인민대중'의 계급투쟁을 강조하여 역사의 주체로 부각시키는 방향으로 구성되었음은 물론이다. 서술은 구체성과 생동감을 중시하여 형용사를 많이 쓰는데다 이야깃거리 중심으로 내용을 엮었으므로 다분히 소설투의 문체로 되어 있다.

---

166) 정선영 등, 앞의 책, 334~349쪽.

Ⅲ. 한국고대사 연구의 난국難局

　우리 고대사는 나라가 위난에 처했을 때 그 위난을 극복할 힘의 원천으로 작용해 왔다. 몽골의 침입에 맞서『삼국유사』가 단군의 조선 건국 사실을 재확인한 것, 일제의 국권 침탈에 맞서 박은식·신채호 등 정통역사학자들이 고조선의 역사성을 주목한 것 등은 그 단적인 예다. 국사의 시작점인 고대사에 대한 인식의 파장은 마치 연못 가운데서 생긴 동심원이 전체로 퍼져나가듯이 현재의 역사에 큰 파동이 되어 영향을 미치는 것이기 때문이었다.

　고대사가 지닌 의미는 우리 자신의 처지를 깨닫게 하고, 삶의 방향과 목표를 분명히 알게 해준다는 점에 있었다. '우리'라고 부를 수 있는 역사의 주체가 생성된 내력의 유구함, 우리의 풍토와 정서를 토대로 독자적으로 구축해 온 문화의 보편성과 특수성 등이 고대사를 통해 확인되었다. 요컨대 다음과 같은 인식들이 그것이다. 중국과 엇비슷한 시기에 우리는 이미 조선이라는 나라를 세워 독자적으로 발전했으며 그 문화의 수준 또한 다른 어느 문화의 그것과 비교해도 결코 뒤지지 않는 것이었고 그 정치의 지향이 널리 인간을 이롭게 한다는 숭고한 뜻에 있었다는 것, 그러나 우리를 자신과 구분하여 '동이東夷'라고 불렀던 중국인들이 화이관華夷觀을 내세워 우리를 능멸하더니 군사력을 앞세워 팽창 정책을 추진함으로써 우리를 압박하고 침략해 왔다는 것, 그리하여 우리는 나라와 터전을 잃고 만주 및 한반도로 이동해 오게 되었으며 삼국으로 나뉘어 각기 체제를 정비하고 경쟁하면서 서로 다른 방향에서 민족의 활로를 모색하는 한편 중국에 대한 대반격의 근거를 마련함으로써 한때 수나라의 침략을 물리쳐 망하게 만들고 당의 침입도 효율적으로 격퇴하였다는 것, 신라와 발해가 남북국의 형세를 이뤄 대치함에 이르러 협력과 통합에 힘쓰기보다 경쟁과 대립에 치중함으로써 발해의 멸망은 곧 우리 민족과 영토의 반을 상실하게 됨을 의미한다는 사실을 깨닫지 못한 채 무대책으로 일관하고 말았다는 것, 하지만 고구려가 군사력에, 백제가 경제력에 역점을 둔 반면 문화의 건강성 확보에 치중한 신라가 고구려·백제를 멸한 것은 우리가 주변 강대국에 맞서 독자성을 유지하며 살아남는 길은 그 어느 것보다 우리 사회 내부의 건강성을 증진하는 데 있음을 보여준 일대사건이었다는 것 등이다.

그러나 지금 우리 고대사는 이런 인식의 연장에 서 있지 않다. 논의가 다변화한 결과라 하겠지만 대체로는 오히려 그 반대편에 와 있는 느낌이 강하다. 단군의 조선 건국은 신화일 뿐 역사 사실이 아니며, 동이를 우리의 조상으로 간주하는 것은 사실에 반하는 인식이고, 신라의 통일을 '민족통일'로 서술한 것 등은 민족이 근대에 들어와서야 발생한 용어임을 모르는 비역사적 사고의 소치이며, 민족이 성립하기 이전의 고구려사·발해사를 국사라 불러 우리 역사인 양 생각하는 것은 중국이 이를 자기 역사라고 주장하는 것과 같은 오류를 범한 것이라고 여기는 경향이 있다. 그리고 이 같은 고대사 인식의 기본 골격은 배타적이고

독선적이어서 21세기에는 더 이상 통용되어서는 안 될 민족주의사학에
뿌리를 두고 성립한 것인 만큼 하루빨리 청산해야 할 대상이라는 주장까
지 제기된 형편이다. 이제 나라가 위난에 처하더라도 고대사에서 그
위난을 극복할 힘의 원천을 발견하기는 난망한 상황이라 하겠다.

한편 주목할 사실은, 우리가 이러고 있는 사이에 중국이 발해는
물론 고구려까지 중국의 지방정권으로 파악하고 단군 관련 기록을
역사 사실로 인정한 후 단군을 중국인의 시조인 황제黃帝의 후예로
인식하는 논리를 펴고 있다는 점이다. 최근에는 아리랑이나 탈춤 등
우리 전통문화마저도 조선족 문화로 소개하고 조선족은 중국을 이루는
소수민족이므로 결국 그 문화는 중국문화의 일부라고 선전하기까지
하고 있다.

중국이 이와 같이 터무니없는 주장을 되풀이하고 있는 데는 이로써
추구하는 현실의 구체적인 이익과 목표가 있을 터다. 우리로서는 이를
정확하게 갈파할 필요가 있다. 하지만 더 중요한 것은, 무리하고 급하게
라도 중국이 이처럼 억지 논리를 펼 수 있게 된 근거가 무엇인지를
아는 일이다. 삼국 형성사를 고조선사와 무관한 일로 만들어 우리
스스로가 그 빌미를 제공한 측면이 없지 않다고 여겨지며, 고조선
관련 기록에 대한 불신론을 증폭시켜 온 나머지 1980년대부터 랴오허
및 다링허 유역에서 본격적으로 드러나기 시작한 고조선 문명에 대해
함구 이외의 대책이 없게 된 것도 그 원인으로 작용했을 공산이 크다.
그렇다면 상대편을 도운 우리 스스로의 잘못부터 자책하고 시정해야
할 것이다.

황허 문명보다 적어도 천 년 이상 앞선 것으로 드러난 랴오허 유역의

문명은 고조선 관련 기록을 역사 사실로 인정하지 않고서는 설명하기 어려운 문명으로 밝혀지고 있다. 단군의 건국 시점으로 전하는 기원전 2333년보다 훨씬 앞선 시기에 국가가 섰다고 해도 전혀 어색할 것이 없는 유물 상황이며, 신석기시대의 빗살무늬토기에서 청동기시대의 비파형동검과 적석총으로 진전된 그 표지 유물은 채도·흑도 문화에서 중국형동검으로 이어진 황허 유역의 중국문명과 그 발원과 계통이 전혀 다른 독자 문명으로서 이를 발전시켜 온 주인공은 중국인들이 자국사에서 줄곧 '동이東夷'로 기록해 온 이들임이 분명해졌다는 것이다. 그 사실성을 부인하며 고대사를 정리해 온 우리의 태도와 시각을 서둘러 바꾸지 않으면 안 될 충분한 근거와 이유가 생긴 셈이다.

이에 우리 고대사에 대한 이해와 서술의 문제점을 짚어보고, 이와 관련한 중국측 주장의 개요 및 속내를 살펴보고자 한다. 역사를 모르고 왜곡하는 잘못의 크기는 의도적으로 왜곡하는 잘못의 그것만큼이나 크고 중하다.

1. 한국고대사의 논점論点과 그 인식認識의 문제

현재의 한국고대사 이해체계는 우리 역사상 최초의 국가는 고구려·백제·신라 삼국이었으며, 이들 삼국은 A.D. 3~4세기 무렵에 이르러야 정립의 형세를 보이기 시작했다는 이해를 토대로 구조화되어 있다. 따라서 삼국이 정립하기 이전에 존재했던 여러 나라들, 예컨대 『삼국지三國志 위서魏書』 동이전東夷傳의 삼한三韓 78개 국, 『후한서後漢書』에 삼한三

韓이 거기서 나왔다고 한 진국辰國, 진秦에 이어 중원 대륙을 재통일한 한漢과 1년 가까이 존망을 걸고 전투를 벌인 위만조선衛滿朝鮮 등은 모두 '국가'로 보기 어렵다는 것이 통설이다. 기껏해야 성읍국가城邑國家 또는 소국, 초기국가였다는 것이다.

삼국에 이르러야 비로소 국가의 형태가 갖추어졌으므로 그 이전 단계의 '국'은 국가가 아니었다고 보아야 옳다는 견해는 국가의 계기적 발전이라는 안목에서 고조선과 삼국을 연관지울 여지를 없애고, 신라의 국가 형성 과정을 사로소국에 의한 주변국 통합 과정으로 파악하게 만드는 토대가 되었다. 이 견해를 지탱한 것이 바로 '사회발전단계론'이다. 원래 역사이론으로 개발된 것도 아니었지만, 이것이 우리 역사에 적용되자 그 자체가 역사로 변화하였다. 그리고 이 가설이 역사가 되자 신라사는 경주 지역의 6촌이 모여 형성한 사로소국의 발전사로 정비되었다. 이로써 경주에 자기 역사의 기원을 갖게 된 우리는 고조선 및 요동·만주의 역사를 중국에 기꺼이 넘겨줄 자세를 갖추게 되었음은 물론이다. 요동의 역사는 중국사도 아니지만 우리 역사도 아니라는 주장에서 보이는 바와 같은 몰아적沒我的 관점을 객관적 자세라고 착각하는 경향이 늘고 있는 현실이 이를 말해준다. 역사에서는 사실만 의미 있을 뿐 제3자로서의 관점은 의미도 필요도 없다. 역사는 중재·조정·타협의 대상일 수 없는 것이다.

마찬가지로, 가설이나 이론을 역사 그 자체로 착각해서는 곤란하다. 사회발전단계론 그 자체야 하나의 가설로 제기될 수 있는 것이라 하겠지만 이를 우리 역사에 무비판적으로 끌고 들어와 적용하려 한다면 그 순간 이는 허구에 불과한 것이 되고 만다. 게다가 자료의 공백을 메우기 위해 도입한 가설을 '있는 자료'마저 부인하는 도구로 이용하는 데에 이르게 되면 그 가설은 단순한 허구를 지나쳐 역사를 왜곡하고 파괴하는 괴물로 변화한다. 우리의 고대사 인식을 경주 일대에 머물게 하고만 '사로육촌斯盧六村'설은 시급히 폐기되어야 할 괴설怪說이다. 실제 기록에는 보이지 않는 '사로육촌'이라는 조어造語에 사회발전단계론을 덧씌워 만들어 낸 이 설이 고조선에서 삼국으로 이어지는 우리 역사의 계통을 부인하는 근거로 작동하는 것을 더 이상 방치해서는 곤란하다.

한국고대사 이해체계가 이렇게 어그러지게 된 원인은 여럿이 있지만 '실증제일實證第一'의 명목 아래 국사의 여명기에 대한 연구를 고고학에 전적으로 일임하다시피 해온 사실도 그 큰 몫을 차지한다. 현행 중·고등학교 『국사』 교과서에서 삼국 성립 이전의 서술을 고고학자들에게 맡겨 온 사실이 그 단적인 표징이다. 대체로 고대 문헌에 어두운 고고학자들이 고조선 문화권의 변방이라 할 한반도 중·남부(현재의 휴전선 이남) 지역에서 발견된 편린의 유물을 근거로 자의적으로 추측하여 만들어낸 역사상을 마치 실제 사실인 것처럼 서술하여 교육하도록 방치해 온 것이다. 이 잘못에 대한 책임은 응당 한국고대사 연구자들이 짊어져야 할 일이지만, 이 지경에 이를 정도로 한국고대사 연구가 황폐했던 것도 사실이다. 고고 발굴 유물로부터 진술을 받아내는 일은 역사가가 할 일이지 고고학자가 할 일이 아니다. 유물을 찾아 눈앞으로 끌고 온 고고학자에게 진술까지 받으라며 직무를 태만히 하고는 그렇게 해서 받아낸 억지 진술을 절대시하기까지 하는 것을 역사가의 태도라 할 수는 없을 것이다.

사로육촌설이 사실과 거리가 있는 상정임은 이에 토대하여 설정한 신라 사회상이 기록에 전하는 바와 다르다는 점에서 확연히 드러난다. 『삼국사기』는 진한辰韓 6촌의 지배층이 결집하여 신라를 세웠다고 했고, 『삼국지』는 진한이 처음에 6국으로 시작되었다고 했다. 신라는 사로국이 주변 소국들을 정복 통합해 나간 결과 성립한 것이 아니라 고조선 유민들이 한반도 동남부로 이동하여 세운 진한 6국의 지배층이 연합하여 건설한 국가였다는 것이 기록이 전하는 역사상인 것이다. 각기 일국을 건설하여 이끌고 있는 진한 제국의 지배층이 더 크고 강한 국가조직의 필요성에 공감하여 다시 그들의 국왕을 공립共立함으로써 신라를 세운 것이었다. 따라서 신라는 간干이 용립聳立하여 소국을 건설한 바탕 위에서, 제국의 간들이 다시 그들의 왕 즉 거서간居西干(간干들의 수장)을 용립시킨 이중용립구조二重聳立構造로 이루어져 있었다. 신라 사회의 구성을 특징짓는 골품제는 이런 이중용립구조의 산물이다. 골품제를 잘 분석해 보면 신라 사회의 구성 원리, 나아가 국가 형성 원리가 드러난다.

1) 국가 형성 과정 연구에서 사회발전단계론의 난맥상亂脈相과 과제課題

고대국가의 성립 과정은, 우리에게 그것이 언제 일어났느냐가 문제지, 결국 원시공동체사회가 해체되어 고대사회로 재구성되는 과정이었다고 할 수 있다. 우리 역사에서 전개된 이 과정을 근대역사학의 방법론에 서서 처음 본격적으로 다룬 주체는 우리가 아니라 일제의 관학자들이었다.[1] 이들은 일제에 의한 조선 침략과 강점의 불가피성 혹은 정당성

---

1) 金容燮, 「日本・韓國에 있어서의 韓國史敍述」, 『歷史學報』 31, 1966.

을 주장하기 위해 한국에서는 이 과정이 중국과 일본 등 외부 세력의 도움으로 가능했다고 보아 한국사는 처음부터 외세의 지배와 지도를 받는 식민지로 출발한 타율의 역사였으며, 외세가 철수하자 그 사회의 발전이 당장 멈추고 만 정체의 역사였다는 논리를 전개하였다. 이른바 타율성론·정체성론이 그것이다.[2]

따라서 우리가 비로소 이 문제를 직접 다루기 시작했을 때 논의의 방향은 무엇보다 일제 관학자들의 저와 같은 논리를 파쇄하여, 우리 민족사의 발전 과정을 그 본연의 모습으로 복원해 낸다는 데 우선 설정되었다. 이 면에서 백남운白南雲의 『조선사회경제사朝鮮社會經濟史』가 가장 선구적이고 체계적인 연구 성과였다.[3] 백남운(1894~1979)은 신채호申采浩(1880~1936)처럼 우리 민족의 고유한 특수성만을 강조해서는 일제의 논리를 극복할 수 없다고 생각하고 보편사적 발전을 설명할 방법론으로 마르크스사관을 주목하였다. 당시로서 이는 인류의 역사 발전을 가장 합법칙적으로 설명하는 거의 유일한 방법론이기도 했다.

백남운은 우리 민족이 일제로부터 해방되어 광복할 날이 역사의 합법칙성에 따라 필연적으로 곧 오리라 믿었고, 그리하여 우리 민족 스스로가 세울 새로운 나라는 민족국가여야 하며 자본주의의 모순을 극복한 사회주의국가여야 한다고 생각했다. 따라서 그 자신이 사학자史學者로서 민족국가 건설의 당위성을 역사적으로 설명할 책무가 있다고 여겼고, 그러자면 씨족 – 부족 – 종족 – 민족으로의 역사주체 확대 과정을 통해 생성된 우리 민족이 인류 보편의 원시 – 고대 – 중세 – 근대

---

2) 金容燮, 「日帝官學者들의 韓國史觀 – 日本人은 韓國史를 어떻게 보아 왔는가 –」, 『思想界』 1963년 2월호.
3) 白南雲, 『朝鮮社會經濟史』, 東京 : 改造社, 1933.

로의 역사적 이행 과정을 세계의 여느 국가나 마찬가지로 경험해 왔음을 체계적으로 설명해 내지 않으면 안 되었다.4) 우리 역사의 발전 과정을 막연히 사회 발전이라는 개념이 아니라 구체적인 국가들이 성립·발전·계승하면서 각 시대의 내적 모순을 극복함으로써 다음 시대로 이행해 온 계기적 과정으로 논증하려 한 것이었다. 그래야만 일제로 말미암은 국가의 상실이 민족의 통한痛恨임을 깨닫고 그 잃어버린 국가의 회복이 민족의 역사적 과제임을 절감할 수 있을 터였다. 원시에서 고대로 이행하는 단계에 '부족국가'의 성립을 상정하게 된 것은 이런 논리적 맥락의 산물이었다.

마르크스 사관을 차용한 그에게 있어서 국가란 계급에 의한 계급의 억압기관이었으므로5) 계급분화의 징후가 명백하고 사유재산제에 기초한 토지의 자본화가 현저하게 진행되어 더 이상 씨족경제와는 양립할 수 없는 요건으로 성숙한 단계는 이미 국가였다. 다만 경제적 측면에서 노예군奴隷群은 발생했으나 아직은 계급제로의 명확한 발전을 보지 못한 단계와 그것이 완성된 단계를 구분할 필요가 있었으므로 부족국가와 정복국가(노예국가)를 계기적 발전의 선후 단계로 설정했다. 물론 원시공동체사회가 해체되어 노예제사회로 이행한다는 일반법칙론에 입각할 때 부족국가는 노예소유자적 단계의 국가로 발전하는 한 과정으로서의 과도기 단계의 개념이었다.

백남운은 삼한三韓, 부여夫餘, (초기)고구려, 동옥저東沃沮 등이 문화적으로는 다소 상위相違를 보이지만 역사적 발전단계는 대략 등위적等位的이었다고 생각하고 이들을 부족국가들의 동맹단체라고 규정하였다.

---

4) 위의 책, 5~12쪽 및 185쪽.
5) 위의 책, 183쪽.

그가 이들 각 사회에서 발견한 제 현상들은, 이를테면 씨족제의 부가장적 가족제로의 전화, 공유재산의 사유재산으로의 변질, 생산력의 급격한 발전, 노예제의 발생, 공산체共産體의 계급사회로의 분화, 화폐에 의한 교환 등이었고 이는 씨족경제와는 양립할 수 없는 요건이었던 것이다.

백남운은 부족국가의 생산노동을 부담하는 노예군으로 하호층下戶層을 주목하였다. 그리고 귀족 집단을 하호에 대응하는 상호上戶로 파악하고, 이들의 군왕은 아직 불완전한 장자상속제에 기초한 종족의 세습적 고급 추장일 뿐이었다고 이해했다.[6] 부족국가의 왕은 권력적으로나 지역적으로 조직화된 주권자는 아니었다고 생각한 것이었다. 말하자면 부여나 고구려의 제가諸加는 왕에 종속된 관리가 아니라 독자적 부락통제자로서의 귀족 추장이라고 성격 규정한 것이다. 집권적 군주제가 확립되는 것은 주변의 부족국가들을 영역적 정복에 의해 통괄함으로써 민족적·국민적 규모로 지배세력을 집중함과 동시에 공적 권력을 조직화하고 그 유지수단으로서 조세제도를 확립하기에 이른 노예국가 단계에서야 가능한 일이었다고 생각하는 입장이었다.

'부족국가'라는 용어는 이와 같이 백남운에 의해 우리나라 고대 초기에 처음 성립한 국가 형태를 설명하는 개념으로 제시되었다. 이와 관련하여 김광진金洸鎭(1903~1986)은 백남운이 노예군으로 간주하여 부족국가의 성립 근거로 제시한 하호층을 씨족사회 내에서 노예처럼 부려진 공동체원으로 파악함으로써, 하호의 존재가 곧 '국가'의 성립을 말해주는 것은 아니라는 견해를 보였다.[7] '부족국가'라는 개념을 받아

---

6) 위의 책, 129쪽.

7) 金洸鎭, 「高句麗社會의 生産樣式」, 『普專學會論集』 3, 1937.

들이지 않은 것이었다.

김광진은 3국 중 가장 선진적인 고구려의 경우도 장수왕長壽王의 평양 천도 이후에나 국가로의 발전을 인정할 수 있다고 생각했다. '국가'란 모름지기 ① 혈연제를 벗어나 지연적으로 국민을 조직하고 ② 공동체에 의해 자발적으로 활동하는 자위조직이 계급분열의 결과로 불가능해지며 ③ 국민으로부터의 조세 징수가 행해지는 등의 요건을 갖추어야 하는데, 광개토왕廣開土王 때만 해도 아직 그런 단계에 이르지 못하고 있었다는 것이 그의 판단이었다.8) 그는 광개토왕대의 고구려에 노예가 있었던 것은 사실이지만, 그 노예는 일반적으로 가내노예 내지 사치노예로서 아직 씨족제도를 완전히 구축할 단계에는 이르지 못한 형태였다고 파악했다. 광개토왕이 정복한 성城·촌村의 실체도 수백 인으로 구성된 작은 씨족적 또는 촌락적 공동체에 지나지 않았으며 이들은 피정복 후 공납적貢納的 수취관계에 놓였으므로, 피정복민을 국민으로 편제하여 조세를 징수한 '국가' 형태로 보기 어렵다는 것이 그의 소견이었다. 따라서 장수왕 이전의 고구려 왕들은 국인國人의 추대 혹은 공립共立에 의해 인정된 부족연맹장에 불과하며, 그 왕위의 계승은 형제상속이 지켜지는 모계 위주의 씨족제도적 형태였다는 것이다.9)

김광진은 고구려의 5부를 부족연맹 형태의 5부족 조직으로 간주하고, 그 5부 중 왕을 내는 부족이 다른 부족들에 대해 지배적 지위에 있었고 왕은 부족연맹의 맹주로서 권위를 지녔으나 역시 씨족사회의 기초를 바꾸기에는 이르지 못한 성격의 지배자였다고 이해했다. 장수

---

8) 위의 논문, 42쪽.
9) 위의 논문, 11~13쪽.

왕이 평양으로 도읍을 옮긴 후 고구려는 국가로 발전했지만 그 후에도
여전히 씨족공동체적 유제遺制가 잔존했으니 말기까지 5부가 존재한
사실이 옛 부족연맹의 형태와 여러 씨족제도의 형식이 끝내 청산되지
않은 채 유지되었음을 보여주는 단적인 증거라는 것이 그의 안목이었
다.

　김광진은 완전한 의미에서의 사유에 기초한 대토지 소유와 노동노예
에 의한 대농원大農園 경영 등을 지표로 하는 유럽의 고전고대사회만을
고대사회로 보고 이를 고구려에서 발견하려고 했고, 고구려 사회에서
이것이 발견되지 않는 이유를 정체성 탓이라고 생각하였다. 5부의
존재가 그 정체성을 말해준다는 것이다. 그러나 고구려를 비롯한 3국의
부部를 부족으로 파악하면 안 된다는 사실이 후대의 여러 연구자들에
의해 밝혀졌거니와,10) 그의 견해는 고구려의 발전을 지나치게 후진적
정체적으로 파악한 점에서 문제가 있었다. 고구려보다 후진적인 삼한
사회에서도 거수渠帥의 등차가 다양하여 그 분화가 인정되고 하호의
구성원에 노예뿐 아니라 빈농과 직인職人 등이 포함되어 있었다는 백남
운의 지적에11) 좀더 유의했어야 옳았다. 이런 사회를 씨족공동체사회,
즉 씨·부족을 떠난 개인을 생각할 수 없는 사회로 간주한 것은 아무래
도 지나친 판단이었다. 예컨대 2세기 말엽에 실시된 진대법賑貸法의
경우 이 법의 적용 대상은 분명히 빈농이었지 소공동체가 아니었다.
이처럼 빈농에 대한 지원책이 검토되었다는 것은 비노동자의 사유가
타인의 노동을 착취함을 통해 이미 대사유大私有로 전화된 상태였음을

---

10) 고대사 연구자들이 삼국시기 部의 성격을 동일하게 보고 있는 것은 아니나, 적어도
　　部의 실체가 部族은 아니었다는 데는 견해가 일치한다.
11) 白南雲, 앞의 책, 138쪽 및 157쪽.

말해주는 것이며, 그 기초는 분명히 개인의 노동에 의한 소경영 형태인 것이다.

그러나 노예가 가내노예나 사치노예처럼 씨족사회 내에 잠재 형태로 존재하는 단계에서는 국가가 성립할 수 없으며, 국가란 모름지기 노예를 제도로서 구비한, 그리하여 그 사회가 노예소유자적 구성으로 완전히 재편된 단계에서 성립하는 것임을 강조하면서 '부족국가'라는 개념을 좀체 수용하지 않으려 한 김광진의 이론적 토대가 그 자체 오류였다고는 말하기 어렵다. 다만 그런 국가가 성립한 시기를 지나치게 늦춰 본 데 문제가 있었을 뿐인 셈이었다. 그리고 삼국 초기 사회를 후진적 형태로 파악한 것도 김광진 개인의 한계로 지목하기는 곤란하다. 당시의 연구 수준 전반이 그러하였다. 한반도에 청동기시대가 있었던 사실조차 아직 확인하지 못하고 있던 시기였다.

백남운이 제시한 '부족국가'는 1960년대로 접어들어 한반도 청동기시대의 존재가 확인되면서[12] 고대사회의 발전 과정을 설명하는 매우 유용한 개념으로 주목되었다. 전쟁중이던 1952년에 김철준(1923~1989)이 부족국가 – 부족연맹체 – 고대국가로의 단계적 발전 과정을 상정했었는데[13] 1964년 이에 대한 확신을 가지고 부연 설명하고 나선 것이었다.[14] 물론 '부족국가', '부족동맹(부족연맹)'이라는 백남운의 용어와 개념은 많은 학자들에게 수용되어 널리 쓰이고 있던 터였다. 이병도李丙燾(1896~1989), 손진태孫晉泰(1900~1950?), 김상기金庠基(1901~1977), 신석호申

---

12) 도유호, 『조선원시고고학』, 과학원출판사, 1960.
　　金元龍, 「十二台營子의 靑桐短劍墓 – 韓國靑銅器文化의 起源問題 –」, 『歷史學報』16, 1961.
13) 金哲埈, 「新羅 上代社會의 Dual Organization」(上)(下), 『歷史學報』1 · 2, 1952 · 1953.
14) 金哲埈, 「韓國古代國家發達史」, 『韓國文化史大系 Ⅰ』, 高大民族文化研究所, 1964.

爽鎬(1904~1981), 이홍직李弘稙(1909~1970), 이인영李仁榮(1911~?) 등도 이로써 드러내려는 구체적인 역사상이 조금씩 다르기는 했지만 '부족국가'라는 용어를 사용하고 있었다. 그러던 것을 김철준이 여러 논의를 수렴하여 국가 성립 과정에 대한 이해를 체계화하려 한 것이었다.

김철준은 자기 씨족원 또는 예민隸民을 하호로 지배하는 족장세력이 부족국가를 형성하고, 그들 중 영도적인 세력이 주변의 부족국가들과 연맹하여 연맹체를 성립시켰으며, 연맹체의 장이 집권력을 강화함으로써 고대국가의 왕으로 성장했다고 보았다. 그렇지만 씨족공동체가 촌락공동체로 발전할 때 공동체 관계의 분해를 억제하면서 그 대표인 각 족장의 지배력을 강화시키고 공동체관계를 그대로 각 씨족원을 통합 지배하는 통제기구로 전화시키는 방향에서 부족국가가 성립했으므로, 그 고대국가로의 발전 과정은 질적 전환 과정으로 진행된 것이었다기보다 공동체적 유대관계에 기초한 족장 세력들을 누층적으로 쌓아 올리면서 등급별로 편제한 양적 통합의 형태로 이루어졌다고 이해해야 한다는 것이다. 삼국의 생산력이 그 질적 전환을 가능케 할 수준에는 이르지 못했다고 평가한 결과였다.

그러나 김철준의 정리에도 불구하고 고대국가발달사에 대한 이해는 여전히 각양각색으로 이루어지고 있었다. 1968년에 검인정檢認定을 통과한 『국사』 교과서들을 보면, 부족들이 연맹하여 부족국가를 형성했다고 보아 부족국가와 부족연맹체를 동일시하기도 하고(김상기 · 이홍직), 부족연맹체를 부족국가 성립 이전 단계로 간주하기도 하는(신석호) 등 서술이 제각각이다.15) 이들 교과서가 고대사 서술에 참고한

---

15) 拙稿, 「古代 · 中世初 支配勢力硏究의 動向과 '국사'敎科書의 敍述」, 『歷史敎育』 45, 1989, 78~87쪽.

이병도의『한국사韓國史』가 6촌을 씨족적 취락(366쪽)이라 하기도 하고 사로국斯盧國이라는 부족연맹국가를 형성한 부족연맹사회(370쪽)였다고도 하여 스스로 혼선을 빚고 있었으니 교과서 사이에 상위가 나타난 것은 어쩌면 당연한 결과였다. 이병도에게 있어서『삼국지』의 삼한三韓 제국은 수개 이상의 씨족적 촌락결합체였으므로 '부락국가'(363쪽) 혹은 부족국가(280쪽)라 할 수 있는 것이었으며, 그런 결합체였다는 점을 중시할 경우엔 '부족연맹국가'(370쪽)라 해도 좋은 것이었다. 부족사회와 부족국가, 부족연맹체가 서로 다른 단계의 정치체가 아니었고, '부족'(혈연)과 '부락'(지연)이 뚜렷이 구별되는 개념이 아니었던 셈이다.

물론 이들이 김철준의 말끔한 정리를 참고하지 않은 것은 아니었다. 그런데 이에 따를 경우 부여나 초기 고구려는 5~6개의 부족들이 연맹하여 성립시킨 부족국가로, 삼한은 각기 수많은 부족국가들이 형성하여 결성한 부족연맹체로 기술해야 한다는 것이 문제로 여겨졌다. 말하자면 삼한이 고구려나 부여보다 더 발전한 국가 형태였다는 것인데 과연 그러했는가가 의문으로 떠올랐기 때문이다. 이 의문에 대해 논자마다 서로 다른 견해를 내놓게 된 데서 혼선이 비롯된 것이었다.

1960년대 후반까지만 해도 중국문화의 영향을 직접 받은 북방의 부여와 고구려가 중국으로부터 멀리 떨어진 남방의 삼한보다 선진사회였다는 것은 의심의 여지가 없는 일이라고 여기는 경향이 대세였던데다가 워낙 자료가 부족한 우리 고대사를 체계적으로 이해하기 위해서는 인접 학문의 방법론이나 이론적 틀을 원용할 필요가 있다는 생각이 널리 설득력을 얻고 있었다. 따라서 논의의 초점은 자연히 삼한사회에 대한 이해의 방향에 맞추어지고, 『후한서後漢書』가 삼한 모두 여기서 나왔다고 기록한 '진국'과 삼한 전체의 왕이라고 한 '진왕'의 실체에 관심이 모아졌다. 게다가 우리와 중국 측 사서가 서로 상반하는 내용을 전하고 중국 측 기록 상호간에도 상위가 커서 실상을 종잡기 어려운 처지였으므로 자료에 기초한 사실의 복원보다 이론 혹은 가설에 입각한 유추와 추정이 더 진실에 가까운 것처럼 보였다.

초기 고구려를 부족국가로, 삼한을 부족연맹체로 보면서 중국으로부터 먼 지역일수록 후진적이라고 생각할 때 논의는 두 가지로 정리될 수밖에 없었다. 하나는 부족연맹체가 부족국가보다 오히려 앞선 단계였다고 수정하는 것이고, 또 하나는 부여·고구려가 부족국가로 발전한 반면 삼한은 원시부족들의 연맹체로서 아직 부족국가로도 발전하지 못한 단계였다고 파악하는 것이었다. 그러나 부족연맹체가 부족국가보다 선행한 단계였다고 보는 것은 무리임이 분명하였다. '부족연맹체'라는 용어 자체가 부족국가들이 이룬 연맹체를 상정하고 그것을 형용하기 위해 만든 것이었던데다가, 공동체적 유대관계를 기초로 성립한 족장의 지배력이 사회의 낮은 생산성으로 인하여 질적인 전환을 보지 못한 채 양적인 통합 과정을 거쳐 고대국가의 왕으로 성립했다고 본 이해 방향은 기본적으로 틀리지 않았다고 확신했기 때문이다. 따라서 논의의 각도가 점차 삼한 제국을 국가로 인정하지 않는 방향으로 선회하게 된 것은 논리적 귀결이었다. 고대국가에 들어와서도 공동체적 유제가 강하게 남아 유지되었음을 강조하는 경향이 고조되었던 것도 같은 맥락이다.

그런데 한편 이런 움직임과는 별도로 고고학계에서는 발굴의 성과가 쌓이면서 청동기시대의 존재를 확인한 데서 더 나아가 『삼국사기』

초기 기사의 연대를 신뢰할 수 있다는 견해가 제출되었다. 국사학계는 삼국시대의 시작을 통상 4세기로 보고 있으나 서울 풍납토성 발굴에서 나타난 백제 초기의 문화 수준이나 토기상土器相으로 보아 삼국의 건국을 서력기원 전후로 보는 것이 타당하며, 소위 '삼한시대'는 그에 앞선 2백~3백 년 곧 기원전 3세기 무렵부터 삼국시대가 시작되는 서력기원 전후까지로 올려 보아야 하리라고 김원룡金元龍(1922~1993)이 주장하고 나선 것이었다.16) 한국고대사의 전개를 좀더 발전적으로 파악하라는 고고학계의 주문이었다.

삼한 제국을 국가로 인정해서는 안 되게 된 반면 고대사회의 성립 시기를 소급해서 파악할 필요성이 제기되자 백남운이 제안하여 김철준에서 체계화된 '부족국가' 개념에 대한 손질이 무엇보다 선결 과제로 떠올랐다. 삼한 제국의 왕은 기실 족장으로서의 성격을 벗어나지 못한 존재였던 것으로, 그 체제 역시 국가 단계에는 이르지 못한 형태였던 것으로 간주해야 아귀가 맞겠으므로, 여기에 '부족'보다 '국가'에 방점이 놓인 '부족국가' 개념을 도입할 수는 없었던 것이다. '부족국가'는 사회적·경제적 변화가 공동체적 질서와 더 이상 양립할 수 없는 단계로 진행된 결과 성립한 국가의 한 형태를 가리키는 개념이었기 때문이다. 그러면서 동시에 고대사의 전개를 발전적으로 파악하자면, 국가로 성립하고서도 혈연적 공동체 관계가 그대로 남았음을 의미하는 개념으로 이해되기 쉬운 '부족국가'에 대신하여 다른 용어를 찾아보는 것이 더 바람직할 것으로도 여겨졌다.

그러나 '부족국가'라는 용어 자체의 타당성 여부를 문제 삼기는 곤란

---

16) 金元龍, 「三國時代의 開始에 關한 一考察 - 三國史記와 樂浪郡에 대한 再檢討 -」, 『東亞
文化』 7, 1967, 1~33쪽.

한 일이었다. 백남운은 앞서 말한 바와 같이 자신의 역사 연구 목표의
양축을 '민족'과 '국가'에 두고 그 성립과 발전을 연구함으로써 광복
후 건설할 국가의 역사적 근거와 방향을 제시하고자 하였으므로 양자가
합일하는 '민족국가'의 앞 단계로서 '부족국가'를 상정한 것은 능히
그럴 수 있는 일이었고 또 의미가 있는 일이기도 하였다. 그러나 이제
논리가 삼한 제국을 국가로 인정해서는 곤란하다는 쪽으로 귀결되어
감에 따라 '부족국가'에 대신한 다른 용어의 필요성을 느끼게 된 시점에
서는 이 개념의 역사적 의의를 올바로 평가하거나 우리 고대사의 이해에
서 '부족국가'라는 용어를 사용하는 것이 역사적으로 왜 문제가 될
수밖에 없는지 논리적으로 따져볼 겨를이 없었다. 목표가 너무 분명했
고 한국사의 체계적 이해를 향한 의욕이 논리에 앞섰다.

이 무렵은 한·일 국교정상화가 이루어져 일본과의 학술 교류가
활발해질 것으로 예상되던 시점으로서, 국사학이 올바로 서지 않으면
또다시 일본의 역사이해 방식에 휘둘리고 말 것이라는 위기감이 국사학
계뿐 아니라 우리 사회 전반에 팽배하던 때였다. 따라서 위기를 타개하
려는 우리 사회의 대응도 그만큼 기민하였고 국사학계의 의욕은 넘쳤
다. 1967년 12월에는 한국사를 과학적으로 연구하고 발전시켜 한국사
의 올바른 체계를 세우겠다는 목표로 '한국사연구회韓國史研究會'가 창립
되었고,17) 한국사의 체계화를 향한 첫걸음으로 고대에서 근대까지의

---

17) 1967년 12월 7일자로 발표된 「韓國史研究會 創立趣旨文」은 다음과 같다.
　　"韓國史를 科學的으로 硏究하고 이를 더욱 發展시킴으로써 韓國史의 올바른 體系를
　　세우고, 아울러 韓國史로 하여금 世界史의 一環으로서 그 正當한 位置를 차지하게끔
　　한다는 일은 韓國史學徒의 任務가 아닐 수 없습니다. 그것은 어느 누가 우리에게
　　負課시킨 任務인 것이 아니라 우리 韓國史學徒 스스로가 짊어지고 나선 課業인 것입니
　　다. 解放以來 우리 韓國史學徒들은 비록 遲遲하기는 하였으나 그 나름으로 무겁고
　　어려운 任務를 遂行하기 위하여 한 걸음 한 걸음 前進해 왔고 또 現在도 前進하고

시대구분 문제를 정면에서 다루는 심포지움이 한국경제사학회韓國經濟
史學會의 주도로 열렸다.18) 역사학계 일반에서 국사학자들만 따로 떨어
져 나와 독자적으로 학회를 구성하기는 한국사연구회가 처음이었다.
1969년부터는 중학교 사회Ⅱ에서 국사와 세계사를 같은 단원에 서술하
던 것을 다른 단원으로 분리해 각기 서술하기 시작했고,19) 이런 변화와
맥락을 같이 하여 서울대 국사학과를 필두로 전국 대학의 사학과에서
(한)국사학과가 독립하기 시작했다.

　이러한 시대적 대세의 연속선상에서 1971년에 『신동아新東亞』의 지상
을 통해 5회에 걸쳐 「토론·한국사의 쟁점」이 게재되었고, 여기서
본격적으로 '부족국가'가 역사적 쟁점으로 부각되었다. 그 당시 『신동
아』의 주간은 소설가 김성한金聲翰(1919~)이 맡고 있었는데 그는 1965년
에 영국 맨체스터 대학 사학과를 졸업하고 귀국한 역사학자이기도
했다. 그러한 그가 같은 언론인으로서 교분이 있던 천관우千寬宇
(1925~1991)의 제안으로 한국사 전반을 훑으며 쟁점을 다룸으로써 체계
적 이해를 모색하는 대토론회를 기획하게 된 것이었다. 이 토론에서
'부족국가'의 개념을 정면에서 문제 삼고 나선 이는 정치학자 이용희李用
熙(1917~1997)였다. 국가란 사회체계가 혈연을 떠난 단계에서 성립하는

있는 것으로 믿고 있습니다. 그러나 오늘날 韓國史 및 國學硏究에 대한 관심이 漸增되어
가고 있는 상황 속에서 우리의 연구가 반드시 만족할 만한 것이었다고 하기는 어렵겠습
니다. 우리의 韓國史硏究는 質的으로나 量的으로 좀더 前進해야 할 것으로 생각되는
바입니다. 오늘날 諸外國의 學者들이 높은 水準의 方法論으로써 韓國에 관한 歷史的인
硏究에 從事하고 또 活氣를 띠고 있음을 생각하면 더욱 더 그러한 바가 있습니다"(『韓國
史硏究』 1, 1968, 171~172쪽).

18) '韓國史의 時代區分 問題'라는 論題로 열린 이 심포지움은 이듬해 3월에도 개최되었는데,
여기서 발표된 논문과 토론을 정리하여 간행한 책이 『韓國史時代區分論』(乙酉文化社,
1970)이다.

19) 정선영 등, 『역사교육의 이해』, 三知社, 2001, 287쪽.

것이므로 혈연에 근거한 '부족'과 혈연을 초월해서 성립하는 '국가'를 묶어 억지로 만든 '부족국가'는 개념적 모순을 내포한 잘못된 용어가 아니냐는 것이 그의 소견이었다. 토론의 사회를 맡은 천관우가 이를 적극 쟁점으로 떠올렸고 이기백(1924~2004)도 이용희의 문제 제기를 지지하고 나섰다. 물론 김철준은 '부족국가'라는 개념과 용어가 문제될 것이 없다는 주장을 폈고, 동갑내기로서 같은 서울 문리대 서양사학과에 재직중이던 양병우梁秉祐(1923~2003)가 이를 지원했다.[20]

물론 여기서 누가 누구를 지지하고 공격했는지는 전혀 중요한 사안이 아니다. 문제는 사실관계와 논리의 타당성 여부다. 우선 사실관계를 살펴보면, 최초의 국가는 대개 복수의 부족들이 연합하여 세웠던 것이 일반이다. 로마 역시 세 부족이 세운 국가였다. 부족이라는 말의 어원이 로마를 형성한 셋에서 나왔다고 한다. 'tribe'의 'tri-'가 셋이라는 뜻이다. 문제는 부족들이 세운 국가를 과연 '부족국가'라고 부를 수 있느냐는 것인데, 물론 로마의 경우는 그것을 '도시국가'라 하지 '부족국가'라고 부르지는 않는다. 그러나 그렇다고 해서 '부족국가'라는 말이 용어로서 성립할 수 없는 말이라 하기도 어렵다. 부족들이 결합하여 형성한 국가임을 나타내는 용어로, 민족 성립 이전의 국가 형태를 지칭하는 용어로 쓰겠다면 능히 쓸 수 있는 용어다. 또한 논리적으로는 '부족국가'가 쟁점으로 부각되게 된 것이 기실 삼한 제국을 국가로 보아서는 안 되었던 사정에서 출발했다는 사실을 눈여겨볼 필요가 있다. 이는 앞으로의 논의가 방향성 내지 편향성을 지니고 전개될 수밖에 없음을 암시하는 일이기 때문이다. 삼한 제국을 국가로 인정하지 않을 경우엔

---

20) 千寬宇編, 『韓國上古史의 爭點』, 一潮閣, 1976, 215~221쪽.

그 앞의 고조선도 역시 국가가 아니었다고 보거나, 고조선은 우리 역사와 아무 상관이 없는 국가였다고 보는 양자택일의 길밖에 남지 않게 되는 일이었다.

논의는 결국 '부족국가' 개념을 인정하지 않는 동시에 삼한 제국을 국가로 인정하지 않는 방향으로 전개되었고, 그 결과 고조선은 점차 우리의 시야에서 사라지게 되었다. 모든 사회는 단계적으로 발전하는 법이므로 국가 성립 이전의 정치체는 고대에 이르지 못한 원시 단계의 혈연집단일 수밖에 없다는 생각 위에서 삼국을 최초의 국가 형태로 규정하게 되자 이에 앞선 모든 '국國'들과 고조선이 자동적으로 원시공동체거나 허구로 처리되게 된 것이다. 사실의 이해를 위해 개념이나 이론을 원용한 것이 아니라 거꾸로 논리나 이론을 위해 사실의 편린을 활용한 점도 문제지만 삼국에 이르러야 국가의 성립을 인정할 수 있다는 식민주의사학 이래의 인식을 관습처럼 근대역사학의 합리로 받아들인 점이 더 큰 문제였다. 논의의 경과를 살펴보면21) 이런 사정이 잘 드러난다.

이용희의 문제 제기를 정당하다고 본 천관우는 '부족국가'에 대신하여 '성읍국가'라는 새로운 용어를 제안하였다. 삼한 제국은 각각 성城의 병합을 거치면서 성립한 것으로, 대략 베버 Max weber 가 말한 '성채국가

---

21) 고대의 국가형성 과정에 대한 제 설과 연구 방향을 소개한 논고는 다음과 같다.
　　盧泰敦, 「國家의 成立과 發展」, 『韓國史研究入門』, 知識産業社, 1981, 114~121쪽.
　　李基白, 「高句麗의 國家形成 問題」, 『韓國古代의 國家와 社會』, 一潮閣, 1985, 83~90쪽.
　　李基東, 「韓國 古代國家形成史 研究의 現況과 課題 - 新進化論의 援用 문제를 중심으로 -」, 『汕耘史學』 3, 1989, 41~69쪽.
　　朱甫暾, 「韓國 古代國家形成에 대한 연구사적 검토」, 『韓國古代國家의 形成』, 民音社, 1990.
　　金光洙, 「古代國家形成論」, 『金容燮敎授停年紀念韓國史學論叢(1)』, 지식산업사, 1997, 275~292쪽.

城砦王國’ 단계에 해당한다고 본 것이다.22) 그리고 이 제안은 전해종全海宗 (1919~) 등 다른 토론 참가자들로부터 호응을 얻었다. 중국의 읍제국가邑制國家나 그리스·메소포타미아의 도시국가 등과 비교해 볼 때 ‘성읍국가’는 세계사적 보편성까지 띤 용어라고 여겨졌고, 한국고대사를 좀더 체계적으로 이해할 단서를 마련해준 의미 있는 제안이라고 기대되었다.23) 천관우는 훗날 이 제안을 발전시켜 성읍국가에서 영역국가領域國家로의 단계적 발전을 상정하였다.24)

성읍국가에서 영역국가로 발전했다는 상정은 부족국가에서 고대국가로 변화했다는 종래 설과 비교할 때 그 역사이해는 그대로 둔 채 용어만 바꾼 듯 보이지만, 삼한에서 성립한 신라와 백제가 애초에는 하나의 성읍에서 출발했다고 본다는 점에서 확연히 구분되는 설이다. 천관우에 의하면, 신라는 위만조선이 멸망하자 경주 지역으로 집단 이주해 온 부족들이 연맹하여 기원전 1세기에 이룬 ‘사로斯盧’라는 성읍국가가 2세기로 접어들던 시점부터 영역국가로 발전하기 시작하여 석씨왕계 초昔氏王系初(185~253)에 소백산맥 이남지역을 석권함으로써 형성한 국가였다고 한다.25) 진한辰韓의 부족국가들이 연맹하여 신라라는 고대국가를 형성했다고 본 것26)과 이해형태가 다르다. 천관우의 이와 같은 이해는 이병도의 ‘사로육촌’설을 사실로 확정하는 기반이 되었다.

이병도는 신라가 사로국에서 기원했고 사로국은 경주 지역의 6개

---

22) 千寬宇 編, 앞의 책, 1976, 224쪽.

23) 위의 책, 225~234쪽.

24) 千寬宇, 「三韓의 國家形成(上)」, 『韓國學報』 2, 1976, 11~18쪽.

25) 위의 논문, 18~46쪽.

26) 金哲埈, 「新羅 上代社會의 Dual Organization」(上)(下), 『歷史學報』 1·2, 1952·1953.

촌락에서 기인했으므로 이를 '사로육촌'이라 불러야 옳다고 생각했
다.27) '진한육촌辰韓六村'이 신라를 형성했다는『삼국사기』및『삼국유사
』의 기록을28) 오류로 본 것이다. 진한은 남한강 유역의 광주廣州 부근에
있었으므로 경주에서 일어난 신라와 무관하다는 것이 그의 소견이었
다.29) 말하자면 '사로육촌'은 경주의 신라가 광주의 진한과 연결될
리가 없다고 생각한 이병도가 만들어낸 신조어新造語고 개념일 뿐 역사
사실이 아니었다.30) 그럼에도 불구하고 수개의 혈연집단이 성읍국가
를 형성하고 그러한 성읍국가 중 하나가 주변의 다른 성읍국가들을
차례로 정복 통합함으로써 영역 확장을 통해 영역국가로 발전했다는
천관우의 구상은 이병도의 창안인 '사로 6촌'을 사서史書가 전하는 '진한
6촌'보다 더 개연성 있는 것으로 만들었다. 설說이 실實이 되고 실實은
오히려 위僞가 되는 과정의 출발이었다.

'부족국가'라는 개념 혹은 용어에 문제가 있다는 생각은 한국고대사
연구자들 전반이 공유하는 인식으로 확산되어 갔다. 1973년 김정배金貞
培(1940~)는 '부족국가' 역시 모건 Lewis Henry Morgan(1818~1881) 등에 의한
인류학 연구 성과를 바탕으로 추출된 개념어니만큼 이제 그 문제점이
명백해졌으니 다시 그동안의 인류학 연구 성과를 참조하여 우리 역사에
맞는 새로운 용어를 찾아보자는 취지의 견해를 제출하였다.31) 1962년

---

27) 李丙燾,『韓國史 1(古代篇)』, 震檀學會, 1959, 365~369쪽.
28)『삼국사기』는 신라의 건국에 앞서 고조선의 遺民이 '山谷之間'에 分居하여 6촌을 형성하
    였으며 이것이 나중에 '辰韓六部'로 발전하였다고 하였고(권1, 新羅本紀1, 始祖),『삼국
    유사』는 '辰韓之地 古有六村'하였다면서 6촌장을 '六部之祖'라 지칭하였다(권1, 紀異1,
    新羅始祖 赫居世王).
29) 李丙燾,「三韓問題의 硏究」,『韓國古代史硏究』, 1976, 249~277쪽.
30) 宣石悅,『新羅國家成立過程硏究』, 혜안, 2001, 77~78쪽.
31) 金貞培,「韓國古代國家의 起源論」,『白山學報』14, 1973, 61~83쪽.

에 band - tribe - chiefdom - state로의 사회발전단계설을 주장한 저서[32]를 출간하여 미국에서 주목을 받고 있던 엘만 서비스 Elman. R. Service 등 신진화주의 인류학자들의 가설을 원용해 보자는 것이었다. 그리하여 state 성립 이전에 chiefdom 단계가 있었음에 유의한다면 고대국가의 기원을 삼국시대 이전에서 구하는 것이 순리일 것이라 하였다. 여기서 김정배는 부족국가를 부족사회와 동일시하는 오류를 범했지만, 흥미로운 점은 국사상의 국가 성립 시기를 앞당겨 보아야 한다고 여기고 있던 사실이다. 이는 천관우도 마찬가지였다. 종래 신라가 고대국가로 성립한 시기를 내물왕대奈勿王代 (356~402)로 보아온 것을 파사왕대婆娑王代 (80~112)로 올려보아야 한다는 것이 그의 주된 관점이었다.[33] 그 동안 고고 발굴 성과가 축적됨에 힘입어 한국고대사를 좀더 발전적으로 파악해야 한다는 분위기가 고조되고 있었음을 읽을 수 있는 한 측면이다. 김정배는 국가의 성립 과정에 대한 서구 인류학의 제 이론을 검토한[34] 결과, 삼한 제국의 왕을 군장사회君長社會 chiefdom의 지도자로 보고, 그런 사회 단계에서 삼한 전체를 아우른 진국辰國이나 진왕辰王의 존재는 인정할 수 없다고 생각을 정리해 나갔다. 진국이 있었어도 여러 군장사회 중 저명한 하나였을 뿐이리라는 것이다.[35]

천관우가 3세기 무렵의 삼한 제국을 성읍국가로 부르자는 견해를 피력하고 나서자, 삼한시대는 기원전 3세기부터 기원 개시 무렵까지에

---

32) 이 책의 飜譯本이 출간되어 있다.
　　申瀅植 譯,『原始時代의 社會組織』, 三知院, 1986.
33) 千寬宇, 앞의 논문, 1976, 38쪽.
34) 金貞培,「국가기원의 제이론과 그 적용문제」,『역사학보』94・95合集, 1982, 19~44쪽.
35) 金貞培,『韓國古代의 國家起源과 形成』, 1986, 192~209쪽 및 271~287쪽.

해당한다고 말한 바 있던 김원룡은『삼국지』에 보이는 제국諸國을 3세기의 삼한으로 파악하는 데 동의하기 어려웠으므로 기원 개시부터 3세기까지는 '원삼국시대原三國時代'로 불러 따로 구분하자는 주장을 들고 나왔다.36) 이 시기를 고고학계에서는 흔히 '김해시대金海時代' '초기철기시대' '웅진문화기熊津文化期' 등으로 불러왔던 것인데『삼국사기』에 엄연히 삼국시대로 나오는 역사시대를 고고학 용어로 부르는 것은 아무래도 부적절하므로 '원삼국시대'로 통일해서 부르자는 것이었다. 국사학계로서는 도무지 수용하기 어려운 주장이었으나37) 이후 고고학계는 이 용어를 보편적으로 쓰고 있다. 와질토기瓦質土器는 원삼국시대, 경질토기硬質土器는 삼국시대로 들어온 이른바 고분시대의 표지유물標識遺物이라는 것이 고고학계 일반의 이해다.38)

한편 천관우의 성읍국가설을 지지하고 더욱 세밀하게 다듬은 이는 이기백이었다. 이기백은 우리나라의 국가가 성읍국가 – 연맹왕국 – 중앙집권적 귀족국가 – 전제국가專制國家로 발전했다고 보는 것이 체계적이라는 견해를 내놓았다.39) 성읍은 기록에 나타나는 용어고, 지배세력의 거주지로서 그 사회적·정치적·경제적·군사적 상황을 잘 나타내주는 용어인데다, 성읍국가는 도시국가 혹은 성채국가와 연결되어

---

36) 金元龍,『韓國考古學槪說』, 一志社, 1973, 109~110쪽.

37) 국사학계에서는 '原三國時代'라는 용어를 쓴 예가 없었으나 그렇다고 이 용어의 부당성을 極論한 예도 없었다. 그 용어의 문제점이 본격적으로 지적되기 시작한 것은 金元龍 교수가 死去할(1993) 무렵부터의 일이다.
李賢惠,「原三國時代論 檢討」,『韓國古代史論叢』5, 1993, 5~36쪽.
김정배,「'原三國時代' 용어의 문제점」,『韓國史學報』창간호, 1996, 7~19쪽.

38) 申敬澈,「釜山·慶南出土 瓦質系土器 – 이른바 熊川·金海期土器의 實體와 實例 –」,『韓國考古學報』12, 1982, 39~87쪽.
崔鍾圭,「陶質土器成立前夜와 展開」,『韓國考古學報』12, 1982, 213~243쪽.

39) 李基白,『韓國史新論』(改訂版), 1976, 25~27쪽 및 41~45쪽.

세계사적 보편성을 띤 용어이기도 하므로 한국의 초기국가를 성읍국가라고 부르는 것이 정당하고 적절하다는 게 그의 생각이었다.[40]

그러나 학계의 일각에서는 '성읍국가'라는 용어의 사용을 굳이 기피하는 이들도 있었다. 이현혜李賢惠(1949~), 이종욱李鍾旭(1946~) 등은 그 대신 '소국小國'이라는 말을 썼다.[41] 이종욱은 '성읍'이 『삼국사기』 등에 자주 나오는 말이긴 하지만 결국 베버M. Weber의 성채국가를 염두에 둔 것일진댄 삼한 제국 모두가 제각기 성을 실제로 축조하여 구비했음이 확인되어야 쓸 수 있는 용어가 아니겠느냐고 했다. 기실 그는 이기백이 성읍국가를 청동기의 사용이나 지석묘의 축조 등과 관련하여 설명하는 데 동의하지 않고 있었으므로 이 용어를 쓰기가 거북했던 것이다. 청동기시대는 추장사회酋長社會이며, 철기시대로 들어와서야 성읍국가가 출현했다고 본다면 이는 인정할 수 있겠다는 것이 이종욱의 생각이었다.[42]

이에 대해 이기백은 이종욱이 성읍국가라는 용어를 쓸 수 있는 전제로 '체계적이고 종합적인 고고학적 연구'를 요구하고 있다면서, 그런 연구는 사실상 불가능한 일이고 또 『삼국사기』의 성읍 관련 기록을 신용할 수 있으므로 고고학적 조사가 없더라도 성읍국가설에 찬성할 수 있을 것으로 믿는다고 했다.[43] 성읍국가의 출현을 철기시대의 일로 파악하려는 이종욱의 의도를 약간 잘못 이해하고 있었다고 여겨지는 언급이지만, 어떻든 '소국'은 국사상 처음 성립한 국가에 대해 좀더 구체적이고

---

40) 李基白, 앞의 「高句麗의 國家形成 問題」, 86~89쪽.
41) 李賢惠, 「三韓의 '國邑'과 그 成長에 대하여」, 『歷史學報』 69, 1976, 1~2쪽.
    李鍾旭, 『新羅國家形成史研究』, 一潮閣, 1982, 54쪽.
42) 李鍾旭, 위의 책, 54쪽의 註 134).
43) 李基白, 앞의 「高句麗의 國家形成 問題」, 89쪽 註 38).

확실한 내용이 밝혀지기 전까지 잠정적으로 사용한 '작은 나라'라는 뜻의 술어述語였다. 역사적 의미를 지닌 용어가 아닌 것이다. 따라서 이는 가능한 한 조속히 청산해야 할 단어였다. 이후 이종욱은 우리나라의 초기국가가 촌락(추장)사회단계 - 성읍국가(소국)단계 - 소국연맹단계 - 소국병합국단계 - 중앙집권적 왕국단계로 발전했다고 정리했다.44) 여기서 주목되는 것은 촌락사회를 추장사회라고도 불러 chiefdom이 이에 해당한다고 이해한 점이다. 군장君長은 성읍국가 형성 이후의 정치적 지배자를 지칭한 용어이므로 군장이 지배한 삼한 제국을 chiefdom으로 파악하면 안 된다는 것이다.

그러나 고고학계에서는 chiefdom을 군장사회 또는 추장사회로 해석하여 이해하는 데 의문을 표시하였다. 족장사회로 부르는 것이 더 적절한 용어 선택이라는 것이다.45) 그러면서 이들은 인류학의 신진화주의 이론에 입각하여 그동안의 발굴 성과를 정리해 보는 방안을 모색하고 있었다. 최몽룡崔夢龍(1946~)이 플란네리 Kent V. Flannery의 체계이론을 원용하여 위만조선을 국사상 최초의 국가로 규정하고46) 카로프스키 Lamberg-Karlovsky 와 렌프루 Colin Renfrew 의 교역이론을 토대로 이 견해를 보완하는 논고를 발표하였다.47) state 단계의 적용 시기를 삼한 제국이 아니라 그 앞의 위만조선까지 더 올려본 것이다. 따라서 chiefdom은 그 이전 시기로 더욱 소급되었다. 지석묘를 축조한 시기,

---

44) 李鍾旭, 「韓國 初期國家의 形成·發展段階」, 『韓國史研究』 67, 1989, 1~26쪽.

45) 崔夢龍, 「全南地方 支石墓社會와 階級의 發生」, 『韓國史研究』 35, 1983, 3쪽.

46) 崔夢龍, 「韓國古代國家形成에 대한 一考察 - 衛滿朝鮮의 例 -」, 『金哲埈博士華甲紀念 史學論叢』, 1983, 61~77쪽.

47) 崔夢龍, 「古代國家成長과 貿易 - 衛滿朝鮮의 例 -」, 『韓國古代의 國家와 社會』, 一潮閣, 1985, 57~76쪽.

옹관묘를 만들던 시기 등이 chiefdom에 해당하는 시기일 가능성이 검토되고, 이런 논의와 관련하여 최근의 다양한 서구 이론들이 자세히 소개됨으로써 국가 형성 과정에 대한 지식의 폭이 학계 전반으로 확대되었다. 그리고 그 결과 연구는 카네이로Robert Leonard Carneiro와 얼Timothy Earle 등의 연구 성과[48]를 토대로 chiefdom을 단순·복합·최상 족장 사회 등 몇 단계로 세분해 파악하는 방향으로까지 진전되었다.[49]

이 시점에 이르러 '부족국가'는 이미 더 이상 유통되지 않는 사어死語가 되어 있었다. 그러나 그에 대신하여 제시된 용어들은 그 개념이 일정하게 정리된 어떤 명확한 결과를 토대로 사용되고 있지 않았다. 성읍국가에 대한 각자의 생각이 조금씩 달랐으며, chiefdom에 해당하는 시기도 논자마다 각각 다르게 설정하고 있었다. 혹자는 지석묘사회를 chiefdom 단계의 사회로 생각했고, 혹자는 3세기 이전의 삼한 제국이 chiefdom 단계였다고 보았다. chiefdom 사회의 진폭이 매우 크므로 몇 단계로 세분해 파악해야 한다는 견해도 제시되었지만, 대체로 이와 같은 혼선은 서구 인류학의 신진화주의 이론과 이를 둘러싼 논의를

---

48) T. Earle의 연구 성과 중 「정치적 지배와 사회진화(Political Domination and Social Evolution)」는 박경철이 번역하여 학술지에 소개하였다.
박경철 번역, 「정치적 지배와 사회진화(Political Domination and Social Evolution)」, 『史叢』 50, 1999, 165~207쪽.

49) 李松來, 「국가의 정의와 고고학적 판단 기준」, 『韓國上古史 ; 研究現況과 課題』, 民音社, 1989.
Rhee S. N., and M. L. Choi, "Emergence of Complex Society in Prehistoric Korea", *Journal of World Prehistory*, vol.6, no.1, 1992.
洪亨雨, 「族長社會(Chiefdom)에 대한 一考察」, 『韓國古代國家形成論』, 서울대학교출판부, 1997, 95~115쪽.
崔盛洛, 「全南地方에서 複合社會의 出現」, 『韓國古代國家形成論』, 서울대학교출판부, 1997, 117~150쪽.
崔楨苾, 「韓國 上古史와 族長社會」, 『韓國古代國家形成論』, 서울대학교출판부, 1997, 155~185쪽.

제대로 이해하지 못한 채 그 개념과 용어를 사용하기도 했던데다가, 애초에 그 이론이 비문명사회를 대상으로 한 민속지 자료에 근거하여 제시된 것으로서 우리 역사에 그대로 적용하는 데는 난점이 있는 이론이 었던 데서 빚어진 것이었다. 이에 인류학 이론의 올바른 이해와 적용을 위한 제언이 쏟아지고,50) 일부에서는 신진화주의이론뿐 아니라 고고 학의 연구 성과도 주목해줄 것을 요청하기도 했다. 인류학과 고고학 등 인접 학문 분야의 국제적 연구 성과를 우리 고대사의 해명에 적극 참조하는 것은 매우 바람직한 일이라며 여전히 기대를 거는 것이 대체적 인 분위기였다.

하지만 지금까지 살펴보았듯이, '부족국가' 개념의 타당성에 대한 회의로부터 비롯된 그동안의 논의 결과는 국가 형성 과정에 대한 서구 이론을 폭넓게 그리고 자세히 알게 되었다는 점에서는 일정한 성과가 있었다고 하겠지만, '부족국가' 개념에 대치할 만한 다른 용어를 확실히 얻은 것도 아니었고, 그 이론을 통해 우리 국사상 최초의 국가가 어느 나라인지, 그것이 형성되기까지 어떤 과정을 거쳤는지 밝히기에 이른 것도 아니었다. 애당초 천관우가 '부족국가'를 '성읍국가'로 바꾸어 부르 자는 의견을 냈을 때 그 발상의 저변에는 삼한 제국의 성격을 지연적

---

50) 全京秀, 「신진화론과 국가형성론 – 인류학이론의 올바른 적용을 위하여 –」, 『韓國史論』 19, 1988, 569~604쪽.
金光億, 「국가형성에 관한 인류학적 이론과 한국고대사」, 『韓國文化人類學』 17, 1985, 17~31쪽.
李賢惠, 「韓國史研究 상에 나타난 進化論的 視角」, 『現代韓國史學과 史觀』, 1991.
崔楨苾, 「新進化論과 韓國 上古史 解說의 批判에 대한 再檢討」, 『韓國上古史學報』 16, 1994 / 『韓國古代國家形成論』 再收錄, 서울대학교출판부, 1997, 1~46쪽.
李賢惠, 「新進化論의 이해와 적용을 둘러싼 몇 가지 문제」, 『歷史學報』 146, 1995, 271~283쪽.
張浩秀, 「韓國 考古學과 西歐理論의 適用問題」, 『韓國古代國家形成論』, 서울대학교출 판부, 1997, 77~93쪽.

결합으로 이해하여 그 사회조직이 혈연적 요소에 기초한 것이 아니었음을 드러냄으로써 국사상의 국가 성립 시기를 조금 앞당겨 보려는 심산이 있었던 것인데 논의가 확산되면서 처음 의도와는 전혀 상관없는 방향으로 전개된 것이었다.

논의 방향의 전환은 김정배가 인류학의 사회발전단계론을 도입하여 삼한 제국을 chiefdom으로 이해하고, 이에 대해 최몽룡 등 외국 이론에 밝은 고고학자들이 이견異見을 제시함으로써 비롯되었다. 그리하여 chiefdom의 정확한 개념, 그 적용 시기 문제 등이 새로운 논점으로 부각되었고, 논의는 삼한 제국의 국가적 성격 자체를 인정하지 않거나 인정하더라도 초기의 불완전한 형태로 이해하는 경향을 보였다. 3세기 이전의 삼한 제국은 '국가'가 아니라 아직 무슨 '사회'라고 불러야 할 수준의 것이었다는 주장이 적잖은 지지를 얻고 있는 형편이다.

그런데 여기서 무엇보다 중요한 사실은 삼국의 형성 과정을 파악하기 위해 사회발전단계론을 원용하기 시작하면서 우리 고대사의 근원이 사로국으로 수렴되고 마는 결과가 빚어진 점이다. 사로국이 '한국사'의 기원이고, "고조선의 멸망과 고구려의 멸망으로 고조선과 고구려의 역사적 유산은 한국사에 이어질 수 없었다."51)고 인식한 이종욱의 경우가 대표적인 예다. 고구려는 고구려인의 역사일 뿐 중국사도 한국사도 아니라는 임지현(1959~)의 생각52)도 같은 맥락에 있다. 요컨대 한국사는 결국 대동강과 원산만을 잇는 선의 이남을 통일한 신라에서 기원했고 신라는 경주 지역의 원시공동체가 형성한 사로국에서 기원했

---

51) 李鍾旭, 「관학파가 만든 '민족사'에서 우리를 만든 '한국사'로」, 『韓國古代史探究』 創刊號, 2009, 7~35쪽.
52) 임지현, 「고구려의 역사는 고구려인에게」, 『중등 우리교육』 175, 2004, 102~103쪽.

으므로, 한국사를 고조선이나 고구려와 결부시키는 역사인식은 사실과 다른 것으로서 민족주의에 근거한 비과학적·시대착오적 인식이라는 것이다. 신라가 한국사의 진정한 기원이라는 것은 현재의 한국 사회에 내물왕 이전의 신라인을 시조로 하는 씨족이 대다수인 사실에서 알 수 있다고 한다.[53] 고조선의 유민들이 남하하여 진한 6촌을 이루고 발전하다가 그 지배층이 결집하여 신라를 건국했다고 함으로써 신라의 성립은 고조선 사회의 계승과 계기적 발전의 결과였다고 인식한『삼국사기』·『삼국유사』의 기록은 고려인들이 허구로 만들어낸 상상력의 소산일 뿐이며,[54] 단군을 시조로 하는 민족은 비역사적 실체로서 20세기에 생긴 민족주의의 창조물에 불과하다고 생각한 결과다.

'선인仙人 왕검王儉'이 국사의 기원이라고 구전하고 기술하며 지금까지 전해온 뿌리 깊은 역사인식은 특정 시대 특정 사관이 만들어낸 허구라고 하면서 누구나 다 아는 난맥의 족보의식은 사실이라고 믿는 이율배반도 문제지만, 이병도의 신조어에 불과한 '사로 6촌'을 사실이라 맹신하고 여기에 비문명사회의 이해를 위한 사회발전단계론을 적용하여 신라의 형성을 도식화한 나머지 '내물왕 이전'의 지배층 대부분이 고조선의 유민들이었다는 사실을 부인한 것은 참으로 납득하기 어려운 인식이라 할 것이다. 역사의 사실성을 부인하고 모두 담론일 뿐이라고 생각한 결과 자기 자신의 존재조차 담론으로 파악함으로써 허구화하고 만 자기분열적 인식임이 분명하다. 이런 인식의 연장에서, 우리 역사를 '한민족사'나 '국사'로 파악해 온 종래의 인식으로부터 1948년 8월 15일

---

53) 李鍾旭, 앞의 「관학파가 만든 '민족사'에서 우리를 만든 '한국사'로」, 13~14쪽.
54) 한홍구·박노자, 「한국사의 거짓말을 논쟁하다」, 『21세기에는 바꿔야 할 거짓말』, 한겨레출판, 2006.

에 건국한 대한민국의 역사 곧 '한국사'로 파악하는 새로운 인식으로 전환해야 하며,[55] 그런 의미에서 8월 15일을 광복절로 기념하기보다 건국절로 기념함이 옳다는 이른바 뉴라이트 계열의 주장이 나왔다.

제 역사를 이와 같이 경주에 한정해서 이해하고 있으니, 고조선부터 고구려, 발해로 이어진 북방의 역사를 갑자기 자국사라고 주장하고 나선 중국의 '동북공정東北工程'·'탐원공정探源工程' 역사인식에 대해 우리 스스로 제3자의 처지가 되고 만 꼴이어서, 그 터무니없음을 밝혀 억지 논리를 파쇄할 근거마저 잃게 되었다. 한국 스스로 제 것이 아니라고 공언한 마당에 그 역사를 중국이 자기 역사로 주장하든 말든 시비할 처지는 아니게 된 셈이다. 또 역사에서 '사실'은 없다고 말한 입장이고 보면, 중국이 부당하게 '사실'을 왜곡하고 있다고 말할 수도 없게 되었다. 역사의 사실성을 부인하고 모두 담론 혹은 인식일 뿐이라 하였으니 기껏 문제 삼을 수 있는 것은 갑자기 새로운 인식을 들고 나온 정치적 의도나 배경 정도일 따름이었고, 그리하여 결국 역사를 국가 간의 정치·외교 문제로 만들고 말았으니, 결국 국력이 약한 처지에서는 조상조차 기꺼이 내주지 않으면 안 되게 된 셈이다.

우리 역사학계의 사관분열史觀分裂·사안혼탁史眼混濁이 전적으로 사회발전단계론에서 기인했다고 할 수는 없겠으나, 이 지경이 된 데 사회발전단계론의 역할이 없었다 하기는 어렵다. 고조선을 우리의 시야에서 삭제하고, 그 역사를 국사의 혹으로 만든 장본이기 때문이다. 기록의 공백을 보완하기 위해 인접 학문의 이론적 틀을 참고할 필요가

---

55) 임지현·이성시 엮음, 『국사의 신화를 넘어서』, 휴머니스트, 2004.
　　김기봉, 「동북아 시대에서 한국사 서술과 역사교육 – '국사'를 넘어서 –」, 『歷史敎育』 95, 2005, 29~60쪽.
　　교과서포럼, 『대안교과서 한국 근·현대사』, 기파랑, 2008.

있을 것이나 그 이론의 적용이 기록을 부인하는 방향으로 흘러서는 곤란하다. 더구나 비문명사회의 민족지를 토대로 세운 이론을 다수의 관련 역사기록을 가진 삼한 제국에 들이댄 것은 무리를 지나쳐 무모한 일이었다. 우리 역사의 이해에 굳이 사회발전단계론을 적용한다면 고조선 이전 사회의 발전 과정을 이해하는 데 썼어야 마땅한 일이었다.56) 예맥을 중심으로 한 한韓 사회가 고조선이라는 국가를 세우기까지 어떠한 발전 과정을 단계적으로 거쳤는지 규명하는 데 이 이론을 썼더라면 중국이 고조선에 대한 연고권을 주장하고 나설 여지가 없었다.

국사상의 국가 형성 과정과 관련된 논의는, 중국이 저들의 사서에서 '국國'이라고 규정해서 쓴 그 '국'의 개념이 무엇인지부터 밝히는 데서 시작할 필요가 있다. 불문곡직하고 이를 부족 혹은 몇 개의 부족이 이룬 성읍으로 간주하고 논의를 시작한 것은 문제가 있었다. 이때의 '국'은 생산관계에서 하호나 노예와 구분되는 주체적 소유주들의 집합체임을 표시하는 의미가 담겼다고 본 견해도 있거니와57) 우리의 고대 국가는 세계사적 보편성이라는 측면과 더불어 한국사적 고유성과 특수성이라는 측면을 동시에 고려하면서 우리 역사의 계기성繼起性 속에서 파악되고 규정되어야 한다. 그러자면 우리 국사의 범위를 중국이 자기 스스로와 구분하여 '동이東夷'로 분리해 서술한 대상 전체로 확대하고, 신석기시대 이래 황허 유역의 화하족華夏族 문명과 뚜렷이 구분되면서

---

56) 이런 시도가 없었던 것은 아니나 주목받지 못했다.
　　한창균, 「고조선의 성립배경과 발전단계 시론 – 고고학 발굴자료와 연구성과를 중심으로 –」, 『國史館論叢』 33, 1992, 1~33쪽.
57) 金光洙, 앞의 「古代國家形成論」, 288~291쪽.

빗살무늬토기와 비파형동검으로 보편성을 공유했던 롼허灤河·다링허大陵河 유역의 문명 전반에 대해 그 성격과 변화를 면밀히 궁구할 필요가 있다. 동이가 모두 우리 조상인 것은 아니라 하더라도, 동이 속에서 우리 조상을 포함한 제 종족의 판도는 어떠했으며 이들은 상호 어떠한 관계 속에서 성장하여 언제 어디서 최초의 국가를 형성했고 또 어떤 사건을 계기로 나뉘고 갈라져 서로 멀어져 갔으며 그 중 어느 집단이 어디로 이동하여 새로운 사회를 건설했는지 그 전면적인 진실을 올바로 알지 않으면 안 된다. 고조선의 후예라는 인식을 가지고 지구상에 살아남은 유일한 민족으로서 고조선부터 지금까지의 역대국가계승사 곧 국사를 제대로 알려는 것이 어찌 무슨 주의의 소산이며 상상의 소치라 하겠는가?

돌이켜보면, 삼국 초기의 역사에 대해 인류학의 사회발전단계론을 적용해 보자고 나선 것은 3~4세기나 되어야 최초의 국가가 성립한다고 단정하고 있던 당시 국사학의 연구 수준에서 비롯한 일이었다. 그리고 국사학은 아직도 이 수준에서 크게 벗어나지 못하고 있는 것이 사실이다. 논의의 초점과 맥락에서 벗어나 엉뚱하게도 신진화주의 인류학 이론을 놓고 소모적인 논쟁에 빠져 40년 가까운 세월을 허비한 결과지만, 여전히 3~4세기가 되어야 삼국이 국가로 성립했다고 생각하고, 그 이전 기록에 나오는 '국'은 처음으로 국가적 형태를 갖추기 시작한 지연 중심의 원시공동체라고 여기며, 따라서 고조선과 삼국의 역사적 계기성을 부인 또는 외면하는 것이 통설이다. 중학교 『국사』 교과서는 고조선의 성립을 운위하고 있지만 뒤의 서술과 부정합이 심하여 고조선은 마치 국사의 혹 같은 존재일 뿐이다.

우리 고대사의 이해가 이 지경에 이른 데는 여러 가지 원인이 있겠지만, 요약해서 간단히 말하면 관련 자료가 워낙 영성하다는 사실과 이를 극복할 안목을 제대로 갖지 못했다는 사실이 서로 상승작용을 하며 큰 질곡으로 작용해 온 결과라고 할 수 있을 것이다. 자료의 한계를 극복할 안목의 부재는 국토의 분단과 남북의 대립과 전쟁이라는 민족적 비극으로 말미암은 것이다. 이 과정에서 정통역사학이 소멸하고 마르크스주의 역사학을 일체 용납할 수 없게 된 가운데, 실증주의 문헌고증사학이 유일무이한 연구방법론이자 서술지침으로 작용하며 그나마 전하는 기록의 대부분을 두찬杜撰 혹은 후대의 날조로 몰아 쓰지 못하게 하였고, 고고학이 역사의 사실성 여부를 판가름하는 기준인 것처럼 착각하도록 만들었다. 서구의 인류학 이론에 빠져 수십 년 동안 헛된 논쟁을 이어온 것도 따지고 보면 이를 통해 문헌고증사학의 한계를 벗어나려는 노력의 일환이었으니 미처 생각지도 못한 데까지 그 폐해가 파생되고 있었던 셈이다. 이런 처지에서 일제의 식민지사관을 완전히 탈피한다는 것은 무망한 일이었다.

2) 조선유민朝鮮遺民의 신라 건설과 그 사회조직의 원리

지금 우리의 국사 인식은 대략 다음과 같이 생각할수록 과학적이고 합리적이며 따라서 학문적 자세에 가깝다고 여기는 방향에서 형성되어 있다.

고조선은 우리 국사와 직접 연관되어 있지 않다. 우리 역사가 단군조선에서 비롯했다는 것은 고려 후기 사람들의 상상력의 산물이다. 한국사 상

만주와 한반도 전체를 아우르는 통일국가는 일찍이 존재한 적이 없으며, 고조선을 그렇게 생각하는 것은 민족주의에 매몰된 국사학자들의 신념일 뿐 사실이 아니다. 따라서 삼국은 각자 고조선에서 나온 개별로서 다시 통일해야 한다는 의식을 가진 적이 없으며, 통일국가를 형성한 고조선을 상정하고 여기서 삼국이 나왔다고 생각하는 것은 인류 보편의 사회발전단계를 무시하거나 알지 못한 무지와 주관의 역사관 곧 민족주의사관에 의한 소치다.

단군조선은 나중에 고조선의 국가 권력을 장악한 지배층이 만들어낸 신화 속의 역사지 실재의 역사가 아니라는 것이다. 실제의 고조선은 청동기시대인 기원전 7~6세기에 그 실체가 처음 확인되나 아직 국가라 부를 수 없는 형태였으며, 기원전 4세기부터 중국의 선진 철기문화를 받아들여 연맹 상태의 국가로 성장하였고, 기원전 3~2세기 이래 점차 국왕을 정점으로 요동~서북한 지역을 포괄하는 지배체제를 정비하고 중앙정부의 통제력을 강화함으로써 고대국가를 형성했다고 한다.[58] 그리고 이 고조선은, 나중에 백제를 병합하고 고구려를 멸망시켜 대동강~원산만을 잇는 선線의 남쪽 지역을 차지함으로써 우리 민족 형성의 토대를 이룬 주체인 신라와 직접 관계가 없다는 것이다.[59] 중·고등학교『국사』교과서는 이와 같은 이해에서 좀 떨어져 있는 듯 보이지만, 고조선과 삼국의 계기성을 설명하기는커녕 신라가 사로국에서 나왔고 사로국은 경주 일원에 있던 6촌 중심의 토착민 집단과 유이민 집단이 형성한 진한의 소국이었다고 설명하며 신라는 4세기 내물왕 때 중앙집권국가로 성립했다고 하여 이때 비로소 신라국이

---

58) 송호정,『한국 고대사 속의 고조선사』, 푸른역사, 2003.
59) 李鍾旭, 앞의「관학파가 만든 '민족사'에서 우리를 만든 '한국사'로」.

형성된 것처럼 서술했다는 점에서 위에 예시한 인식과 별반 다를 것이 없는 형태다. 문제는 역시, 신라의 국가 형성 과정을 사회발전단계론에 입각해 설명하고 이 이론을 실제 사실로 믿는다는 데 있다. 식민주의사학을 배워 계승한 학풍을 '실증사학'이라고 불러, 박은식·신채호·정인보 등의 '민족주의사학'과 대비시킴으로써 후자가 마치 비실증적 비학문적 역사 연구 방법론인 양 몰아간 이기백의 사학사史學史 이해[60]에 근거하여 그 인식의 기본틀을 잡고,[61] 예의 '사회발전단계론'으로 그럴듯하게 분식粉飾한 형태가 지금의 통설적 국사 인식이다.

실증은 모든 역사 연구의 기초이므로 특정 사학의 연구 풍토를 지칭하는 용어로 쓰일 수 없다는 점에서, 또 모든 사학은 그 역사의 주체가 살아남기 위해 목숨을 걸고 하는 것이므로 역사 주체를 민족으로 설정했다고 해서 그 사학을 민족 '주의'라고 부를 수는 없는 것이라는 점에서, 이들을 각각 '실증사학'·'민족주의사학'이라 부르고 서로 대비한 것은 정확하지도 않을뿐더러 부주의한 명명이고 분류였다. 스스로 민족주의를 표방했다고 해서 역사 연구자가 사학사를 쓰면서 곧이곧대로 그 사학을 민족주의사학이라 부른다면 이는 역사를 연구하고 서술하는 의미를 있는 자료나 정리하고 소개하는 행위 정도로 느슨하게 알고 있는 처사라 할 것이다. 박은식·신채호 등의 역사학은 앞 장에서도 살폈듯이 '정통역사학'이라 부르는 편이 명실名實에 더 부합한 형태였다. '민족'에 매몰되어 마치 그 사학이 비실증적·비학문적·비합리적이었

---

60) 李基白, 「民族主義 史學의 問題」 및 「社會經濟史學과 實證史學」, 『民族과 歷史』, 一潮閣, 1971.

61) 李基白 교수는 1961년에 一潮閣에서 간행한 『國史新論』을 1967년에 전면 개정하여 『韓國史新論』으로 표제를 바꾼 후, 1976년에 改訂版, 1990년에 新修版을 출간했는데, 우리 사회에서는 이 책의 고대사 인식을 통설로 여기는 경향이 강하였다.

던 것처럼 표현하고 생각해서는 곤란하다. 마찬가지로 이른바 '실증사학'이란 '문헌고증사학'이라 하면 비슷하려니와 그 자체가 실증적·학문적·합리적 역사 이해였던 것은 결코 아니다.

한말까지만 해도 우리의 '국사'를 고조선에서 비롯한 것으로 서술하던 태도가 지금에 이르러 신라에서 비롯한 것으로 바뀐 데는, 제 역사를 제 눈으로 보지 못하고 남의 눈으로 보면서 이를 '객관'이라 착각하며, 제 역사보다 남의 역사를 먼저 그리고 많이 아는 것이 '세계 시민'으로서 갖추어야 할 기본 소양이라도 되는 것처럼 착각하기에 이른 한국근현대사 상의 우여곡절이 놓여 있지만, 관련 자료의 빈핍 속에 그나마 전하는 사서史書 사이에 같은 사실을 서로 다르게 기록한 부분이 있는 사실도 큰 몫을 담당하였다. 연구자들이 양자택일적인 자료의 선택을 강요받는 가운데, 자신의 사정에 대해 자기 스스로보다 남이 기록한 내용에 더 신뢰감을 갖고, 여러 경로로 전해오던 옛 이야기를 전한 기록을 불문곡직 상상력의 소산으로 치부하는 행위를 합리이자 과학이라 여기며, 자신의 상정에 부합하지 않는 기록은 실증의 이름으로 두찬 혹은 위서僞書로 매도하는 경향을 피차 서로 조장해 온 것이었다. 확실하지 않거나 이해하기 어려운 것을 '모른다' 하지 않고 '아니다'며 부정하는 태도를 '학문적 소신'이라고 굳게 믿은 결과였다.

그 중 특히 현전하는 중국 사서에 그 관련 기록이 보이지 않는 단군의 조선 건국 사실은, 후대의 사서에 처음 보이는 이야기라는 이유만으로 아예 허구가 되었으며, 한반도 동남부로 내려와 살던 고조선 유민들이 기원전 1세기 중엽에 신라를 건국했다는 『삼국사기』의 초기 기사는 중국 사서가 전하는 내용과 다르다는 등의 이유로 믿어서는 안 될 거짓이 되었다.62) 기실『삼국사기』초기 기사 중에는 설화화說話化한 전승을 그대로 역사 사실로 기록했거나 후대의 관념이나 사상事象에 입각하여 적절히 각색한 내용을 당대의 사실처럼 기록한 경우가 있는 것이 사실이다.

그러나 이러한 일부 기록에 대한 의문을 근거로『삼국사기』가 제시하는 역사상 자체를 믿을 수 없다고 단정하는 것은 성급하다. 그러기에 앞서『삼국사기』를 비롯한 한국 측 사서가 전하는 역사상과 중국 측 사서의 역사상이 서로 만나는 접점을 찾고, 이를 좌표로 삼아 두 역사상 의 궤적 사이에 놓인 시공간을 적분積分해 볼 필요가 있다. 그동안의 연구에서는, 우리 사서에 대한 강한 불신론의 영향으로 인하여, 이러한 노력이 제대로 시도되지 못하였다.

따지고 보면 양자가 그렇게 서로 용납하지 못할 내용을 전하고 있는 것은 아니다. 외면상으로는, 이를테면『삼국사기』와『삼국유사』는 기 원전 1세기 중엽에 신라가 국가로 성립하여 3세기에는 고구려·백제와 정립鼎立의 형세를 이뤘던 것으로 서술한 반면 3세기 말에 찬술된『삼국 지』는 그때까지도 신라의 존재를 인식하지 못한 채 24국으로 분립한 진한의 존재만 전하면서 그 중 한 나라로 사로국을 꼽았을 뿐인 데서 보듯, 전하는 역사상이 서로 크게 다른 듯 보이는 것이 사실이다. 그리고 이러한 간극은 한국 측 사서와 중국 측 사서 사이에서만이 아니라

---

62) 『삼국사기』초기 기사를 불신하는 이유를 이렇게 단순화해서 말하는 것은 사실을 곡해할 우려가 있는 위험한 논급이다. 그 불신에는 '충분한' 이유가 있다. 中國 史書는 3세기 當代의 것인데다『삼국사기』자체에 紀年이 의심되는 기록이 적지 않다. 그러나, 그러므로 더욱이, 기록한 歷史像이 서로 다른 듯 보이는 이유가 어디에 있는지, 오류가 있다면 어디서 기인했는지 설명해야 한다. 이는 한 쪽을 무시하거나 외면하는 태도로 해결할 수 있는 일이 아니다.

중국 사서들 사이에서도 발견된다. 『후한서』는 삼한 제국이 마한의 목지국왕目支國王을 '공립共立'하여 '진왕辰王'으로 삼고 이에 '통속'한다고 기록한 반면, 『삼국지』는 진왕이 월지국月支國(목지국)을 통치한다고만 했을 뿐 다른 언급이 없는데다가 진한 12국이 진왕에게 신속하는데 항상 마한 사람으로 왕을 삼아 대대로 세습한다고 하여 서로 다르다. 또 '진왕'과 함께 '진국'도 보이는데, 『후한서』는 삼한 전체가 옛 진국이라 한 데 반해 『삼국지』는 진한이 옛 진국이라고 하여 서로 다른 이해를 보였다. 따라서 이 중 어느 기록이 역사적 진실에 부합하는가를 가리는 작업이 그동안 고대사 연구의 중핵을 이뤘고, 삼한 전체의 왕('진왕삼한 지지盡王三韓之地')으로 군림한 진왕의 실재 여부가 세인의 논쟁거리가 되어 온 것이었다.

그러나 서로 상반하는 듯 보이는 이 기록들 사이에는 공통한 접점도 있다. 그 통치 범위의 상위를 일단 논외로 할 때, 제국이 '공립共立'하여 상위의 왕권을 구성하게 하고 제국의 지배층이 그에 신속한 사실을 전한다는 점에서 일치하는 것이다. 『삼국지』는 한전韓傳에서 직접 '공립'이라는 용어를 사용하지 않았지만, 제시하고자 한 삼한의 역사상 전반이 『후한서』와 크게 다르다고는 말하기 어렵다. 공립한 왕의 존재 양태는, 한전에 이어 서술한 왜인전倭人傳에 비교적 소상하게 나타난다. '왕'이 지배하는 독자의 '국'들이 한 여자를 '공립'하여 왕으로 삼고 야마타이국邪馬臺國에 도읍을 두니 그 여왕이 히미코卑彌呼라는 것이다. 그리고 여왕의 지배력이 비교적 강하여, '대왜大倭'로 하여금 각국의 시장에서 이루어지는 교역을 감찰하게 했으며, 야마타이국 이북에는 '일대솔一大率'을 두어 제국을 검찰檢察하게 하였는데 제국이 모두 그를 두려워하였다고 한다. 『삼국지』 찬자는 삼한의 사정도 이와 대동소이한 것으로 파악하고 있었다고 여겨진다.

한·왜 지역에는, 같은 왕이지만 일국을 지배하는 왕과 그러한 왕들이 '공립'하여 추대하고 그에 '통속'되어 있던 '왕들의 왕'이 따로 있었고, 똑같이 국이라는 용어로 기록되어 있지만 수십을 헤아리는 작은 '국'들과 그들 전체를 통할한 상위의 국이 동시에 존재하였다. 그런데 이는, 남하하여 진한 6촌—실체는 6국—을 형성한 조선 유민들이 거서간居西干을 세워 신라를 건국했다는 『삼국사기』·『삼국유사』의 기록 내용과 크게 다를 바 없는 사회상이다. 거서간은 간干들의 수장을 뜻한 말로서 저마다 각국의 왕인 간들이 모여 '공립'한 존재였기 때문이다.63)

이처럼 양측 기록이 전하는 사회상에 큰 차이가 없다는 사실은 이를 토대로 서로 전혀 다른 형태인 것처럼 보이도록 서술될 수도 있는 사회구조란 과연 어떤 형태인지 곰곰이 따져본다면 그 실상을 해명할 가능성이 있음을 시사한다. 지금까지의 이해가 중국 측 기록과 한국 측 기록 중 어느 한편을 부인하고 양자택일적으로 생각하는 가운데 성립해 온 것이었다면, 이제 양측을 동시에 납득할 수 있는 이해 방향을 모색함으로써 역사적 진실에 접근할 수 있고 또 그러해야 하지 않겠는가 하는 것이다. 보기에 따라 달리 볼 수 있는 사회구조의 모형이 찾아진다면 틀림없이 여기에 진실이 있을 것이다. 이로써 우리가 알고자 하는

---

63) 居西干은 首長·君長의 뜻인 '居西=渠帥'와 왕을 지칭하는 東夷語인 '干=汗=加'의 합성어로서, 여러 干들이 모여 共立한 존재 곧 '干들의 首長'임을 뜻하는 말이다. 우리 국사에서 최초의 居西干은 '箕子=게세르칸'이었다.
주채혁, 『순록치기가 본 조선·고구려·몽골』, 혜안, 2007, 142쪽.
金容燮, 『東아시아 역사 속의 한국문명의 전환 – 충격, 대응, 통합의 문명으로 –』, 지식산업사, 2008, 98쪽.

역사의 진실은, 신라의 국가 형성이 과연 고조선 유민에 의한 것이었는지 아니면 경주 지방의 촌락공동체가 형성한 사로라는 소국에 의해서 이루어진 일인지 여부다.

필자는 이와 같이 생각하고 관련 기록을 면밀히 살펴본 바 있다.[64] 그 결과, 삼한은 소국을 지배하는 왕(가加·간干)과 그들이 공립한 왕, 즉 개별 소국과 통합 국가라는 서로 차원을 달리하는 두 요소로 구성되어 있었음을 알게 되었다. 앞서도 얼핏 사용한 바 있었던 '이중용립구조二重聳立構造'가 이런 양상을 부르기 위해 고안한 용어였다. 하호下戶를 지배하는 상호上戶 지배층이 간干이라고 부르는 왕을 옹립함으로써 국가를 세우고, 이런 국가들의 지배층이 서로 연대하여 상위 개념의 국가를 건설하고 '간들의 간'을 공립한 체제, 즉 간이 일단 용립聳立한 가운데 그 간들이 자신들의 수장을 다시 용립시킨 이중의 용립구조를 특칭하기 위한 용어다.

우리 사서와 중국 사서가 서로 다른 이해와 서술을 보인 것은 이와 같은 삼한 사회의 입체적 이중용립구조를 각각 반쪽만 평면적으로 묘사했기 때문에 생긴 현상이다. 우리 사서의 시각은 내부에서 바라본 것이므로 상위 용립구조의 성립에 초점을 맞춘 데 반해 중국 측 사서는 외부에서 직접 상대한 하위의 용립구조에 관심을 두었으므로 그 시각이 개별 국 수준을 벗어나지 않았던 것이다. 중국 사서들은 왜전에서 야마타이국에 도읍을 둔 여왕이 다른 제국을 통할하는 모습과 이에 속하지 않은 다른 반쪽의 제국이 남왕男王에게 복속하고 있던 사정을 비교적 상세히 서술한 반면 한전韓傳에서는 목지국에 도읍한

---

64) 拙稿, 「韓國 古代國家의 二重聳立構造와 그 展開」, 『歷史敎育』 98, 2006.

진왕의 존재만 슬쩍 언급하고, 54국으로 형성된 마한과 각각 12국씩으로 형성된 진한 및 변진弁辰이 무엇을 구심점으로 3개의 한韓으로 분립해 있었는지 제대로 서술하지 않았다. 이중용립구조에서 하위 구조만 서술하고 상위 구조는 무시한 결과다. 중국인의 안목에서는 간干을 중심으로 한 각국의 지배층이 연대하여 지배층만의 국가를 다시 건설한 '동이東夷' 특유의 정치 문화를 이해하기 어려웠을지도 모르겠다. 그러므로 중국 사서에만 의존하고 우리 사서의 기록을 무시한다면 그 전체의 양상을 파악하기가 어렵다. 양자를 상호보완적으로 읽어야만 입체적인 원상原象을 제대로 복원해 낼 수 있는 것이다. 종래와 같은 양자택일적인 사료 읽기는 원상의 일면을 보는 데 그치지 않고 전반적인 역사상을 왜곡하기 쉽다.

삼한 사회의 이중용립구조는 『삼국지』의 '변진여진한잡거弁辰與辰韓雜居'라는 구절에 압축 표현되어 있다. 각기 변진 및 진한에 속한 여러 나라가 서로 섞여 있다는 것이다. 이는 일단 변진과 진한이 일정 지역의 이름이 아님을 의미한다. 도합 24개의 국가가 서로 혼재하고 있으면서 그 중 반은 변진에 속하고 나머지 반은 진한에 속한 것이었다. 따라서 한반도 남부 지도에 세 지역을 구분하여 각기 다른 색을 칠하고서 3한의 이름을 써넣은, 우리가 흔히 보아 온 지도는 사실과 전혀 다른, 아니 사실을 왜곡한 잘못된 지도다.

그런데 통속 관계가 다른 여러 나라가 이처럼 서로 뒤섞여 존재하게 된 이유나 근거가 무엇일까? 그것은 이들이 유이해 들어온 세력이라는 사실 이외에서는 구하기 어렵다고 판단된다. 나라를 잃은 조선 유민들이 대거 유이해 들어왔으므로 이런 대세력이 한곳에 모여 거주할 수 있는 공지空地가 없었던 것이고, 따라서 이들은 산곡간山谷間에 분거分居하며 다른 세력과 서로 섞여 살지 않을 수 없었던 것이겠다. 그러나 이들 세력은 패망하여 구심력을 잃고 흩어진 처지임에도 불구하고 전대前代의 역사적 경험과 문화 능력을 토대로 상호 연대하여 어느 어느 국은 변진이고 또 어느 어느 국은 진한이라고 판연히 나뉘어 있었으니 바로 이러한 사정이 변진과 진한의 '잡거'로 나타난 것이었다.

따라서 삼한 사회를 제대로 이해하기 위해서는 고조선 사회의 계기적 발전이라는 측면을 고려하지 않으면 안 된다. 진한만이 아니라 변진도 '진'이고, 마한에 진왕이 있는 사실도 이들이 '진'이라는 공통의 국가에서 갈라져 나왔음을 보여준다. 진국辰國은 '볕님나라'로서 바로 기자조선의 후신이었다.65) 이 점에서, 원시공동체사회 단계를 벗어난 경주 일원의 촌락이 사로국이라는 소국을 형성했고, 이것이 주변 소국을 통합하여 신라로 발전했다는 이른바 '사로육촌설'은 역사의 진상과 거리가 멀다고 단언할 수 있다.

신라는, 그렇게 느슨한 연대 관계를 유지하던 진한6국의 지배층이 부部를 이루고 서로 결집하여 거서간을 공립하고 건설한, 이중용립구조의 상층부에 해당하는 국가다. 진한6부가 곧 신라였다. 진한6국의 지배층이 각기 부를 형성하였으므로, 신라6부에는 지배층만 소속하였을 뿐 아니라 이에 소속한 자는 그가 왕경王京에 거주하든 본국에 거주하든 전혀 상관없이 6부인이었고 신라의 '국인國人'이었다. 초기의 6부인은 수시로 왕경과 본국을 오갔을 것으로 여겨진다.

중국 측 기록을 종합해 볼 때 다음과 같은 유추가 가능하다. 이중용립

---

65) 金容燮, 앞의 『東아시아 역사 속의 한국문명의 전환 – 충격, 대응, 통합의 문명으로 –』, 79~93쪽.

구조는 이미 진국 단계에서도 조성되어 있었다. 위만조선 동쪽에 진국이 있었다고 하는데, 기원전 2세기 무렵의 진국왕 곧 진왕은 진한에서 나왔다. 그러나 진한이 중국 세력의 압박으로 붕괴되어 남쪽의 마한 지역으로 남하, 마한 동쪽에 새로 자리를 잡게 되자 세력이 위축되어 진왕의 자리를 마한에 넘겨주게 되었다. 그리고 이 과정에서 진국은, 그 성립의 기반인 삼한 제국 지배세력의 연대가 흔들리면서 의미를 상실하고 해소되고 말았다. 진국·진왕에 대한 『후한서』와 『삼국지』의 기술이 엇갈리는 듯 보이는 것은 이런 사정 때문이다.

『삼국사기』 초기 기록은 이중용립구조의 단면과 그 구성의 변화를 전하는 내용으로서, 일부 의문스러운 몇몇 기사에도 불구하고, 이것이 전하는 전반적인 역사상은 전후前後의 역사 사실들과 매우 부합하는 면이 있다. 첫째 진한6국의 지배세력이 이주 후에도 '국'의 형태를 이루고 있었지만, 이주로 인한 지반의 상실 등 그 지배력에 큰 타격이 있었고, 그로 말미암아 낙랑樂浪과의 교역 등으로 경제력을 쌓아 사회적으로 성장하는 하호층을 제어하는 데 한계를 절감하게 되었다는 것은 매우 설득력 있는 설명이다. 둘째, 한국 고대사회의 하호층은 본디 토지 소유의 사적 주체인 읍락의 소농민층으로서 자립성이 강하였으므로 이들에 대한 지배력의 강화는 하호층의 성장에 대응하여 지배세력이 서로 횡적으로 연대하고 상위의 거대 권력을 형성하는 방향에서 추진되고 있었던 사실과 진한6국 지배세력이 연대하여 신라를 건국했다는 내용이 서로 부합한다.

이중용립구조는 제간諸干의 하호에 대한 사적 지배를 그대로 용인하면서 그 권력의 첩축疊築 형태로 이루어진 것이었고, 이를 보장한 것이 부체제部體制였다. 최초에 신라6부를 형성한 6국의 지배층이 초기 진한의 모든 정치세력이었다고는 생각되지 않는다. 그러나 신라가 성공적으로 운영됨으로써 점차 진한 제국 지배세력 전체가 신라6부로 편입되어 들어왔고 3세기에는 신라6부를 형성한 소국이 12국을 헤아리기에 이르렀다. 뒤늦게 편입한 세력은 독자의 부를 형성하지 못하고 6부의 세력 균형을 고려하여 분산 편제되었다.

이러한 이중용립구조는 한국 고대사회를 특징짓는 징표다. 따라서 제간의 하호에 대한 사적 지배를 부인하고, 신라국인의 범주에서 배제되어 있던 하호층을 국왕의 공민公民으로 재편하여 군현郡縣을 통해 지배함으로써 제민적齊民的 지배를 구현하는 단계가 되어서는 고대가 종언을 고하였다고 말할 수 있다. 한국사에서, 고대에서 중세로의 이행은 이중용립구조의 중핵인 간층干層의 성격이 변질하고 그 과정에서 진골眞骨이 성립하여 지방 지배를 담당함으로써 체제의 큰 동요 없이 비교적 조용하게 진행되었다. 그렇지만 이 변화는, 제간의 인신적인 하호 지배가 수취체제를 매개로 한 진골의 공민 지배라는 봉건적 관계로 전환하는 질적 변화였다.

그러므로 신라가 사로국에서 나왔다고 서술할 수는 있겠지만, 그것은 사로국이 조선 유민들이 내려와 건설한 진한 제국의 하나로서 진한 제국의 지배층이 공립한 왕이 거주하고 또한 그 왕을 공립한 신라의 '국인'들이 부를 형성하고 올라와 국정에 직접 참여하고 있던 나라였음을 전제한 위에서의 서술이어야 한다. 사로국은 경주 일원의 부족 집단이나 촌락 집단이 모여 건설한 소국이 아니었다. 고래로 황허 유역의 화하족華夏族과 이웃해 살면서 독자의 문명권을 형성하고 그

속에서 수많은 국들을 건설한 가운데 그 국들의 지배층이 연대함으로써
상위에 조선이라는 국가 권력을 용립시키고 발전하다가 중국의 팽창
정책에 밀려 동진, 한때 진국으로 명맥을 유지하였으나 계속된 중국
세력의 압박과 내부 사회의 분화 등으로 말미암아 다시 분열하였고,
결국 한반도 남부까지 남하해 왔지만 그 역사 전통과 문화 능력을
고스란히 소지한 이들이 신라를 건국한 것이었지 경주 지역의 원시공동
체사회가 발전하여 세운 사로국이 주변의 소국을 정복하여 영토를
확장함으로써 신라가 건국된 것이 아니다. 3세기 말까지 경주의 사로국
이 소국으로 존재했다면 4세기가 되어 약 60~70년 사이에 소백산이남
지역의 다른 제 소국을 일거에 제압할 수 있었던 결정적인 배경이나
근거가 제시되어야 하지만 아직 설득력 있는 설명은 나오지 않고 있다.
사로국은 여느 소국과 같은 소국이 아니었기 때문이다. 사로국의 진한
제 소국 정복이란 신라의 이중용립구조가 신라국왕 중심의 제민적
지배구조로 바뀌는 과정에서 생긴 충돌과 정리 과정을 잘못 본 것이겠
다.

　신라 사회에 대한 곡해는 그 사회구조에 대한 인식에서도 드러난다.
이른바 통설은, 경주의 사로국이 주변 소국들을 정복하여 신라로 성장
하였으므로 본래의 사로국 사람들을 왕경의 지배층으로 우대하고 지방
민은 차별 대우하는 이중구조가 신라 사회 조직의 기본 원리로 작동하였
다고 이해했다. 왕경인王京人에게는 경위京位를, 지방민에게는 외위外位
를 각각 적용한 것이 그 단적인 예라고 한다. 또 왕경인에게만 골품제가
적용되었으니 이는 사로국이 주변 소국을 정복할 때 그 지배층을 편제해
들이면서 규모에 따라 등급의 차이를 둔 데서 기원하고 성립한 제도였다

고 생각해 왔다. 그러나 이는 신라의 형성 과정을 잘못 파악한 데서 파생한 유견謬見이다. 외위제外位制와 골품제骨品制의 실상을 잘 살펴보면, 거꾸로 신라의 국가 형성이 사로국의 팽창에서 비롯한 것이 아님을 알 수 있다. 결론부터 말하면, 외위제는 지방민에게 적용된 관위가 아니며 골품제는 일정 지역의 지배층 전반을 일정 등급의 두품 신분으로 편제함으로써 성립한 제도가 아니었다.

이 문제는, 앞의 이중용립구조도 그렇지만, 필자의 문제의식에 수긍할 경우 우리 고대사의 기존 이해 방향을 획기적으로 전환할 수밖에 없게 되는 큰 사안이므로 여기서 몇 마디 언설로 넘어가기는 어려운 일이다. 그동안의 연구를 정리하여 곧 별도의 저서로 간행할 예정이다. 그러나 논점은 매우 간단하다. 외위제와 관련해서는 이 제도의 기본 성격을 해설한 『삼국사기』의 기록을 제대로 읽고 올바로 해석하면 종래의 이해가 잘못된 것임을 알 수 있다는 것이고,66) 골품제의 경우는 이 제도가 경위제京位制와 서로 맞물리면서 설치 운용되었던 중위제重位制를 분석해 보면 그 기본 구조가 그대로 드러나므로 이에 입각해서 사실에 근거한 이해를 새로 구할 필요가 있다는 것이다.67)

논의의 요지는 대략 이러하다.

그동안 외위제 연구는, 이 제도의 기본 개념을 정리한 『삼국사기』 외관外官 외위조外位條의 기사68)를 곡해하거나 무시한 채 진행되어 왔다.

---

66) 拙稿, 「6~7세기 新羅 眞骨의 家臣層과 外位制」, 『韓國史研究』 107, 1999, 33~76쪽.
　　拙稿, 「新羅 下代 六頭品 村主와 沙湌重位制의 施行」, 『歷史敎育』 111, 2009, 135~167쪽.
67) 拙稿, 「新羅 骨品制의 構造와 그 變化」, 『金容燮敎授停年紀念韓國史學論叢(2) 韓國古代·中世의 支配體制와 農民』, 1997, 99~118쪽.
　　拙稿, 「신라 중위제의 추이와 지배신분층의 변화」, 『역사와현실』 50, 2003, 267~304쪽.
68) 『三國史記』 卷40, 雜志9, 職官 下, 外官, "外位 : 文武王十四年, 以六徒眞骨出居於五京九州 別稱官名, 其位視京位".

문의文意를 잘못 파악하고 여기에 어떤 착오가 있다고 여긴 결과였다. 그러나 이 기사는 육도진골六徒眞骨이 소경小京이나 주州에 출거出居하여 따로 칭해 오던 관명인 외위外位를 문무왕 14년에 경위京位로 대체하였음을 전하는 것으로,[69] 문장의 구성이나 내용에서 특별히 중시할 만한 하자가 발견되지 않는, 충분히 음미해볼 가치가 있는 기사다. 외위란 소경이나 주의 지방 장관으로 나간 진골들이 함께 데리고 나간 속료屬僚에 대해 중앙과는 별도의 관위를 마련해서 따로 적용하던 것이라는 기사의 취지를 그대로 인정하고 수용할 필요가 있다. 실제로 그 신원을 파악할 수 있는 한, 외위를 가진 자들은 군주軍主와 사적인 관계를 맺고 있던 가신家臣들이었음이 확인된다. 이들은 외위를 지니고 일정한 촌락에 파견되어 군주軍主의 지방민에 대한 지배를 돕고 있었다. 즉, 지방장관으로 나간 진골은 그 영역에 대한 효율적인 지배를 위해 각자의 가신 혹은 측근자를 관할 지역의 주요 거점에 파견하면서 이들에게 독자적으로 관위를 부여할 수 있었고, 그 관위가 곧 외위였던 것이다.

외위제는, 신라의 지배체제가 간干 중심에서 진골 중심으로 변화하고, 진골이 지방장관으로 나가 지방행정의 계통을 세우고 이에 입각하여 지방민을 동원하는 새로운 역역운용체제力役運用體制를 구축하기 시작한 것과 관련하여 시행된 제도였다. 이 제도 설치의 기본 목적은 그

---

69) 종래 이 기록은 "文武王 14년에 六徒의 眞骨로 5京과 9州에 나가 살게 하였고 官名을 별도로 칭하였다. 그 位階는 京位에 견주었다"(鄭求福 등, 『譯註 三國史記 2 - 飜譯篇 -』, 韓國精神文化硏究院, 1997, 693쪽)는 취지로 이해되어 왔다. 그러나 기사의 본문에서 "六徒眞骨出居於五京九州別稱官名"은 그 전체가 '外位' 대신 들어간 삽입구로서 '其位'가 지칭하는 실체다. 그럼에도 불구하고 지금까지 '六徒眞骨'만 '以'에 걸리는 것으로 보고 삽입구의 술어를 본문의 술어로 잘못 읽어온 것이었다. 이는 다음과 같이 해석될 기사다. "外位: 文武王 14년, 六徒眞骨이 五京九州에 出居하여 따로 칭해오던 官名(곧 外位)의 位를 京位로 '視'하였다."

동안 6부의 간을 중심으로 한 지방지배체제에서 기능해 온 촌간村干과 그 예하의 이속吏屬들을 진골이 직접 장악한다는 데 있었다. 지증왕智證王 대에 이사부異斯夫가 실직주悉直州 군주軍主로 파견된 것이 진골이 지방으로 출거한 효시였지만, 이 무렵에 진골 중심의 지방지배체제가 확립된 것은 아니다. 그것은 법흥왕法興王 재위 말엽에 가서야 가능하였다. 법흥왕은 률령의 반시頒示와 17관등제의 확립을 계기로 강화된 왕권을 토대로 새로운 역역동원체제가 적용되는 지역을 전국적인 규모로 확대해 나갔으며, 이러한 양적인 확대에 상응하는 질적 장치의 마련에 부심하였다. 외관으로 하여금 그가 거느린 사적인 인력을 국가의 공식적인 지방지배에 활용하도록 허용한 외위의 설치는 이러한 배경 속에서 이루어진 한 방안이었다고 이해된다. 이와 같은 맥락에서, 법흥왕 25년 (538)에 외관의 '휴가지임携家之任'을 인정한 사실을 외위의 성립 시점과 관련하여 주목할 수 있다. 이는 군주軍主 등 외관이 임지로 부임할 때 그 가신을 대동하고 가는 것을 허용한 내용이다. 군주를 중심으로 한 새로운 지방인력 동원체제를 구축하고, 군주로 출거한 진골들이 이 체제에서 그 가신층을 독자적으로 활용할 수 있도록 공인해준 것이었다. 외위제는 이 조처에 근거하여 성립하였을 것이다.

삼국의 지배계급은 귀족적 참여층과 막료적幕僚的 종사자층從事者層으로 대별되었다는 점에서 기본적으로 동일한 구성과 성격을 보이고 있었다. 그러나 그렇다고 해서 지배세력에 대한 편제가 삼국에서 동일한 형태로 이루어지고 있었던 것은 아니다. 특히 신라와 고구려의 지배세력에 대한 편제 형태는 서로 계통을 달리하였다고 해야 마땅할 정도로 판이하다. 고구려는 왕후적王侯的 성격을 지닌 가加와 막료적

192

성격을 띤 사자使者를 엄격히 구분하는 가운데 사자의 지위를 격상시키는 방향으로 지배계급에 대한 이원적 편제를 추진해 갔다. 왕후적인 성격의 가加를 국왕의 막료로 운용하던 관직인 '상가相加'나 '국상國相'이 고구려 초기에 일시적으로 설치되기도 하였으나 관제가 정비되면서 자취를 감추었다. 반면에 신라는 독립적인 왕자王者로서의 '간干'에게 직접 막료적인 직능을 부과하는 방향에서 지배계급을 일원적으로 편제해 나갔다. 신라의 관제는 고구려에서 사라진 상가相加를 더 발달·분화시켜 이를 조직한 형태인 셈이다.

관등의 서차序次가 고구려에서는 시기별로 달리 나타나지만 신라에서는 일부 관등의 분화만 있었을 뿐 이에 아무 변화도 일어나지 않았던 것은, 가加(간干)의 성격과 사자使者의 성격이 이원화되지 않고 일원화되었기 때문에 국왕권의 강화가 관등의 서차 변동으로 반영될 이유가 없었던 결과다. 신라의 비간군非干群 관등 소지자 역시 단순한 막료적 종사자층이 아니었다. 그러므로 이들이 제간諸干의 가신층에서 기원했다고 보면 곤란하다. 경위에서 간을 수식하는 용어로, 외위에서 간 예하의 관등명으로 쓰인 일벌一伐~아척阿尺이 가신의 직제에서 온 관명이다. 이것은 경향에 편재하던, 본유本有의 독자성을 띤 제간이 오래전부터 저마다 보편적으로 써오던 관명이었다. 외위제가 성립하기 전인데도 냉수비冷水碑와 봉평비鳳坪碑에 (하下)간지干支와 일벌~아척이 나타나는 이유가 여기에 있다.

외위제는, 육부의 간들에 의해 그동안 지배를 받아오던 촌간村干과 그 이속吏屬을 진골 출신의 지방장관이 직할하기 위한 제도고 장치였다. 촌간의 직제를 흡수하여 그 위에 상급 관등을 두고, 지방장관으로

하여금 그 가신에게 이 관등을 수여하여 각 지방에 배치하도록 한 것이다. 이들이 맡은 일의 공무적인 성격이 관위의 형태로, 그 일을 담당하는 자가 처한 사회관계가 '외外'라는 개념으로 표현됨으로써 '외위'가 성립하였다고 할 수 있다. 국왕의 신하에게 주는 경위京位와 구분하여 그 신하의 요좌僚佐에게 주는 것을 외위라 한 데에는 지배의 본지本支를 나누어 이원화하고 종지宗支 간의 분分을 세운 봉건의 개념과 원리가 투영되어 있었다고 사료된다.

그러므로 외위제가 사로국이 진한 제 소국을 정복하여 신라로 성장했기 때문에 생긴 '원사로국原斯盧國 중심체제'의 한 형태였다고 파악해 온 종래의 이해는 수정되지 않으면 안 된다. 그런 정복 과정은 실재하지 않았다. 이 사실은 중위제重位制를 매개로 해서 골품제의 구성 원리와 변화 과정을 살펴보아도 확인할 수 있다.

신라는 국초부터 관등제를 마련하여 시행했으며, 6세기부터는 중앙집권적 정치기구를 설치하고 각 기구에 편성된 관직마다 그에 오를 수 있는 관등의 범위를 규정하여 제도화해 나갔다. 신라의 지배체제는 관등제를 근간으로 그 위에서 편성되고 있었던 것이다. 그러므로 신라 관등제의 성립 과정은 국가의 형성 과정을, 그 개편 과정은 권력구조의 변동과 신분구성의 변화를 그대로 반영하고 있는 것으로 일찍부터 주목을 받아 왔다.70) 이를 줄곧 골품제와의 연관 속에서 이해해 온 것도 여기에 원인이 있다.

지금까지 신라 관등제의 편제와 운영은, 진골의 정치적 특권을 제도

---

70) 金哲埈, 「高句麗·新羅의 官階組織의 成立過程」, 『李丙燾博士華甲紀念論叢』, 1956 /『韓國古代社會研究』 再收錄, 1975, 138~154쪽. 官等制와 骨品制를 유기적으로 파악한 종래의 여러 견해들에 대해서는 李基東, 「新羅骨品制研究의 現況과 課題」, 『歷史學報』 74, 1977 /『新羅骨品制社會와 花郎徒』 再收錄, 1984, 41~52쪽을 참고할 것.

적으로 보호하고 두품층의 정치적 활동 범위를 등급별로 규제하는 방향에서 이루어졌다고 이해되어 왔다. 대아찬大阿湌 이상의 관등은 진골만 오를 수 있다는 규정에 유의하고, 아찬阿湌·대나마大奈麻·나마奈麻에 부가된 중위重位를 각각 6·5·4두품에 적용한 특진 관등으로 파악한 결과였다. 진골을 제외한 두품층은 저마다 오를 수 있는 상한 관등이 정해져 있었고, 이로써 야기되는 문제점을 해소하기 위해 각 신분의 상한 관등에 중위를 두어 곁가지로 승진할 수 있는 장치를 마련해 주었다는 것이다.71)

골품에 따라 복색이나 가옥·탈것·그릇 등의 규모와 재질을 달리하던 신라에서, 오를 수 있는 정치적 지위가 골품에 따라 규제되었다는 것은 일견 당연한 일일 듯 보인다. 국가 형성 과정에서 골품이라는 확고부동한 신분 개념이 만들어졌고, 이것이 모든 부면에서 작동하였다는 것이 골품제에 대한 지금까지의 일반 상식이다. 그러나 골품제를 이룬 신분의 구성은 시기에 따라 변화하고 있었고, 그 동인動因의 주축에는 정치 관계의 변동과 지배세력의 교체라는 변수가 놓여 있었다.72) 골품제로써 신분별로 정치적 성취를 규제한 측면과 아울러 정치적 성취가 골품제에서의 지위를 판가름한 측면이 공존하였던 것이다. 신라 권력구조의 역동성이 여기서 기인하고 있었다.

이는 중위제 역시, 골품제상의 신분 구성이 변화하고 관등제가 개

---

71) 邊太燮, 「新羅 官等의 性格」, 『歷史敎育』 1, 1956, 62~82쪽
　　　三池賢一, 「新羅官位制度(下)」, 『駒澤史學』 18, 1971, 19~21쪽
　　　井上秀雄, 「新羅官位制度의 成立」, 『新羅史基礎研究』, 1974, 215~218쪽
　　　權悳永, 「新羅 官等 阿湌·奈麻에 對한 考察」, 『國史館論叢』 21, 1991, 49~55쪽.
72) 拙稿, 「新羅 骨品制의 構造와 그 變化」, 『金容燮敎授停年紀念韓國史論叢(2) 韓國 古代·中世의 支配體制와 農民』, 1997, 99~118쪽.

편·정비됨에 대응하여 몇 차례의 조정 과정을 거쳤을 개연성이 크다는 것을 의미한다. 처음 중위를 설치한 후 아무런 손질 없이 후대까지 그대로 유지했으리라고는 보기 어렵다. 중위제에도 권력구조의 변동과 지배세력의 교체 내지 성격 변화가 일정하게 반영되어 나타났다. 신라의 관등제와 골품제는 오랜 기간을 두고 몇 차례의 변화와 개편을 거쳐 17등 관등제로, 진골과 6~4두품의 골품제로 정비된 것이었다. 중위제를 통해 그 정비 과정을 살펴볼 수 있다.

중위 규정을 처음 마련한 시기가 언제인지는 분명하지 않지만, 중위제는 법흥왕 이전부터 시행되고 있었다. 이 시기의 중위제는 7중까지의 나마중위제奈麻重位制였다. '대大'로 시작되는 대아찬·대나마·대사大舍·대오大鳥와, 외위 간干 예하의 직관명과 대비되지 않는 잡찬迊湌 등 다섯 관등이 아직 성립하지 않은 상태의 12관등제에서, 나마부터 이찬까지 7개의 관등이 있었기 때문에 7중까지의 나마중위가 설치된 것이었다. 여기서 이벌찬伊伐湌이 비교에서 제외된 것은 이찬만이 오를 수 있는 관등이라는 특수성을 고려한 결과로 짐작된다. 나마 위의 관등들과 비교하면서 7중까지 중위를 두었지만, 그것은 결코 나마 자체를 벗어난 지위가 아니었다.

나마에 적용되던 7중의 중위제는 관등제가 17등으로 정비되면서 9중으로 개편되었다. 이찬까지 잡찬과 대나마, 두 관등이 늘어난 결과였다. 그리고 이와 함께 그 적용 관등이 나마에서 대나마로 옮겨졌지만 '몇중 나마'라는 관명은 그대로 유지한 채였다. 7중이든 9중이든, 나마에 적용되든 대나마에 적용되든, 그것은 나마중위일 뿐이었다. 나마중위제는, '간'층이 아니면 간군干群 관등에 오를 수 없던 시기의 산물로서,

'간'층 곧 '골骨'신분이 최고 지배신분층으로 군림하면서 간군 관등을 독점한 데 따른 부수적 장치였다. '두품'층에게는 나마군 관등까지만 허용하고, 공로나 업적이 특출하여 대우를 더 올려줄 필요가 있는 자에게는 중위를 통해 곁가지로 승급하도록 하였다. 따라서 나마중위제가 적용되던 시기에는 간군 관등을 가진 '두품'층이 존재할 수 없었다. 즉 6두품은 아직 성립하지 않고 있었다.

아찬중위제는 17관등이 완비된 법흥왕 7년으로부터 상당한 기간이 경과한 '중고'기 말엽, 7세기 중엽쯤에 시행되기 시작했다. 그동안 나마중위제가 유명무실해져서 이 규제를 뚫고 간군 관등을 지니게 된 '두품' 층이 양산됨으로써 6두품이라는 독자적인 신분층을 이루고 또 '골' 신분층 내부에 분화가 일어나 진골이 성립하는, 골품제 상의 큰 지각 변동이 아찬중위제의 시행으로 이어진 것이었다. 종래 부체제部體制에 의지하여 특권을 누리던 '간'층은, 소속부보다 능력을 중시해 인재를 등용하는 진골이 성립하여 중외中外의 국가 요직을 차지하고 정치적 영향력을 확대해 감에 상반하여 점차 쇠락해 갔다. 이 점에서, 아찬중위제의 시행은 진골이 새로 최고의 지배신분층으로 부상하여 정치의 중심이 되었음을 의미하였다.

'작록爵祿은 공기公器'라는 논리를 앞세워 공훈이 있는 자에게 높은 관등을 주는 것은 온당한 조치라고 주장하며, 나마중위제의 제약을 무시한 채 '두품'층 유공자에게 간군 관등을 수여하도록 권유한 세력은 진골층이었다. 진골이 그 세력을 키우려면 많은 '두품'층 인재들을 휘하로 모을 필요가 있었고, 그러자면 저들을 정치적으로 후원할 능력이 있음을 실제로 입증하여야 했다. 유력한 진골들은 자신에게 충성을 바치는 가신들을 국왕에게 다투어 추천하여 간군 관등을 수여하도록 유도하였다.

신라에서 중위제는 당대 최고 지배신분층의 특권만을 보호하기 위해 작동한 제도였다. 간干이 최고 지배신분일 때는 두품층이 간군 관등을 소지하지 못하도록 나마중위제를 운용하였으며, 진골이 최고 지배신분층이 되어서는 종래의 나마중위제를 폐지하고 아찬중위제를 실시하여 두품층이 대아찬 이상으로 승진하지 못하도록 막았다. 이는 신라 골품제에서 두품층이 처음에는 5두품까지만 있다가 진골이 새로운 신분층으로 성립할 때 6두품도 함께 성립했음을 뜻하며, 두품층 내부에서는 승급이 가능했음을 의미하는 사실이다. 중위제는 한 시기에 한 관등에만 적용해 운영한 제도였다. 4·5·6두품에 각각 중위제가 적용된 것으로 착각하고 각 두품마다 오를 수 있는 관등의 상한을 표시한, 교과서나 부도에서 우리가 흔히 보아온 도표는 잘못된 것이다. 사실이 아닌 것을 학생들에게 가르쳐서는 안 된다. 5~1두품은 본디 나마奈麻·사지舍知·길사吉士·오지烏知·조위造位를 각각 등급 개념으로 부르던 것으로서, '두품'의 등급은 어의 그대로 개인의 능력과 공훈에 따라 준 것이지 일정 세력에게 일률적으로 부여한 것이 아니었다. 이를 근거로 사로국의 진한 제 소국 정복과 그 지배세력의 규모에 따른 차등 편제를 유추하면 곤란하다.

신라만이 아니라 3국의 나머지 두 나라도 모두 고조선 사람들이 건설한 것이다. 따라서 일정 지역의 원시공동체에서 삼국의 기원을 구해 온 종래의 학설은 수정되지 않으면 안 된다. 삼국은 고래로부터 이어져 온 역사 전통과 문화 능력을 소지한 사람들이 이룬, 바꾸어 말하면 고조선 사회의 계기적 발전 형태로서 성립한 국가였다. 우리의 국사를 고조선부터 서술해 온 정통 역사 인식이 사실과 다르다거나 그릇되었다 말할 수 없는 것이다. 우리의 과제는 그 실상을 밝히는 것이지 사실을 부인하고 무시하는 것이 아니다.

2. 중국의 소위 '동북공정' 추진과 우리의 역사인식 수준

1) '동북공정'과 한·중 고대사 전쟁

중국 정부는 2002년부터 2007년까지 「동북 변경지역의 역사와 현상에 관한 체계적 연구 프로젝트東北邊疆史與現狀系列研究工程(이를 줄여서 '동북공정'이라고 한다)」를 추진하였다. 5년 동안 200억 위안(당시 환율로 약 3조 원)이나 되는 예산을 투입한 대대적 사업이었으며, 중국 최고의 학술기관인 사회과학원이 주도하고 둥베이 3성東北三省(랴오닝 성遼寧省·지린 성吉林省·헤이룽장 성黑龍江省)의 성 위원회가 지원한 국가적 사업이었다. 사회과학원은 외형상 학술기관이지만 실질적으로는 국가가 설정한 정책과제를 국가 예산으로 수행하는 준정부기구다.

그런데 중국이 '동북공정'의 일환으로 추진한 역사 연구의 결과는 우리에게 대단히 충격적인 내용을 담고 있었다. 연구의 초점이 고조선 및 고구려·발해의 역사를 중국사로 편입하는 논리의 개발에 맞추어지면서 우리의 정체성 자체를 짓밟고 있었기 때문이다. '동북공정'에

참여한 대다수의 중국학자들은 한 입으로 말하듯 일사불란하게 다음과
같이 주장하였다.

　① 고구려는 중국의 영역 내에서 기원했고, 중국의 역대 왕조와 조공
내지 책봉 관계를 맺어 지속적으로 예속되어 온데다, 멸망 후에 그 주민과
영토의 대부분이 중국에 흡수되었으므로 그 역사는 당연히 중국사의 일부
로 파악해야 옳다.
　② 지금의 대한민국은 신라족이 백제족과 극소수의 고구려족을 통합하
여 형성한 민족이 세운 국가이므로 고구려족을 계승한 나라 또는 민족이라
고 볼 수 없다.
　③ 같은 맥락에서 고구려족의 기원인 고조선족 또한 현재 대한민국의
민족과는 전혀 무관한 고대 중국의 소수민족이다.

요컨대, 고조선 이래 누천 년을 두고 이어져온 우리 한민족사韓民族史
의 계기적 발전 과정을 전면 부인하고 한국인의 정체성을 뿌리째 흔드는
역사인식이었다. 유사 이래 전통적으로 한민족과 관련된 일은 '동이전東
夷傳'이라는 편목을 따로 두어 기록함으로써 자신들과 상관이 없는 역사
임을 명백히 해오던 중국이 갑자기 고구려는 물론 그 앞의 고조선과
뒤의 발해 역사를 송두리째 중국사의 일부라고 주장하고 나선 것은
전혀 뜻밖의 일이 아닐 수 없었다.
그러나 중국학자들의 이러한 인식이 '동북공정' 기간에 처음 생긴
것은 아니었다. 동북공정이 시작되기 한 해 전인 2001년에 중국사회과
학원中國社會科學院 중국변강사지연구중심中國邊疆史地研究中心이 '변강사지
총서邊疆史地叢書'의 하나로 간행한 책이 『고대중국고구려역사총론古代中
國高句麗歷史叢論』(哈爾濱 : 黑龍江敎育出版社, 2001年 2月 第1刷)이었다. 고구려를

'중국고구려'라고 부른 책이 출간된 것이다. 고구려 앞에 중국을 붙여 '중국의 고구려'라는 뜻을 나타낸 이 말은 고구려가 중국 관할의 변방 지방 정권이므로 그 역사를 중국사로 편입해야 마땅하다는 역사인식을 담은 것이다. 중국사회과학원이 간행한 책에 이런 인식이 담긴 용어를 쓴 것은 이것이 중국의 공식적 시각이고 입장임을 밝힌 태도 표명인 셈이었다. '중국고구려'라는 말은 겅톄화耿鐵華가 창춘長春에서『중국고구려사中國高句麗史』(2002. 12)를 간행한 이후 중국 사회에서 관용어처럼 쓰이고 있다.

그런데『고대중국고구려역사총론』은 중국사회과학원이 1996년부터 국가 차원의 중점 과제로 추진한 연구 프로젝트의 결과를 정리하여 편찬한 책이었다. 중국사회과학원은 산하의 변강사지연구중심邊疆史地研究中心으로 하여금 둥베이 3성의 고구려사 연구자들을 조직하여 공동 연구단을 구성하고 1997년까지 과제 수행의 기본 방향을 담은 초고를 제출하도록 하였다. 그리고 이를 토대로 퉁화 사범대학通和師範大學 고구려사연구중심高句麗史研究中心이 주축이 되어 토론을 전개함으로써 논지를 가다듬고 그 결과를 1998년 6월과 12월에 각각 퉁화와 창춘에서 발표하도록 했다.「제1차 중국동북지방사학술토론회」가 그것인데, 70여 명이 참여한 대규모 토론회로서 비공개로 개최되었다. 위 책은 이 토론의 결과를 마다정馬大正 등이 수합하여 주제별로 다시 정리한 것이다. 고구려사와 관련한 한국 및 북한의 상고사 인식 체계를 조목조목 비판하고, 고구려사를 중국사에 귀속시키려는 주장과 논리를 나름대로 체계화한 내용이다.73) 한중수교 후 겨우 4년밖에 지나지 않은

---

73) 2001년의『古代中國高句麗歷史叢論』에 이어 2003년에는 이를 수정 보완한『古代中國高句麗歷史續論』이 간행되었는데, 이 과정에서 보인 중국의 고구려사 인식체계의 변화를

1996년이라는 시점에 이미 중국은 고구려사를 중국사에 편입하는 논리를 개발하는 등 한국과의 외교적 갈등이 뻔히 내다보이는 일에 국가적 노력을 경주하고 있었던 것이다. 그럼에도 불구하고 한국이 중국의 이러한 이상 동향을 감지한 것은 동북공정이 막 착수되려는 2001년 말경이었다. 당시의 김대중정부와 사학계史學界는 각자 동북공정의 실체와 의도 파악에 나섰다.

하지만 우리로서는, 중국이 새로운 자료를 발굴했거나 나름 참신한 논리를 개발한 것도 아니면서 도대체 무슨 이유로 갑자기 한국과 북한의 역사인식을 중국에 대한 '도전'으로 규정하고 나섰는지[74] 그 이유와 배경을 납득하기가 어려웠다. 더구나 그 내용이 단군조선을 공상으로 규정하는 등 출발부터 한국의 상고사 체계 자체를 겨냥하고 있다는 점에서 황당하기까지 하였다. 선사시대 한반도 북부와 둥베이 3성은 한인漢人의 이주 개발에 의해 역사가 시작되었고, 시종 중국 중앙정권의 관리와 지배하에 있었다는 것인데,[75] 기실 이는 처음 나온 이야기가 아니었다.

다음 논고가 잘 정리하였다.

余昊奎, 「중국의 東北工程과 高句麗史 인식체계의 변화」, 『韓國史硏究』 126, 2004, 277~315쪽.

74) 王洛林, 「加强東北邊疆研究 促進學科建設」, 『中國東北邊疆研究』, 中國社會科學出版社, 2003, 4~5쪽.

75) 중국 측의 주장을 요약하면, ① 단군조선의 실재를 부정하고, ② 기자조선을 殷의 遺民과 東夷族의 습합에 의해 건국된 周의 제후국으로 규정하는 한편, ③ 燕의 東北經略을 강조하고 漢武帝의 4군 설치를 부각시키면서 그 중 玄菟郡 高句麗縣의 존재에 초점을 맞추어 고구려족의 귀속성을 논하며, ④ 고구려의 중국 중앙정권에 대한 종속관계를 강조하고, ⑤ 고려 및 조선과의 연계성을 부정하는 것이 기본 줄거리였다. 그러면서 중국은 중·고등학교 역사교과서에서 隋·唐의 고구려 침략 전쟁을 슬그머니 삭제했다. 과거에는 모든 역사 교과서에서 가르치던 내용이었다. 중국 당국은 학생들의 부담을 덜기 위해 지엽적인 지식을 축소하였다는 논리로 그 삭제 이유를 설명하였지만, 이는 한국의 항의에 대비한 정치·외교적 언사일 뿐이었다.

돌이켜 보면, 중국 한족이 고구려의 영역이었던 만주 지역을 자국의 역사 강역으로 인식하기 시작한 것은 20세기에 들어와서의 일이었다. 1912년에 신해혁명으로 청淸이 멸망하고 중화민국이 들어섰으나 이는 청을 이민족 정권으로 규정하고 '만주족 축출, 중화 회복'을 기치로 내세워 투쟁한 결과로서 성립한 국가였으므로 청의 본거지라 할 수 있는 만주 지역에 대한 한족의 역사적 지리적 인식은 처음에 전혀 상관없다는 듯이 관심을 나타내 보이지 않는 형태였다. 그러다가 1931년에 일제가 만주사변을 일으켜 중국의 동북 지역에 대한 야욕을 드러내고, 그 이듬해 둥베이 행정위원회가 만주국滿洲國의 성립을 선포하기에 이르자 한족漢族의 역사지리인식이 변화하기 시작했다. 영토 상실에 대한 위기의식이 고조된 결과였다. 1935년에 진위푸金毓黻(1887~1962)가 펴낸『발해국지장편渤海國志長編』은 중국인들이 만주 지역의 역사에 매우 깊은 관심을 갖기 시작했음을 보여주는 한 표징이다.

1937년에 감행된 일제의 전면적인 내륙 침략(중일전쟁)이 중국인들을 전면 항전 및 항일 의지로 결속시키는 가운데 만주에 대한 역사의식을 더욱 고양시키는 기제로 작용하였다. 당시 중국의 역사학은 대일 항전의 국민 의지를 뒷받침하여 민족의식을 계몽하고 제고하는 것을 연구와 서술의 목표로 삼을 정도였다. 문헌고증의 입장에서 삼황오제를 부인하던 구제강顧詰綱(1893~1981)이『중국강역연혁약사中國疆域沿革略史』를 서술하여 만주가 자국의 영토임을 논변하고 나섰으니 그 분위기를 짐작할 만하다. 중국 동북 지역의 역사를 중국사로 편입하는 논리를 처음으로 주장한 진위푸의『동북통사東北通史』(1941)가 나온 것도 이 무렵의 일이었다.

『동북통사』에서 진위푸는 동북 지역이 역사적으로 중국의 강역이었음을 강조하여 영토 수복의 당위성을 설명하고자 하였다. 중국과 한국의 역대 사서를 토대로 기자箕子의 '동적東適'과 주周에 의한 분봉分封, 연燕・한漢에 의한 경략經略 및 군현郡縣 지배 사실을 논증함으로써 동북 지역이 한인漢人의 이주에 의해 개발되고 발전하였음을 주장하고, 나아가 중국 동북 지역과 한반도 북부 지역이 일찍부터 중국의 중앙정권에 종속되어 발전해 왔음을 나름대로 논증한 내용이었다. 그로서는 만주를 중국으로부터 분리하여 독자적 역사와 문화를 지닌 지역으로 파악한 일제의 만선사관에 맞서 동북 지역을 중국사의 범주 속에서 서술할 필요성을 느껴 이와 같은 주장을 피력하게 된 것이었다.

그러나 진위푸의 주장은 1949년 중화인민공화국이 들어선 후 거의 무시되어 묻히다시피 하였다. 두 가지 이유에서였다. 첫째는 중화인민공화국이 건국된 후 마르크스주의적 입장에서 자국사를 체계화하고, 이를 통해 새로 건립된 사회주의 정권의 정통성을 확립하는 것을 중국 역사학의 핵심 목표로 삼은 결과였다. 따라서 중국 역사학계는 농민전쟁을 중심으로 한 역사동력 논쟁이나 시대구분 문제 등 사회 성격의 규명을 위한 논의에 심혈을 기울였다. 둘째는 제2차 세계대전이 끝난 후 세계가 동서 양 진영으로 갈라져 대립하는 '냉전시대'로 돌입한 가운데 중화인민공화국이 성립한 이듬해인 1950년에 한반도에서 6・25전쟁이 발발했고, 여기서 중국이 '항미원조抗美援朝'76) 즉 미국에 대항하며 '조선(=북한)'을 원조한다는 정책 방향을 채택한 결과였다.

---

76) 中國은 6・25전쟁을 '抗美援朝戰爭'이라 부른다. 당시의 중국의 전략을 이해하는 데 다음 글이 참고된다.
박장배, 「현대 중국 학계의 고구려사 연구사업의 등장 배경」, 『역사와현실』 55, 2005, 153~160쪽.

동서로 양분된 냉전시대에 세계는 각자 자기 진영의 결속을 강화하기 위해 보편주의를 내세우며 국가 또는 민족 중심의 역사인식은 세계질서를 해칠 우려가 있는 시대착오적 의식으로 간주하는 경향이 강하였다. 이러한 추세 속에서 중국은 동맹국인 북한과 충돌할 우려가 있는 역사인식의 표출을 가급적 억제하고, '조선(=한국)' 역사의 주체성과 문화의 독자성을 인정하는 쪽으로 역사의식의 방향을 잡아가고 있었다. 수隋·당唐의 고구려 '침략'을 자성하며 규탄하는 등 과거의 역사 과정에서 중국이 자행한 침략 행위를 반성하는 분위기가 일반화될 정도였다. 궈모뤄郭沫若(1892~1978)의 『중국사고中國史考』(人民出版社, 1976), 판원란范文蘭(1898~1968)의 『중국통사中國通史』(人民出版社, 1965), 젠버짠翦伯贊(1898~1868)의 『중국사강요中國史綱要』(人民出版社, 1963) 등이 모두 고구려사를 조선(한국) 고대정권으로 인정하고 대외관계로 서술했으며, 여麗·수隋, 여麗·당唐 전쟁을 침략전쟁으로 규탄했다. 지금은 중국 땅이 되었지만 동북지방에서 발원하여 그 대부분을 영토로 삼았던 고구려와 발해의 역사에 대해서도 그것이 한국사의 영역임을 의심하지 않는 것이 중국 역사인식의 주류를 이루게 된 셈이었다. 1963년에는 당시 중국의 실권자였던 저우언라이朱恩來가 고구려·발해는 한국사라고 천명할 정도였다. 이와 같은 시대적 분위기 속에서 진위푸의 주장은 아무도 주목하는 이 없이 거의 폐기되다시피 한 상태가 되었다.

그런데 갑자기 진위푸의 논지에서 크게 벗어나지 않는 내용과 형태로 동북공정의 역사인식이 표출된 것이었다. 하지만 진위푸 류의 주장이 가진 학술적 한계와 문제점은 명백하였다.[77] 우선 고구려족의 발생과

---

77) 유석재, 「'고구려사 왜곡'에 대한 국내 학계의 쟁점별 반박 - "영토제국주의 드러낸 허점투성이 논리" -」, 『고구려는 중국사인가』, 2004, 279~302쪽.

거주가 모두 중국의 영토 내에서 일어난 일이므로 이들이 건립한 정권은 중국 역사상 지방의 소수민족정권이었다고 보아야 한다는 논리만 보아도 그 비학문성이 여실하였다. 현재의 중국과 고대의 중국 왕조를 동일시하고 현재의 중국 영토가 마치 고대부터 지금까지 그대로 지속된 것인 양 착각한 이 논리를 학문적이라 할 수는 없을 터였기 때문이다.

중국은 처음부터 단일문명체였던 듯 전제하고 논의를 전개하면서도, 기타 주변 민족은 정권 단위로 서로 다른 종족이었다고 파악하는 것은 이중적 관점이다. 중원 왕조의 변천은 종족적 차이에 관계없이 면면히 발전해온 문명체로 파악하면서 고조선·고구려·부여·발해 등에 대해서는 정권의 붕괴와 함께 해체된 것으로 인식한 이율배반에는 누구라도 납득할 수 없을 것이다. 고구려와 신라·백제의 관계를 전혀 다른 종족 간의 경쟁 관계로 처리한 것은 역사의식과 문화계승의식을 무시한 억지다.

또한, 역대의 조공책봉관계를 모두 정치적 예속관계로 파악한 것도 사실을 정확히 파악하지 못한 무리한 논리였다. 조공-책봉 관계는 이른바 천하天下관념과 화이적華夷的 세계관에 기초한 의제화擬制化된 국제간의 질서 체계였을 뿐이다. 그것은 중국의 정통 왕조를 천하의 중심에 두고 기타 지역을 문화적 편차를 기준으로 차등적으로 구별하여 차별 대응하던 인식체계로서, 중국이 제국질서 체제를 유지하기 위해 고안해낸 의제적 명분에 불과하였다.

상고 이래 '중국' 또는 '천하'의 개념 및 범주는 구체적 실상과 상당한

임기환, 「중국의 동북공정과 한국 역사학계의 대응 - 고구려사 인식을 중심으로 -」, 『史林』 55, 2006, 9~16쪽.
윤휘탁, 「한·중 역사논쟁과 역사화해」, 『中國史研究』 51, 2007, 339~347쪽.
송기호, 『동아시아의 역사분쟁』, 솔, 2007, 148~150쪽.

차이가 있고, 또 역사적으로도 상당한 변화를 거쳐 왔음은 이미 일반상식화한 사실이다. 조공-책봉 관계의 실상은 이를 기록한 사서의 서술 자체가 아니라 그 실제적 운용을 고찰할 때에만 드러나는 것이며 역사적 의미를 지니는 것이다. 실제 운용 면을 애써 외면한 최근 중국 학계의 논의는 학문적으로 일고의 가치가 없는 것이라 해도 과언이 아니다. 모든 책봉 관계를 정치적 예속 관계로 파악함을 전제하여 기자의 습봉襲封이나 한사군漢四郡, 안동도호부安東都護府 등을 그 예속의 증거로 삼으며 이로써 고구려와 중원 왕조와의 관계를 중앙정권과 지방정권의 관계로 파악하는 것은 다분히 추상적일 뿐만 아니라 위험한 인식이다. 국제 관계를 국내 관계로 파악하려는 시도는 침략적 속성을 지니게 되는 까닭이다.

그리고 고구려사를 한국사로부터 분리시키려는 시도도 가소로운 작태였다. 고구려 멸망 이후 영토와 인구의 귀속 여부를 근거로 발해 또는 고려와의 연계성을 부정하고자 하나, 이는 현재 강역을 중국의 역사 강역에 직접 대입시키려는 데서 온 것으로, 문화적 측면에서 역사의 계승 관계를 제대로 파악하지 않은 억지 논리다. 특히 이러한 문화적 승계는 여러 가지 측면에서 이해할 수 있겠으나, 가장 중요한 것은 역사의식일 터다. 스스로 고구려를 계승한 나라라고 자임하여 국호를 고려라고 했고, 앞 시기의 역사를 정리하면서 고구려사를 본기本紀로 담아 그것이 우리의 국사임을 천명했던 『삼국사기』의 역사의식은 움직일 수 없는 증거다.

발해가 멸망한 후 그 영토와 민호의 많은 부분이 고려로 편입되지 못한 것이 사실이나, 그렇다고 그 역사를 중국사로 볼 수 있는 것은 아니다. 중국이 발해의 터전에서 일어난 요·금 왕조와 후금(청)을 계승한 국가라는 의식을 전혀 갖지 않았으면서도 그 역사를 중국사라고 강변하는 것은 모순이다. 청나라로부터 국가를 되찾았다는 '반청反淸'의 기조는 현재도 한족漢族 일반의 역사의식이다. 이에 반해 고려는 고구려 계승의식에 기초하여 발해의 유민을 적극 받아들이고 그 문화를 계승하여 발전시켰으며. 조선에 들어와서도 발해사가 우리 국사의 일부라는 인식이 강인하였다.

이처럼 그 한계와 문제점이 명백한 억지 주장을 논리라고 들고 나온 것이었으므로 우리로서는 그 학술적 성과나 논리보다 정치적 배경에 더 주목할 수밖에 없었다. 새로 발굴된 자료가 있었다거나 그럴듯한 무슨 논리를 개발한 것도 아니면서 그동안 외면해 왔던 이야기를 새삼 그대로 들고 나왔다는 것은 어떤 정치적 상황의 변화를 반영한 결과라고 밖에 달리 이해할 도리가 없었던 까닭이다.

하긴 1980년대로 들어서면서 국제사회를 두 진영으로 가르던 냉전체제가 쇠퇴하는 변화가 있기는 하였다. 앞서도 언급했지만 제2차 세계대전 이후의 냉전체제는 보편주의를 앞세움으로써 국가 중심, 민족 중심의 역사인식을 세계질서를 해칠 우려가 있는 바람직하지 못한 의식으로 간주하고 이를 억제하는 구실도 해왔던 것인데, 이 체제가 유명무실해지자 그동안 억제되어 왔던 국가주의적 역사인식이 다시 고개를 쳐드는 변화가 일어났다. 일본의 한국사 왜곡이 본격화된 것도 이 무렵의 일이다.

중국은 특히 발해사의 귀속문제를 새로운 쟁점으로 들고 나왔다. 발해사를 중국사로 편입하기 위한 논거를 개발하고 관련 논문의 수를 양적으로 축적해 나가는 것이 연구의 주된 방향이고 목표였다. 그러더니 1990년대 들어서 급기야 고구려사까지 중국사로 보아야 한다고 주장하기에 이른 것이다. 연구의 방향과 결론이 이미 정해진 상태에서 진행된 것이었으므로, 자연히 그 논의는 기존의 역사 사실과 해석을 그대로 둔 채 이해의 방향만 전환하는 기술적 정치적 형태로 전개되었다. 그것은 학문적 연구가 아니었다.

따라서 우리가 동북공정 역사인식의 배경을 정치적인 면에서 짚어보게 된 것은 자연스러운 일이었다. 추정된 가능성은 대략 다음과 같았다.

첫째 1992년의 한중수교 후 적잖은 조선족들이 한국에 들어와 생활하면서 고국의 발전상을 보고 민족의식을 갖게 된 사실에 대해 대응할 필요가 제기된 결과일 가능성이다. 조선족은 스스로 한민족임을 자각하고 고구려 후손 의식을 강하게 지니기 시작하여 북한에서 탈출하는 '동족'을 도우며, 광개토대왕릉비를 참배하고 제사를 지내는 등 국적보다 민족적 귀속을 중시하는 경향을 보이고 있었다. 따라서 중국의 중앙정부는 이런 경향을 어떻게든 차단하고자 하였을 것이다. 중국인의 고구려사 연구 논문에서 고구려는 현재의 조선족과 역사적 계승관계가 없다는 것을 애써 주장하고 있는 사실이 이럴 개연성을 뒷받침하였다.

둘째 2000년 남북 정상회담으로 한반도 통일의 가능성이 가시화되자 통일 후 제기될 수 있는 영토분쟁에 대비할 필요를 느끼게 되었을 가능성이다. 17세기 이후 우리나라와 중국 사이에는 백두산을 둘러싸고 영토의 경계를 획정하는 문제가 누차 논의의 대상이 되어 왔으므로, 한반도가 통일된다면 한국은 틀림없이 백두산정계비문의 해석 및 간도

협약의 유효성 여부를 다시 문제 삼으리라 생각한 중국이, 이 일대가 본디 중국의 역사적 강역임을 주장함으로써 분쟁을 유리하게 이끌 논거를 확보하려는 것이 아닌가 짐작한 것이다. 중국은 이미 한국 학계 일부에서 간도 영유권을 둘러싼 문제에 관심을 보이는 사실에 유의하면서, 백두산 천지 남쪽 사면을 북한에 허용하는 내용을 골자로 1960년에 북한 정권과 맺은 국경협약조차 부정하는 태도를 보이고 있었다. 이 협약은 당시의 정치 정세를 고려한 양보로서 아직 정식 비준 절차를 밟지 않았기 때문에 이를 재조정해야 하며, 간도는 물론 백두산 영역에 대한 배타적인 영유권이 중국에 있다는 것이다. 중국이 국경 문제에 예민하게 촉각을 세우고 있음이 분명하였다.

셋째 북한 정권이 위기에 봉착한 사실과 관련하여 기회를 보아 북한 지역을 실질적으로 장악하기 위한 사전 포석일 가능성이다. 2000년 당시 중국은 TV를 통해 이른바 '항미원조오십주년抗美援朝五十週年' 기념 물을 요란하게 방영하였는데 그 중에는 대담 형식을 통해 북한 정권의 붕괴에 대비한 중국의 대응 방략을 논의한 프로그램도 있었다. 중국이 북한 정권의 붕괴 후 이 지역에 대한 처리 문제로 부심하고 있음을 보여주는 한 단면이었다. 여기서 토론자들은 6·25전쟁 때 북한을 도와 참전한 정신을 계승하고 발전시켜 나가야 한다는 둥, 남한을 도운 미군이 철수하지 않았는데 중국이 북한에서 병력을 뺀 것은 실책이 었으므로 다시 반복해서는 안 되리라는 둥의 이야기를 거침없이 쏟아내 고 있었다. 북한 지역에 대한 정치적 군사적 개입을 당연한 듯 전제한 언급이었다. 즉 이 대담의 궁극적인 방향이, 북한 지역에서 전개되는 국제적인 분쟁 또는 사건에 중국이 반드시 적극적으로 개입해야 한다는 쪽으로 향하고 있었던 것이다.

그런데 이러한 움직임과 관련해 동북공정 관련의 논문에서도 같은 맥락의 논리가 피력되고 있음이 주목되었다. 고구려 멸망은 고조선과 마찬가지로 중원 왕조의 말을 듣지 않고 독립을 꾀했기 때문에 야기된 당연한 귀결이며, 고구려에 대한 침공은 중앙권력으로서 당연히 취해야 할 도리를 취한 것일 뿐이었다는 논지였다. 여麗·당唐, 여麗·수隋 전쟁을 민족통일전쟁으로 평가한다든가, 임진왜란·청일전쟁 등 동아시아의 중요한 변국變局에서 중국이 한국에 대해 이미 행해 왔던 역할을 미화하는 내용의 글들도 잇따랐다. 결국 중국의 이익에 상반하거나 중앙정부의 통제를 무시할 경우에는 언제든지 무력을 사용하여 정벌할 수 있다는 논리였다.

그리하여 만일 중국이 북한 정권의 동요나 붕괴 등 북한을 지원한다는 구실로 대규모의 군사력을 파견하게 되는 상황이 발생할 것을 상정하고 고조선 이래 고구려·발해로 이어진 역사가 중국사라고 주장하는 것이라면, 이는 고구려 계승의식을 가진 북한 역시 중국의 일부로 간주할 수 있다는 논리로 발전할 개연성이 다분한 형태이므로, 북한의 영토와 인민을 실질적으로 장악하여 중국화하는 수순에 이미 착수한 것이나 마찬가지일 터였다. 쑨진지孫進己와 리더산李德山 등 한반도 북부는 역사적으로 중국 영토라고 주장하는 이들마저 나오는 형편이었다.[78]

우리는 당연히 중국에 엄중히 항의하였다. 그러나 중국은 역사를 왜곡할 의지가 전혀 없으며, 동북공정은 지방정부 차원의 과제일 뿐이고, 여기서 표출된 역사의식은 학자 개인의 학술적 견해일 뿐이라는

---

78) 송기호, 위의 책, 151~161쪽.

오리발식 해명만 돌아왔다. 학술 문제에 왜 국가가 나서서 정치적·외교적으로 호들갑이냐는 투였다. 물론 중국의 중앙정부가 주도면밀하게 준비하고 착수한 일이었고, 따라서 처음부터 정치적 의도에서 비롯된 문제였지만,[79) 강경하게 논의를 더 확대하기는 곤란하였다. 우리도 학술적인 면에서의 대응을 모색할 수밖에 없었다. '고구려연구재단'을 설립하게 된 것은 그 결과였다. 고구려연구재단은 활발한 학술 활동을 펼쳐 동북공정 역사인식의 허구성을 설파하였다.[80)

그런데 동북공정의 의도와 배경에 대한 연구가 진행될수록 우리와 중국 사이에 고대사를 둘러싼 역사 분쟁이 불가피한 상황이라는 사실이 점차 명료해졌다. 한국사의 기원이자 고대의 주된 활동 무대였던 곳이 지금은 중국 영토가 되어 있는 데서 오는 역사 귀속의식의 충돌[81)과, 중국이 내부의 최대 소수 민족인 조선족을 근대 이주민으로서가 아니라 고대 이래 중국 민족의 일부로 성립한 민족인 듯 조작하고 이 의식을 북한 지역으로까지 확산하려는 정치적 의도를 가진 데서 비롯한 역사왜곡[82)이 양국 간의 역사 갈등을 단순한 역사 분쟁이 아닌 역사 전쟁으로

---

79) 나영주, 「'동북공정'의 발전 과정과 정치적 성격」, 『민족연구』 13, 2004, 8~13쪽.
우실하, 「동북공정은 '대중화주의'로 가는 중국의 국가전략의 일부」, 『월간 말』 통권 244, 2006, 116~121쪽.
尹輝鐸, 「'포스트(Post) 동북공정': 중국 東北邊疆戰略의 새로운 패러다임」, 『歷史學報』 197, 2008, 102~109쪽.

80) 고구려연구재단은 『北方史論叢』 『연구총서』 『기획연구』 『북한의 역사연구』 『국제학술회의』 『북방사자료총서』 등을 간행하여 관련 연구를 촉진하는 사업을 전개하고 그 성과를 정리하였다.

81) 한창균, 「고조선의 성립배경과 발전단계 시론 - 고고학 발굴자료와 연구성과를 중심으로 -」, 『國史館論叢』 33, 1992, 1~33쪽.
박양진, 「중국 역사공정의 비판적 검토 - 하상주단대공정과 중화문명탐원공정을 중심으로 -」, 『역사비평』 통권82, 2008, 299~318쪽.
복기대, 「한국 상고사 연구에 있어서 고고학 응용에 관하여 - 요서 지역 고대문화를 중심으로 -」, 『仙道文化』 6, 2009, 257~276쪽.

까지 내몰고 있음에서다. 기실은 고구려사가 문제인 것이 아니었다. 초점은 이른바 '랴오허 문명遼河文明'과 '통일적다민족국가론'에 있었다.

중국은 '동북공정'에 앞서 '하상주 단대공정夏商周斷代工程'을 추진하여 작업을 완수하였고, '중화문명탐원공정中華文明探源工程'에 착수하여 아직 진행중이다. '하상주 단대공정'은 국가과학기술연구 중점 항목의 하나로 선정되어 1996년부터 2000년까지 수행된 프로젝트로서, 표제 그대로 하·상·주의 연대를 획정하는 사업이었다. 그리하여 이 사업의 결과로서 얻은 연대는, 하나라의 시작이 기원전 2070년, 하에서 상으로의 교체 시기가 기원전 1600년, 상이 은殷으로 천도한 시기가 기원전 1300년, 주周의 상商 정복 시기가 기원전 1046년이었다. 중국을 제외한 다른 나라의 학자들은 대개 이와 같은 연대 추정에 대해 무리한 추정과 비정을 거듭하여 얻은 것이므로 신뢰할 수 없다는 반응을 보였지만, 요점은 그동안 신화 속의 가공의 왕조로 간주되어 온 하왕조를 실제 역사로 명시한 데 있었다. 허난河南의 얼리터우 문화二里頭文化가 곧 하문화夏文化라고 한다.

그런데 중국은 하상주 단대공정을 수행하면서 문제가 그리 간단하지 않음을 깨닫게 되었던 것 같다. 신화 속의 하나라보다 그 편년이 더 오래된 것으로 나타나는 문명이 랴오허 일대에서 대거 출토되었기 때문이다. 이는 허난 쪽에 비정된 하문화의 중심과 거리도 멀고, 출토 유물의 성격이 다른데다, 더 발달한 별개 문명으로 여겨졌으므로 이를 자칫 잘못 취급했다가는 하의 후예로 자처하는 한족漢族보다 우월한 다른 민족의 존재를 인정할 수밖에 없게 되어 중국사의 연원 자체가

---

82) 강권찬, 「민족정책과 정치전략에 의한 역사왜곡」, 『민족연구』 13, 2004, 98~122쪽.
  우실하, 「'통일적다민족국가론'의 전개와 적용」, 『高句麗研究』 29, 2007, 63~83쪽.

애매해지고 말 형세로 감지되었겠다. 전면적이고 체계적인 중국 문화의 원류 찾기가 불가피했을 것이다. '중화문명탐원공정'은 이런 배경에서 착수되었다. 2001년부터 2년 동안 그 예비 연구를 진행하고, 이를 토대로 2004년부터 2005년까지 제1단계 연구를 수행하여 전체적인 연구 방향의 타당성을 가늠한 다음, 제11차 5개년(2006~2010) 국가과학기술 연구계획의 중점 과제로 선정해 현재 막바지 연구를 진행중이다.

'중화문명탐원공정'은 세계 4대문명의 하나인 황허 문명黃河文明의 발생 및 변화 과정 그리고 그 특징과 전파 경로 등을 규명함으로써 인류사회 발전 과정 연구에 공헌한다는 것을 목표로 삼고 있었지만, 연구 대상이 되는 시기를 기원전 3500년으로 소급 설정하고, 지역도 중원 일대를 벗어나 창장長江 및 랴오허 유역으로까지 확대 조정한 데서 보듯 황허 문명에 초점을 둔 사업이 아니었다. 창장 하류의 허무두 문화河姆渡文化(기원전 5천~4천 년대의 신석기문화)와 랴오허 서편 다링허大陵河 유역의 홍산 문화紅山文化(기원전 4천5백~3천 년대의 신석기문화)·싱룽와 문화興隆窪文化(기원전 6천2백~5천4백 년대의 신석기문화) 등을 염두에 둔 프로젝트였다. 특히 다링허 유역에서는 기원전 6천~7천 년 무렵까지 올라가는 유적들이 발견되고, 기원전 3천 5백~3천 년경에는 이미 국가가 성립했다고 보아도 넉넉할 정도의 발달한 문화 유적들이 대거 출토되어 황허 문명 중심의 종래 역사관을 뒤흔든 바 있었다. 1983년에 뉘우허량牛河梁에서는 눈을 비취로 만든 여신상과 제사를 지냈던 신전, 벽화, 적석총이 출토되었으며 한 변의 길이가 60m에 달하는 7층 금자탑[피라미드]과 이에 딸린 40m×60m 규모의 제단이

214

확인되었는데, 이처럼 거대한 금자탑과 제단이 기원전 3천 년 이전에 세워졌다는 사실을 종래의 역사관에 입각해서는 도무지 납득할 수 없었던 것이다. 즉 '중화문명탐원공정'은 이처럼 발달한 다링허~랴오 허 유역의 문명을 어떻게든 중국 문명의 원류로 설명할 역사 논리를 개발해 내야 한다는 데 초점이 맞추어진 사업이었다.

중국이 '중화문명탐원공정'에 심혈을 기울이고 있는 이유는, 이러한 역사 논리를 성공적으로 세울 수 있느냐의 여부가 곧 유사 이래 최대의 판도를 자랑하는 현재의 중국을 그대로 유지할 이데올로기를 확보하느 냐 마느냐의 기로라고 생각하기 때문인 것으로 추측된다. 중국은 사회 인류학자 페이샤오퉁費孝通(1910~2005)이 제창한 '중화민족다원일체격 국론中華民族多元一體格局論'에 입각해 한족을 중심으로 55개 소수 민족이 결집해 하나의 중국 민족[중화민족中華民族]을 이룬다는 것을 '다민족국 가' 중국을 하나의 통일국가로 유지하는 국가적 이데올로기로 삼고 있는데, 발달한 랴오허 문명의 주인공이 한족漢族이 아니라면 이 이데올 로기의 존립 자체가 위협받게 되리라고 여길 것이 명약관화한 일이기 때문이다.

그런데 우리로서는 이러한 중국의 입장을 이해하고 이 사업의 결과를 그저 앉아서 기다리고만 있기가 곤란한 처지다. 이른바 '랴오허 문명'은 우리 역사의 기원과 관련된 문명이라고 여겨지기 때문이다. 이는 거의 틀림없이 고조선 문명의 일부라는 것이 우리 쪽 생각이다.83) 따라서 우리 입장에서는 그 역사를 고스란히 중국에 넘겨줄 경우, 자신의 근본과 기원도 모르고 선조를 부인하는 기억상실증 환자가 되어 스스로

---

83) 우실하, 『동북공정 너머 요하문명론』, 소나무, 2007.
　　이형구·이기환, 『코리안 루트를 찾아서』, 성안당, 2009.

정체성을 상실한 나머지 미래도 기약할 수 없는 딱한 처지가 되고 말 위기에 처해 있는 셈이다. 중국과 타협하거나 양보할 수 없는 고대사 전쟁이 불가피하고, 또 우리가 반드시 이겨야만 하는 이유가 여기에 있다. 온전히 살아남기 위해서다. 이 전쟁에서의 승리는 정확한 사실 규명과 올바른 역사 이해를 통해서만 가능하다. 역사는 필요나 당위에 의해서가 아니라 사실로서 존재하는 까닭이다.

랴오허 문명의 기본 흐름은 신석기시대의 빗살무늬토기문화에서 청동기시대의 비파형동검문화로 발전한 것으로서 황허 문명의 그것과 무관하고 우리 문화와 거의 일치한다. 그리고 이 지역은 우리가 오랫동 안 우리 역사가 시작된 곳으로 지목해 온 곳이며, 실제로 뉘우허량의 여신묘에서는 진흙으로 빚은 곰발이 발견되고 그 인근의 적석총에서는 곰의 아래턱뼈, 곰 이빨 등이 출토되었다. 여신상의 실체가 웅녀熊女일 가능성이 높은 것이다. 이는 단군신화가 역사적 사실을 농후하게 반영 한 내용일 개연성을 함의한 사실이라 하겠다. 우리 학계의 일각에서 지적하고 우려하듯이 단일민족사관,[84] 민족주의사관[85]에 감정적으로 빠져 생각해서는 안 된다 하더라도 적어도 실제 역사 사실만큼은 정확하 게 알아야 할 것이다. 문제는 이러한 사실들을 검토하는 우리의 역사인 식 곧 정신이다.

---

84) 윤휘탁, 앞의 「한·중 역사논쟁과 역사화해」, 347~353쪽.
85) 鄭杜熙, 「中國의 東北工程으로 제기된 韓國史學界의 몇 가지 문제」, 『歷史學報』 183, 2004, 457~476쪽.

2) 중국의 한·중 고대사 조작操作과 학적學的 허실虛實

중국이 유사 이래 지금까지 자기 세계와 구분하여 동방에 있는 별도의 세계로 파악하고 따로 '동이전東夷傳'으로 서술해 왔던 역사를 느닷없이 자신들의 역사라고 강변하고 나섰다. 이리 된 배경에는 중국이 역사상 최대의 판도를 갖기에 이른 그동안의 변화와, 일제의 압제로부터 탈출하여 간도나 만주로 들어가 살게 된 다수의 우리 동포가 지금은 조선족으로서 중국인의 일부를 구성하게 된 근현대사의 역정이 개재해 있다. 현재의 중국을 이끄는 지도층으로서는 중원에 통일 제국이 들어선 뒤에는 반드시 분열하고 말았던 과거의 역사를 염두에 두면서 현재의 거대 중국을 유지하기 위해, 광활한 판도 안의 50여 개 민족에게 똑같이 '중화민족'의 일원이라는 자격을 부여하고, 지역 간의 경제적 사회적 격차를 어떻게든 최소화해 균등 발전을 도모하는 정책을 추구할 수밖에 없을 것이다. 따라서 그들이 조선족으로 하여금 중화민족의 일원으로서 자긍심을 갖게 하고, 동북지역을 발전시켜 다른 지역에 비해 상대적 박탈감을 느끼지 않도록 조정해 나가는 일은 매우 중요한 국가 정책 방향일 터다. '동북공정' 추진의 배경이 이해되지 않는 것은 아니다. 그러나 그러기 위해 우리 역사를 왜곡하는 것은 좀처럼 용납할 수 없는 일이다.

사리는 분명하다. 우선 명백한 사실은 과거에 우리 조상의 역사 무대가 지금은 중국 땅이 되어 있다는 것이다. 따라서 중국은 지금의 자기 땅에 과거에는 누가 주인공으로 어떠한 활약을 했는지 파악하고 말하며 후세에게 전할 권리가 있다. 그러나 지금의 영토에 살던 과거 사람들이 모두 자기 조상이라는 억지 논리를 주장해서는 안 된다.

남의 조상을 자기 조상이라고 우기는 행위는 진짜 자기 조상에게 욕이 되는 행위이자 남에게는 그의 정체성을 훼손하며 짓밟는 패악임이 분명하기 때문이다.

민족이 단지 생물학적인 혈통 개념에 입각해서 성립하는 것이 아니듯이,[86] 역사의 계승은 단순히 혈통으로만 이루어지는 것이 아니다. 고구려 땅만이 아니라 그 사람들의 대부분이 발해 - 요·금 - 청을 거쳐 지금의 중국으로 흡수된 것이 사실이나, 중국인들은 고구려인의 혈통을 계승했다는 의식도, 그 문화를 계승했다는 의식도 가진 바 없었다. 반면에, 극히 일부의 고구려인만이 신라로 들어온 것이 사실이라고 해도, 우리의 경우는 고구려를 우리 역사로 썼고, 신라를 계승한 나라가 국호를 고려라 하여 고구려 계승의식을 내세웠으며, 지금까지 그 역사와 문화를 고스란히 계승했다는 의식을 한순간도 잃어본 바가 없다.

우리가 진정 알고자 하는 바는 우리 자신이 어디의 누구로부터 시작하여 어떤 과정을 거쳐 지금에 이른 존재인가 하는 것이다. 우리의 조상이 발원했던 장소는 어디며 때는 언제인지, 그때 우리의 조상들과 함께 했던 사람들은 누구였으며 또 그들은 언제 무슨 일을 계기로 어떤 과정을 거쳐 우리와 멀어져 갔는지, 그리하여 지금 살아남은 '우리'는 과연 누구인지 등을 알고 싶을 뿐이다. 우리와 함께했던 이들의 후손이 설사 지금 살아남아 저 역사를 그들이 쓴다고 해도 우리는 또 우리 나름대로, 함께 했다가 서로 갈라선 역사를 써주어야 마땅할 일인데 저들이 모두 불행히 절멸함으로써 지금 저들의 역사를 기억하고 서술해

---

86) 盧泰敦, 「한국민족형성시기론」, 『한국사시민강좌』 20, 1997, 158~181쪽.

줄 이라고는 우리밖에 없는 마당에, 더군다나 극히 일부라 할지라도 저들의 후손이 이미 '우리'가 되어 있는 처지에서, 우리가 왜 저 역사를 우리 역사로 서술해야 하느냐고 한다면 이는 도리와 책무를 외면한 불의 또는 패리悖理가 아니겠는가? 저 역사를 포함하여 그간의 경과를 총체적으로 서술해야 할 의무가 우리에게 있고 또 그 역사가 곧 우리 자신의 역사 바로 그것인 것이다.

인류가 정신없이 살다가 스스로의 정체성을 따져 묻게 된 중세에, 사람들은 과거에 우리와 함께 했던 사람들은 지금 어디에 있는지(Ubi sunt qui ante nos fuerunt?) 묻기 시작했다. '우리'라는 개념이 이때 인류의 머릿속에 상상으로 창조된 것이 아니라, 문득 그때까지의 삶을 정비하면서 실제 일어났던 과거의 일들이 우리 모두에게 얼마나 소중한 가치를 가진 일이었는지 새삼 깨닫고 흩어졌던 기억과 기록을 모아 체계적으로 서술하기 시작한 것이었다. 단군의 조선 건국 사실이 고려 후기의 기록에 처음 보인다고 해서 그것을 상상력의 소산으로 본다면, 이는 조상의 역사에 대해 진 빚의 무게가 너무 무거워 자칫하면 깔려 죽겠으므로 그것을 외면하고 부정하려는 긴급피난 행위일지는 모르겠으나 올바른 인식도 정당한 주장도 아님을 알아야 할 것이다. 살아남은 자의 책무를 저버려서는 곤란하다.

그러므로 중국은 비록 지금은 자기 땅이지만 과거에 한국인의 조상들이 활약했던 곳이라는 사실을 인정하고, 한국이 그들이 남긴 문화와 역사에 대해 올바로 서술할 수 있도록 관련 유적·유물에 대한 접근과 연구 활동을 보장해야 옳다. 중국은 한국의 연구 성과를 참조하는 가운데 나름대로 독자적인 연구도 가능할 것이나, 그것이 이들 유적·

유물에 대한 배타적 연고권을 주장하기 위해 그 문화의 주인공을 아예 중국인의 조상으로 왜곡하는 형태여서는 곤란하다. 어순과 어문 구조가 다른 언어체계를 가졌고 신석기시대부터 지금에 이르기까지 줄곧 별도의 문화를 창조해 영위했던 이들을 화하족華夏族의 한 갈래로서 동족이라며 눈 하나 깜빡이지 않고 주장할 수 있는 억지가 어디서 비롯한 것인지 도무지 납득하기 어렵다. 중국은 다민족국가고 그 가운데 조선족도 있으므로 조선족의 역사와 문화는 모두 중국의 것이라는 폭력적이고 침략적인 주장을 세계 시민이 용납한다면 인류의 미래에 평화와 공존은 더 이상 기대하기 어려운 가치가 될 것이다.

그럼에도 불구하고 우리 사회에는 중국 측에 오히려 힘이 될 수도 있는 주장을 피력하는 이들이 적지 않다. 흔히 냉철하고 객관적인 학자로서의 양심, 혹은 과학적 학문의 불편부당성을 내세우며 이런 주장이 제기되고 있는데, 중국 쪽의 논리에 동조하며 오히려 이를 조장하는 듯한 견해여서 중국이 부리는 억지가 혹여 이들의 주장에 힘입어 나오는 것이 아닌가 생각될 정도다. 이들은 평화와 공존을 무엇보다 우선하는 최상의 가치로 생각해서인지는 몰라도, 이 가치의 구현을 위해서는 '냉철하고 현명하게' 자신의 조상마저 버릴 각오를 가진 듯 보인다. 중국인의 왜곡된 고대사 인식보다도 오히려 그것을 부추기고 있는 우리 내부의 인식이 더 문제인 것이다. 그 뒤틀린 의식을 바로잡지 않는다면 우리는 내부의 분열로 스스로 주저앉고 말 것이 틀림없다.

우선 지적해 둘 것은 대한민국도 하나의 국가고 중국도 하나의 국가라는 '평등' 내지 '균등' 의식의 문제점이다. 한국과 중국의 1인당국민소득을 비교하고 한국이 중국보다 약 스무 배 잘 사는 나라라고 생각하는 것이 이런 의식의 대표적인 예다. 그래서 한국이 중국보다 '부자 나라'라고 착각한다. 우리는 '나로'호 발사에도 실패한 반면 중국은 우주독립국이고, 우리는 남의 나라 유전 개발에 참여하여 약간의 지분을 가진 반면 중국은 자국령에 유전을 가진 세계 5위의 산유국이며, 무엇보다 중국은 우리 영토의 약 96배, 인구의 약 28배나 되는─남북한을 통틀어 '우리'라고 본다면 영토는 약 43배, 인구는 약 20배가 된다─ 거대한 나라라는 사실을 직시하지 못하는 것이다. 비근하게 말해서 중국은 핵보유국이며, 자기가 가진 돈을 지금부터 흥청망청 쓰기만 하고 전혀 벌어들이지 않아도 다 쓰지 못하고 죽을 중국의 부유층 인구가 우리나라 전체 인구보다 훨씬 많은 현실이다. 중국은 우리와 비교를 불허하는 부강국인 것이다.

우리나라와 중국이 서로 1 : 1 대응하는 똑같은 국가라는 보편성 중시의 사고는 그 나름대로 가치와 효용이 있는 측면이 있겠지만, 거대한 중국대륙에 붙은 조그만 반도의 남부 반쪽에 살면서 '겨우' 5천만에 지나지 않는 인구를 가진 한국은 중국과 여러 면에서 처지가 다르다는 개체 인식을 어느 순간도 놓쳐서는 안 된다. 그리고 우리는 유사 이래 지금까지 중국인들과 영토를 맞대고 지내면서 저 문화에 흡수 내지 동화되지 아니하고 대대로 우리말 우리 문화를 유지하며 살아온 민족이라는 역사적 현실도 망각해서는 곤란하다. 무엇이 우리로 하여금 이러한 자립과 자존을 가능하게 했는지 그 원동력에 대한 통찰을 포기해서는 안 되는 것이다. 중국과 똑같다는 보편의식으로 저들과 동일한 원칙을 우리에게도 적용함이 옳다는 논리는 위험하다.

중국의 국가주의·민족주의를 비판하려면 우리도 그것을 버려야 한다는 주장은 얼핏 그럴 듯하지만 자신이 처한 처지를 잊은 소치다. 중국에게 중화민족주의는 제국주의적 팽창을 합리화하는 싹쓸이 논리로 성립한 것이지만 우리에게 민족주의는 그저 살아남기 위한 절규로서의 자기주장 그 외의 것이 아니기 때문이다. 한국과 중국이 서로 똑같이 양 국민의 거주·이전의 자유를 보장하자고 한다면 중화민족의 수십 분의 1밖에 안 되는 소수민족인 한국인은 머지않아 소멸하고 말리라는 이치와 마찬가지로, 우리가 처한 특수한 개체로서의 처지와 성격을 망각한 역사인식은 스스로를 파멸로 이끌 것이다. 이스라엘을 비난하는 논의라도 그 '민족주의'만을 문제 삼지 않는 사실에 유의해야 할 것이다. 지금 이스라엘이라는 국가가 지구상에 존립하는 근거 자체를 부정할 수는 없는 일인 까닭이다.

그리고 또 지적해 둘 것은 속인적屬人的 역사인식과 속지적屬地的 역사인식을 혼동하고 착각한 논의의 위험성이다. 속인적 역사인식은 우리나라 전통의 역사 이해 방식으로서 우리 조상들의 활동과 관련된 사실 전반을 국사로 파악하고 서술한다. 지역으로는 중국인들이 그들의 정사正史에서 「동이열전東夷列傳」으로 편제하여 서술한 대부분의 국가사가, 시간상으로는 문헌과 유물로 추적할 수 있는 한 우리 조상들과 연관된 고대의 모든 사실들이, 국사의 범주에서 이해된다. 우리의 국사는 단군이 세운 고조선에서 시작된 유구한 역사라는 생각이 이와 같은 이해에서 생겼고, 삼국만이 아니라 남북옥저·동북부여·예·맥 등이 모두 단군의 자손이었다는 『제왕운기帝王韻紀』 이래의 인식이 여기서 비롯되었다. 이런 역사 이해의 저변에는, 따라서 '국사'란 곧 '우리 민족사'라고 여기는 발상이 깔려 있다.

반면에 속지적 역사인식은, 한국사의 경우엔 일제가 『조선사』를 펴내면서 처음 구체화되었는데, 땅[지역]을 중심으로 역사를 파악하는 방식이다. 일제는 조선국을 '이조李朝'라고 불러 자주국가로 인정하지 않으려는 태도를 보이면서, 한반도를 가리키는 지역 개념으로만 '조선'이라는 용어를 썼다. 그러므로 『조선사』는 한국인의 역사가 아니라 한반도라는 지역의 역사로서 집필된 자료집이었던 셈이다. 새로 편입한 지역의 역사를 살필 때, 또는 근대에 확정된 영토를 무대로 성립한 신생국가의 역사를 서술할 때 흔히 속지적 역사인식에 선다. 우리의 역사를 고조선 이래의 유구한 역사로서가 아니라 1948년 8월 15일에 성립한 신생 대한민국의 역사로 파악하려는 사람들이 속지적 역사인식에 입각하는 경향을 보이는 것은 이런 사정 때문이다. 또 서양을 잘 아는 사람들이 속지적 역사인식에 서는 경우가 많은데, 서양의 경우 각국의 역사는 대개 민족국가로 성립한 근대 이후의 역사에 불과한 사실에서 크게 영향을 받은 듯하다. 이들은 대한민국 성립 이후의 역사만을 한국사로 파악하고 전근대의 역사는 그 배경을 이해하는 각도에서 적당히 살피는 것이 객관적인 역사인식이라고 생각하는 경향이 강하다. 8·15를 '광복절'로서가 아니라 '건국절'로 기념해야 한다든가, 북한 주민은 엄밀히 말해서 '우리 민족'이 아니라고 주장하는 사람들은 거개가 속지적 인식으로 국사를 파악하는 사람들이다.

중국이 고구려의 역사를 '중국고구려사'로 파악했을 때, 이는 속지적 역사인식과 속인적 역사인식을 적당히 배합하여 편리한 대로 쓴 경우다. 옛 고구려 땅이 지금 중국의 땅이 되었으니 중국이 그 역사를 서술해야 한다는 인식과, 중화민족에 조선족이 들어 있으니 조선족의 역사와 문화는 모두 중국의 역사고 문화라는 인식이 얼버무려져 있다. 이처럼 두 가지 역사인식을 적당히 혼합하여 남에게 적용하는 경우는 대개 침략성을 띤 인식이 되지만, 자기 스스로에게 적용하는 경우는 역사의 단절과 분열을 조장하여 자폭적인 인식으로 작용할 공산이 크다. 예컨대 종래의 『국사』 교과서에서 구석기시대·신석기시대의 유물 분포를 한반도 지도 위에 표시하다가 청동기시대부터는 느닷없이 역사 무대를 랴오허 유역으로 옮겨 다링허 유역부터 만주를 거쳐 한반도에 이르는 지역을 고조선의 영향력이 미친 범위로 표시했던 것은 속지적 인식에서 갑자기 속인적 인식으로 전환함으로써 생긴 국사의 부정합과 단절의 사례다. 한반도에서 출토되는 유적·유물을 주된 연구 대상으로 삼고 있는 고고학자들에게 삼국 성립 이전의 역사 서술을 담당하게 한 데서 빚어진 결과였다.

그런데 중국의 동북공정과 관련한 우리 쪽 논의가 고구려사를 만주지역사로 착각하는 경향을 보이고 있어 우려된다. 학계의 일각에서 고조선에서 고구려를 거쳐 발해로 이어진 북방의 국사를 '동북아시아사'로 파악해야 한다는 주장이 제기되고, 이것이 관철되어 '고구려연구재단'을 '동북아역사재단'으로 재편하기에 이른 과정이 필자로서는 바람직한 것이었다고 여겨지지 않는다. 2003년 12월 9일에 우리나라의 17개 한국사 관련 학회가 중국의 동북공정 역사인식에 대해 입장을 표명하는 연명의 선언문을 발표한 적이 있는데, 이에 대한 논평 형식의 글에서 정두희鄭杜熙는, 만주 지역의 고구려 영토가 한국사의 범위 밖으로 떨어져 나간 것이 사실이므로 고구려사는 엄연한 한국의 역사라는 선언의 의미가 다소 공허하게 들린다면서, "고구려사에 대한 중국의 태도가 부당하다는 것을 인정한다고 하여도, 만주 지역의 역사가 전적으로 한국사에 귀속된다고 주장할 사람은 아무도 없을 것이다."라고 했다.[87] 고구려사를 만주지역사로 파악하는 속지주의적 역사인식에 서서 종래의 속인주의적 역사인식이 남의 영토를 침범한 것처럼 생각하고 말한 언급이다.[88] 그러나 이는, 누가 만주지역사 전체를 우리 국사로 간주하고 있기라도 한 듯 스스로 가상의 장면을 연출하고 이를 공격하는 자가당착에 빠지고 만 언급이라는 비판을 모면하기 어렵다. 고구려사가 우리 국사인 것과 만주가 현재 중국 땅인 것은 별개의 문제임에도 불구하고 이를 혼동함으로써 빚어진 착각이 아닌가 한다.

한국사를 1948년 8월 15일에 성립한 대한민국의 역사로 한정해서 정의하고 이해하는 사람들에게라면, '고구려사는 고구려인의 역사일 뿐 한국사가 아니다'라는 주장은 설득력이 있을 것이다. 그러나 우리 역사를 그런 '한국사'로서가 아니라 '국사'로서 파악하고 이해하는 사람에게 이는 그저 의아하고 무의미한 언급에 지나지 않는다. 국사는 그때 우리와 생사를 함께했던, 지금은 멀어져 간곳조차 모르지만 피를 나눈 동족임이 분명한 저들과 함께했던 그 오랜 역사를 우리의 역사로 파악하기 때문이다.

저들은 우리 민족이 근대국가의 성립과 함께 성립한 것이므로 북한은 우리 민족일 수 없다고 한다. 또 '민족'은 가상의 실재이므로 정말 존재하는 것처럼 착각하면 곤란하다고 충고하기도 한다. '민족'이라는

---

87) 鄭杜熙, 앞의 「中國의 東北工程으로 제기된 韓國史學界의 몇 가지 문제」, 464쪽.
88) 고구려사를 요동의 역사로 파악해야 한다는 주장도 제기되어 있다.
　　김한규, 『요동사』, 문학과지성사, 2004.

'개념'이 생긴 근대에 와서야 '우리'가 성립한 것이지 그전에 서로 계급이 달랐던 사람들이 어떻게 자신들을 한 단위로 묶어 '우리'로 인식했겠느냐는 것이다. 그러나 그 대상이 설사 이민족異民族일지라도 우리는 '우리'가 그들과 다르다는 생각조차 못했으리라는 상정에 수긍하기는 좀체 쉽지 않다. 만약 이 생각이 정녕 타당한 것이라면, 바로 곁에 천하를 자칭하는 거대 문화권을 둔 '우리'가 어떻게 그와 다른 독자적인 문화를 형성했고 또 그것을 지금까지 유지해 올 수 있었는지 제대로 설명할 수 없을 것이기 때문이다. 근대에 들어와 서양이 '민족'이라는 개념을 창조하고 그것을 우리에게 가르쳐 주기 전에는 우리 스스로 우리가 남과 다른 존재인 줄도 모르고 살아왔다는 것이니, '민족'이라는 단어의 존부存否가 곧 '우리'라는 의식의 존부와 일치하리라고 단정하는 것을 논리적이라 말하기는 어려울 것이다. '나라의 말이 중국과 다르다'는 훈민정음 창제의 기본 정신은 분명히 '우리'의 존재에 대한 자각을 보여주는 단적인 예다.

　민족주의를 경계하는 논의는, 현재 한국 사회가 국제사회로부터 인종차별적 요소가 강한 나라로 지탄받고 있는 사실에 주목하고, 이런 경향이 우리가 가진 '단일민족' 의식의 순혈주의적 사고에서 비롯했으며, 역사 사실과 다른 순혈주의적 사고가 생긴 것은 지금까지 역사를 민족주의적 '국사'로 가르쳐왔기 때문이라고 생각한다. 민족주의는 배타적이고 폐쇄적인데다 공격적 성격마저 띠기 십상이므로 세계 시민이기도 한 우리에게 이런 요소가 있다면 가급적 빠르고 철저하게 청산해야 하지 않겠느냐는 것이다. 그러므로 '민족주의는 반역'이라는 말까지 나왔다.[89]

20세기에 들어와서 생긴 민족의식으로『국사』의 전 과정을 파악하고 서술한 측면이 있는 것은 사실이다. '우리 의식'이 곧 '민족의식'인 것처럼 표현한 것은 과한 측면이 없지 않았으며, 사실과 다르게 순혈주의를 조장하기 쉬운 서술이『국사』교과서에서 발견되기도 한다.90) 이를 포함하여 우리 역사인식에 배타적 폐쇄적 요소가 있다면 가능한 한 분명히 수정함이 옳을 것이다. '단일민족'의 의미를 생물학적으로 순수하게 하나의 혈통을 가진 민족이라는 뜻으로 쓴 적은 없다고 생각하지만, 만일 그런 뜻으로 잘못 알고 가르친 경우가 있다면 당장 수정할 일이다.91)

그러나 우리는 역사상 한 번도 민족주의를 제대로 실천해 본 적이 없는 민족이라 해야 정확한 말일 것이다. 일제강점기의 '민족주의'는 민족주의라기보다 광복을 향한 처절한 몸부림이었으며, 광복 후 이런 민족주의에 대한 반성으로 열린 민족주의를 표방한 신민족주의가 제창되었으나 결국 민족상잔의 6·25전쟁이 일어남으로써 표몰漂沒하고 말았다. 따라서 저러한 국사 이해의 오류가 '민족주의'의 발로로 생긴 것이라 할 수 없으며, 우리 사회가 가진 배타성과 폐쇄성이 '민족주의'에서 기인한 것도 아니다. 그것을 '민족주의'라고 부를 수는 없는 일이기 때문이다. 우리의 '민족주의'가 제대로 구현되었다면 한국인과 혼인하여 한국인이 되려고 한국으로 온 사람들을 차별 대우할 리 없고, 우리의 부족한 노동력을 메우기 위해 한국으로 온 외국 노동자들에게 야박할

---

89) 임지현,『민족주의는 반역이다』, 소나무, 1999.
90) 윤휘탁, 앞의「한·중 역사논쟁과 역사화해」, 347~353쪽.
91) 필자가 생각하는 단일민족의 의미와 가치에 대해서는 拙著,『뿌리 깊은 한국사 샘이 깊은 이야기』, 솔, 2002, 41~44쪽을 참조할 것.

이유가 없었다.

'민족주의'는 개인보다 민족을 우선하는 사상이다. 개인의 이익보다 민족의 체통과 복리를 더 중하게 생각하는 사상이 곧 '민족주의'여야 하는 셈이다. 따라서 우리 아이의 부모가 된 사람을 그의 외모로 푸대접하고 차별하는 행위, 우리의 복리를 위해 일하고 봉사하는 외국인 노동자를 착취하고 박대하는 행위를, 이것이 우리 민족의 체통을 스스로 깎는 일이 분명할진대, '민족주의'의 소산이라 할 수는 없다. 한국인과 혼인하여 한국 국적을 택한 외국인을 가능한 조속히 진정한 한국인으로서의 자세를 갖게 하여 받아들이기 위해 온 국민이 비상하게 노력하고, 그의 자녀가 한국인 가정에서 정상적으로 자란 아이와 조금도 다름없이 한국인으로 교육받고 성장할 수 있도록 잘 고안된 교육체제가 가동되며, 한국 기업에서 일하는 외국인 노동자의 정당한 권리를 다른 나라에서는 그 유례를 찾기 어려울 정도로 편견 없이 존중하고 보장한다면, 그때 비로소 한국인이 '민족주의'를 실천하고 있다고 말할 수 있을 것이다. '민족주의'를 해서 문제가 아니라 제대로 못 해서 문제다. '탈민족주의'[92]보다는, 자민족만큼 타 민족의 처지도 존중하는 진정한 '민족주의'의 추구가 옳은 방향이라는 것이 필자의 생각이다. 약소민족의 탈민족주의는 자칫 스스로의 정체성을 잃고 강대한 다른 민족과 그 문화에 흡수되어 소멸당하고 마는 결과로 이어질 공산이 크기 때문이다.

고구려사가 자기 역사라는 중국 '동북공정'의 역사인식도 문제지만 마찬가지로 그것을 우리 국사로 당연시해 온 우리의 역사인식도 문제라

---

92) 김기봉, 『역사를 통한 동아시아 공동체 만들기』, 푸른역사, 2006.

는 견해는 우리에게 비역사적 인식이 있었다면 이 기회에 청산하고, 또 상호 공존과 국제 평화를 위해 이미 지나간 역사로써 반목하는 우愚를 범하지 말자는 뜻이 담겨 있다고 여겨진다. '중국이 군대를 몰고 한국을 점령한 것도 아니며, 그 장구한 역사 속에서 고구려사를 자국사의 소중한 한 부분으로 서술해 온 그 역사를 중국이 앗아갈 수도 없'으니 '흥분할 필요가 전혀 없다'는 정두희의 자제 호소도 이런 생각을 표현한 것일 것이다. 이성시李成市·임지현林志弦 등은 대안으로 '국경' 개념과는 다른 '역사의 변경'이란 새로운 개념을 설정해 어느 쪽에도 속하지 않는, 따라서 그 나름대로 독자적인 역사 공간을 인정할 것을 제창하기도 했다.93)

역사에 대해 '효용성'이란 경제 용어와 개념을 적용할 수 있다면, 역사를 정치적 중재나 타협의 대상으로 삼을 수 있다면 이렇게 말하는 것이 '현실적'일지 모르겠다. 필자도 역사가 생활의 여가에나 하는 그냥 소일거리라면 좋겠다. 양쪽 모두에게 속하지 않는 중간 지대로서의 역사, 그래서 양쪽이 사이좋게 공유할 수 있는 역사를 상정할 수 있다면, 군대가 온 것도 아닌데 웬 호들갑이냐고 나도 한 걸음 물러나 젊잖게 말하고 싶다. 만일 그러한 역사가 실제로 존재한다고 상정한다면 그것은 역사를 현재와 전혀 무관한, 그래서 누가 어찌해도 그만인 무엇으로 생각하는 것인 셈인데, 그러나 그러한 역사는 없다. 역사는 그런 것이 아니다. 역사란 그렇게 심심풀이 소일거리로 하는 것이 아니라, 현재 우리가 절체절명의 난제難題[딜레마]에 당면했기에, 그래

---

93) 이성시, 「동북아시아 변경의 역사 – 발해사의 배타적 점유를 둘러싸고 –」, 『근대의 국경 역사의 변경』, 휴머니스트, 2004.
임지현, 앞의 「고구려의 역사는 고구려인에게」, 102~103쪽.

서 그것을 풀지 못하면 더 이상 살아남기가 어렵겠기에, 그 문제가 일어난 배경부터 지금에 이른 과정을, 그 해결을 위해 필요한 과거의 모든 관련 사실들을 추출하고 탐구하는, 따라서 목숨을 걸고 하는 것이다.

임지현은 역사학이 국가의 멍에로부터 벗어나 '민주화'되어야 동아 시아 민중 연대와 평화 체제가 가능할 것이라면서, 고구려의 역사를 한-중 양국의 국사라는 폭력에서 구출해 중국인도 한국인도 아닌 고구 려인으로 그 시대를 살았던 고구려인들에게 돌려주어야 한다고 주장하 였다. 그는 중국이 '국가주권'적 역사 해석을 하고 있는 반면, 우리의 국사학자들은 '역사주권'적 역사 해석을 하고 있다고 보고, 양자 모두 옳지 않다는 양비론을 피력했다. '국가주권'과 '역사주권'의 주장은 동전 의 양면 같은 것으로서, 양자 모두 역사의 '변경'을 근대 국민국가에서 탄생한 '국경'이라는 개념으로 바꿔치기한 오류를 범하고 있기 때문이 라는 것이다.[94]

그에 의하면, 명확한 선을 그을 수 있는 근대 국민국가의 국경과 달리, 역사의 변경은 단일한 선이 아니라 자유롭게 넘나드는 복수의 점들로 산포되어 있었다고 한다. 따라서 고구려의 영토였던 지역이나 독도 등은 정확하게 선을 갈라 어느 한쪽의 역사 공동체에 포섭되는 공간이 아니라고 하였다. '변경'은 이질적인 언어와 문화·풍습 등을 지닌 다양한 종족들이 만나 서로 소통하고 교류하던 공간이었고, 서로 다른 문화의 가교가 되거나 때로는 다양한 문화가 혼합되어 역동적인 독자적 공동체를 형성하던 공간이었으므로, 역사 또한 독자적인 형태

---

94) 임지현, 위의 글.

로 인정하자는 것이다. 이런 논리 위에서 그는 고구려의 역사를 한-중 양국의 국사라는 폭력에서 구출해 중국인도 한국인도 아닌 고구려인으로 그 시대를 살았던 고구려인들에게 돌려주어야 한다고 주장했다.

말하자면, 고구려의 역사가 누구의 역사든, 독도라는 '무인도'가 누구의 영토든 그것이 현재의 우리에게 무슨 큰 의미가 있느냐는 이야기다. '동아시아 민중 연대와 평화 체제'라는 더 큰 목표의 성취를 위해서, '변경'의 역사와 영토를 어느 한편에 일방적으로 귀속시키려 들지 말고, '동아시아'의 문화를 풍요롭게 했던 변경의 역사, 변경의 영토인 채 그대로 인정하면 좋지 않겠느냐고 한다. 얼핏, 현실을 냉정하게 객관적으로 바라보면서, 내 것을 양보해서라도 더 큰 이상을 추구하는 지성인의 고뇌가 느껴지는 언급처럼 보인다.

'동북아시아사'론이 구체적으로 어느 정도의 영향을 미쳤는지는 잘 모르겠지만, 이와 같은 논의가 진행되는 가운데, 중국의 '동북공정' 역사인식에 대응한다는 취지에서 설립되었던 '고구려재단'이 '동북아역사재단'으로 개편되었고, 중국만이 아니라 한국의 대학에도 '동북아연구소'가 설립되었다. '동북아시아사'론의 속지적 역사인식이 우리 사회에 알게 모르게 널리 유포되고 있는 듯 보인다. 그러나 이러한 '동북아시아사'론은 대단히 비논리적인 사고고 주장이다. '역사'의 의미, '주권'의 의미를 제대로 알지 못한데다 비현실의 발견을 현실의 극복으로 착각한 논의이기 때문이다.

논점의 핵심은, 역사란 과연 무엇이고, 그 역사를 왜 연구하며 알아야 하는가 하는 데 있다. 역사는, 알기 쉽게 말하자면, 포스트모더니즘 역사가들이 흔히 말하듯이, 기억의 한 형태다. 그리고 그 기억은 조작된 허구일 수도 있다. 그래서 포스트모더니즘 역사가들은 역사를 실체가 아니라 역사가의 머리 속에서 만들어진 '가상실재'라고 규정한다. 이는 역사뿐 아니라 민족이나 국가도 마찬가지라고 한다.

기억이 우리에게 어떤 의미를 지니는지에 대해서만 한정해서 말하자면, 기억은 우리로 하여금 우리 자신일 수 있게 하는 이유고 근본이다. 즉 내가 나일 수 있는 이유는 내가 나로서의 기억을 지녔기 때문인 것이다. 내가 혹시 큰 충격으로 기억을 잃어, 내 집은 물론 부모 형제와 처자를 몰라보고 심지어는 자기 이름조차 전혀 기억하지 못하는 상태가 된다면, 나는 더 이상 나로서 살기 어렵다. 그래도 생명은 붙어 있으므로 어디선가 어떻게든 살아갈 수 있을지 모르지만, 그는 더 이상 내가 아니라 다른 누구로 살아가는 자일 것이다. 우리는 자신의 내력을 기억함으로써만 자기 자신으로 살아갈 수 있다. 우리에게 역사가 갖는 의미도 이와 마찬가지다.

따라서 내 기억이 누군가에 의해 조작된 허구의 '스토리(담론)'일 뿐이라고 한다면, 나 역시 허구일 수밖에 없으리라. 포스트모더니즘 역사가들이 역사주체로서의 민족이나 국가를 매트릭스적 가상실재로 간주하는 근거가 여기에 있다. 실체는 어디고 존재하지 않으며, 모든 것은 가상의 비현실이다. 그러나 정말 이렇다고 한다면, 그래서 스스로 실체가 아닌 매트릭스 속에 있음을 깨달았다고 한다면, 이제 과연 어떻게 할 것인가? 답은 간단하다. 즉 가상현실로부터 벗어나 매트릭스를 고안하고 통제해 온 시스템을 파괴함으로써 실체로서의 현실을 되찾는 것, 바로 그것이다.

역사란 어차피 '텍스트로서의 담론'일 뿐임을 주장한다고 해서 그것이 대단한 발견은 아니다. 자기 자신이 실체가 아니라 수많은 코드로 구성된 가상의 매트릭스일 뿐이었음을 자각했다고 해서 그것으로 끝나는 것이 아닌 것이다. 우리의 현실이 실제로 가상현실이었음이 분명하고 이제야 비로소 이 사실을 깨달았다면, 물론 이런 자각 자체는 우리에게 충격일 수 있지만, 그 깨달음은 실체로서의 현실을 향한 출발점 그 이상도 이하도 아니다.

그렇다면 다시 역사란 과연 무엇인가? 왜 하는가? 내가 정녕 아직 파괴되지 않은 프로그램에 불과할 뿐이라 한다면 그러한 나는 무엇을 위해 기능할 것인가? 답은 분명하다. 원래의 진실은 무엇이었나를 밝히는 것, 매트릭스 본체의 구상을 알아내고 파괴하여 실체의 원형을 복원해내는 것, 그럼으로써 현실로 존재하는 유기체로서의 본원의 나를 회복하는 것, 그것을 위한 작업이 곧 역사여야 할 것이다.

'나'는 지금까지의 내력에 대한 '기억'과 동시에 피부에 감싸진 실제의 '유기체'로 존재한다. 그 유기체를 움직이는 힘이 생명임을 알 뿐 그 생명이 구체적으로 무엇인지 적시할 수는 없지만, 나에게 아직 생명이 붙어 있고 그래서 내가 유기체로서 존재할 수 있음을 안다. 따지고 보면 '유기체'의 구성에 관한 한, '나'는 '남'과 전혀 다를 것이 없는 존재다. 너나없이 똑같은 유기물과 무기물로 구성되어 있다. 탄소, 수소, 산소, 질소 등 나를 이루고 있는 원소는 너를 이루고 있는 원소와 조금도 다를 것 없는 것들이며, 기실 이런 원소는 사람의 몸속만이 아니라 우주에 두루 존재하고 있다. 우리가 피를 흘리면 곧 거무죽죽한 딱지가 앉기 마련인데, 이는 피 속에 녹아 있는 철이 공기 중의 산소와 만나 산화됨으로써 생기는 현상일 뿐이다. 쇠가 녹스는 것과 똑같은 현상인 것이다. 이렇게 천지간에 편재遍在하는 원소들을 각기 피부로 감싸 내가 되고 네가 된 셈이라 하겠다.

그런데 내가 너와 똑같은 원소를 가졌다고 해서 피부를 벗겨내고 합쳐져서 더 큰 나를 이룰 수 있다고 한다면 그것은 착각을 지나쳐 망발이다. 피부를 벗겨내는 순간 우리는 누구나 죽는다. 너와 나의 '같음'만 보고 스스로 피부를 벗겨낸다면 너고 나고 더 이상 존재할 수 없게 되는 것이다.

이는 국가 간의 관계에서도 마찬가지다. 우리가 우리로서 독자적으로 생존할 수 있는 이유는 우리를 우리라는 하나의 단위로 묶어내는 피부가 있기 때문이다. 그 피부가 바로 민족이고 국가다. 자유와 평화, 평등, 인권 등 우리가 추구하는 가치가 세계 보편의 것이라 해서 국가나 민족이라는 외피를 벗어버릴 수는 없는 노릇이다. 이 외피를 벗는 순간 우리에게 더 이상의 삶은 없다. 나와 남 사이에 '변경'은 없는 것이다. 만일 소통의 장으로서 '변경'이 있다고 한다면 그것은 같은 뿌리에서 서로 다른 줄기가 나온 나무거나 연리지 혹은 샴쌍둥이의 경우에 한해서다. 우리 같은 약소민족이 '탈민족주의'를 선택해서는 안 된다고 생각하는 이유가 여기에 있다.

역사는 사실에 대한 기억인 동시에 그 기억에 대한 체계적인 이해다. 그래서 사실을 바꾸어 필요에 따라 적당히 기억하고 타협할 수가 없다. 역사는 내가 나일 수 있도록, 바꾸어 말하면 내가 하나의 독립한 주체로서 성립할 수 있도록 하는 근거고 기반인 까닭이다. 역사를 잃는 것은 기억상실증에 걸린 것일 뿐이며, 엄연한 기억을 편한 대로 바꾸어 없었던 일을 마치 실제로 일어났던 일처럼 기억하는 것은 '형식적 조작'에 의한 착각일 뿐이다. 역사에 변경은 없다. 역사에 변경을 설정하는 이유는 그것을 이미 지난 일이라고 생각해서 현재의 이해관계와 무관하다고 여기기 때문이다. 예컨대 고구려사는 한국사도 중국사도 아닌 변경의 역사이므로 이를 둘러싸고 서로 싸우지 말자는 말이 그럴듯하게 들리기도 하는 이유는 역사란 과거의 일로서 현재의 이해관계와 직접 상관없는 일이라고 여기기 때문일 것이다. 그러나 내가 나인 이유가 나를 나로서 기억하는 데 있듯 우리가 우리인 이유 역시 공유하는 공통의 역사가 있어서다. 거듭 말하지만, 기억상실증에 걸려 부모와 친구를 몰라보는 내가 나일 수 없듯, 역사를 잃거나 조작하여 멋대로 생각하면서 우리가 우리라고 말할 수는 없는 것이다.

역사의 주체로서 민족을 생각할 때 그 민족의 범위가 어느 정도에 미치는 것인지를 결정하는 일은 결코 쉬운 일이 아니다. 민족은 역사의 산물이기 때문이다. 고려시기에 김부식은 『삼국사기』를 쓰면서 신라·고구려·백제를 '우리'라고 생각하고 발해를 그 '우리'에 포함시키지 않았다. 조선에 들어와 유득공柳得恭은 이를 비난하면서 발해를 북국北國이라 불러 '우리'의 범주로 끌어들였지만, 발해가 망한 후 그 후손이 세운 요遼나 금金 또는 후금後金(청淸)까지 '우리'로 생각해야 하는 지는 의문이다. 박은식은 『몽배금태조夢拜金太祖』에서 우리와 청이 궁극적으로는 같은 뿌리에서 갈라진 동족이라고 생각했지만, 정녕 우리가 이러한 인식을 내부로 공유하고 외부에 선포했다면 우리는 결과적으로 청이 멸망할 때 틀림없이 같이 멸망하여 중국이 되었거나 일본이 되고 말았을 터다.

과거에 '우리'였다고 해서 그 후손이 모두 '우리'인 것도 아니고 그럴 수도 없는 일이다. 김부식이 『삼국사기』를 편찬하면서 발해를 배제했을 때 그가 역사가로서의 풍모를 지녔다면 틀림없이 그는 이 결정이 혹시 후대의 역사 인식과 전개에 누를 끼칠 일은 아닌지 긴 시간을 매우 심각하게 고민하고 궁구했을 것이다. 그리고 결국 그 결단이 우리를 우리로서 남게 한 이정표적 결단이었을지도 모른다. '민족주의'라고 해서 무턱대고 과거의 모든 혈연을 '우리'라고 생각하는 사상이라고 생각하면 곤란하다. 그러나 바로 전 세대까지 '우리'였던 북한 주민을 우리 세대에 배제하여 민족의 반, 국토의 반을 남에게 헌납할 수는 없는 일이 아닌가?

대단히 어렵고 험난한 일이지만, 우리는 어떻게든 우리의 역사를 온전하게 파악하고 서술함으로써 이 난국을 슬기롭게 타개해야 한다. 역사란 이런 것이다. 피와 눈물로써 목숨을 걸고 함께 살아남기 위해 하는 것이다. 제3자가 아닌 마당에 어떻게 여기에 변방을 설정할 수 있고, 내 역사를 앗으려는 남과 더불어 앉아 웃으며 양보와 타협을 운위할 수 있겠는가? 지금 중국의 역사 침략을 방치하고 고조선사와의 관련을 부인하며 랴오허 문명에 대한 주체적 탐구를 멈춘다면, 우리의 후손은 머지않아 반드시 왜곡된 사로국의 기억만 가진 채 민족·국토의 의미와 가치를 부인하며 민족의 반, 국토의 반을 중국에 넘기고도 서로 반목하면 언제든 또다시 반쪽을 더 포기할 만반의 준비를 갖춘, 그리하여 어느 나라 국민이 되어 살면 어떠냐고, 개인이 행복하면 그만이지 꼭 한국인으로서 살아남아야 하는 것은 아니지 않느냐고 생각하는 그야말로 '모범적' 세계 시민이 되어 있을 것이다. 바라는 바가 이것인가?

　　많은 연구자들이 중국의 '동북공정'과 관련하여 그 의미를 비판적으로 검토하고 역사인식의 방향 전환을 진단하며 종래의 우리 역사인식을 성찰하고 있다.[95] 지금까지 독자성을 유지해 온 우리 자신의 역사적 문화적 잠재능력을 생각한다면 우리가 결코 그른 방향으로 가지는 않으리라 믿지만 어서 올바른 궤도로 안정되게 들어서길 소망한다. 성찰을 위해 짐짓 일부러 어긋나 보는 논의도 지나치면 독이 되는 법이다.

---

95) 고구려연구재단과 동북아역사재단에서 발행한 모든 연구서과 論集, 譯書들이 이런 노력을 산물이다. 그 외에 다음과 같은 특집에 실린 논고들을 참고할 수 있다.
『민족연구』 13, [특집] '동북공정'의 해부, 2004.
『역사와현실』 55, [기획4] 한·중 역사인식의 접점, 2005.
『史林』 26, [특집] 동북아 역사분쟁, 어떻게 연구할 것인가?, 2006.
『역사비평』 2008년 봄호 (통권82호)의 [기획2] '역사공정'을 통해 본 중국의 21세기 기획, 2008.

Ⅳ. 올바른 『국사』 인식·교육의 험난險難

    지금까지 근현대에 우리가 추구하여 이룩한 우리나라 고대사 연구의 궤적과 성과를 살피고, 현재 우리가 가진 역사인식 특히 고대사 인식의 문제점을 점검해 보았다. 그리하여 중국의 '동북공정'을 계기로 적나라하게 드러난 우리 역사인식의 수준과 그 문제점을 확인했고, 이런 가운데도 적잖은 연구자들이 올바른 역사인식을 획득하여 이 난국을 수습하기 위해 노력하고 있음을 알았다. 개중에는 국사학계의 기성 관점에 재고할 점이 있음을 지적하고, 서구의 이론을 소개하여 분발을 독려하며, 역사이해의 패러다임을 세계적이고 보편적인 시각으로 전환할 것을 촉구하는 견해도 있었다. 모두 우리가 자신의 역사에 대해 올바른 시각 위에서 올바른 이해체계를 조속히 획득하길 바라는 의도에서 제출된 논고들이었다. 피차 자신의 견해가 가진 한계점을 지적하는 상대편의 견해를 경청하고 스스로 성찰하는 자세를 견지하면서 '국사' 인식과 교육이 지향할 방향을 모색해 나간다면 기필코 소기의 성과를 거둘 수 있으리라 여겨진다.[1]

---

1) 여기서 『국사』는 국사교과목 또는 국사 교과서를 가리키기 위한 표현으로, '국사'는 우리 역사를 韓國史로서가 아니라 國史로서 이해하는 역사인식 형태를 가리키기 위한 표현으로 구별해서 썼다.

　이제 지금까지의 논의를 토대로 '국사' 인식의 진정한 의미와 함께 그 교육적 가치를 생각해 보고자 한다. 우리의 『국사』 교육과 세계 주요국의 자국사 교육 실태를 살펴보고, 올바른 국사 인식과 교육의 방향을 가늠해 보려는 것이다. 고대사에 한정해 온 관점을 확대하여 현재 한국사회가 가진 우리 역사에 대한 인식과 교육의 현실로 논의의 초점을 옮김으로써 비약이 느껴질 수 있겠으나 양해하기 바란다.

　그런데 '국사' 인식과 『국사』 교육 문제를 논의하기 위해서는 먼저 '국사'라는 개념의 기본부터 제대로 알고 논의를 시작할 필요가 있을 것 같다. '국사'를 영어의 'National History'로 번역하고, 그러므로 nation 의 토대 위에 선 국사 인식의 기본 성격은 nationalism이 될 수밖에 없다고 논단한 뒤, nationalism의 부정적 속성을 열거하며 하루빨리 이 국사 인식으로부터 벗어나야 한다고 주장하는, '국사'의 의미를 오해하는 이들이 적잖기 때문이다. 게다가 이러한 주장이 어느덧 큰 세력을 형성하게 된 나머지 교육정책의 방향을 『국사』 교육의 폐기 쪽으로 잡아 틀기에 이르렀다. 교육과학기술부가 2009년 12월 23일에 고시한 「2009년 개정교육과정」에서 종래의 『국사』 교과서를 『한국사』 로 바꿔 가르치기로 했다고 발표했는데 이 조처가 그것이다.[2]

　'국사'를 'National History'로 맨 처음에 번역한 이가 누구였는지 확인할 수는 없으나 필시 그는 국사학자가 아니었을 것이다. '국사'의

---

2) 제6차 교육과정 이래 사회과로 통합해 운영해 온 역사교과를 2007년 개정 교육과정에서 '역사과목'으로 독립시키고 교과목명도 '역사'로 변경하여 국사와 세계사를 통합한 새 『역사』 교과서로 가르치기로 했으나, 겨우 2년 만에 다시 교육과정을 개정해 『역사』를 『한국사』로 바꾸고 『세계사』 교과목을 별도로 두어 모두 선택과목으로 운영한다고 발표했다. 교과목명에 관한 한 이 조처로써 2007년 이전의 상태로 되돌아간 것처럼 생각하기 쉽지만, 『국사』를 『한국사』로 바꾼다는 것은 우리 역사에 대한 인식의 기본 틀을 변경함을 의미하는 큰 변화다.

의미를 아는 사람이라면 이렇게 번역했을 리가 없다고 여겨지기 때문이다. 또 이런 엉터리 번역어를 그대로 따른 이도 사려 깊지 못하였기는 마찬가지다. 수년 전 정부 문서에 국사를 영문으로 이렇게 부기한 것을 보고 깜짝 놀란 적이 있다.

국사의 본령은 '우리나라 역대국가계승사歷代國家繼承史'다. 뒤에 다시 상론하겠지만, '국사' 인식은 근대에 성립한 nationalism과 전혀 상관없이 고대 이래 전통적으로 전해 내려왔고 앞으로도 후손에게 전해주어야 할 정통의 역사인식이다. 물론 여기에는 우리 자신을 중국이나 일본 등과 국가라는 개념으로 구분하는 의식이 놓여 있고, 또 우리와 운명을 함께 한 종족 전체를 그 역사의 공동 주체로 설정하는 의식이 개재해 있음이 사실이지만, 이는 우리를 독립국가로 유지시킨 원동력으로서의 역사인식이었을 뿐이지 폐쇄적 배타성을 띤 의식이 아니다. 지금까지 우리가 나서서 주변 국가를 자극하고 공격한 사례가 거의 전무한 사실이 이를 증명한다.

반면에 우리 역사를 '한국사'로 인식한다는 것은 '국사'로 인식한다는 것과 전혀 다른 의미다. 그 인식의 내용이 다르고 지향하는 가치가 다르다. 이를테면 '국사'가 고조선부터 대한민국에 이르는 우리의 역대국가 계승사인 반면, '한국사'는 1948년 8월 15일에 건국한 대한민국의 역사로서 그 이전의 역사를 단지 대한민국 성립의 전사前史로 취급하는 역사인식이다. 그리고 8월 15일을 '광복절'로 기념하자는 것은 '국사' 인식의 발로인 반면, 대한민국의 '건국절'로 기념하는 것은 '한국사' 인식의 발로다. 또 남북은 같은 민족이므로 반드시 통일해야 한다는 것은 '국사' 인식에 선 노선인 데 반해, 북한을 숱한 외국의 하나로 취급하며 굳이 같은 민족으로 여기려 들지 않고 통일을 당연시하는 이들에 납득하기 어려운 표정을 짓는 것은 '한국사' 인식에서의 태도다.

그러므로 이번 개정교육과정의 조처는 우리 역사에 대한 종래의 인식을 대폭 수정하고 그 수정한 역사적 가치관을 학생들에게 가르치겠다는 의지의 표명이라 해도 과언이 아니다. 즉 역사교육 정책의 대전환을 의미하는 일대 사건인 것이다. 그리고 이는 우리 사회가 지향하는 가치가 변경되었음을 의미한다. 그럼에도 불구하고 국가적·민족적 운명을 건 이 대전환의 길목에서 그 정확한 의미를 제대로 모르는 듯 모두 바쁘게 당장의 삶을 위해 움직일 뿐 아무도 주의를 기울이지 않는 듯하다. 우리 삶의 궤적을 돌아보고, 장차 우리가 어디로 가야 하는지 진지하게 묻고자 하는 이유가 여기 있다. '국사' 인식과 그 교육의 방향에 우리 미래의 성패가 걸려 있다.

1. '국사' 인식의 변화와 정통적 국사 이해

역사의 소재는 과거의 사실이지만 주제는 현재 우리가 당면한 딜레마다. 따라서 역사는 현실을 정확하게 분석하여 문제점을 진단하는 안목에서 출발하여, 그 문제가 처음 생겨 현재에 이르기까지의 전개 과정과 배경을 성찰하여 관련 사실에서 인과관계 등 상호 유기성을 발견해내는 안목으로 진행되며, 이러한 탐구 과정에서 현재 당면한 문제를 해결하고 나아가 미래를 전망할 수 있는 안목을 획득하는 것으로 마무리되기 마련이다. 그래서 사실보다 안목을 중시할 경우 역사를 담론이라 규정하는 견해가 제기되기도 하는 것이다.

그런데 지금 우리 사회는 제 역사를 보는 안목을 둘러싸고 대립의 양상마저 보이고 있다. 우안右眼으로 보는 역사와 좌안左眼으로 보는 역사가 충돌하고, 위에서 보는 안목과 아래에서 보는 안목이 서로 맞서 상대의 일방적인 굴복을 요구하기 일쑤다. 이는 우리가 뒤늦게 신생의 근대국가로 출발한 까닭에 하루빨리 근대화에 성공하여 자립경제를 이루자는 일념으로 살면서, 경제적으로만이 아니라 의식 면에서도 급격하게 양극화하는 사회계층의 분열을 막지 못한 결과라 할 것이다. 특히 서양문물과 접촉할 기회가 상대적으로 많았던 상류층 일각에서 근대화를 서구화로만 생각하고 우리 문화, 나아가서는 역사를 버리고 청산해야 할 대상으로만 여기는 관점이 형성되어 정책 결정에 영향을 미치기에 이른 것이 갈등을 더욱 증폭시키는 계기로 작용하였다.

자기 역사에 대한 우리의 인식은 근현대에 한국사회가 격동함에 따라 극심하게 부침浮沈하였고, 이에 상응하여 역사교육은 파행을 거듭해 왔다. 지금의 사관史觀 대립도 그 한 과정인 셈이다. 우선 지금에 이른 대략의 경과를 살펴 굴곡의 현대사에서 일그러진 '국사' 인식의 본모습을 찾고 그 의의를 천명해 둘 필요가 있다. 앞서 Ⅱ장에서 한국고대사 연구의 전개 과정을 일별一瞥하면서 언급한 바도 있지만, 여기서는 '국사' 인식의 변동이라는 측면에서 전체의 흐름을 다시 정리해 볼 것이다.

1) 우리 사회의 변동과 '국사' 인식의 변화

우리는 일찍부터 자신의 역사를 '국사'로서 인식하고 서술해 왔다.

신라 거칠부居柒夫의『국사國史』이래『삼국사기三國史記』·『동국사략東國史略』등은 그 표제부터 국사려니와,『동사제강東史提綱』·『동사강목東史綱目』등도 역시 '국사'의 안목에서 우리 역사를 정리한 것이었다. 주변의 다른 나라와 구별되는 독자의 역사와 문화를 가졌다는 인식이 그것을 하나의 원리와 체계로 파악하게 한 것이다. 이러한 인식력이 바로 우리 민족 문화를 흥륭케 하고 그 역사와 전통을 지금까지 면면히 유지시켜 온 힘이다.[3]

'술이부작述而不作'·'직서시휘直書時諱'를 수사修史의 원칙으로 세우고 개인의 역사 저술을 참월僭越로 여기지 않은 것은 역사를 공公으로 생각하며 올바른 역사인식과 서술 여하에 국가의 존망이 달렸다고 여긴 까닭이다. 당대當代의 선악을 직서直書하지 못하게 하고 사서史書의 사찬私撰을 허용하지 않는다면 이는 곧 난신적자亂臣賊子의 발호와 소인배의 득세를 초래하는 단서가 된다는 것이 선인들의 식견이었다.[4] 과거 사실을 '알아야 할 사실'과 '알아서는 안 될 사실'로 나누고 그에 대한 인식을 획일화하여 통제한다는 것은 일원적인 보편론이 지배하던 중세사회에서도 용납되지 않았던 일이다. 그것은 자주국가로서의 길을 스스로 포기하고 노예의 길로 들어서거나 외세의 침략을 막아내지 못하고 독립성을 잃었을 경우에나 가능할 법한 일이었다.

그러므로 역사의 통제는 우리가 일제에 의해 강점당했을 때 식민지 조선의 자주성을 박탈하고 역사와 문화를 왜곡할 필요가 있었던 일본제국주의자들에 의해 처음 자행되었다. 그런 필요에서 저술된 것이『조선사朝鮮史』다. 따라서『조선사』는 결코 정당한 국사(한국사)일 수 없었

---

3) 李景植,「韓國 近現代社會와 國史敎科의 浮沈」,『사회과학교육』1, 1997, 29쪽.
4)『增補文獻備考』卷244, 藝文考3, 史記(韓國學振興院 影印本,『增補文獻備考』下, 861쪽).

다.5) 일본인들은 '조선'을 단지 한반도라는 지역을 일컫는 용어로만 쓰고,6) 정식 국호인 '조선'은 '이조李朝'라고 폄하해서 부름으로써 국가의식이 자랄 근거를 아예 삼제芟除하였다. 일본사를 '국사'로 삼는 역사인식 위에서, 이른바 '조선인 동화의 목적'을 달성하기 위해 조선 지역의 변천과 관련된 사적事蹟을 정리한 것이 곧 『조선사』였던 것이다.

우리가 국호와 국권을 잃었을 때, 그리하여 국사를 더 이상 서술할 수가 없게 되었을 때 역사인식의 중심 개념으로 떠오른 것은 민족이었다. 국권을 되찾자면 의당 그것을 되찾을 주체를 설정하지 않으면 안 되었고, 그 주체는 식민지의 노예근성에 물들지 않고 자기 주장이 분명한 채로 남아 있어야만 하였다. 민족 중심의 역사인식과, 고유의 전통과 문화를 중시하는 태도는 잃어버린 국권을 회복할 근거요 방법론으로 여겨졌다. 민족적인 자기증명을 할 수 있을 때에야 독립이 가능하다는 인식이었다.7) 그리하여 망국에 이르게 한 문화 요소를 제거한 국수國粹가 강조되었다.

근대의 세례가 국권의 상실로 이어진 상황에서 우리에게 요구된 것은 지속적인 근대화의 무조건한 추진이 아니라 근대의 실체를 정확히 파악하고, 그 근대를 수용하려는 우리의 자세를 우리가 종래 추구해 온 역사 방향 위에서 냉철하게 점검하는 일이었다. 호랑이 굴에서

---

5) 金容燮, 「日帝官學者들의 韓國史觀 – 日本人은 韓國史를 어떻게 보아 왔는가? –」, 『韓國史의 反省』, 新丘文化社, 1969, 31~33쪽.

6) 국사 연구의 원리 면에서나 역사를 대하는 자세 면에서 우리의 국사를 지금 살고 있는 한반도라는 지역의 역사로 인식해서는 곤란하다. 이 점에서 현행 국사 교과서가 우리의 역사를 한반도 지역의 석기시대부터 시작한다거나, 국체인 대한제국을 대단원으로 서술하지 아니하고 독립협회와 竝述하여 소제목으로 삼은 것 등은 '국사'의 의미를 왜곡한 인식이고 태도라 할 것이다.

7) 鄭昌烈, 「20세기 前半期 民族問題와 歷史意識 – 申采浩를 중심으로」, 『金容燮敎授停年紀念韓國史學論叢(1) 韓國史 認識과 歷史理論』, 지식산업사, 1997, 62~66쪽.

빠져나가려면 우선 정신을 가다듬을 필요가 있었던 것이다. 외국의 근대 문물을 받아들임에 있어 민족적인 자기 의식이 박약했기 때문에 저들의 노예가 되고 말았다는 자괴自愧가 풍미하였다. 그리하여 삶의 논리에 의한 생존과 종속을 대가로 한 근대화를 거부하고, 면면이 계승되어 온 독자의 문화 및 전통을 주장·회복하기 위해 민족의 구성원 마지막까지 필사의 투쟁에 나설 것을 촉구할 수 있었다. 이 시기의 민족 지향적 역사인식은 그대로 실천해야 할 민족공동체의 덕목이자 강령이었다.

그러나 그 인식의 국수적 태도에 대해서는 당장 비판이 뒤따랐다. 이른바 개화의 세례를 받은 신지식인들에 의해서였다. 국수주의란 패권주의에 근거한 군국침략주의의 다른 이름이라는 것이 그들의 주장 이었다. 반면에 우리가 '국수'에 주목함은 유럽의 국수주의와 달리 타국을 제압하거나 우승국優勝國이 되려는 것이 아니라 자기 자신을 알려는 것 곧 민족적인 자기 증명을 위한 것이므로, 이에 구애된다는 것은 마치 '가마솥의 고기를 한 점도 맛보지 못하고 억지로 남의 흉내를 내어 배 아프다고 울부짖는 것과 같다'는 것이 이편의 생각이었다.8) 이편이고 저편이고 국수가 침략성을, 민족 중심의 사고가 배타성을 띠어서는 곤란하다는 데 이의를 제기하는 역사가는 없었다. 다만 생존 을 위한 근거요 이유로서의 국수였다. 이를 인정하고 못하고는 그의 안목이 '아안我眼으로 아시我視하는',9) 자신의 처지를 직시한 주체적 안목인가 혹은 그저 보편의 선만 추구하며 피아를 구분하지 않는 유체이 탈遺體離脫·초탈세속超脫世俗의 안목인가의 차이에서 갈릴 뿐이었다. 이

---

8) 申采浩, 「考古篇」, 『改訂版 丹齋申采浩全集』 別集 / 서울 : 螢雪出版社, 1977, 267쪽.
9) 鄭寅普, 『朝鮮史研究 上』, 서울신문사, 1947 / 延世大學校出版部 復刊, 1983, 198쪽.

미 죽어서 제 몸에서 빠져나온 혼백에게 피아의 구분이 있을 리 없는 노릇이었다.

그러나 민족 혹은 국수를 중시하는 역사인식은, 국권을 상실한 상황에서 자기 역사의 조건을 특수성이라는 일면적 시각에서 이해하기 쉽도록 만든다는 결정적 한계를 지닌 점이 문제였다. 이 계열에서의 역사 서술이 주로 고대사와 민족정신에 초점을 맞추어 이루어졌던 것은 오염되지 않은 한국적 '특수성'을 규명하고자 함에서 비롯된 바다. 그런데 이는 방법론 면에서, 유독 한국의 역사에만 나타난다는 특질을 강조하고 그것을 타율성과 정체성으로 규정하던 일제의 식민주의사학과 별반 다를 것 없는 논리 구조였다는 데 난점이 있었다. 세계사적 보편성과 상관없이 특이하게도 한국사에서만 발견되는 특수성이 있다고 생각하는 한, 그것을 어떤 정신으로 설정하든 정체성·타율성으로 설정하든 같은 수준에서의 견해차에 불과하다는 것이 문제였던 것이다. 이에 특수성에 초점을 두는 인식에 반성이 일어났다. 게다가 민족을 역사의 주체로 인식했을 때 도무지 납득하기 어려운 현실에 당면한다는 사실도 문제로 대두하였다. 그럴 경우 반민족적인 친일 지주층까지 우리 역사를 이끄는 주체 세력의 한 부분으로 인정하지 않으면 안 되었는데, 이는 심정으로나 논리로 도무지 용납할 수 없는 일이었던 것이다. 전 지구적인 보편사가 강조되고 '민족'에 대신하여 '인민대중(민중)'이 역사의 주체로 부각되고 있었다.

이러한 변화는 민족 중심의 정통역사학 계열 내부에서도 일어나고 있었지만 그 문제의식에 입각하여 우리 역사의 대계를 체계화하는 데는 미치지 못하였다. 체계화는 사회과학을 전공한 이들에 의해 유물사관의 토대에서 먼저 이루어졌다. 흔히 '사회경제사학자'로 분류되는 이들 유물론적 계급사관의 역사가들은 역사 연구의 궁극적인 목적이 사회변혁을 위한 실천에 있다고 생각하고, 한국사 발전의 필연적 합법 칙성을 입증함으로써 질곡에 처한 민족사의 실천적 활로를 모색하고자 하였다.

따라서 그 작업은 두 가지의 실천적 목표를 지향하고 있었다. 첫째는 일제가 한국에 대한 식민 지배를 정당화하기 위해 주장하던 한국사의 정체성론을 정면에서 파쇄하여 민족사의 나아갈 바가 민주주의 민족국가의 건설에 있음을 논증하는 것이었고, 둘째는 민족국가 건설을 향한 변혁주체가 인민대중임을 과학적으로 도출하는 것이었다. 그러자면 반제反帝·반봉건反封建은 기본 전제이고 노선일 수밖에 없었다. 이로써 우리의 역사는 민족국가의 성립과 발전이라는 일관된 안목에서 정리되어 하나의 체계로서 나타났다.10) 백남운白南雲이 고대사회의 성립을 부족국가의 형성이라는 시각에서 파악하게 된 이유도 그의 관심이 민족국가에 놓여 있었던 데 있다.

한편 일제의 실증주의사학의 방법론을 수업한 역사가들은 실증적 연구방법론과 합리적 사고를 내세우며 개별적인 역사 사실의 규명에 주력하였다.11) 이들은 민족 지향적 역사인식을 관념적이고 비과학적인 인식으로 평가절하하고, 유물사관사학의 역사 연구와 서술은 교조적·공식주의적이라고 일축하였다. 전자는 독단적 해석, 후자는 기계적 적용에 문제점이 있으며, 이는 진리를 탐구하는 방도가 아니라는

---

10) 白南雲, 『朝鮮社會經濟史』, 東京 : 改造社, 1933.
   白南雲, 『朝鮮封建社會經濟史(上)』, 東京 : 改造社, 1937.
11) 본서 Ⅱ장 '1. 韓末의 國史敎育과 古代史' 참조.

것이 이들의 안목이었다.[12] 그러나 이런 안목은 문헌비판을 구실로 『삼국사기』 초기 기사 등 적잖은 기록의 신뢰성을 완전히 부인함으로써 한국사 이해의 근거와 폭을 축소하는 데 몰두하던 일제 관학자들의 작업에 실증주의 사학자들이 동참하도록 이끌었고, 이들로 하여금 식민지 현실과 무관한 지엽적인 사실에 관심을 집중하고도 스스로의 한계를 깨닫지 못하도록 유도하였다.

사실의 규명보다 실증 자체를 더 중시한 이들 실증주의사학자(혹은 문헌고증사학자)들은 자신들이 밝힌 개별 사실이 당대의 전체 사회구조에서 차지한 위치나 그것이 현재에 갖는 역사적 의미에 대해서는 관심이 없었다. 그들이 밝힌 사실은 일면의 사실일 뿐 총체적 사실이 아니었다. 따라서 이들이 '국사' 인식의 체계화에 기여한 점을 논하는 데는 난점이 있다.

한국사 인식은 해방을 계기로 새로운 국면에 접어들었다. 독립된 통일민주국가를 건설해야 한다는 현실적 과제에 당면하였기 때문이다. 가장 기민하게 대응한 이들은 일제하에서 식민지 근대화를 합리화하는 데 복무하거나 이용당하던 일부 역사가들이었다. 이들은 왕조흥망사의 기조 위에 민족주의 이념을 분칠한 문화사풍文化史風의 개설서를 출판하여 이를 각급 학교 교과서로 제공하였다.[13] 물론 이를 통해 우리의 역사를 구조적으로 이해하고 그 위에서 현실의 실천적 과제를 인식할 능력을 갖는다는 것은 기대할 수 없는 일이었다.

---

12) 李相佰, 『韓國文化史研究論攷』, 1947, 9쪽.

13) 方基中, 「解放後 國家建設問題와 歷史學」, 『金容燮教授停年紀念韓國史學論叢(1) 韓國史 認識과 歷史理論』, 지식산업사, 1997, 80~81쪽. 특히 해방 후의 개설서 및 교과서에 대해서는, 81쪽의 註 13)을 참조할 것.

이에 민족해방을 전망하며 역사학의 실천성을 강조하던 유물사관사학 계열로부터 적극적인 대응이 시작되었다. 이들은 봉건적 순환사관과 국수주의적 문화사관에 대해 맹렬한 비판을 퍼부었다. 정신적 문화유산이란 과학적으로 입증되지 않는 '봉건적 잔존세력의 관념형태'일 뿐으로, 그 복원을 주장하는 것은 시대착오적인 반동사관이라는 것이 이들의 생각이었다. 한국사의 특수성이라는 개념은 본디 이들이 배척하는 바였던데다가 인민적 민주주의 국가의 건설을 역사적 과제로 택한 터였으므로, 인민의 계급의식을 흐리게 하고 유물론적 보편사관의 실천을 저해하는 모든 역사관은 투쟁의 대상일 수밖에 없었다. 이들은 저항적 민족주의가 일제강점 하에서 차지한 민족해방운동의 실천적 의의까지 부정하고, 민족주의의 모든 형태를 봉건지주 자본가 계급의 이익을 대변하는 개량주의로 간주하였다.[14]

그러나 미·소의 남북 분할점령 상태를 극복하고 통일된 자주적 민주주의 민족국가를 건설하는 것이 지상의 과제였던 당시의 현실에서, 국가 건설의 헤게모니 쟁탈에 몰입하는 계급사관이 우리 역사를 인식하는 최선의 방법론이 될 수는 없었다. 이런 때 보편주의적 역사관에 함몰된다는 것은 외세에 민족의 운명을 내맡길 수도 있음을 의미하는 것이었다. 찬탁은 그 귀결이었다. 또 장차의 과제에 매달림은 과거와 현재의 문제를 모두 방기하는 우를 범할 가능성이 높음을 의미하는 것이었다. 이 계열에서 과거 식민사관의 청산이 성공적으로 이루어지지 못했음은 물론 당장 국민이 읽을 수 있는 개설서조차 내지 못한 것은 그 한계가 초래한 결과였다. 이들은 역사학보다 사회주의 운동에

---

14) 方基中, 위의 논문, 78~84쪽.

치우쳐 있었다.

　민족성장의 논리와 사회발전의 논리를 하나의 체계로 종합하여 민족통일전선 구축의 과제를 달성하고 국가 발전의 방향을 제시하려는 역사인식은 일제강점 시기부터 저들의 논리에 항쟁하며 면면히 명맥을 이어온 정통역사학 계열에 의해 추구되었다. 그것은 국제사회에 '개방적'이되 민족의 독자성과 자존심을 잃지 말아야 하고, 국내의 모든 사회계층에 대해서는 '평등적'이고 '융화적'일 것이 전제된 새로운 한국사 인식체계여야 했다. 하나의 사회계급은 민족이라는 전체 속의 일부일 뿐이며 계급의 생명은 짧고 민족의 생명은 길다는 생각을 토대로, 우리 역사를 민족의 성장 과정과 사회구성체 발전 과정의 구조적 연계 속에서 설명하려는 시도와 작업이 행해졌다.15) '진정한 민주주의의 토대 위에 존립되는 전민족全民族 동일운명의 민족주의'를 지향한 이른바 '신민족주의사학'이 그것이다.

　그러나 미·소의 분할점령 하에서 자주적 민족주의는 경계와 기피의 대상이 되고 있었다. 해방은 일제에 대신한 또 다른 강대국의 점령일 뿐이었으므로 우리의 국사가 본연의 모습으로 회생하기는 매우 어려웠다. 미군정 하에서 권력에 참여한 지식층 대부분은 과거 일제에 협조하여 자신의 기득권을 보호해 왔고, 이제 미국을 표상으로 삼음으로써 신국가에서도 그 주도권을 유지하는 데 관심의 초점을 두고 있던 부류였다. 이들은 자신의 입지를 위협하는 민중의 개혁요구를 무마하고 사회주의 운동의 형세를 제어하는 수단으로서만 민족주의에 주목할 뿐 그 자주적 정신에는 별로 관심이 없었다. 이들에게 있어 민주와 민족은

---

15) 金容燮, 「우리나라 近代 歷史學의 發達 - 1930·40년대의 民族史學」, 『문학과지성』 4, 1971 / 再收錄 『韓國의 歷史認識(下)』, 創作과批評社, 1976, 490~494쪽.

자신의 생활을 정당화하고 처신을 합리화하는 이념으로서 의미를 가질 따름이었다.

참여지식층은 불행한 과거를 조속히 잊고 온 민족이 초계층적으로 단결하여 근대화에 매진할 것을 역설하였으며, 미국식의 문물과 정신을 배우고 실천하는 것이 교육의 목표가 되어야 한다고 주장하였다. 그러자면 역사는 우리의 후진성을 자각하고 미국의 선진성을 인식하는 수단이 되어야 했다. 국사는 일제하에서와 마찬가지로 여전히 식민성의 국사였고 모범은 서양사였다.[16] 특히 대다수가 기독교 신자였던 친미계 인사들은 우리나라의 교육방향을 홍익인간의 건국이념에 입각하여 애국정신이 투철한 민주국가의 공민 양성으로 정한다는 데도 격렬히 반대할 정도였으니,[17] 국사가 제 위치에 세워질 리 만무하였다. 역사는 사회생활과의 일부로 편제되었다.

이러한 척박한 토양에서 겨우 뿌리를 내리던 신민족주의사학은 6·

---

16) 李景植, 앞의 논문, 41쪽.

17) 10개 분과위원회로 구성된 조선교육심의회가 1945년 11월 23일 발족하여 1946년 3월 7일 해산되기까지 교육 이념·제도·행정 등 교육체제 전반의 문제를 다루고 의결하였는데, '홍익인간'이 교육이념으로 처음 채택된 것은 1945년 12월 20일 군정청 제1회의실에서 열린 제4차 전체회의에서였다. "弘益人間'의 建國理念에 基하여 人格이 完全하고 愛國精神이 透徹한 民主國家의 公民을 養成함을 敎育의 根本 理念으로 한다."는 것이었다. 그러나 '홍익인간'을 교육이념으로 삼는다는 데 대해서는 12월 5일의 제2차 전체회의에서부터 격렬한 찬반 토론이 전개되고 있었다. 홍익인간을 교육이념으로 삼자고 주창한 사람은 白樂濬이었고, 이에 鄭寅普·安在鴻 등이 적극 옹호 찬성하였으며, 張利郁·吳天錫 등 미주지역 유학생 계열과 李寅基 등 일부 일본 유학파가 이에 반대하였다. 白南雲도 반대 토론에 나섰다. 유학생 계열의 반대 근거는 '홍익인간'이 신화상의 이념으로서 '비과학적'이라는 데 있었던 반면, 백남운의 경우는 그것이 일제의 '八宏一宇' 사상과 유사하다는 데 있었다(송덕수, 『광복교육 50년』, 대한교원공제회 교원복지신문사, 1996, 181~183쪽)는 점에서 달랐다. 普遍史를 추구하던 백남운과 근대주의적 사고에 경도된 유학생 계열이 이유는 달라도 같은 의견을 낸 사실이 흥미롭다. '홍익인간'이 과연 교육이념으로 적합하였는가는 여전히 논란의 소지가 있겠지만, 당시 유학생 계열이 이에 반대한 이유의 근저에 민족적·자주적 사고에 대한 반감이 놓여 있었다는 점은 부인하기 어렵다.

25사변을 계기로 절멸의 위기에 처하였다. 그 주축적 연구자인 손진태孫晉泰・이인영李仁榮 양씨를 전쟁의 와중에서 잃은 것이다. 전쟁은 우리 사회의 모든 분야에서 중견층을 소진시키고 좌우익사상의 균형 감각을 마비시켰지만, 국사 분야에서의 손실은 특히 더 심각하였다. 사변 후의 남한에 남은 역사가는 일제하에서 성장한 문헌고증사가와 해방 후 신민족주의사학의 영향을 받았으나 이제 막 역사학에 입문한 상태의 젊은이들뿐이었다고 해도 과언이 아닌 형편이었다. 한국사 인식의 체계화를 위한 작업은 수십 년을 후퇴한 셈이었다. 장차의 한국사 연구는 일제가 깔아 놓은 레일 위를 달릴 것으로 전망될 정도였다.[18]

사변으로 폐허가 되다시피 한 경제 재건의 필요에서 미국에 대한 의존도는 더욱 심화되었다. 이는 정신 면에서도 마찬가지였다. 민족자주를 말하려면 먼저 주위의 눈치부터 살펴야 할 분위기였다. 지식층은 미국에 유학하고, 기껏 유학생 수준에서 이해한 미국식의 제도와 사고방식을 한국에 부식하기에 열중하였다. 자주와 자존은 나름의 생산기반을 가진 농민과 도시생산자를 중심으로 한 인민대중의 삶과 생활을 통해서 겨우 명맥을 유지하였다.

발췌개헌, 사사오입개헌 등 자유당정권의 헌정질서 파괴 행위가 자심해짐에 대응하여 개혁과 민족자주를 바라는 민중의 여망이 고양되었고 4・19로 폭발하였다. 이를 계기로 '민족주의'가 다시 우리 사회의 주도적 가치관으로 대두하는 듯하였다. 전국적으로 일어난 학생들의 통일운동이 이때의 '민족주의' 열풍을 단적으로 보여준다. 그러나 분단 모순의 자주적 해결과 사회체제의 반봉건성半封建性 타도를 추구하는

---

18) 高橋亨,「延禧大學校東方學研究所編『東方學志』第1輯」,『朝鮮學報』7, 1955, 191~192쪽.

한국 사회의 민족주의적 움직임은 군사전략의 이익과 세계상품시장의 확보를 대한정책의 목표로 삼고 있던 미국 측에나 서구문화의 이식과 반공노선을 통해 기득권의 보호와 세력의 안전을 도모하던 한국의 우익 측 모두에게 커다란 위협이 아닐 수 없었다. 이들의 거부감이 5·16 군사정변으로 나타났다.[19]

사회는 격동하고 있었으나 냉전체제에서 문헌고증사학에 안주해온 국사학계는 이 변화를 한국사의 체계 속에서 해석하고 정리할 안목을 갖지 못한 채 '침체의 늪'에[20] 빠져 있었다. 그동안의 식민성·비주체성의 연구 태도를 반성·극복하고 국사의 체통을 바로잡을 필요가 절박하였다. 새로운 한국사 연구방법론의 모색을 위해 사학사의 정리 작업이 활성화되었다.[21] 올바른 사관을 확립하고 주체적·과학적인 역사인식 능력을 획득하자면 무엇보다 기왕의 연구자들이 지녔던 역사의식의 본질을 파악하고 그 계통을 정리해야 하였다.[22]

이로써 식민주의사학의 논리적 얼개가 드러나고 그 문제점 및 한계성이 명료해지게 되었다. 그리고 또 한편으로는 종래의 한국사 연구 성과를 '민족주의사학', '사회경제사학', '실증사학'의 세 조류로 나누어 파악하고 각각의 공과功過를 객관적으로 평가할 수 있는 안목이 성립하였다. '민족주의사학'은 민족의 독립에 대한 정신적 뒷받침을 하였으나

---

19) 李景植, 앞의 논문, 44~45쪽.

20) 洪以燮, 「이 沈滯의 늪에다 돌을… - 韓國의 後進性과 歷史意識의 缺如 -」, 『세대』 1964년 2월호.

21) 千寬宇, 「내가 보는 韓國史의 問題點들 - 史觀과 考證 및 時代區分 -」, 『思想界』 1963년 2월호.
李基白, 「民族史學의 問題 - 丹齋와 六堂을 중심으로 -」, 『思想界』 1963년 2월호.
全海宗, 「韓國史를 어떻게 보는가?」, 『新東亞』 1966년 8월호.
千寬宇, 「韓國史를 어떻게 볼 것인가」, 『知性』 1972년 3월호.

22) 歷史學會 編, 『韓國史의 反省』, 新丘文化社, 1969.

민족의 우월성을 지나치게 강조하여 객관성을 잃었으며, '사회경제사학'은 한국사의 발전을 이론화하고 지배자 중심의 전통 사회를 개혁하려는 실천적 의지를 고양하였으나 보편적인 역사이해의 도식적 적용에 빠지고 말았고, '실증사학'은 개별 사실의 규명에는 어느 정도 성공을 거두었으나 제도 혹은 사건 중심의 이해에 머물고 말았다는 것이 그것이었다. 한국사학사에 대한 이와 같은 이해는 향후 연구 지표의 중심을 보편성보다는 특수성에, 제도적 측면보다는 인간과 그 집단에, 개별 사실보다는 시대 전반의 성격 규명에 두도록 유도하는 계기가 되었다.[23]

그러나 실증은 어떠한 경향을 띤 역사학이든 기본으로 수행하는 작업이고, 주체가 없는 역사란 없다고 할 때 그 역사의 주체를 민족으로 설정했다고 해서 이를 무슨 '주의'라고 부를 수는 없는 일이며, 또 사회경제사는 유물사관의 관점에서만 가능한 것이 아니라는 점에서, 그동안의 연구 경향을 '실증사학', '민족주의사학', '사회경제사학'으로 분류한 것은 적절한 용어의 선택이었다고 할 수 없다.[24] 특히 우리 역사의 주체를 한민족韓民族으로 파악하는 역사인식을 가리켜 '민족주의사학'이라고 명명한 것은 전래의 온당하고 정통한 역사인식을 근대 서구의 'nationalism'의 영향을 받아 비로소 무슨 주장으로 성립한

---

23) 李基白, 「韓國史의 普遍性과 特殊性」, 『梨花史學研究』 6 · 7合輯, 1973.
   邊太燮, 「韓國史의 올바른 座標 – 文化普遍性論의 反省 –」, 『月刊中央』 1974년 4월호.
   李基白, 「現代 韓國史學의 方向」, 『文學과知性』 1974년 겨울호.

24) 예컨대 方基中(1955~2008)은 '社會經濟史學'을 '唯物史觀史學'으로, '實證史學'은 '文獻考證史學'으로 고쳐 불렀다(方基中, 앞의 논문, 75쪽). 이 외에도 용어를 달리하려는 시도는 적지 않다. 그러나 실증사학의 경우, 문제가 없는 것은 아니지만 그대로 두어도 좋다는 견해도 제시되어 있다(洪承基, 「實證史學論」, 『現代 韓國史學과 史觀』, 一潮閣, 1991, 44쪽). 여기서는 방기중의 용어를 채용한다.

역사인식인 것처럼 오해하게 만드는 단서를 제공했다는 점에서 적잖은 문제가 있는 것이었다.[25] 신채호 스스로가 '영토와 국권을 확장하는 주의'로서의 '제국주의'에 대항하는 '타 민족의 간섭을 불수不受하는 주의'로서의 '민족주의'를 표방한 것이 사실이지만,[26] 그럼으로써 그가 받았던 공격과 비판이 액면 그대로 타당하였다고 보기 어렵다는 점을 감안한다면, 후대인이 사학사를 정리하면서 그의 사학을 그대로 '민족주의사학'이라고 부르는 데는 난점이 있다고 생각한다. 그의 사학은 그의 시대가 안고 있던 역사적 과제 혹은 '역사적 현재성'에 충실하였던 '정통역사학'일 뿐이었다.[27]

바람직한 사관의 확립을 위한 노력이 계속되는 가운데 새로운 한국사 연구방법론에 입각한 연구 성과가 축적되어 갔다.[28] 당대에 작성된 양안量案(토지대장)·호구대장戶口臺帳·추수기秋收記 등 1차 사료를 분석하여 내재적·계기적 발전의 양상을 실증함으로써 정체성 이론을 극복하고,[29] 서구 사회과학 분야의 방법론과 이론을 참조하여 영성한 고대 사료의 한계를 메우며,[30] 개별 사실에 대한 이해를 그 시대 전반에 대한 구조적인 이해로 확대하려는 노력이 잇따랐다. 그리하여 식민주

---

25) 본서 Ⅱ장 주 41) 참조.

26) 申采浩, 「帝國主義와 民族主義」, 『大韓每日申報』 1909년 5월 20일자.

27) 물론 그렇다고 해서 신채호의 역사인식이 현재에도 그대로 유효하다고는 할 수 없다. 그의 사학사적 위치를 논하는 것과 그 사학의 한계를 지적하거나 역사인식의 계승을 논하는 것은 구별되어야 할 별개의 문제다.

28) 盧泰敦, 「해방 후 民族主義史學論의 전개」, 『現代 韓國史學과 史觀』, 一潮閣, 1991, 12~14쪽.

29) 金容燮 교수가 1960년대에 행한 일련의 연구가 대표적이다. 그 결실은 『朝鮮後期農業史研究(Ⅰ)』(一潮閣, 1970)로 간행되었다. 그 중 특히 「量案의 研究」와 「續·量案의 研究(上)(下)」가 연구방법론과 시각 면에서 학계에 미친 영향이 컸다.

30) 본서 Ⅲ장 1절 1) 참조.

의 사학의 폐해를 불식하고 우리 역사를 주체적으로 파악할 수 있는 입각점이 마련되었다.

그러나 한편 정치 상황은 새로운 국면으로 접어들고 있었다. 박정희 정부는 근대화를 목표로 경제개발을 추진하면서 국론의 분열을 억제한다는 구실로 '한국적 민주주의'를 표어로 내세우고 우리 민족만의 독특한 발전 경로를 탐색하기 시작했다. 이에 국사학계도 근대화와 근대성, 한국사의 주체적 발전 등을 연구 주제로 삼고 그것을 정당화·이론화하는 작업에 휩쓸렸다. 그리고 이 과정에서 정부는 『국사』를 '민족주체성' '국가의식'·'국난극복의 의지'를 기르는 데 효율적인 과목으로 주목하게 되었다. 1969년 서울 문리대 국사학과가 독립 학과로 성립하였고, 1972년 문교부 산하에 '국사교육강화위원회'가 구성되었으며, 1973년에 『국사』 교과가 사회생활과의 굴레에서 벗어나 독립 교과로 편제되고 필수과목으로 지정되었던 것은 이러한 흐름 속에서 이루어진 일들이었다.

학생들에게 우리 역사를 필수로 가르치게 된 것은 지극히 당연한 만시지탄晩時之歎의 조처였다. 그러나 국사 연구의 활성화와 『국사』 교육의 정상화가 정권의 힘으로 이루어지고 있었던 사실은 오히려 『국사』 교과에 '국책교과'라는 또 다른 굴레를 씌우는 배경으로 작용하였다. 공교롭게도 『국사』가 필수의 독립 교과로 된 1973년은 유신헌법이 발효된 1972년의 이듬해였다.

이른바 '한국적 민주주의'를 표방한 비민주적인 유신체제의 성립과 더불어 국사에 대한 관심이 높아지고 국사교육이 강화된 사실은 국사학계의 처신을 매우 곤란하게 만들었다. 일부 학자는 일체의 대외 활동을 중지하고 연구에만 몰두하였고, 일부 학자는 정권의 의도에 실천적으로 대항하였으며, 주류적으로는 정치 민주화와 사회 정의의 구현을 바라는 민중의 여망에 부응하는 방향으로 연구의 초점을 맞추었다. 중세의 정치와 사상에서 민주적·도덕적 전통을 발견하고 이를 체계화하려는 작업이 적극 행해진 것은 이런 흐름에서 비롯된 일이다. 이와 같은 연구 경향은 한편으로 충효忠孝와 신의信義를 만세불후萬世不朽의 덕목으로 칭송함으로써 복고적 풍조를 만연시키는 폐단을 낳았다는 지적을 받기도 하였다. 그러나 국사란 본디 우리 사회에서 존중되어야 할 보편가치를 서술함으로써 그 임무를 다한다고 볼 때,31) 그 자체가 비난받을 일은 결코 아니었다. 문제는 정권이 이를 정치적으로 악용하여 새마을운동과 국민윤리의 규범으로 내세웠다는 데 있었다. 전통사회에서의 충신 묘역이 잇따라 성역화되고, 집정자는 물론 각 조직의 장에 대한 충忠·신信이 최고의 가치로 강조되고 있었다.

한편 '민족사관'의 확립을 주장하고 한국적 전통을 강조하는32) 한국사 인식의 확대를 우려하는 견해도 표명되었다. 민족정신을 역사의 주체로 실체화하여 이해하는 '민족주의사학'은 과거를 미화하는 역사의 왜곡을 자행하기 쉽다는 방법론적 반성이었다. 그리하여 민족주의적 신념을 사관으로 발전시키려면 인류의 보편적 가치를 스스로 구현하려는 실천적 노력이 전제되어야 한다는 점이 지적되었다. '한국적 민주주의'·'한국적 근대화'는 굴절된 형태의 민주주의와 근대화를 합리화하는 구실로서가 아니라, 세계와 세계사에 대한 우리 민족 나름의 적극적인 기여를 의미하는 개념으로 쓰여야 한다는 것이었다.33) 민족

---

31) 李景植, 「韓國史 敍述에서 用語選定의 傾向」, 『歷史敎育』 56, 1994, 178쪽.
32) 金成植, 「民族史觀序説」, 『高大文化』 1973년 9월.

주의가 복고적·배타적·국수적 경향으로 흐르지 않도록 하기 위한 노력이 국사학계 안팎에서 활발하게 추진되었다.

4·19 이후의 한국사 인식은 사회적·정치적 흐름에 타동되어 변화하고 있었기 때문에 현실을 직시하고 비판할 수 있는 역량이 성숙하지 못하였다. 현실의 비판과 방향 설정은 우리 역사의 발전을 내재적·계기적으로 파악하면서 세계사의 보편적 발전 방향을 주체적으로 이해할 수 있을 때에야 비로소 가능한 것이다. 이 작업은 비록 더디지만 꾸준히 행해져서 계기론적繼起論的 관점에서든 유형론적類型論的 관점에서든 한국사의 전개를 내재적 발전 과정으로 설명하려는 작업들이 착실한 성과를 쌓아갔다.34) 그러나 당시의 정치적 현실에서 그 성과는 집권층이 주도한 근대화지상론近代化至上論을 합리화하는 논거로, 민족적 독자성에 대한 연구는 유신체제의 당위성을 주장하는 근거로 이용되었다.35)

1980년 광주민주화항쟁을 무력으로 진압하고 신군부세력이 정권을 장악하였다. '정의사회 구현' '의식개혁'을 표방한 사회 정화 운동이 휘몰아치는 가운데 사회의 비판력은 크게 약화되었다. 언론사 통폐합과 언론기본법의 강행, 교수의 대량 해직 사태 등은 온건하고 학문적인 비판마저 거의 불가능하게 만들었다. 이러한 분위기에서, 비판을 그 본연의 속성으로 삼는 역사학이 적지 않은 타격을 입었음은 두말할 나위 없다. 특히 국사에 대한 침해가 심각하여, 한편에서는 국사교과의

---

33) 梁秉祐, 「『民族史觀』의 再評價 - 참된 '民族史觀'의 確立을 위해 -」, 『月刊中央』 1974년 2월호, 72~80쪽.

34) 박찬승, 「20세기 한국사학의 성과와 반성」, 『한국사학사학보』 1, 2000, 188~190쪽.

35) 盧泰敦, 앞의 논문, 15~16쪽.

독립이나 그 필수가 부당하다는 견해가 부각되고, 한편에서는 대종교大
倧敎 류의 고대사 인식체계가 사실에 부합하는 것처럼 선전되었다.
재야사가들의 국사교과서 내용 시비는 박정희정권 말기부터 조직화되
고 있었지만, 이때에 이르러 더욱 활기를 띠었다.36)

전두환정부는 경제 위기의 극복 방안을 국내 시장의 적극적인 개방과
특정 재벌에 대한 특혜적 지원에서 찾았다. 그 결과 국제 독점 자본의
국내 시장 점유가 급격히 확대되었는데, 이는 그동안 침체해 있던
민족 자주 의식을 촉발하는 계기가 되었다. 그렇지 않아도 광주민주화
항쟁 기간에 보인 미국의 태도를 문제 삼아 외세에 대한 시각이 변화하
고, 민족 모순을 한국 사회 모순의 근인根因으로 파악하려는 경향이
불거지고 있던 터였다. 이러한 움직임은 민중의 반미 의식을 불러일으
켰으며, 1982년 1월 부산 미문화원 방화 사건으로 표출되었다.

1980년 이른바 '서울의 봄'에서부터 시작하여 1982년 미문화원 방화
사건으로 이어진 일련의 사회변동은 흔히 '사회구성체 논쟁' 혹은 '사회
성격 논쟁'으로 지칭되는 한국 정세의 인식과 그 실천(DR)을 둘러싼
대대적인 논쟁(CNP 논쟁)37)을 야기하였다. 한국 사회의 발전 단계,

---

36) 안호상·임승국 등이 1978년 10월 31일 이른바 '국사찾기 행정소송'을 제기하여 서울지
법 민사부에서 제1심(1980년 6월 27일 판결선고), 서울고법 민사부에서 2심(1981년
7월 28일 판결선고)이 있었다. 2심의 판결은 항소기각이었다. 그러나 이들이 다시
국회에 「국사개정을 위한 대국회 청원서」를 제출함으로써 '국사문제에 관한 공청회'가
국회에서 열렸다.

37) 민주화 운동의 방향이 CD(Civil Democracy, 시민민주주의)냐, ND(National
Democracy, 민족민주주의)냐, PD(People's Democracy, 민중민주주의)냐를 둘러싸
고 이른바 '민주화세력' 내부에서 벌인 논쟁이다. 1985년에 들어와 민청련은 ND를
향후의 운동 방향으로 설정함으로써 논쟁을 마무리하고자 했는데, 당시 정부는 ND의
민족 지향이 북한과의 연대를 모색하기 위한 것이라고 이해했다. 4·19를 부인하고
5·16이 일어난 후 우리 사회에서는 '민족'이라는 단어가 북한과 연대하여 남한의
자유경제체제를 전복하려는 '불순'한 의미를 포함하고 있다고 해석하는 경향이 있어
오다가, 1980년대 중반에 와서는 이 같은 시각이 외면적으로 단순 노골화하여 중간의

독점자본주의의 성격, 분단과 민족 문제 등이 주요 쟁점으로 떠올랐으며, 논쟁의 초점은 마르크스주의적 방법론의 재정립과 그 한국적 적용에 모아졌다.[38]

이 논쟁의 전개와 양상은 한국사의 인식에도 큰 영향을 미쳤다. 계급사관·유물사관에 입각한 새로운 한국사 이해와 서술이 젊은 사학도들에 의해 시도되기 시작한 것이었다. 민중사학론, 혹은 민중적 민족사학론의 제기는 이런 시도의 한 성과였다.[39] 이는 종래의 국가적 민족주의가 지닌 한계에 대한 방법론적 반성이기도 하였다. 이에 따라, 그리고 이러한 경향에 대응하여, 일반 대중을 대상으로 하는 여러 종류의 한국사 개설서가 연이어 출간되었다.[40] 이들은 역사의 주체를 보는 안목과 방법론에는 다소간 차이가 있었으나, 민주·자주·통일을 지향하는 민족사의 서술을 목표로 한다는 점에서는 대체로 일치하였다.

1992년 '문민정부'가 들어선 이후 국제화·세계화의 당위성이 운위되고 정책으로 적극 추진되면서 민족 자주·자존의 시각이 크게 후퇴하였다. 세계화의 시대에는 국학을 버리고 세계학[양학洋學]을 해야 한다는 주장이 개방의 여론을 업고 제기되었다. 게다가 국가경제의 위기와 더불어 첨단과학의 육성과 발달이 민족 활로의 유일한 길이라는 견해가

意味網을 모두 사상한 채 민족을 운위하는 세력은 곧 '불순세력'이라는 등치관계가 성립하였다.

38) 이진경, 『사회구성체론과 사회과학방법론 – 한국사회성격논쟁에 부쳐 –』, 아침, 1986. 박현채·조희연 편, 『한국사회구성체논쟁』(Ⅰ)(Ⅱ), 도서출판 竹山, 1989.

39) 李基東, 「民衆史學論」, 『現代 韓國史學과 史觀』, 一潮閣, 1991.

40) 한국민중사연구회, 『한국민중사』 Ⅰ·Ⅱ, 풀빛, 1986.
한국역사연구회, 『한국사강의』, 한울아카데미, 1989.
구로역사연구소, 『바로보는 우리역사』 1·2, 1990, 거름.
한국사특강편찬위원회 편, 『한국사특강』, 서울대학교출판부, 1990.
김무진·박경안 편, 『한국사의 길잡이』, 혜안, 1995.
한영우, 『다시 찾는 우리역사』, 경세원, 1997.

강세를 띠자, 일부에서는 국학무용론國學無用論을 거론하는 지경에 이르렀다. 국학만이 아니라 인문학 전반이 위기에 봉착하였다는 진단이 우세하였다.[41]

광복 이후 국사는 배타성과 국수성을 극복하고 민족의 자주와 자유를 역사에서 실천함으로써 세계사의 보편적 발전과 그 가치의 구현에 기여하는 방향으로 꾸준히 발전해 왔다. 그럼에도 불구하고 일각에서는 국사를 민족지상주의를 고취해 온 국가주의 어용학문의 사령탑이고 민족모순을 악화시킨 원흉이라고 지목하고 있다. 국사는 근대민족주의의 산물로서, 그 본질이 고대의 자기중심주의를 재현한 데 있으므로 이제 중세보편주의를 부인한 죄과를 물어야 한다는 것이다. 따라서 비교사학의 작업을 통해 역사이해를 일반화·이론화하기 위해 노력해야 하리라고 한다.[42]

비단 국사학뿐 아니라 역사학 일반이 독자적인 이론의 모색을 등한히 하고 사회학이나 인류학 등 다른 학문의 이론을 차용하는 데 익숙해져 왔다는 것을 부인하기는 어렵다.[43] 국사학계도 반성과 함께 과제로 여기고 있는 부면이다. 그러나 국사가 민족지상주의의 관점에 서서 배타성과 침략성을 키워 왔다는 지적은, 그 문제의식과 소론所論의 취지를 이해하지 못할 바 아니나, 국사학계 전반의 노력과 성과를 보지 않고 일면만을 주목한 것으로서 재고의 여지가 있다고 하지 않을 수 없다.

---

41) 김영한, 「인문학의 위기와 역사교육」, 『역사와현실』 20, 1996, 136~141쪽.

42) 조동일, 「국사를 넘어서는 역사이해의 열린 시야」, 『인문학문의 사명』, 서울대학교출판부, 1997, 409~412쪽.

43) Theodore S. Mamerow, "What is the use of History", *Reflection on Historians*, Wisconsin, 1987, 205~208쪽.

국사가 이런 혐의를 받게 된 데에는 정권 측이 실제로 이를 악용해 온 측면도 있고, 논자가 그것을 근대민족주의의 소산으로만 잘못 생각한 측면도 없지 않지만, 본질적으로는 국사학의 주류를 서구 nationalism의 번역어로 쓰는 '민족주의' 사학이라고 불러온 것이 크게 작용하였다고 여겨진다. 그럼으로써 이를 세계에 대한 대립 논리로 잘못 이해할 수 있는 단서를 제공하지 않았나 하는 것이다.

'근대민족주의'의 영향을 받았고, 또 스스로 '민족주의'를 칭하기도 한 것이 사실이지만, 신채호 이래로 국사학의 주류가 추구해 온 것은 저 nationalism이 아니었다. 우리의 국사학에서 '민족주의사학'은 세계 각 민족의 서로 다른 처지와 그 문화의 다양성을 인정하는 가운데 우리 민족사와 세계사를 일관하는 하나의 논리로써 이해하고 각 민족의 공영과 평화를 실현하는 방향에서 설정되어 온 것이었다. 이 문제를 정면에서 다뤄온 식자들이 '민족주의'가 더 이상 우리의 대안일 수 없다는 생각은 성급하다는 데 공통된 의견을 보여 온[44] 이유도 기실은 여기에 있다. '민족주의'를 표방하고 전개된 논의 중에는 이제 더 이상 유효하지도 않고, 더러는 서로 양립할 수도 없는 여러 계통의 내용이 뒤섞여 있다. 따라서 그 옥석을 가리지 않고서 우리 '민족주의'의 본질을 배타성·침략성을 띤 nationalism으로 이해하여 매도하는 것은 몰가치적 국제주의와 경제만능의 패권적 세계화 논리를 무비판적으로 수용하는 빌미를 제공하기 쉽다.

이는 무엇보다 국사학의 주류를 '민족주의사학'이라고 불러 온 데서

---

44) 梁秉祐, 「民族主義史學의 諸類型」, 『韓國史市民講座』 1, 一潮閣, 1987.
　　吉玄謨, 「民族主義史學의 問題」, 『韓國史市民講座』 1, 一潮閣, 1987.
　　임지현, 「한국사학계의 '민족' 이해에 대한 비판적 검토」, 『역사비평』 1994년 가을호.

생긴 혼란이므로 그 적절한 용어를 다시 찾을 필요가 있다는 생각이지만, 이른바 '민족주의'의 다양한 계통을 정리하여 각각의 본질을 밝히고 기능성을 확인하는 작업도 더 미루어서는 안 될 시급한 과제라 할 것이다. 21세기의 한국사 인식 체계는 이 문제를 해결한 토대 위에서 비로소 제시될 수 있으리라 여겨진다.

2) 포스트모더니즘의 유행流行과 역사학의 희석稀釋

한국 근현대사의 곡절 많은 흐름 속에서 제자리를 찾지 못하고 방황하던 '국사' 인식은 20세기를 10년도 채 남겨 놓지 않은 시점에 우리 사회를 풍미한 포스트모더니즘의 역사인식에 의해 결정적인 타격을 입게 되었다. 21세기는 국경과 이념이 없는 시대로 전개될 것이므로 '민족주의'에 입각한 '국사' 인식은 이제 시대착오적 역사인식임이 분명하며, 따라서 우리는 가능한 한 빨리 그리고 철저하게 이를 청산하고 새 시대를 맞이해야 한다는 주장이 포스트모더니즘 역사학자들에 의해 제기되었기 때문이다. '국사'에 대한 이들의 인식이 과연 타당한지를 검토해 보기 위해서는 먼저 포스트모더니즘의 성립 배경과 이 사조를 토대로 성립한 역사인식의 핵심 논지를 살펴볼 필요가 있겠다.[45]

포스트모더니즘은 근대의 모순이 다양한 분야에서 첨예화되어 드러남으로써 시작된 격동의 1960년대를 배경으로 성립한 사조다. 이 격변의 시기를 겪으면서 근대를 통해 인류가 추구해온 모든 것들에 대한

---

45) 포스트모더니즘 역사학에 대해 구체적으로 알려면 이와 관련된 16편의 논고를 모아 엮은 다음 책을 참고하면 좋다.
  김기봉 외, 『포스트모더니즘과 역사학』, 푸른역사, 2002.

반성과 자기비판이 일어났고, 이를 논리화한 결과로서 포스트모더니즘
이 대두한 것이었다. 이 점에서 포스트모더니즘은 각 분야 전반에
걸친 탈근대 문화운동의 성격을 띠지만, 동시에 거기에는 근대 사회와
미래 사회에 대한 역사적 관점에서의 해석과 정리, 지향이 불가불
관통한다. 그러므로 포스트모더니즘을 제대로 이해하기 위해서는 그것
이 대두하게 된 경과를 근대의 전반적인 흐름 속에서 파악하는 안목이
요구된다.

1960년대 격변의 초점은 국가의 계획과 통제에 대한 저항에 있었다.
저항은 1963년 11월 미국의 케네디 대통령이 암살되고 그 뒤를 이은
존슨 대통령이 이듬해 월남의 민족해방전쟁에 대규모의 전투 병력을
파견하여 직접 관여하기로 결정하면서 활성화되었다. 환호 속에 손을
흔들며 떠난 젊은이들이 몇 주 혹은 몇 달 만에 주검이 되어 돌아오는
것을 바로 이웃에서 빈번하게 목격하기 시작한 때문이었다. 각자 장래
에 대한 포부가 있었고 그것을 능히 실현할 재능을 가졌던 젊은이들이
한 줌의 재로 변해나가는 것을 보고 미국 전역에 전쟁과 죽음에 대한
공포가 엄습하였다.

국가가 과연 이들을 죽음으로 내몰 정당한 권리를 가지고 있는가
강한 의문이 제기되었다. 국가의 의미와 성격에 대한 본질적인 의문이
었다. 자유와 행복을 추구할 국민 개인의 권리를 국가의 이름으로
짓밟을 수 있는가 하는 물음은 '사회계약론'을 둘러싼 새삼스러운 논쟁
의 불씨를 되살렸고, 국민의 생명과 재산에 우선해 국가가 지켜야
할 정의와 그 한계가 무엇인지 숙고하게 하였다. 또 동서 양 진영의
대치 속에서 그 접경에 있는 한 국가의 국민들이 택하려 하는 민족적

진로와 희망을 다른 국가가 좌지우지해도 좋은 지고의 명분이 실재하는 지도 따져질 수밖에 없었다.

월남전은 예상과 달리 장기화되었고, 이 전쟁이 수호하려 한다는 자유와 민주주의가 누구의 자유고 민주주의인지, 젊은 피의 희생을 요구하는 실체가 정치적 필요성 말고서 다른 무엇이 더 있는지 회의가 증폭되었다. 대학가에서는 반전운동이 일어나 격화되고 있었으며, 일각에서는 두려움을 약물로 견디려는 풍조가 만연하였다. 약물에 의한 현실도피는 퇴폐성을 띠고 있었지만, 기존 체제에 대한 저항의 한 형태임이 분명하였다. 이러한 풍조는 젊은 세대의 동질성에 바탕을 두고 자유와 사랑, 평화를 지향하는 새로운 문화로 발전하였다. 히피문화였다.

1965년으로 접어들면서 반전운동은 점차 대학가에서 사회 일반으로 파급되어, 1964년에 노벨 평화상을 수상한 흑인 민권운동가 마틴 루터 킹Martin Luther King, Jr. 목사가 이 운동에 동참하였다. 젊은이들의 불필요하고 명분 없는 희생을 줄여야 한다는 주장이 미국 전역을 휩쓸고, 밥 딜런 Bob Dylan · 존 바에즈 Joan Baez 같은 록 가수들이 나타나 "몇 번이나 더 포탄이 날아야만 전쟁이 영원히 멈출까?(How many times must the cannonballs fly, before they're forever banned?)"라고 절규하듯 노래하였다.

미국이 흑인을 차별하고 전쟁을 좋아하는 나라이며, 미국의 부와 권력은 세계 민중의 피와 땀으로 건설되었다는 주장을 들으면서 미국의 젊은이들은 놀라고 분노했다. 이들은 기성세대가 세계를 폭력으로 장악하려 든다고 여기고, 이에 맞설 힘은 젊은이들의 양심과 정의,

용기뿐이라고 외쳤다.

이 무렵, 중국에서 '프롤레타리아 문화대혁명'이 시작되었다. 1965년에 일기 시작한 반사회주의분자에 대한 비판 분위기가 1966년 6월부터 정치투쟁·계급투쟁으로 발전하여, 당·정부·군대 등 각 부문에 걸쳐 '자본주의의 길을 걷는 반혁명수정주의분자'를 타도하는 투쟁으로 전개된 것이었다. 사회주의체제의 확립에 이미 성공한 사회에서도 사회주의혁명이 계속 필요하다는 이른바 연속혁명이론이 이 투쟁을 합리화하고 있었는데, 당시 세계인에게 이는 특정 이데올로기에 입각하여 국민 개인의 양심의 자유를 억압하는 국가의 횡포로 비쳐지기보다 민중혁명의 쾌거로 생각되었다.

1967년 10월 9일, 라틴아메리카 해방전쟁에 생명을 바친 체 게바라가 볼리비아의 산중에서 죽었다. CIA의 집요한 추적을 벗어나지 못하고, 부상당한 채 포로로 잡혀 사형당한 것이었다. 그의 삶이 단지 라틴아메리카만이 아니라 세계의 억압받는 민중을 해방시키기 위해 바쳐졌음을 아는 사람들은 그의 죽음을 애도하며 그가 품었던 이상을 계승, 실현하기 위해 노력할 것을 다짐하였다.

1968년 1월 30일, 베트콩 게릴라와 월맹군이 구정을 틈타 월남 전역에서 총공세를 펼친 이른바 '테트 공세'에 의해 그동안 미국이 주장하던 '월남전쟁'에서의 성공이 기실은 허구였음이 세계에 알려졌다. 이를 계기로 미국 내에서의 반전운동이 정치권으로까지 확대되었다. 그리고 4월 4일, 킹 목사가 테네시 주의 멤피스에서 한 백인에 의해 암살되었다. 이는 전 세계에 큰 충격을 안겨준 사건이었다. 흑인과 여성, 제3세계 등 이른바 '소수와 약자'들은 세계를 지배하는 기득권층의 전통적,

가부장적, 폭력적 권위에 의해 자신들이 억압받고 있음을 다시 확인하였다. 해방을 향한 욕구의 분출이 임박하고 있었다.

그리고 다음 달인 1968년 5월, 파리에서 68혁명이 일어났다. 이 해 3월에 한 학생운동 주동자가 체포된 데 항의하여 파리 대학 낭떼르 분교에서 일어난 투쟁으로부터 시작된 젊은 지식인들의 '반란'이 5월 초순에 소르본느 대학과 그 인근의 대학가인 라땡 구역 Quartier Latin을 점거하는 사태로 발전하고, 5월 13일에는 '천만 노동자'가 참여하는 총파업과 공장 점거 투쟁으로 진전된 사건이었다. 점거된 거리는 온통 '국가를 타도하자' '노동하지 말라' '삶을 위해 빌지 말라—쟁취하라'는 등의 낙서로 가득 찼다.

학생과 직장 노동자들에 의해 주도된 이 자발적 투쟁은 6월에 이르러 정부의 무력 진압으로 끝났지만, 그 영향은 유럽 전역에 파급되었다. 영국에서는 윌슨 정부에 대항하는 학생과 노동자들의 투쟁이, 서독에서는 학생 반란이, 체코에서는 '프라하의 봄'에서 시작된 자유화 조치의 급진전이, 이탈리아에서는 1969년의 '뜨거운 가을' 이후 노조 활동의 강화와 정파노조들의 통합이 전개되었다. 르몽드지의 집계에 따르면, 1968년 4월 1일부터 6월 30일까지 석 달 동안 세계 65개 국에서 일어난 학생시위가 1,681건에 달했다. 조지 카치아피카스 George Katsiaficas는 68혁명으로 인하여 세계 민중이 '해방의 집단적 경험과 연대의식'을 갖게 되었다고 파악한다.

이와 같은 세계적인 정세의 흐름 속에서 포스트모더니즘이 성립하고 체계화되었다. 따라서 이 사조에는 부나 권력을 추구하는 기성세대의 가치를 거부하고, 한편으로는 무감각한 일상에, 또 한편으로는 전통적인 가부장적 권위에 저항하며, 과학적 합리성보다는 해방된 감수성을 통해 일상생활을 재구축하겠다는 의지가 용해되어 있다. 포스트모더니즘은 근대가 확신해 온 역사의 진보와 이성의 합리를 믿지 않을 뿐만 아니라, 국가나 민족을 실체도 모호한 채 개인의 자유를 억압하는 타파되어야 할 폭력으로 간주하며, 국제적 다인종적 연대를 강조한다. 포스트모더니즘의 역사관도 이러한 세계관의 연장에 서 있다. 사실에 대한 '과학적 성찰'과 이에 입각한 '진보에의 기대'를 전면적으로 거부하고 부인하는 것이다. 모던 역사학이 객관화하는 '사실'은 궁극적으로 역사가의 상상력에 의해 재구성된 것이므로 과학적 성찰의 대상이 될 수 없으며, 그 상상력의 실체는 국가나 민족에 의한 폭력을 옹호하기 위해 조작된 한갓 담론일 뿐이라고 본다. 그리하여 '문화'에 주목하고 중시하는 것이다.

60년대의 혁명적인 분위기가 1968년을 정점으로 국가 혹은 국가연합 기구에 의해 무력으로 진압되어 수그러들면서, 실천적 측면에서 좌절을 경험한 포스트모던의 문제의식이 이론적 측면으로 침윤되어 거의 모든 학문 분야로 확산되어 갔다. 특히 자연과학 분야에서의 진전이 두드러졌다. 70년대 후반부터는 카오스 이론이 체계화되어, 근대가 내세워온 객관성과 과학성을 신뢰할 수 없는 정당한 이유가 있음을 논리로써 제시하기 시작하였다. 요컨대 객관성과 과학성은 여러 변수를 공식화·법칙화할 수 있을 때 보장되는 것인데, 실제의 사실에서 우리는 그 초기 변수 모두를 통제할 수 없다는 것이었다. 바람이 가득 든 풍선의 주둥이를 놓았을 때 풍선이 날아가 떨어지는 지점을 예측한다거나 주사위를 던졌을 때 어떤 숫자가 나올지 예측하는 것은 사실상 불가능하며, 어느 지역에서 발생한 폭우의 원인은 아마존의 나비 한 마리가 가만히 앉아 있다가 갑자기 날아오른 데 있을 수 있다는 등의 예가 열거되었다. 실재의 '복잡계complex system'를 주도하는 원리가 있다면 그것은 '혼돈 chaos'이라는 것이었다. 그렇다면, 진보·객관성·과학성에 대한 종래의 개념은 환상에 지나지 않을 터였다.

이러한 새로운 안목은 인문·사회과학 분야에 많은 시사점을 던져주었다. 역사학이 받은 충격도 대단하였다. 그동안 진보라고 믿어온 것이 실제로는 재앙이었을 수 있으며, 그토록 신봉해 온 객관성과 과학성이 기실은 독단적 허구에 불과했을 수 있다는 가능성만으로도 근대 역사학은 이미 그 근거를 위협받고 있었다. 국가와 민족 같은 거대한 공동체들이 단위가 되어 공동의 선으로 추구할 가치란 원래부터 있을 수 없는 일이었던 것처럼 보이는 상황에서, 역사학이 수행할 수 있는 작업은 사실의 이해 그 이상 아무것도 아닌 듯 여겨졌다. 당면과제의 해결과 미래의 예측이란 본디 망상이 아니었느냐는 것이었다.

그런데 이와 같은 생각을 입증하는 사건이 실제로 벌어졌다. 1991년 12월 25일, 고르바초프가 대통령직을 사임함으로써 소연방이 해소된 것이었다. 이는 국제정치뿐 아니라 세계 학문의 전개에 있어서도 매우 특별한 의미를 지닌 일대사건으로 다가왔다. 석학으로 꼽히는 학자들조차도 일이 이렇게 전개되리라는 것을 예측한 이가 아무도 없었기 때문이다. 당연히 학문의 효용성에 대한 강력한 회의론이 제기되었고, 과거 사실을 현재 당면한 문제와 관련하여 과학적으로 다룬다면 그 문제의 해결, 더 나아가 미래의 방향까지 대략 예측할 수 있다는 믿음 위에 그 존재의 근거를 두고 있던 근대 역사학의 처지는 더욱 난감해질 수밖에 없었다.

소연방이라는 거대 구조가 와해된 후, 과거의 소연방 내부에서는 민족·문화·전통이 같은 집단끼리 결속하여 단일의 독립국가를 형성해 가는 경향을 띠고, 전 지구적인 자본주의화가 달성되어 그 체제의 종주국이라 할 미국의 패권주의가 강화되며, 그 결과 지구상의 거의 모든 나라가 세계화·국제화를 더 이상 피할 수 없는 대세로 받아들이게 되는 일련의 변화가 급속히 진행되었다. 이러한 국제정세의 변화는, 1960년대부터 이미 이를 예견하고 우려하며 이에 저항할 것을 촉구해 왔던 포스트모더니즘에 대해 전 세계로 하여금 주의를 환기시키기에 충분하였다. '근대' 및 '근대화'의 대전제인 '보편성'은 결국 서구문명을 지칭한 다른 이름에 지나지 않으며 '효율성'은 곧 패권주의적 획일성의 포장일 뿐이었다는 인식이 확산되고, 그 동안 모더니즘에 의해 비하 무시되어 온 지역적 고유문화와 대중적·세속적 인간의 삶을 지켜야 한다는 생각이 널리 공감대를 형성하였다.

이에 다원적 가치 및 실제의 삶과 직결된 매우 구체적이고 일상적인 사례만이 역사학이 추구할 수 있고 또 그래야 할 바로 여겨졌다. 그리하여 계기적 발전론에 근거하여 전통과 당위를 논하고, 거대한 구조나 체제를 중시하며 인간의 개별적 삶에 대한 고려를 묵살해 온 근대 역사학은 이제 극복해야만 할 대상으로 지목되었다. 특히 그 이론적 확립에 가장 기여한 인물 중의 한 사람인 카아 E. H. Carr의 사론史論이 비판의 주된 표적이 되었다. 그의 현재주의적 관점은 과거인들의 증언을 선택적으로 무시하는 논거가 되었고, 궁극적으로 역사적 상상력의 빈곤을 초래하는 단서가 되었다는 것이 비판의 요체였다. 과거와의 대화를 명분으로 역사가가 다루는 '역사적 사실'이란 텍스트로서의 역사서술이 형성하는 담론적 질서에 입각하여 재구성된 것일 뿐이라는 것이다.

그리하여 '담론'이 역사의 실체, 아니 형태로 떠올랐다. 실체는 부인되었다. 역사가 담론으로 존재할 뿐이라는 생각은, 시비是非의 학문으로 존재해온 역사학을 이해의 학문으로 이끌었다. 그동안 이해는 거의 전적으로 문학의 몫이나 마찬가지였다. 예컨대 처녀가 아이를 낳았을 때, 그녀의 행위가 사회적으로 어떤 의미를 지니는가를 따지는 것이 역사의 몫이었다면, 사랑과 운명에 주목하며 그럴 수밖에 없었던 그녀의 삶을 이해하는 것은 문학의 몫이었다. 그러나 과학성에 대한 믿음이 사그라지고 예측에 대한 기대가 무너진 처지에서 역사는 이미 아무것도 시비할 능력이 없었다. 이미 완료된 일을 결과론적으로 이해하는 것이 고작이었다. 이를테면 소련과 동독이 왜 붕괴되었으며 그 역사적 의미가 무엇인가를 추구하기보다 그같이 문제 많은 체제가 어떻게 그동안 유지될 수 있었는지를 이해하는 것이 역사의 역할이 되고 있었다. 이해를 위하여 문학적 개념이 대거 역사학에 원용되기 시작하였음은 물론이다.

거시적인 관점은 배격되고 미시적이며 세속적인 관점이 흥미를 끌었다. 그리고 지나간 과거 사실 자체가, 현재적 관심이나 의미망意味網으로부터 해방되어 역사 이해의 주된 대상으로 부각되었으며, 그것을 이해할 다양하고 새로운 방법론 및 인식론의 획기적 전환이 모색되었다. 그러나 과거의 사실을 제대로 이해하기 위해서는 불가피하게 거시적이고 추상적인 개념, 즉 당대의 총체적인 문화와 집단적인 심성을 해명하지 않으면 안 되었다. 이 사실은 포스트모더니즘적 역사인식이 추구한 본래의 취지와 달리, 연구 대상의 확대와 내용의 심화에 기여했을 뿐 전통적인 역사학의 방법론을 새로운 차원으로 전환하는 데 한계를 드러내고 있었음을 의미하였다.

획일적인 서구문명화에 희생된 개별의 고유문화에는 주목하지만 그것이 민족 중심의 거대담론으로 파악되어서는 곤란하며, 난해한 세계체제의 거대담론을 통해 제국주의적 패권주의를 이해하려 하기보다 각자가 처한 개별적이고 다양한 삶의 형태를 속내 그대로 이해하고 인정하는 것이 더 실질적이라는 가치의 이중성은 포스트모더니즘 논의를 난맥으로 몰고 갔다. 사회·문화 전개의 역사적 맥락을 부인하고 배제해 버린 포스트모더니즘은 그 스스로 출발부터 주제로 삼고 있던 문제가 무엇인지조차 제대로 기억하지 못하고 가닥을 잡을 수 없는 형편에 처한 것이었다.

포스트모더니즘의 난맥상은 미국에서 이를 받아들여 문화의 상품화에 이용하면서 더욱 가속화되었다. 이민에 의해 형성된 거대한 다민족 다인종 국가로서의 미국은 그 사회의 통합에 포스트모더니즘을 적절히 활용하였다. 애당초 민족 중심의 역사 서술이 있을 수 없고, 자본주의에 의한 패권적 세계구조가 가진 모순에 대해 치열한 탐구가 이루어지는 것을 원할 리 없는 미국에게는 포스트모더니즘이 그 제국주의의 문화적 재창조를 가능케 할 유력한 근거로 여겨졌다. 저급하고 통속적인 대중 문화, 상품화된 문화·예술이 미국이 주도하는 정보통신 산업의 발달과 다국적기업의 확산을 토대로 전 세계를 뒤덮었다. 정보통신의 발달은 포스트모더니즘의 설득력을 보강해주고 국가의 통제력을 약화시키는 데 기여하였지만, 다른 한편으론 지구촌 전체에 신자유주의경제체제[46]를 확산시키는 근거가 되고 있었다.

한국에서 포스트모더니즘 역사인식의 한 흐름이 신경제체제와 결합하자 자유주의 시장경제체제를 옹호하는 관점에서 우리 역사를 새로 파악할 필요가 있다는 주장이 하나의 세력을 형성하게 되었고, 그 역사인식을 학생들에게 전파하기 위한 대책의 마련이 현실화되었다. 2004년 '정치적 자유주의'와 '경제적 자유주의'를 사상 기반으로 한다는 '뉴라이트연합'이 출범하고,[47] 이들의 '뉴라이트' 역사관을 교과서에 반영하여 보급하기 위한 '교과서포럼'이 2005년 1월에 결성되었으며, 2008년 3월 25일에는 이들이 펴낸 『대안교과서 – 한국근현대사』가 출간되었다. 이명박 대통령이 취임한 2008년 2월 25일로부터 꼭 1개월 뒤의 일이었다. 20세기 한국사는 '대한민국의 발전사'라는 관점에서 새롭게 기술해야 하며, '대한민국의 위대한 성취의 역사'와 '자유주의 시장경제에 입각한 대한민국의 정통성'을 수호할 것을 교과서를 통해 국민들에게 가르쳐야 한다는 역사인식에 기초하여 서술된 책이었다.

이들 뉴라이트 세력이 지닌 역사인식의 기본 골자는, 첫째 대한민국사는 세계사에 그 유래를 찾을 수 없을 만큼 큰 폭의 도약을 이룬 '성공의 역사'였으며, 둘째 그 성공적 역사에 기여한 것은 대한민국 국민일 뿐이었고 북한 주민은 이에 전혀 기여한 바가 없다. 따라서 셋째 우리 역사를 '민족'의 이름으로 써서는 안 된다는 것으로 요약할

---

46) '신자유주의'는 전혀 새롭지도 않고 '자유주의'에도 부합하지 않는 사조라는 점에서 잘못된 명명이었다.
47) '뉴라이트'라는 용어는 '신자유주의'와 마찬가지로 새롭지도 않고 우익도 아니라는 점에서 잘못 쓰여진 용법이다. 반민족주의적이고서 '우익'이라 칭할 수는 없는 것이다.

수 있다.48) '대한민국 국민'의 '성공의 역사'에 이와 무관한 북한 공산주의자를 끼워 넣으려는 불순한 의도를 지니지 않았다면 이제 더 이상 '민족'을 운위하지 말라는 주문이나 마찬가지였다. '민족'을 입에 올리는 사람을 불문곡직 '좌파'나 '불순세력'으로 간주할 논리적 근거를 '국사' 인식의 부정에서 찾은 셈이라 하겠다.

교과서포럼이 제작하여 발표한 『대안교과서 - 한국근현대사』는 무엇보다 그 집필진에 역사학 또는 역사교육 관련의 전문가가 한 사람도 포함되어 있지 않다는 점에서 세인의 이목을 끌었다. 경제·경영학, 정치·외교학 관계자 12인이 집필자였다. 이 책에 대한 시각은 크게 두 가지였다. 하나는 이 교과서의 사관을 수용하여 한국 사회의 발전을 긍정적으로 보는 관점에서 현행의 역사교과서를 수정하자는 시각이었고, 다른 하나는 이 교과서의 사관을 일본의 '새로운 역사교과서를 만드는 모임'이 제작한 후소샤扶桑社 교과서의 그것보다 더 위험한 사관이라고 비판하는 시각이었다.

그러나 양자 모두에서 이 책을 그대로 근현대교과서로 쓰자는 주장은 제기되지 않았다. 오탈자가 많아 서둘러 제작하였음을 한눈에 알 수 있는 조잡한 책이었던데다가 정부가 고시한 '교육과정'을 무시하고 멋대로 서술한 내용을 학교 현장에서 사용할 수는 없는 노릇이었기 때문이다. 그런데 『대안교과서』가 출간된 지 불과 5일 후(3월 30일), 대한민국상공회의소(이하 '대한상의')가 경제, 사회, 국사, 한국근현대사 등 4개 과목 60종의 교과서를 분석하여 337군데에 문제가 있다고 주장하며 교육과학기술부에 '개선안'을 제출하자 현행 근현대사교과서

---

48) 뉴라이트전국연합(http://www.newright.net/) 및 교과서포럼(http://www.textforum.net/) 사이트 참조.

의 역사인식과 서술태도가 사회 문제로 확대되었다.

대한상의는 이미 2005년 10월에 『경제』 교과서가 잘못되었다며 446개 항목의 수정을 요구하여 그중 362개 항목을 뜯어고친 경험을 가지고 있었다. 노무현정부는 그 후반기에 기업의 이해를 대변하는 압력단체에 굴복하는 경향을 보임으로써 '좌측 깜빡이를 켜고 우회전한다'는 비난을 듣고 있었는데, 그런 압력단체가 직접 교과서 제작에 참여할 수 있는 길까지 열어준 바 있었다. 2006년 2월 15일 교육인적자원부가 전국경제인연합회(이하 '전경련')와 '경제교육 내실화를 위한 양해각서'를 체결하고, 현행 『경제』 교과서를 수정·보완하는 '경제교과서 발전협의회'에 전경련, 대한상의, 무역협회, 중소기업중앙회, 한국경영자총협회(이하 '경총') 등 5개 경제 단체의 추천자를 포함시켜 구성하기로 결정했던 것이다. 당시 교육인적자원부는 "경제 단체 등이 현행의 경제 교과서에서의 반시장反市場·반기업적反企業的 편향성 문제를 제기함에 따라, 경제교과서발전협의회의 구성을 추진했다."고 그 취지를 설명했었다. 경제 단체와 밀착된 경제학자 및 정치학자들이 '교과서포럼'을 결성하여 대안교과서 제작에 착수하게 되었던 것은 이런 배경에서다.

대한상의가 '개선안'을 제출하자, 4월에는 재정경제부와 한국은행, 전경련 등 34개 정부기관 및 단체가 '제7차교육과정·교과서발전협의회'를 열고, 6월까지 기관별로 교과서 수정 및 보완 요구사항을 모아 교육과학기술부(이하 '교과부')에 제출하겠다고 밝혔다. 그렇지만 이들의 대응 형태와 견해는 2006년에 이미 확인된 바가 있었으므로 역사·역사교육 학자와 일반 대중은 '으레 그러려니' 하는 정도의 반응을 보였을 뿐, 이런 움직임을 크게 우려하거나 심각하게 생각하여 적극 대응하지 않았다.

그런데 2008년 5월 14일, 당시 교과부 장관이던 김도연金道然이 "역사교과서가 다소 좌향좌되어 있으며, 앞으로 전문가들의 의견을 들어 수정하겠다."고 말하고, 이튿날 교과부가 대한상의의 수정권고안을 수용하겠다고 발표함으로써 역사교과서의 수정이 이명박정부의 정책적 의지임이 드러나자 사정이 급박히 변하기 시작했다. 역사 및 역사교육 관련 학회들이 '역사교육 연대회의'를 결성하고 5월 18일, 교과부 장관의 발언을 망언으로 규정하는 성명서를 발표했다. 그리고 6월 5일에는 '위험한 교과서 바로 알기'라는 주제로 토론회를 개최하고, 역사 관련 13개 단체가 교과부 장관에게 보내는 공개질의서를 채택했다.

그러나 7월 1일 김도연 장관은 국무회의에서 "편향된 역사교육으로 청소년들이 반미, 반시장적 성향을 보이고 있다."고 보고하였고, 이에 한승수韓昇洙 총리가 교과서의 수정을 지시하였다. 5월 초부터 시작된 한미FTA 반대 촛불시위가 연일 계속되는 가운데 6월 20일 한미추가협상이 타결되자 시위가 과격화 경향을 띠었고 이에 강경진압으로 나선 경찰과 시위대가 충돌하여 중상자가 속출하던 시점이었다. 이명박정부는 6월 30일 이른바 '촛불단체'에 대해 전격적인 압수 수색에 나섰고, 그 다음 날 근현대사 교과서의 수정을 지시하기에 이른 것이었다. 이명박정부는 촛불시위에 많은 중고등학교 학생들이 참여하는 것을 보면서 그 원인이 반미 반시장적 성향을 띤 교과서에 있다고 진단했던 것으로 보인다.

7월 4일 역사교육 연대회의는 교과부 장관의 발언에 대해 제2차 성명서를 발표하였다. 그러나 총리의 지시를 받은 통일부 국방부 등 정부 부처는 17개 기관의 이름으로 교과서 수정 의견을 제출하였다. 제주 4·3사건을 '좌익세력의 반란'으로 규정하고, '전두환 정부의 강압 정책과 저항'이라는 제목을 '전두환 정부의 공과와 민주화세력의 성장'으로 바꾸며, '햇볕정책'을 '화해협력정책'으로 바꾸라는 것 등이 주요 내용이었다. 교과부는 7월 24일 정부 부처의 의견과 대한상의의 수정권고안을 종합하여 6종의 한국근현대사 교과서 253개 항목에 대한 수정의 타당성 여부에 대한 검토를 국사편찬위원회에 의뢰하였다. 6종의 교과서 중 가장 많은 항목이 거론된 교과서가 금성출판사의『한국근현대사』교과서였다. 이에 국사편찬위원회는, 8월 1일자로 학계 중진 10명으로 구성된 '한국사교과서심의협의회'를 발족시키는 한편, 협의회와 협조하면서 교과서 분석 실무를 담당하는 '교과서심의소위원회'를 설치하여 연구 작업에 착수하였다. 이 과정에서 국사편찬위원회는 '한국사교과서심의협의회'의 구성에 난항을 겪었다. 위원으로 위촉된 국사·역사교육 학자 중 몇 명이 참여를 거부하였기 때문이다. 그러나 대부분의 학자들은, 기왕 일이 이렇게 전개된 마당에 협의회에 적극 참여하여 의견을 개진하는 것이 역사교육의 파행을 최소화하는 방안이라고 생각하여 심의 작업에 동참하였다.

정부의 이러한 움직임과 관련하여, 9월에 들어서면서는 전국시도교육감들이 이념 편향의『한국근현대사』교과서를 채택하지 않겠다거나 퇴출시키겠다는 의지를 밝히고 나섰다. 1일에는 전국시도교육감협의회가, 4일에는 공정택孔貞澤 서울시교육감이 이와 같은 언명을 거듭하는 가운데, 8일 서울시교육청 교육과정정책과장이 "균형 있는 교과서를 선정하도록 각 학교를 지도하라."는 지시를 내렸다. 이들은 전국교직원노동조합(이하 '전교조') 소속 역사교사들이 좌편향의 한국근현대사 교과서를 채택하기 때문에 금성출판사 것이 가장 높은 시장점유율을 보이는 것이라고 판단하고 있었으므로, 이 지시의 실제 내용은 교과서 선정 과정에 전교조 소속의 교사들을 가능한 한 배제하라는 것이었다.

한편 '교과서포럼'은 금성출판사의 한국근현대사 교과서를 '좌편향 교과서'의 대표적인 예로 삼고, 9월 17일 이에 대한 수정 건의안을 교과부에 전달했다. '대한민국의 역사를 실패한 역사'로 규정하여 '대한민국의 정체성과 정통성'을 의도적으로 훼손·폄하하였다는 비난을 담은 내용이었다. 그리고 바로 이튿날, 국방부의 교과서 수정 요구 내용이 언론에 보도되었다. '좌편향 교과서'로 지목된 금성출판사 교과서의 집필자들이 강력하게 반발하였음은 물론이다. 언론에서도 이를 둘러싸고 토론과 논쟁이 전개되었는데, 이명박 대통령은 9월 26일, 국회 상임위원장단을 청와대로 초청해 만찬을 함께 한 자리에서 민주당의 추미애秋美愛 환경노동위원장이 "최근 정부의 교과서 수정 움직임이 자칫 이념 갈등을 일으키지 않을까 걱정된다."고 말하자 "교과서 수정 문제는 좌편향을 우편향으로 시정하는 것이 아니라, 좌도 우도 동의하는 가운데 정상화하겠다는 것"이라고 답변했다. 교과서 수정 작업을 계속하겠다는 의지를 강조한 것이었다. 그러자 9월 29일에는 자유교육연합 등 보수 성향 11개 교육단체가 교과서 수정을 촉구하는 진정서를 교과부에 제출하고 나섰다.

교과서 수정을 향한 움직임이 구체화되자, 10월 8일 한국사연구회,

역사교육연구회 등 21개의 역사·역사교육 관련 학술단체가 역사학의 전문성과 역사교육의 정치적 중립을 보장할 것을 요구하는 「한국근현대사 수정 방침에 대한 역사학계의 성명」을 발표하였다. 그리고 다음 날, 민족문제연구소, 전국역사교사모임, 바른교육학부모회 등 39개 단체가 '교과서 문제의 해결을 위한 대책위원회'를 구성하고, 「정부는 정치적 중립성을 무시한 역사교과서 수정시도를 중단하라」는 성명을 발표했다. 역사학자 및 역사전공 대학원생은 이 성명서에 연명으로 서명하기 시작했다.

국사편찬위원회가 '한국사교과서심의협의회'의 검토 결과를 교과부에 보고한 것은 10월 16일의 일이었다. 국사편찬위원회는 교과부가 검토를 의뢰한 253개 항목에 대한 구체적인 수정 지시 여부를 밝히지 않고서, "교과서 별로 교육 내용과 수준에 커다란 편차가 나타나는 것은 바람직하지 않고, 역사해석에서 편향성을 피하고 교과서 내용의 타당성과 공정성을 높이기 위해서는 일정한 범위에서 서술방향 제시가 필요하다."면서 개관 12개 항, 단원별 서술방향 37개 항 등 총 49개 항의 서술 가이드라인만 제시했다.

대한민국 정부는 대한제국 및 대한민국 임시정부를 계승한 정통성 있는 국가임을 근현대사 교과서에 명확히 서술해야 한다, 북한 정권의 성립과 변화 과정은 비판적인 면과 함께 객관적으로 서술하고 북한의 자료는 체제 선전용이라는 사실을 염두에 두고 신중하게 인용해야 한다, '현대사회의 발전' 단원을 서술할 때 우선 대한민국 정부는 대한제국 및 대한민국 임시정부를 계승한 정통성 있는 국가임을 설명해야 한다, 이승만李承晩 또는 이승만정부의 역할을 서술할 때에는 대한민국

정부의 수립에 기여한 긍정적인 면과 독재화와 관련한 비판적인 점을 객관적으로 서술해야 한다, 북한의 주체사상 및 수령 유일체제의 문제점, 경제정책의 실패, 국제적 고립 등으로 인해 북한 주민이 인권 억압, 식량 부족 등 정치경제적으로 큰 어려움을 겪고 있다는 사실도 교과서에 반영되어야 한다는 등의 내용이었다.

이러한 보고서를 언론에 공개한 교과부의 학교정책국장은 국사편찬위원회가 제시한 보고서는 교과서 수정을 위한 일종의 '가이드라인'이라면서 이를 토대로 좀더 세부적인 내용의 교과서 수정안을 만들어 집필진과 협의할 것이라고 밝혔다. 그러나 국사편찬위원회의 보고서가 기대에 훨씬 못 미친 서술방향의 제시에 그치자, 교과부는 직접 '역사교과전문가협의회'를 구성해 교과서 수정안을 만들겠다고 공표했다. 그리고 10월 30일에 55개 항목에 대한 수정권고안을 작성해 발표했다. 교과서포럼이 요구한 6종 253개 항목을 검토한 결과, 102개 항목은 집필자들이 자율적으로 고치기로 했고, 96개 항목은 교육과정 및 국사편찬위원회의 서술방향 제언에 크게 저촉되지 않으므로 집필진의 재량에 맡기기로 했으며, 그 나머지 55개 항목에 대해서만 수정권고를 내리게 되었다는 것이었다.

수정안이 구체적으로 제시되자 교과부는 출판사와 집필자들에게 수정을 지시, 독려하고 나섰다. 11월 26일, 금성출판사에는 38개 항에 대한 수정 지시가 하달되었다. 금성출판사는 28일, 집필자가 동의하지 않더라도 교과부의 수정 지시에 따르겠다고 발표했다. 집필자들은 30일, 「금성출판사의 교과부 수정요구 수용에 대한 집필자들의 입장」을 발표하고, 교과부는 비민주적인 교과서 수정과 교체 압력을 즉각 중단하라고 요구했다. 그러나 교과부는 12월 3일, 교과서 수정 지시를 따르지 않는 출판사에 대해 직권수정이나 발행정지 등의 대응을 검토하고 있다고 발표했다. 그리고 바로 이 날 금성출판사는 집필자의 동의를 구하지 아니하고 교과서 내용을 수정하여 그 수정본을 교과부에 제출했다.

정부가 직접 역사교과서 수정 내용과 항목을 정하고, 출판사를 압박하여 저자의 동의도 구하지 않고 교과서 내용을 수정하기에 이르는 사태가 벌어지자, 역사 교과서 문제는 한국 사회의 민주주의적 정의 문제로 확산되게 되었다. "수정의 권리는 교과서의 저자에게 있고, 교사에게는 자신이 가르칠 교과서를 선택할 권리가 있다. 교과부가 마음대로 교과서를 수정하고, 교육감이 가르칠 교과서를 정해 주는 이 상황이 과연 민주주의 사회에서 이루어지는 정당한 절차인가?"하는 것이었다.

금성출판사의 『한국근현대사』 교과서 집필자를 포함한 6종 교과서의 집필자들은 12월 4일 함께 모여 협의한 끝에 정부의 조처에 공동 대응할 것을 천명하고, '법과 상식을 무시한 한국근현대사 수정 강요를 중단하라'는 성명을 발표했다. 그리고 9일 오후, 서울 종로구의 참여연대參與連帶 사무실에서 학계·교육계·시민사회단체가 공동으로 역사 교과서 문제의 해결을 촉구하는 기자회견을 열었다. 15일에는 금성출판사의 한국근현대사 집필자들이 저작인격권침해금지가처분신청著作人格權侵害禁止假處分申請을 서울중앙지방법원에 제출하였다.

이런 반발의 기류와 전혀 상관없이, 2008년 12월 17일 교과부는 '09학년도 한국근현대사 교과서(6종)의 수정·보완을 실시한 결과,

'수정권고' 53건, '자체수정' 102건, '추가수정' 51건 등 총 206건이 수정·보완되었다고 발표했다. 그리고 2009년 1월 8일, 서울중앙지법은 "교과서도 저자의 동의 없이 함부로 고칠 수 있는 것은 아니지만, 저자들과 출판사가 교과부의 수정·개편 지시를 성실하게 이행하기로 약정한 이상 교과부의 지시에 따라야 한다."며 집필자의 저작인격권침해금지가처분신청을 기각했다. 집필자들은 이에 반발하여 1월 29일 금성출판사를 상대로 저작권침해정지청구소송著作權侵害停止請求訴訟을 제기하였다.

그러나 새로 수정된 교과서가 전국의 학생들에게 보급되었고, 2009년 1학기 수업은 시작되었다. 그리고 이 해 9월 2일, 서울중앙지법 민사11부는 저자들의 동의 없이 임의로 수정한 교과서를 발행·판매·배포해서는 안 된다고 판시했다. 교육과학기술부 담당자는 법원의 이 판결과 관련해, 기껏 1심 판결에 불과하므로 대법원에서 확정 판결이 나올 때까지 수정된 교과서를 계속 사용하겠다고 밝혔다.

다소 번잡한 감이 없지 않지만, 지금까지『대안교과서 – 한국근현대사』가 출간된 이후에 벌어진『한국근현대사』교과서 파동의 경과를 대략 살펴보았다. 신경제체제 및 신자유주의와 결합한 포스트모더니즘 역사인식의 한 흐름이 우리나라 역사교육에 미친 영향을 알아보기 위해 말을 꺼낸 것이 중간에 멈출 수 없게 되어 길어지고 말았다. 양해를 구한다. 그리고 한 가지 분명히 밝혀두고 싶은 것은 여기서 금성출판사『한국근현대사』교과서를 옹호하려는 뜻이 전혀 없다는 사실이다. 필자는 오히려 이 교과서가 문제가 적지 않다고 여기는 편이다.49)

기존의『국사』, 특히『한국근현대사』교과서의 인식에 문제가 있다고
여기는 사람들이 적지 않지만, 그 중에서 신경제체제를 지지하는 경제
인과 정치인, 일부 학자가 노골적으로 드러내고 있는 반감은 북한
공산주의자들에 대한 적개심의 연장선에서 나온 것이다. 이들은 '민족
주의'를 배제해야만 정치적 경제적 자유를 구현할 수 있다고 생각한다.
따라서 이들이 부정하는 것은 단지 금성출판사의『한국근현대사』교과
서 집필진의 역사인식이 아니라 기존『국사』교과서가 입각하고 있는
사관 그 자체다.

현행『국사』교과서는 1969년에 한우근韓㳓劤 · 이기백李基白 · 이우성
李佑成 · 김용섭金容燮 등 국사학자 4명이 작성하여 당시 문교부에 제출한
「중고등학교 국사교육개선을 위한 기본 방향」에 준거를 두고 서술된
것이다.50) 이들 학자가 책자를 발간해 정부를 향해 중 · 고등학교『국사』
교육의 개선을 촉구하고 나서기에 이른 대략의 경과는 이러하다.

1965년 6월에 그동안 오래 끌어오던 한일회담이 타결되어 한 · 일
국교정상화가 이루어질 즈음 국사학자들은 매우 심한 압박과 위기감을
느끼고 있었다. 광복 후 20년이 지났으나 한국사 연구의 성과는 양적으
로나 질적으로 그다지 보잘것 없는 처지여서 일제의 식민주의사관으로
부터 완전히 벗어났다고 장담하기가 어려운 형편이었기 때문이다.
6 · 25전쟁으로 인하여 많은 중견 학자들이 사망하고 그나마 살아남은
이들은 남북으로 나뉘어 반 토막 난 상태에서, 게다가 남북이 사상의
좌측과 우측 중 어느 한 쪽을 각기 포기한 상황에서 식민지의 상처를

---

49) 이는 본서의 집필 의도와 직접 관련이 없는 주제이므로 여기서는 구체적인 논의를
생략하고 다른 기회에 상론하고자 한다.
50) 이한수, 「민족 앞세운 국사 교육은 이제 그만」,『조선일보』2005년 9월 29일자.

치유하기는 어려웠다. 국교정상화로 학술 교류가 시작되면 한국사 연구 방향이 일본의 역사학에 또다시 휘둘릴 것이 뻔하였다.

1967년 12월, 한국사 연구자들이 '역사학회'로부터 따로 독립하여 '한국사연구회'를 발족시켰다. 한국사를 과학적으로 연구하고 발전시킴으로써 한국사의 올바른 체계를 세우고, 아울러 한국사로 하여금 세계사의 일환으로서 그 정당한 위치를 차지하게끔 한다는 것이 이 학회의 기본 목표였다. 그리고 1968년 한국사연구회는, 국사학계의 연구 성과가 국사교육에 제대로 반영되지 않고 있으므로 이를 시정하기 위한 기구가 필요하다는 이유를 내세워 '국사교육심의위원회'의 설치를 촉구하고 나섰다. 자라나는 학생들에게 식민주의사관의 영향으로부터 벗어난 올바른 역사인식을 심어줄 구체적인 방안 마련을 촉구하고 나선 것이었다. 4인의 30~40대 신진 국사학자들이 「중고등학교 국사교육 개선을 위한 기본 방향」이라는 책자를 발간하게 된 것은 이런 맥락에서 이루어진 일이었다.

이 책이 국사교과서 개편을 위해 제시한 '시안작성의 기본원칙'은 5개 항목으로 되어 있었는데, "① 국사 전 기간을 통해 민족의 주체성을 살린다. ② 민족사를 세계사적 시야에서 본다. ③ 민족사 전 과정에서 내재적 발전 방향을 파악한다. ④ 인간 중심 역사를 서술한다. ⑤ 각 시대 민중 활동과 참여를 부각시킨다."는 것이었다. 우리 역사의 주체는 '민족'임을 명백히 인식하고, 우리 민족의 역사를 세계사적 관점에서 내재적·계기적 발전 과정으로 파악하되, 제도사적 관점에서 벗어나 그 시대를 살던 인간에 관심을 가지며, 지배층 중심의 역사관에서 벗어나 민중의 역사적 기여에 주목한다는 내용으로서 식민주의사관으로부터의 완전한 탈피를 표방하고 지향한 원칙 제시였다.

따라서 '교과서포럼'이 이를 부정했다는 것은 식민주의사관을 타파하기 위해 진력해온 국사학계가 그동안 거둔 연구 성과를 일거에 무위로 돌리겠다는 데 그 궁극적 의도가 있다고밖에 달리 해석할 수가 없다. 단순히 '시대착오적 민족주의' 역사인식으로부터 벗어나자는 것이 아닌 것이다. 『대안교과서 – 한국근현대사』의 문제점을 지적하는 이들이 그 친일적 시각을 우려하는 이유가 여기에 있다. 최근 뉴라이트 계열의 인사들이 '국사'를 폐지하고 '한국사' 교육으로 전환해야 한다고 주장하면서 '민족주의'를 매도한 내심에는 통일에 대한 부정적인 인식이 놓여 있고, '3·1운동으로 건립된 대한민국임시정부의 법통'을 계승한다는 헌법 전문前文의 기본 이념을 부정하면서까지 건국의 기점을 굳이 1948년으로 확정하려는 배경에는 일제강점기를 근대화를 이룬 수혜기受惠期로 인식하는 친일적 성향이 자리잡고 있다 하겠다. 이러한 맥락을 이해한다면, 스스로 친일親日과 반통일反統一을 지향하는 사람이 아닐 경우엔 '민족주의' 및 '민족주의적 『국사』'에 대한 비난을 가급적 삼가고 논쟁에서 한 걸음 물러서는 것이 오히려 자신의 소신을 지키는 현명한 길이 아닐까 한다.

3) '국사' 인식의 의의와 성격

거듭 확인하는 바지만, 우리는 지금까지 우리 역사를 '국사'로 인식하고 서술해 왔다. 우리 역사를 '국사'로 인식한다는 것은 그것을 '한국사'로 인식한다는 것과 여러 면에서 매우 다른 개념이다. 우리나라 역사교육의 정상화를 위해서는 '국사' 인식을 버리고 '한국사' 인식으로 전환해

야 한다는 의견이 개진된51) 것도 따지고 보면 이 차이를 중시한 결과이
기도 하다. 따라서 우리가 추구해 온 '국사' 인식은 무엇이며, 이에
반발하여 제시된 '한국사' 인식은 무엇인지 그 성격을 분명히 이해해
둘 필요가 있다.

그런데 이에 대한 논의를 원활히 진행하기 위해서는 몇 가지 기본
사실에 대해 서로 시각을 조정해 두어야 할 것 같다. '국사' 인식과
관련한 지금까지의 논의가 기본 사실을 보는 시각이 달랐던 까닭에
열성을 다한 긴 토론에도 불구하고 상호 이견의 폭을 전혀 좁히지
못하고 겉돌고 마는 경향을 보여왔기 때문이다.

우선 확인해 둘 것은 유럽 여러 나라의 교과서가 자국사와 세계사를
분리하지 않고 서술하고 있는 사실을 어떻게 파악할 것인가 하는 문제
다. 일부에서는 이것이 유럽의 근대 역사개념이 보편사를 지향한 데서
온 현상이라고 긍정적으로 이해하면서, 자국사와 세계사를 분리해서
서술하는 우리의 방식이 편협한 일국사적 역사인식을 조장하고 있다고
부정적으로 생각한다. 그러나 이는 다음 사실을 간과하거나 오해하고
내린 판단이 아닌가 한다.

첫째, 유럽 국가들의 역사교과서에서 세계사는 엄밀한 의미에서
'세계사'가 아니라 '유럽사'라는 점이다. 자국사와 관련해서만 거론된
극히 제한된 내용의 타국사를 '세계사'라 할 수는 없다. 둘째, 유럽
제국의 역사교과서가 유럽사와 자국사를 통합 서술한 것은 이를 분리하
기 어려운 그들 역사의 특수성에서 기인한 현상이라는 점이다. 이를
'보편사의 지향'으로 규정하고 선망하는 것은 우리 역사의 특성을 몰각

---

51) 김기봉, 「국사에서 한국사로 - 한국 역사교육의 정상화를 위하여 -」, 『역사교육』 71,
　　전국역사교사모임, 2005, 108~115쪽.

한 것일뿐더러 자기 역사를 '보편'이라고 표방한 저들의 인식을 무비판적으로 수용한 태도라는 비판을 면하기 어렵다. 유럽 제국은 그들 스스로 '고전classic'으로 인식하는 그리스-로마 문화와 중세 보편의 기독교 문화를 공통의 태반으로 하여 성립하였으므로 그 역사인식이 '보편'을 지향해 왔다고 표방할 수 있을지 모르겠으나, 실제의 역사교과서 서술은 완연히 자국사 중심 사관에 입각해 이루어진 것으로 나타난다. 셋째, 자국사와 타국사를 구분하지 않는 역사인식은 바로 제국주의 역사인식의 기본으로서, 우리가 추구해야 할 목표와는 거리가 먼 인식이라는 점이다. 타국에 대한 침략을 자국의 확대 진출로 분식하고, 타국의 야만을 문명으로 이끈 시혜였다고 착각하는 제국주의 역사인식은 자국과 타국을 구분할 줄 모르고 '타他'를 인정하지 않는 데서 출발하였다.52) 고구려사를 중국사로 편입하려는 중국 동북공정의 역사인식, 자국의 안정을 위해서는 언제라도 한반도 정세에 개입할 수 있다는 일본 후소샤 교과서의 역사인식을 우리가 극력 경계하는 이유 중 하나도 이것이 자국 – 타국의 구분 개념이 없는 인식이라는 데 있다.

보편사관이란 평화와 자유·민주, 사랑과 자비·박애, 공영과 상호 이해·협동 등 인류가 존중하고 추구해야 할 보편 가치를 인류의 역사를 통해 제시하려는 사관이다. 단순히 자국사와 세계사를 통합하여 이해하고 서술하는 것을 의미하는 말이 아닐뿐더러, 통합 서술을 통해 저절로 추구되는 사관도 아니다. 마찬가지로, 자국사와 세계사를 분리하여 이해하고 교육한다고 해서 보편을 지향하지 않는다고 일언지하에 매도할 수 없음은 물론이다. 세계사와 분리된 '국사'를 통해서도 보편의

---

52) 예컨대 일본 후소샤 교과서의 역사인식 속에는 동아시아가 존재하지 않는다(柳鏞泰,
「日本 歷史敎科書의 동아시아 인식 : 脫亞觀念의 지속과 변화」, 『歷史敎育』 98, 2006).

지향은 얼마든지 가능하며, 또 실제로 지향해 왔다. 종래의 '국사' 인식에서 이것이 미흡했다면 비판하고 반성할 측면인 것이지, '국사'를 포기할 이유가 아닌 것이다.

그리고 우리의 '국사' 인식이, 국가를 상실한 처지에서 독립과 근대 국민국가의 건설을 지향하는 과정에서 민족이라는 '가상실재' 혹은 '상상의 공동체'를 상정하고 이를 우리 역사의 주체로 설정함으로써 처음 형성되었다는 생각에 대해서도 사실 확인이 필요하다. 이렇게 생각하는 이들은 흔히 한반도에 있었던 모든 국가의 역사를 망라하는 통사로서 국사가 탄생한 것은 민족과 국가를 일치시키는 민족국가의 수립을 역사적 과제로 설정한 근대 이후의 일이라고 여긴다.[53] 그리고 우리의 「국사」는 '민족사'로서 기술된 것인데, 민족은 우리 역사를 규정하는 주체일 수 없으며, 생활 세계가 지구적 차원으로 확대된 21세기에서 민족은 더 이상 의미를 지닐 수 없다고 단언한다. 그렇지만 이런 주장의 논거들은 타당성을 결여한 측면이 있다.

첫째, 우리가 추구해 온 '국사' 인식 체계가 '민족사'라는 것은 일면적 규정이다. 현행 『국사』 교과서의 내용을 근거로 이렇게 단정하나,[54] 이런 단정의 적합성 여부를 떠나[55] 지금까지의 『국사』 교과서가 본연의

---

53) 김기봉, 『'역사란 무엇인가'를 넘어서』, 푸른역사, 2000.
　　 임지현·이성시 엮음, 『국사의 신화를 넘어서』, 휴머니스트, 2004.

54) 김기봉은 앞의 「국사에서 한국사로 - 한국 역사교육의 정상화를 위하여 -」에서 『국사』를 민족사라고 단정하는 근거로 『중학교 국사』 교과서가 우리 역사를 '우리 민족이 걸어온 발자취이자 기록'이라고 정의한 사실, 『고등학교 국사』에 약소국은 스스로를 보존하고 민족국가를 형성하기 위해 저항적 민족주의를 견지해야 한다는 취지의 내용이 있는 사실 등을 들었다.

55) 『국사』가 '민족사'로 서술되었다는 지적과 관련된 논의는 '민족'의 개념과 한국 민족의 형성 과정에 대한 사실 확인, '민족주의'의 성격 및 그 현재적 효용성 평가 등 여러 각도에서 복잡한 양상을 띠고 전개되어 왔다.
　　 盧泰敦, 「한국민족형성시기론」, 『한국사시민강좌』 20, 1997.

'국사' 인식에 입각하여 서술되어 왔다고 전제한 자체가 오류다.『국사』 교과서의 역사인식이 가진 문제점, 그 서술 내용 선정의 문제점, 이를 초래한 교과서 제작 과정상의 문제점 등에 대해 그동안 국사학계 자체에서 여러 차례 문제 제기가 있어 왔거니와,『국사』 교과서가 우리의 '국사' 인식을 제대로 담아내지 못하고 있었기에 늘 비판과 반성의 대상이 되어 왔다는 것은 주지의 사실이다.『국사』 교과서를 비판하는 것과 '국사' 인식을 비판하는 것은 구별되어야 한다.『국사』 교과서를 토대로 우리의 '국사'를 민족사로만 단정하는 것은 성급한 일인 것이다.

둘째, 우리의 '국사' 인식이 근대 이후에 성립했다는 것도 사실과 거리가 있는 인식이다. 이 점과 관련해서는 이미 '국사' 인식의 연원을 밝힌 글이 있으므로56) 굳이 부언할 필요가 없다고 여겨지지만, '국사'를 민족사로 단정한 것과 서로 맞물려 성립한 이와 같은 인식은 다음과 같은 사실을 간과하고 있다는 점을 확인해 둘 필요성을 느낀다. 즉 우리의 '국사' 인식은, 자기의 역사를 중국의 역사와 구별하여 '동국의 역사(동사東史/동국사東國史/동방사東方史)'라고 규정하고, 이는 그 내력이 고조선까지 소급하는 역사이며, 그로부터 단절 없이 전수해 온 여러 나라의 통사라고 인식한『동사강목東史綱目』(1778)의 역사인식을 계승한 것이라는 사실이다. 그리고 이런 역사인식은 '신라·고구려·남북옥저·예·맥이 모두 단군의 자손'이라는『제왕운기帝王韻紀』(1287)의 역사인식과, 더 소급해서는 삼한으로 표현되는 영역의식 및 조선을 시원으로 하는 역사의식을 토대로 후삼국 모두를 '일국一國'으로 인식한

梁正鉉,「포스트모던 역사 이론의 '민족' 논의와 역사교육」,『歷史敎育』83, 2002.
56) 김태웅,「'國史' 명칭의 연원과 중등학교 역사교육에서 '국사' 명칭」,『역사교육』71, 전국역사교사모임, 2005, 93~107쪽.

고려 건국기 군신群臣의 역사인식57)과 같은 맥락에 선 인식이라는 사실이다. 우리의 '국사'는 '민족사national history'로서 성립한 것이 아니라 '동국사東國史' 즉 동국 곧 한국의 역대국가계승사 The History of Past Successive States in Korea 로서 성립한 것이다. 그리고 이러한 '국사' 인식은 우리의 유구한 역사 과정을 통해 성립하고 체계화되어 온 것으로서, 근대에 이르러 '민족' 개념이 외부에서 유입함으로써 비로소 성립한 역사인식 모델이 아니다.

'국사' 인식의 근간은 우리 대한민국은 대한제국을, 대한제국은 조선을, 조선은 고려를, 고려는 통일신라를 계승한 국가이며, 통일신라는 삼국을 통일함으로써 성립했는데 삼국 성립의 토대였던 삼한이 공히 고조선에서 나왔으므로 우리는 모두 고조선을 세운 시조 단군의 자손이라고 파악하는 데 있다. 그러므로 '국사'는 우리 역사를 유구하게 존속해 온 살아 있는 생명체로 인식하게 하고, 따라서 '그 자체로 소중한' 생명체로서의 역사를 우리 대에서 끊을 수 없다는 책임의식을 갖게 하는 특성을 지녔다. 국가를 상실했을 때 '국사' 인식의 확립이 곧 독립 운동의 수단이고 힘이 될 수 있었던 것은 이런 사정 때문이다. 상실한 '국가'에 대신하여 그 국가를 회복할 '민족'을 우리 역사의 주체로 설정했고 현재를 '일국'의 분단 상황으로 규정하는 것은 이와 같은 '국사' 인식의 당연하고 자연스러운 표출로서, 이를 근대에 새로 발견한 '가상실재'로서의 민족을 전 역사에 대입하여 '매트릭스'적 기억으로 재생산해 낸 결과로서의 허구적 인식이라고 단정하는 것은 지나친 이해다.

---

57) 金光洙, 「高麗建國期 一國家意識의 理念的 基礎」, 『高麗史의 諸問題』, 1986.

셋째, 생활 세계가 지구적 차원으로 확대된 사실과 민족이 역사 주체로서의 의미를 상실하게 되었다는 견해 사이에 무슨 필연적 인과관계가 있는 것처럼 인식하는 것은 논리의 오류라는 점이다. 이 두 사안 사이에 직접적이고 유기적인 상관성을 인정하기 어렵다. 미국이나 중국과 같은 거대 다민족국가나 그 문화 및 역사적 연원의 공통성을 기반으로 경제적 국경을 허물고 광역의 공동체를 형성한 EU 제국, 일본이나 독일처럼 제국주의와 결합한 극우민족주의로서 다른 국가나 민족을 침략 또는 말살하려 했던 경험을 가진 국가들은 민족주의에 대해 매우 예민한 반응을 보일 수밖에 없는 처지에 있다. 이들이 민족 중심 역사인식을 극도로 경계하고 있는 것은 그들의 역사 경험과 현실 인식에서 나온 사고방식이고 태도일 뿐인 것이다. 이를 세계적 대세로까지 간주하고 우리가 '국사' 인식을 버려야 할 이유로 거론하는 것은 비약이다. 우리로서는 오히려 이들이 각종 정책에서 국가주의적 태도를 거침없이 드러내는 한편, 자국사 교육을 더욱 강화·체계화하는 경향을 보이고 있다는 사실에 주목해야 할 것이다.

'국사'와는 달리 '한국사'는 대한민국의 역사를 지칭하는 용어로서 한국인이라는 현재의 처지에서 자기 역사를 인식함을 의미하는 말이다. 따라서 '한국사' 인식 체계에서는 대한민국이라는 국가의 첫 정부가 출범한 1948년 8월 15일 이전의 역사를 단지 국가 성립에 이르기까지의 전사前史 정도로밖에 파악할 수 없게 된다. 전사란 다만 역사적 배경일 뿐으로 그 자체를 '우리 역사'의 범주에 포함시키기는 곤란한 대상인 것이다. 즉 우리 역사를 '국사'로서가 아니라 '한국사'로 인식한다 함은 고조선의 성립에서 1948년에 이르는 역사를 타자화他者化하여 인식함을 의미하는 것이다. 고구려사와 발해사는 고구려(인)의 역사, 발해(인)의 역사지 그것이 어떻게 우리의 역사일 수 있느냐는 인식이 여기서 나왔다. 같은 맥락에서 '한국사'론자는 북한 또한 독립 국가로서 그들 나름의 '조선사'를 서술할 것이므로 우리와 직접 연관되지 않는 한 그 역사인식에 관여할 이유가 없다고 생각하고, 통일을 우리가 당면한 역사적 과제로 당연시하는 사람들의 사관을 후진적이라고 여기는 경향마저 보인다. 이러한 극도의 역사주의적 관점은 식민지 상태에 있는 조국의 현실에 무지몰각한 채 '실증'만을 내세우며 역사학의 현재성·실천성을 외면하던 일제강점기 문헌고증사학자들과 매우 닮은 관점이다.

그런데 또 한편에서는 '국사'라는 용어가 역사의 주체가 객관적으로 드러나지 않는 비학술적 용어이므로 그 주체를 드러낼 수 있는 '한국사'라는 용어를 써야 옳다는 견해도 제기되고 있다. 일본은 자국사를 '국사'라고 부르다가 이런 문제점에 주목하여 '일본사'로 변경했고, 중국 역시 자국사를 '중국사'로 지칭한다는 것이다. 2000년 12월에 고시한 「국가공무원 공개경쟁채용시험 시험과목 개편안」에서 6급 이하에 대해 시행해 오던 『국사』를 『한국사』로 변경한다고 입법 예고했는데, 아마 이런 지적을 타당하다고 생각한 결과인 듯하다.

실제로 '일본사' 이해체계 속에서 그 서술 대상은 지리상으로 현재 일본을 구성하고 있는 모든 지역에 이르지만, 시간상 일본에 포함된 이후로 그 지역을 한정하는 것이 일반이다. 말하자면 홋카이도北海道나 오키나와沖繩의 경우는 이 지역이 일본에 편입된 이후의 역사에 한하여 '일본사'로 서술하며, 그 이전의 역사에 대해서는 전혀 관심을 두지 않는 것이다. 홋카이도와 오키나와의 고·중세는 '일본사'가 아니라는 인식에서다. 그것은 아이누Ainu 사, 류큐시琉球史로 인식될 뿐이다. '한국사'론자의 생각과 상통하는 인식이라 하겠다.

그러나 일본이 이와 같은 인식으로 선회한 데에는 나름대로 일정한 이유가 있음을 직시하지 않으면 안 된다. 일본으로서는 첫째, 현재의 일본이 그 역사상 최대의 판도를 확보한 형태인데다 홋카이도와 오키나와 지역의 주민 스스로 일본인으로서 확고한 자부심을 갖고 있는 현실에서 굳이 '국사' 인식을 견지할 이유가 없다고 생각할 수 있었다는 점이다. 그리고 둘째, 제2차 세계대전의 전범국이라는 부정적 이미지를 가능한 한 불식할 필요가 있는 처지에서는 오히려 일본을 1945년 이후에야 근대 민주국가로 성립한 나라로 파악함으로써 그 이전의 제국주의 일본과 일정한 거리를 두는 역사인식이 여러 모로 효용성이 있었던 점이다. 따라서 이와 같은 사정을 무시한 채, 우리도 일본처럼 '국사'를 버리고 '한국사'로 전환해야 한다고 주장한다면 그것은 주체성을 상실한 처사라는 지적을 면하기 어렵다. 그 역사가 지금은 중국 땅이 되어버린 요동에서 발원하였고, 현재 민족과 영토가 분단 상황에 처한 우리의 경우를 일본의 처지와 동일시하는 것은 자아의식을 결여한 생각임이 분명하기 때문이다.

중국이 자국사를 '중국사'라고 부르는 사실을 우리가 '한국사'를 지향해야 할 근거로 거론하는 것은 더더구나 어불성설이다. 이때의 '중국'이란 삼대三代 이래의 역대 왕조뿐 아니라 현재의 중국 판도에 들어 있는 제諸 종족의 과거 왕조까지 '중국'이라는 단일 문명체로 간주하는 인식 위에서 사용하는 용법인 까닭이다. 우리의 삼국은 고구려·백제·신라로 개별화하여 지칭하면서, 수·당은 물론 삼국·남북조 시대의 열국을 서슴없이 '중국'이라고 통칭하는 저들이다. 고구려를 '중국의 지방에 건립된 소수민족 정권'으로 파악하는 이른바 '동북공정'의 역사인식도 이런 인식 위에 서 있다. 그 인식의 타당성 문제는 차치하고서, 논리 자체가 '한국사'론과 정면으로 상반하는 내용인 것이다.

위와 같은 사실들을 정확히 파악한다면, '국사' 인식을 버리고 '한국사' 인식으로 선회해야 한다는 주장이 적어도 현 단계에서는 아직 무리임을 자각할 수 있을 것이다. 우리로서는 우리의 자국사를 '국사'로서 인식하고 교육함이 마땅하다. 더구나 앞서 살핀 바와 같이 '민족주의'를 반대하는 데서 나아가 '민족'을 운위하는 사람을 북한과 연대를 꾀하는 불순분자로 간주할 정도로 반통일적 성향을 띤 역사인식이 '한국사' 인식이다. '한국사' 인식은 현단계로서 명백하게 헌법에 위반하는 인식인 것이다. 대한민국 헌법 제3조에 "대한민국의 영토는 한반도와 그 부속도서로 한다."고 명시되어 있음에도 불구하고 그 영토의 반쪽에 사는 사람들을 '우리'로 간주할 수 없다는 것이기 때문이다. 우리의 국사를 대외적으로 '한국사'로 소개한다고 해서 국사 인식을 포기하거나 버려서는 곤란하다. 이 점에서 『국사』라는 교과목명을 『한국사』로 바꾼다는 「2009년 개정교육과정」의 조처는 철회되어야 마땅하다.

'국사'는 '우리나라 역대국가계승사'로서 우리 역사를 고조선 이래 부단히 이어온 역사로 이해하는 데 특징이 있다. 따라서 그 이해체계의 근간은 각 국가 단계의 정치·경제·사회·문화 등 모든 부문을 일관된 안목에서 총체적으로 파악하고 서술하는 동시에, 그것이 선행 사회의 계기적 발전 형태로 성립했고 후행 사회 발전의 전제라고 인식함을 토대로 이루어져 있다. 이를테면 한 국가는 선행 국가를 계승하여 어느 단계의 생산력과 어떠한 형태의 생산관계를 형성해 내었는지, 또 그 기초 위에서 중앙과 지방에 대한 정치 지배 체제를 여하한 형태로 조직하였는지, 그리고 그 체제를 유지하기 위해서 여하한 경제제도가 구비되어 유지되었으며 그 속에서 당대를 살아간 민民들의 존재 형태와 실제 생활상은 어떠했는지, 그러한 정치 경제 체제는 사회구성과 신분 구조에 어떤 형태로 맞물려 반영되어 나타났으며, 그것을 지속적으로 유지하기 위한 지배층의 사상으로는 무엇이 누구에 의해 어떤 의도로 제창되고 그러한 지배층의 사상과 문화에 순응하거나 반발한 민들의 문화는 어떻게 형상화되었는지, 그러한 속에서 생산력의 발전은 어떻게 이루어져 갔고 이에 따른 생산관계의 변화는 또 어떠한 사회 변동을 유도하여 새 국가 건설로 이어졌는지 등을 유기적으로 파악하고 이해하는 것이다. 그러한 한편 다른 국가와의 복잡한 국제관계와 상호교류, 새로운 문물에 대한 당대인들의 수용 및 접변接變 태도와 문화 교류 과정 등도 정치·경제·사회·문화 전 분야에서 체계적으로 이해하고 서술하는 것이 '국사'의 본령이다.

그러므로 올바른 '국사'의 인식 체계는 우리 국민의 사고가 '폐쇄적· 독선적인 민족주의'로 기울지 않도록 해준다. '국사'는 우리의 역대 국가들이 외국과의 교류가 활발할 때에 크게 번성했음을 증언하고 있기 때문이다. 자기 역사에 대해 갖는 주체 의식을 폐쇄적·독선적인 의식이라고 한다면 더 논의할 이유가 없다. 스스로를 사랑할 줄 아는 이가 남을 존중하고 사랑할 줄 아는 법이다. 역사의식도 마찬가지다.

2. 세계 주요국의 역사교육 및 자국사 교육 현황

1980년대로 접어들면서 본격화한 일본 중학교 역사교과서의 한국 관련 사실 왜곡과 2002년부터 시행된 중국 '동북공정' 역사인식에 자극을 받아, 우리나라 교육계는 한때 역사교육의 강화 내지 정상화를 요구하는 국민적 여망에 둘러싸였다. 2006년 11월 18일 교육인적자원부는, '한일역사공동연구위원회'와 공동으로 한국리서치에 의뢰해 9월 22~23 양일간에 걸쳐 전국 성인 남녀 1천 명을 대상으로 실시한 전화 여론조사 결과에 의하면 역사교육을 강화해야 한다고 생각하는 국민들이 90.3%에 이르며, 현재 통합사회과 속의 한 영역으로 편제되어 있는 역사를 독립 교과로 분리시키는 방안을 지지하는 비율도 88.7%로 나타났다고 밝혔다. 그런데 이와 같이 많은 국민들이 갑자기 우리 역사교육이 처한 처지와 그 개선에 관심을 갖게 된 것은 기실 우리 사회 내부에서 일어난 교육적 관점에서의 성찰과 반성이나 우리의 미래가 역사인식의 방향에 달렸다는 자각에서 나온 것이 아니었다. 자꾸 정도가 심해지고 있는 일본의 역사교과서 왜곡과 독도에 대한 영유권 주장, 그리고 대규모의 국가사업으로 더욱 체계화되고 있는 중국의 고구려사 편입 시도가 우리로 하여금 자신의 역사교육 실태를 돌아보게 만든 것이었을 뿐이다.

경우에 따라서는 한국의 정세에 또다시 무력으로 개입할 필요가 있음을 강력하게 암시한 이웃나라의 역사교과서가 교육 현장에 널리 배포되는 것을 지켜보면서, 다른 한편으로는 고조선의 역사 경험과 문화 능력을 면면히 계승하고 발전시켜 오늘에 이르렀다는 우리의 전통적인 자국사 인식 체계가 그 근간부터 부정당하는 초유의 사태에 직면하여, 자신의 정체성을 바르게 인식하고 확인할 필요성을 절감하게 된 것이었다. 또한 급변하는 국제관계의 본질을 세계사의 큰 흐름 속에서 주체적으로 이해할 수 있는 안목을 가져야 한다는 자각이 국사뿐만이 아니라 세계사에 대한 관심을 새삼 환기하기에 이르렀다.

그런데 지금 우리의 중등교육과정에서 역사는 사회과의 한 영역으로만 편제된 처지에 있다. '국적 있는 교육'을 표방한 1973년의 제3차교육과정에서 독립 교과로 편성하여 그 교육 체제를 일단 정상화했던 국사마저, 내용의 통합을 강조한 1992년의 「제6차 교육과정」부터는 사회과로 해소하여 오늘에 이르렀다. 민주 시민의 자질을 육성하기 위해서는 사회과의 방법론적 지식과 역사과 및 지리과의 시공간적 내용을 통합할 필요가 있다는 '통합사회과론'의 주장과 국사를 따로 가르치는 것은 세계화의 대세를 거슬러 내셔널리즘 혹은 쇼비니즘을 부추기는 시대착오적 처사라는 생각이 국사를 사회과로 해소解消한 명분이었다. 이는 당시 우리 사회 주도층의 일반적 인식이었고, 그것이 교육과정에 그대로 반영되어 나타난 것이었다고 하겠다. 역사를 독립 교과로 분리시켜 그 교육을 강화해야 한다는 2006년의 여론조사 결과는 과거의 저와 같은 사고에 대한 반성인 셈이었다.

그러나 돌이켜보면 우리나라 역사에서 자국사의 교육이 올바른 방향에서 제대로 시행된 적은 한 번도 없었다고 해도 과언이 아닐 것이다. 고려 시기에도 제 나라 사실을 아는 이가 드문 실정이었고,58) 더욱이 조선 시기에는 유교적 보편사관에 매몰되어 아동들에게 국사보다 중국

---

58) 金富軾, 「進三國史記表」, 『三國史記』.

사를 먼저 가르쳐 왔으며, 한말의 국사교육 정상화 노력도 헛되이 일제 식민지사관에 휩쓸리고 말았었다. 그리고 해방 후에는 근대 시민의 양성을 표방하는 가운데 사회생활과를 강화하는 추세 속에서 국사는 단지 자신의 후진성을 역사 속에서 깨닫는 제재로만 활용되었다. 1973년에 이르러서야 비로소 국사를 독립 교과로 편제하고 그 교육을 뒤늦게나마 정상화하는 듯 보였으나, 이는 궁극적으로 유신체제의 역사적 정당화라는 정치적 의도에서 추진된 일이었다며 국사교과를 이른바 '국책과목'으로 몰아세워 1992년부터 다시 사회과로 해소하는 한편 대학의 필수이수과목에서도 제외하고 말았다. 국사의 처지가 이러했으니 세계사의 경우는 더 말할 나위가 없었다. 고등학교 교육과정에서 세계사는 제3차 교육과정 이후 지금까지 배워도 그만 안 배워도 그만인 선택과목으로 편제되어, 대학 입시에 불리하다는 이유로 선택에서 외면당하는 참담한 지경에 있다. 많은 이들이 역사교육 관련 논의를 '강화' 논의가 아니라 '정상화' 논의라고 말해야 옳다고 지적하고 있는 것은 이런 사정 때문이다.

그럼에도 불구하고 그동안 역사교육의 정상화 요구는 이를 교과이기주의적 발상으로 매도하는 모리배적 주장과 민주 시민의 양성이라는 보편 가치만을 앞세우는 비주체적 논리에 의해 번번이 묵살되어 왔다. 이렇게 된 데에는 역사교육의 목표와 의의를 설득력 있게 제시하여 이들 주론主論을 극복하지 못한 역사교육계와 사학계의 한계가 없지 않으나, 이웃나라가 우리 역사를 왜곡하며 침략적 의도마저 드러내는 현실에 당면해서야 뒤늦게 역사교육의 중요성을 깨닫기 시작한 우리 사회 구성원 모두에게 책임이 있다 할 것이다.

2006년 말의 여론조사 결과에 힘입어 「2007년 개정교육과정」에서는 역사과목을 따로 독립시켜 역사교육을 '정상화'하는 조처를 단행했다. 사회과 틀 안에 그대로 묶어두면서도 독립과목으로 편제하여 역사교육의 중요성을 인정하는 조처였다. 그러나 이와 같은 역사교육 정상화 노력은 「2009년 개정교육과정」에서 겨우 2년 만에 원래의 자리에서보다도 오히려 더 후퇴하여, 『세계사』만이 아니라 『국사』마저 『한국사』로 개명하여 필수과목에서 빼버리는 조처로 결착되고 말았다. 역사교육 붕괴라는 역사상 초유의 국면에 처한 것이다.

이에 다른 나라에서는 자국사 교육을 어떻게 실시하고 있는지 살펴볼 필요를 느끼게 되었다. 자국사 교육을 이렇게 소홀히 하는 것이 세계적 추세인지 궁금하기도 하고, 세계 주요국의 자국사 교육 동향을 살펴보면 우리가 추구할 바람직한 역사교육의 수준과 방향을 설정하고 제시하는 데 도움을 얻을 수 있지 않을까 하는 심산이 섰기 때문이다. 나라마다 다소간 편차가 있겠지만 여러 나라 역사교육의 실태를 일괄해 본다면 그 보편적 수준과 방향을 알 수 있을 것이다. 살펴볼 국가로는 미국과 영국·프랑스·러시아·일본·중국 등을 선정하였다. 이들 6국이 현재 세계의 흐름을 주도하고 있는 국가들이라고 생각해서다. 검토의 결과를 종합해 보면 대략 다음과 같다.59)

---

59) 세계 주요국의 역사교육 실태를 살피는 작업은 필자가 2004년도 한국학술진흥재단 협동연구 제2차 지정주제지원사업의 하나로 진행하였다. 이 작업은 자료의 수집과 분석에서 많은 노력이 필요했으므로 다음 5인의 연구자와 협업으로 진행했다.
金燉, 「日本의 自國史 교육과 교육목표」, 『歷史敎育』 100, 2006.
金漢宗, 「유럽 역사교육의 동향과 자국사 교육 - 영국과 프랑스를 중심으로 -」, 『歷史敎育』 100, 2006.
李智媛, 「미국의 자국사 교육」, 『歷史敎育』 100, 2006.
朴相喆, 「러시아의 역사교육과 교육목표」, 『歷史敎育』 100, 2006.
오병수, 「중국의 중등학교 교육과정 개혁과 자국사 교육의 편제」, 『연구총서』 18,

1) 통합사회과의 실제와 본색本色

우리가 「제6차 교육과정」 이후 역사를 독립 교과로 인정하지 않고 사회과에 통합하여 그 영역의 하나로만 운영하게 된 데에는 미국 교육체제의 영향이 크게 작용하였다. 미국에서 역사는 사회과로 편제되어 있기 때문이다. 그리고 사회교육과 출신의 교사로 하여금 이 과목을 담당하게 하고 있다. 미국 사회에 대한 이해는 미국사의 흐름 속에서 통합적 Interdisciplinary으로 이루어져야 한다는 생각에서다. 그러나 이처럼 통합사회과 형태로 역사를 가르쳐온 국가가 미국 하나만은 아니다. 1991년 소연방이 해체된 후 신생 국가로 다시 태어난 러시아도 2004년에 「새국가교육기준」을 제정하여 시행하기 전까지 역사를 사회과에 통합하여 가르쳐 왔다. 따라서 외면상으로만 본다면, 「제6차 교육과정」이 시작된 1992년의 시점에서 통합사회과의 설정과 운영은 세계 최강대국들이 지향한 바람직한 교육체제인 것처럼 생각할 여지가 없지 않았다고 하겠다.

그러나 이러한 생각은 그 구체적인 내용과 속사정을 제대로 살피지 않은 오류였다. 무엇보다도 미국 사회과 Social Studies의 실제 내용이 역사 중심의 사회과라는 사실을 정확히 파악하지 못한 겉핥기식 이해였다. 캘리포니아 주의 경우는 사회과 교육과정의 명칭부터 『역사 – 사회과학교육과정틀 History-Social Science Curriculum Framework』이다. 미국이 사회과교육을 역사에 중점을 두어 실시하고 있었다는 것은 1994년부터 『국가역사표준 National Standard for History』을 따로 제정하는 등 역사를 사실상의 독립 교과로 취급하기 시작한 데서 극명히 드러난다.

고구려연구재단, 2006.

1970~80년대를 거치면서 미국의 학계와 교육계에서 종래의 통합사회과론에 대해 이의가 제기되어 이를 둘러싸고 분분한 논의가 전개되어 온 것이 사실이나, 「국가역사표준」이 제정된 이후 통합적인 사회과교육을 주장하는 목소리는 미미한 실정이다. 「제6차 교육과정」 성안成案 당시 우리는 미국 교육과정에서 차지하는 역사 교과의 위치와 그 추세를 잘못 파악하고 있었던 것이다. 미국 거의 모든 주의 현행 「주표준교육과정州標準敎育課程」에서 미국사와 세계사는 각각 독립된 필수과목으로 설정되어 있으며, 각급 교육과정이 끝나는 4, 8, 12학년을 마치기 위해 적정 수준의 능력을 갖추어야 할 주요 교과에 역사가 포함되어 있다. 미국에서 역사는 당시나 지금이나 사실상 필수 독립 교과로 운영되고 있는 셈이다.

또한 미국의 역사교사는 사회교육과 출신이지만, 이들은 사회교육과에서 역사를 전공하고, 정치나 경제 등 사회과 영역의 학문을 복수전공한 사람들이다. 결국 이들은 역사 전공자인 것이다. 더욱이 이들은 교육현장에서 역사교사로 채용되어 역사교육만 담당하고 있는 사람들이다. 사회교사는 역사교사와는 별도로 채용되어 사회과학 과목만 담당한다. 통합사회과라는 범주를 만들고, 역사과 출신만이 아니라 사회과나 지리과 출신의 교사들에게도 마구잡이로 역사교육을 담당하게 하는 우리의 현실과는 매우 큰 거리가 있는 체제임을 분명히 알 필요가 있다.

한편 러시아에서 한때 역사를 사회과에 통합하여 가르쳤던 것은 과거 소련에서 역사 교과가 마르크스-레닌주의의 세계관에 입각한 '사회발전의 합법칙성'을 홍보하는 기능을 담당해 왔던 특수한 사정에서 비롯한 일이다. 소련의 극단적인 병영식 교육체제에서 역사는 학생들에게 유물사관과 계급투쟁사관을 주입하는 도구에 불과하였다. 이 점에서 소련의 역사과는 사회주의자로서의 도덕성 정치성을 함양하기 위한 사회과의 부수적 기능만을 담당한 종속 교과였다고 해도 틀리지 않다. 그러다가 페레스트로이카의 기운을 타고 불어닥친 자유화 민주화의 열풍 속에서 그동안 모르고 지냈던 새로운 사실들이 알려지자 소련 사회는 심각한 혼란에 빠져들었다. 소련이 붕괴되고 러시아로 거듭난 후, 러시아 사회에서는 교육 면에서의 과오를 깊이 반성하는 논의가 봇물을 이뤘는데, 특히 구소련의 사회과 및 역사과 교육에 대한 비판이 가장 컸다. 구소련의 역사교과서에는 왜곡되지 않은 페이지가 하나도 없었으며, 교과서 전체가 거짓말이었고, 선생님들은 그 거짓말을 학생들의 머릿속에 '쑤셔 넣도록' 강요받고 있었을 뿐이라는 것이었다.

이에 신생 러시아는 과거의 역사교과서 내용을 전면 개편하여 새로운 역사교육을 시행해야만 하는 부담을 안게 되었다. 그러나 새로운 교육 내용의 설정과 교육 방향의 모색은 결코 단시일에 수립할 수 있는 사안이 아니었다. 러시아는 그 모색에 필요한 시간을 벌기 위한 임시방편 또는 고육지책으로 당분간 역사를 사회과로 통합해 두는 방안을 택하였다. 그리고 2004년 「새국가교육기준」을 제정하면서 새로운 역사교육의 얼개를 세우게 되자 역사를 독립 교과로 편제하고 높은 비중의 수업 시수를 부여하였다.

러시아연방교육법은 보통교육을 4년 과정의 초등보통교육, 5년 과정의 기본보통교육, 2년 과정의 중등(최종)보통교육이라는 3단계의 과정으로 나누고, 기본보통교육을 마친 학생들은 국가종합시험을 치러 통과된 경우에 한하여 중등보통교육과정에 진입하도록 규정하고 있다. 초등보통교육 및 기본보통교육 과정 9년만을 의무교육 과정으로 설정하고, 국가종합시험에 불합격한 경우에는 학업을 중단하고 곧바로 사회에 진출하거나 직업교육을 받도록 교육시스템을 재구성한 것이다. 이에 의해 많은 학생들이 9학년을 끝으로 학교를 떠나게 되었다.[60]

이와 같은 러시아의 교육과정에서 역사교육은 5년의 기본보통교육 기간에 집중 편성되었다. 초등보통교육과정에는 독립된 역사 과목을 두지 않기 때문이다. 그리고 이 5년 동안에 러시아사와 세계사를 별개의 과목으로 병렬적-동시적으로 가르치는 방안과 '러시아와 세계'라는 통합 과목으로 가르치는 방안을 일선 학교에 제시하고, 이 중 하나를 제각기 선택하여 시행하도록 하였다. 역사 수업 시수는 5년 동안 총 350시간으로, 사회 140시간, 지리 245시간에 비해 압도적으로 많다. 게다가 '연방 요소'로서의 이러한 수업 시수 이외에 지역요소와 학교요소의 수업 시수에서 지역-민족사를 더 교육하도록 규정함으로써 역사교육에 큰 비중을 두었다. 어문학 및 수학을 제외하고는 역사 수업의 비중이 가장 높게 책정되어 있다.

통합사회과 체제와 관련해서는 일본 및 프랑스의 경우도 함께 살펴볼 필요가 있다. 일본은 1988년까지 통합사회과 형태로 역사를 교육해 왔었으나 1989년의 「학습지도요령」 이후로는 역사를 지리와 합쳐 『지리역사과』 체제로 운영하고 있다. 일본이 이처럼 역사와 지리를 묶어 하나의 교과로 운영하게 된 데는 그들만의 특수한 사정이 있었다.

---

60) 종래에는 11년의 보통교육과정 전체가 의무교육으로 규정되어 있었다.

본디 일본이 1947년에 제정한 첫 「학습지도요령」에서 역사교과를 『사회과』로 해소하여 통합 편성하게 된 것은 미군정의 강력한 요청 때문이었다. 당시 미군정은 일본이 전범국이 된 배경에 군국주의와 황국사상이 놓여 있다고 파악하고, 이러한 사상에 근거하여 성립한 중세 봉건적 제국주의적 요소를 타파하여 일본을 근대 민주주의 국가로 거듭나게 하기 위해서는 사회교육을 강화할 필요가 있다고 인식하였다. 이를 통해 서구식 자유민주주의를 교육하고 홍보하기 위해서였다. 일본은 이 요청을 받아들여 통합형 사회과를 설치하였지만, 실제 교육 현장에서의 운영은 역사·지리·공민을 분리하여 교과서를 각기 따로 쓰고 수업 시간도 구분 편성하는 방식으로 이루어졌다.

그렇지만 일본 사회에서는 역사를 사회과에 해소시킨 것은 아무리 그것이 명목상의 교육과정 문제일 뿐이라 하더라도 올바른 처사가 아니라는 지적이 지속적으로 제기되었다. 역사는 그 학문의 속성상 『사회과』에 걸맞지 않는다는 이유에서였다. 역사학은 인간의 사회생활 을 다루긴 하지만, 시간 속에서의 변화 및 사실과 사실 간의 인과관계를 토대로 과거를 재구성하는 종합학문이며, 여기서 함양된 역사적 사고 력은 당면한 난제를 해결하고 미래를 전망하는 독자의 능력으로서, 사회과가 지향하는 민주시민의 양성이라는 교육목표와 상당한 거리가 있는 것이라는 점이 거듭 강조되었다. 그러므로 학생의 발달 단계에 따라 교육 내용을 선택·배열하는 계통성과 역사적 사고력의 유형과 난이도에 따라 교육 내용의 범위와 깊이를 정하는 전문성을 바탕으로 체계적인 역사교육을 실시해야 하며, 이를 위해서는 역사과가 별도의 교과로 독립해야 한다는 것이었다.

그렇지만 또 한편에서 『사회과』의 해체에 반대하는 목소리도 만만치 않았다. 일본이 패전(일본에서는 '종전終戰'이라는 용어를 사용하지만) 이후 천황 중심의 황국적 분위기에서 벗어나 민주 시민을 육성하고 민주 사회를 형성해 가는 과정에서 중요한 역할을 한 것이 '사회과 역사'였으므로, 이를 포기하는 것은 일본 사회를 천황 중심의 제국주의적 질서로 회귀시키는 계기로 작용할 수 있다는 이유에서였다. 일본 현대사회를 올바르게 이해하기 위해서는 침략 전쟁을 일으켜 국민의 고통을 강요한 과거의 잘못을 역사를 통해 밝히 인식할 필요가 있다는 논지였다. 그리고 이와 함께 계통성과 전문성을 강조한 역사학습은 역사교육을 역사학의 시녀로 만들 위험성이 있다는 점도 지적되었다. 이른바 '전후민주주의' 교육의 효능과 강점을 잘 이해하고 일본이 민주화를 이룩하여 국제사회의 당당한 일원이 되기를 희망하는 많은 지식인들이 이를 지지하였다.

통합사회과의 존속이냐 독립 역사과의 설치냐를 둘러싼 논쟁은 오랜 기간 동안 격렬하고 진지하게 진행되었다. 1989년의 「학습지도요령」에서 역사를 사회과로부터 분리하고 지리와 합쳐 '지리역사과'로 독립시키게 된 것은 이러한 열띤 논쟁과 타협의 산물이었다. 일본에서 통합적인 사회교육을 시행했던 것은 전범국으로서의 처지에서 기인한 것이었고, 역사를 사회과에서 분리한 것은 일본 사회가 성숙하여 그 주체적 인식으로도 국제사회의 성원이 될 수 있음을 일단 인정받은 결과였던 셈이다. 이로써 역사과는 비록 그만의 독립 교과는 아니었으나 지리과와 손잡고 사회과로부터 분리됨으로써 독자의 교육적 발전을 모색할 수 있게 되었다. 사회과는 그 자체를 폐지하여 '공민과'로 재편하였다. 그리고 이러한 틀을 바탕으로 세계사의 필수과목화와 일본사의 선택과목화를 확정하였다.

일면 자국사 교육의 후퇴처럼 보이는 이 조치는, 일본은 더 이상 국가주의를 추구하지 않는다는 것을 세계에 과시하기 위한, 전범국으로서 불가피한 선택이기도 했으나, 사실상 세계사 교육과 자국사 교육을 동시에 강화하기 위한 민첩한 조치였다. 일본사를 선택과목화하더라도 일선 학교가 반드시 선택할 것이 명약관화하였기 때문이다. 실제로 일본의 교육현장에서 일본사를 선택하지 않고 있는 학교는 지금까지 1개 교도 없다. 결과적으로 일본사와 세계사가 동시에 필수화된 셈이다.

그런데 우리로서는 여기서 한 가지 주목해야 할 점이 있다. 일본이 40년 넘게 유지해온 통합사회과 체제를 개혁하면서 찬반을 둘러싸고 격렬한 논쟁을 벌였지만, 역사과의 독립을 반대한 논리들 가운데, 이를 교과이기주의의 소산으로 매도하거나 교과의 수가 너무 많아지게 되므로 무리라고 주장한 경우는 거의 찾아볼 수 없었다는 사실이다. 이들은 역사과 독립의 의의를 부정한 것이 아니라, 천황제 하의 일본 정치 시스템이 가진 비민주성을 지적하고 사회과 교육을 통해 민주적 소양을 더 함양할 필요가 있음을 강조한 것뿐이었다. 역사교육의 중요성 자체를 부인하는 비학문적 비교육적 태도나 교육과정의 개편을 과목간의 이해관계 조정쯤으로 왜곡하는 몰상식은 없었다.

그리고 한 가지 더, 일본이 사회과로부터 역사를 분리해내던 그 시점에 한국에서는 역사를 사회과로 편입시키는 작업이 추진되고 있었던 사실도 음미해볼 점이다. 우리가 이 시기에 통합사회과를 추진했던 것은 세계의 흐름을 잘못 파악한데다 우리 교육의 목표를 주체적으로 설정할 정신 능력을 갖지 못한 데서 기인한 시대의 역행이고, 비학문적 비상식적 처사였던 것이다. 이제 그 잘못을 수정하여 역사과를 독립시켜야 한다는 국민적 요구에 당면해서조차 혹시라도 이를 교과이기주의로 몰아붙이고 과목수의 과다를 들먹이는 몰상식을 자행한다면 이는 돌이킬 수 없는 역사적 과오를 저지르는 행위가 될 것이다.

한편 프랑스는 초·중등 교육과정에 역사와 지리를 묶은 역사-지리 교과를 설정하고 필수과목으로 지정하여 초등학교 3학년부터 고등학교 3학년까지 매 학년 가르치고 있다. 자국어인 프랑스어까지도 고등학교 2, 3학년에서는 선택으로 지정하고 있는 형편이고 보면, 프랑스에서 역사-지리는 매우 중시되고 있는 과목임을 알 수 있다. 이에 반해 일반사회는 도덕과 통합하여 '시민교육'이라는 교과로 설정하고 필수에서 제외하였다.

역사-지리를 단일교과로 편제한 것은 지리의 인문적 성격을 중시하는 그 독특한 학문 풍토에서 비롯한 것으로, 프랑스는 학습을 할 때도 역사와 지리의 상호관련성을 늘 염두에 두도록 하고 있다. 그러나 이것이 역사와 지리를 교과나 과목 차원에서 통합했음을 의미하지는 않는다. 역사와 지리의 교육 목표와 내용은 별도로 규정되어 있으며 단원별로 구분 서술하여 실제로는 각각 독립과목이나 마찬가지다. 교과서는 국가가 규정한 교육과정 「개요」에 입각하여 서술한 것을 검정 과정을 거쳐 사용하는데, 그 「개요」가 말 그대로 개략의 요점만 제시한 것이어서 내용은 교과서마다 편차가 심하다.

요컨대, 현재 미국을 포함한 세계 주요국에서 역사는 독립 교과로 편제되어 있든지, 그에 준하는 형태로 운영되고 있다고 말할 수 있다.

따라서 우리로서도 역사를 사회과로부터 분리하여 독립 교과로 편제할 필요가 있다. 그래야만 하는 당위성과 관련해서는 러시아의 경우가 다시 참고된다. 앞서도 지적했듯이, 구소련 체제에서 사회과의 부수적 기능만을 담당해 왔던 역사과는 러시아가 성립하면서 잠시 통합사회과 속에 편제되었다가 2004년에 독자의 교과로 독립하였다. 이 과정에서 러시아 학계와 교육계는, 역사를 사회과에 부수된 과목으로 편성하고 운영하는 것은 이를 그 사회의 정치적 지향을 위한 도구로서만 이용하려는 저급한 행위임을 인식하였고 이에 결국 독립교과로 편성하기에 이른 것이었다.

이는 통합사회과 체제로 역사를 교육하고 있는 우리가 꼭 주목해야 할 사례라 할 것이다. 기실 우리는 이미 미군정기에, 한국의 유구한 역사와 문화 전통을 무시한 채 식민지로서의 후진성에만 주목하여 '야만'의 한국인을 근대 시민으로 양성한다는 목적 하에 '사회생활과'를 설치, 역사과를 이에 해소시키고 말았던 경험이 있다. 당시 '사회생활과' 속에서 국사는 한국의 후진성을, 세계사는 선진의 모범을 배우는 도구에 불과하였었다. 이러한 사실을 상기한다면, 세계 20위권의 무역국으로 성장한 지금에 와서도 역사를 사회과의 한 영역으로 편제해 교육하고 있다는 것은 실로 창피한 일임이 분명하다 하겠다. 역사는 역사로서 가르쳐야지 현 체제를 합리화하고 선전하기 위한 사회교육의 일환으로 가르쳐서는 안 된다.

2) 자국사 교육의 강화와 세계사 교육과의 관계

세계 주요 6국의 역사교육 현황을 살펴보았을 때 모든 나라에 공통하는 특성은 각기 자국사 교육에 역점을 두고 있다는 점이다. 외면상으로는 유럽 국가들이 자국사와 세계사를 구분하지 않고 그냥 '역사'라는 이름으로 통합한 내용을 교육하고 있는 듯 보이지만, 내면은 매우 편파적일 정도로 자국사 교육에 치우쳐 있다. 우선 이들에게 있어서 세계사란 단지 유럽사일 뿐으로, 유럽 이외의 지역이나 국가의 역사에 대해서는 전혀 관심이 없다고 해도 과언이 아닌 내용 구성을 보인다. 예컨대 프랑스의 경우, 역사교과서의 내용 구성은 정치사 중심의 프랑스 통사가 주축을 이루는데, 근현대사를 다루기 시작하는 중학교부터는 유럽사와의 연계 속에서 프랑스사를 다룬다. 이는, 근대에 성립한 국가이므로 고중세사를 유럽의 일반사로 서술할 수밖에 없고 근대 이후로도 자국사를 유럽사의 전개와 분리하여 서술하기 어려운 유럽 제국의 특수성에서 기인한 결과다. 비유럽사에 대해서는 그것이 프랑스사와 관련된 내용에 한정하여, 그나마도 소략하게 다루는 데 그치고 있다. 한국사와 관련된 서술은 6·25사변(소위 '한국전쟁')을 언급한 것이 고작일 정도다. 유럽사 속에서 프랑스 근현대사를 다룬 것은 자국사와 세계사를 총체적으로 파악한다든가 하는 어떤 거시적 교육목적에서 비롯한 현상이 아닌 것이다. 철저한 자국사 중심의 역사교육을 하고 있는 셈이다.

자국사 교육에 다른 어느 국가보다 열심인 국가는 미국이다. 교육부 부장관을 거쳐 대통령 조지 부시George Walker Bush의 교육 고문Advisor을 지낸 다이안 래비치Diane Ravitch와 부통령 부인으로서 'National Endowment of Humanities' 소장 직을 맡고 있던 린 체니Lynne Cheney 가 막강한 영향력을 지니고 특히 미국사 교육을 강조하였기 때문이기도

하지만, 자국사 교육에 대해 국민적인 관심과 지지가 증폭되고 있는 것은 현재 미국 사회 전반에서 폭넓게 나타나는 경향이다. 미국은 2001년부터 매년 5천만 달러 내지 2억 달러에 달하는 거액의 국가예산을 미국사 교육의 강화 방안과 관련된 각종 프로젝트에 투자한 바 있다.

자국사를 세계사와 통합하여 일원적으로 가르칠 것인지 아니면 분리하여 따로 가르칠 것인지를 놓고 진지한 논의를 거쳤던 국가는 러시아와 중국이다. 그동안 자국사 이해의 주축을 이뤘던 마르크스-레닌주의 사관이 무너짐에 따라 기존의 자국사 이해체계 자체가 완전히 와해되기에 이르자 새로운 역사교육의 방안을 모색하는 과정에서 제기된 논의였다.

먼저 러시아에서는 구소련의 역사교육에 대한 비판이 제기되면서 자유·평화·인권 등 인류 보편의 가치를 중시하며 문화·전통의 다원성을 인정하는 내용으로 역사 사실을 재구성하고 능력에 따른 수준별 교육을 해야 한다는 주장이 큰 힘을 얻었다. 물론 한편에서는 세계사적 보편성을 강조하고 러시아사의 특수성을 경시한 결과가 연방의 통일성과 정체성을 저해하는 경향으로 이어지지 않을까 염려하는 보수 세력의 반발도 거세었다. 보수 세력은 특히 소련의 역사를 부정적으로 보는 시각이 자기 조국에 대한 모멸감으로 확대될 것을 걱정하였다. 이른바 '서구화론자들'과 '신슬라브주의자들'의 논쟁이 격렬히 전개된 것이었다.

이런 구도에서 논쟁의 대상이 역사교육의 내용뿐 아니라 구조로 확대되었다. 러시아사를 세계사와 분리해 따로 가르쳐온 옛 방식이

러시아를 유럽의 변방으로 인식하게 하고 과거에 대한 전체적이고 유기적인 통찰을 저해해 왔다는 지적과 세계사 속에서 러시아사를 다룰 경우 러시아를 세계의 변방으로 인식하게 할 뿐이며 조국의 역사를 사라지게 하여 결국 '속류 사회학'이 판치는 결과를 초래하리라는 지적이 맞섰다. 역사교육의 구조를 둘러싸고 전개된 이른바 직선형 구조와 나선형 구조의 대립이었다. 이 논쟁은 결국 두 구조 가운데 하나를 선택할 권리를 일선 학교에 위임하는 것으로 일단락되었다.

한편 중국은 논의 끝에 자국사인 중국사와 세계사를 통합한 형태의 '역사' 교과를 설치하여 운영하고 있다. 역사 교과를 정치적 선전의 장으로 활용해 온 것은 중국 역시 구소련의 경우와 마찬가지였다. 중화 민족의 유구성과 우수성을 홍보하고, 반제 민족혁명 과정을 완수한 인민의 투쟁과 당의 영도를 찬양하며, 유물사관의 세계관에 입각하여 사회주의 시장경제체제의 우월성을 강조하는 것이 역사 교과가 담당한 주된 역할이고 임무였다. 이 점에서 역사는 도덕·사상정치와 크게 다를 바 없는 교과였다. 그러나 그동안 왜곡 또는 은폐해 온 사실들이 개방화의 물결을 타고 외부 세계로부터 유입하여 알려지자 사정이 달라질 수밖에 없었다. 마르크스-레닌주의에 입각한 기계적 유물사관이 더 이상 통용될 수 없게 된 까닭이었다.

중국의 정책 담당자들은 이를 심각한 위기 상황으로 간주하였고 서둘러 대책을 마련하여 교육개혁에 착수하였다. 역사상 가장 넓은 영토를 차지한 중국으로서 과제는 분명하였다. 그것은 중국의 분열을 막는 것이었다. 중국의 역사가 통일과 분열을 반복해 온 역사라는 사실도 압박으로 작용하였을 것이다. 여러 민족을 아우른 중국으로서는 이들 문화의 다양성과 그 가치를 인정하면서 주류인 한족을 정점으로 포괄하는 한편 전국의 균형 발전을 모색하여 지방 간 경제력의 차이에서 오는 이질감을 해소하면서 이를 홍보하고 교육하지 않으면 안 되었다. '동북공정'을 비롯한 각종 '공정'이 그 일환에서 나온 정책이었다.

이러한 처지에 있던 중국이 바람직한 모델로 주목한 것은 미국의 교육체제였던 것으로 보인다. 같은 다민족 국가라는 점, 독자성을 띤 자치주가 중앙정부의 통제 하에 잘 통일되어 있다는 점, 자치주의 특성에 따른 교육의 차별화가 시행되고 있는 점 등에서 미국의 교육체제는 중국에게 많은 시사점을 줄 것으로 기대되었을 것이다. 그리고 국가가 안고 있는 문제점을 개인 간의 경쟁 구도로 해소할 수 있다면, 중국의 분열을 야기할 요소를 최대한 억제할 수 있을 것으로 전망되었다. 과학기술의 발전은 국제간의 경쟁을 촉진하고 있으며, 중국의 발전은 그 경쟁에서 이길 수 있는 소질을 가진 개인들에게 달려 있다는 논지의 「보통고중역사과정표준」의 언급은 이러한 배경에서 이해된다. 개인 간의 치열한 경쟁이 곧 애국이라는 비교육적 논리다.

이와 같이 정치적 사회적인 필요에서 새로운 교육체제가 요구된 것이었으므로 중국의 교육개혁은 다분히 정치성을 띠고 추진될 수밖에 없었다. 따라서 교육개혁에서 무엇보다 시급한 것은 저러한 중국의 사회변동을 무언가 새로운 가치관에 입각해 합리화하는 일이었고, 그러기에 가장 적절한 교과로 '사상정치'가 주목되었다. '역사' 교과는 사실과 문물에 대한 독자의 인식 방법론이 강하여 그 내용을 쉽게 개변할 수 있는 교과가 아니었다. 중국 정부는 1997년에 서둘러 '사상정치' 과목의 「과정표준」을 마련하고 교과서를 개편하여 교육에 착수하였다.

기실 마르크스주의를 포기한 중국 역사학계는 아직 대안을 찾지
못하고 있기도 하였다. 서구의 새로운 역사 사조들을 급히 수용하고
있었으나 어느 것도 유물사관만큼 명료하게 자기 역사의 발전 과정을
일관된 형태로 정리할 근거가 되어주지는 못하였다. 중국 역사학계는
공황 상태에 빠진 셈이었다. 사정이 이러하였으므로 중국의 교육 정책
담당자로서는 새로운 역사학의 성과가 역사교육에 반영되기를 그저
기다릴 수만은 없는 노릇이었다. 국가주의적 한족중심적 역사관의
홍보, 변화한 세계관의 재정립 등 역사 교과가 수행해 주어야 할 역할이
많았기 때문이다. 결국 역사교육을 역사학의 학문적 토대로부터 분리
하는 작업이 추진되었다. 2001년에 뒤늦게 제정된 「역사교육과정표준」
은 이러한 속사정에서 나온 것이다. 그 내용의 골자는 자국사와 세계사
를 통합하여 하나의 교과서로 편성한다는 것과 학습방법을 전적으로
주제학습 형태로 개편한다는 것이다.

자국사인 중국사를 세계사와 통합한 데 대해서는 외면상 이 편이
'인류사회 역사발전의 다양성 및 세계 각 문화에 대한 개방적인 태도의
형성'에 기여하기 때문이라고 내세우고 있지만, 기실은 기존의 중국사
이해체제가 와해되어 그 공백을 메울 필요가 있었던 데 근인이 있다고
분석된다. 그리고 탐구형 주제학습을 강조한 것은, 서둘러 편성한 교재
의 내용 구성이 가진 한계와 급속한 변화에 적응하지 못한 역사교사의
자질에서 오는 한계를 학생 개인에게 전가한 조처로밖에 이해하기
어렵다.

역사 지식의 특성은 사실을 횡으로 총체적으로 이해하며 종으로

인과관계 및 장기간의 변화로서 파악하는 데 있는 것이므로, 이를 주제별로 나열한다는 것은 특정한 목표 아래 사실을 범주화하고 축소화한다는 것을 의미하는 것이다. 역사는 애초에 주제학습에 적절한 교과가 아니다. 또한 설령 몇 가지 주제의 설정이 가능하다고 하더라도, 여기에 탐구학습으로 접근하기 위해서는 자료의 전면 공개와 다양한 시각의 보장이 전제되어야 하는데, 중국이 그런 토대를 마련하고 있다고는 생각되지 않는다. 그렇지 못하면서 주제학습을 시행하겠다는 것은 모순이다. 「역사교육과정표준」의 교육개혁 방향이 중국 교육계가 안고 있는 한계와 모순을 학생에게 전가하여 해소하려는 데 있다고 이해할 수밖에 없는 이유가 여기에 있다.

한편 위기에 몰린 중국 역사학계는 정치적 목적에 봉사해 온 오랜 관습을 떨치지 못한 채, 국가주의적 역사관의 정립과 강화를 요구하는 정치가들의 여망에 부응하는 데서 활로를 찾고 있다. 중국을 형성하고 있는 모든 민족의 역사는 그 시초부터 모두 중국사라는 것을 입증하기 위해 무리를 감행하고 있는 것이다. 고구려사를 중국사로 이해하려는 '동북공정'의 시도는 그 한 측면이었다. 그러나 역사학과 역사교육이 유리되고 각각 정치성에 봉사하며 역사 본연의 객관적 진실의 추구 임무를 등한시한다면, 결국 돌이킬 수 없는 파국을 초래하고 말 것이다. 중국의 교육개혁은 기대되는 몇몇 성과에도 불구하고 처음부터 그것이 정치적·사회적 필요에서 강요되듯 출발한 것이었기 때문에 여러 가지 한계를 노정하고 있다. 우리가 이를 참고함에 있어서는 그 한계에 유의해야 할 것이다.

3) 역사 학습방법의 주류와 교육목표

세계 주요국의 역사교육의 방법을 검토해 보면, 중국은 주제학습을 시도하고 있는 반면 대부분의 나라들은 사료 학습을 중시하는 경향이 큰 것으로 나타난다. 영국과 미국은 그 역사와 국가구조가 다른 만큼 역사교육 체제도 다르지만 사료 학습에 역점을 두고 있는 점에서는 서로 상통하는 면이 있다.

영국은 그 법제가 불문율을 따르고 있는 것처럼, 교육에서도 전통과 관습을 중시하여 교과목의 종류나 수업 시수, 내용 등을 규정한 교육과정이 없이 지방교육청이나 학교에 교육 전반을 전적으로 위임해 왔다. 지방교육청이 규칙Regulation을 정해 필수과목을 정하고, 교과서와 입학 시험을 통해 어느 정도의 교육 내용과 수준을 제시할 뿐이었다. 그러다 가 1991년에 처음 국가교육과정을 도입하면서 사정이 바뀌었다. 그러 나 이 국가교육과정 역시 우리와는 달리 학년별로 어떤 과목을 몇 시간씩 가르칠 것인가, 각 교과의 단원구성은 어떻게 하고 단원별 내용은 또 어떻게 조직할 것인가 등을 자세히 정하고 있지 않다. 단계별 로 배워야 하는 과목과 각 과목의 교육 목표, 내용 범위를 개괄적으로 규정하고 있을 뿐이다.

영국은 20세기로 접어든 시점부터 이미 역사를 필수교과로 지정하여 가르쳐 왔다. 그리고 역사에서 무엇을 어떻게 가르칠 것인지 교육적 관점에서 활발한 논의를 진행하였다. 이들에게 역사교과는 '역사를' 가르치는 교과가 아니라 '역사로써' 교육하는 과목으로 간주된 셈이었 다. 그러므로 중요한 것은 다른 과목과 대비하여 수업 시수를 정한다든 가 하는 문제가 아니었다. 그것은 역사를 통해 달성해야 할 교육목표와 그에 따른 교육 내용이 정해지면 저절로 조정될 '하찮은' 문제일 뿐이었다. 수업 시수의 조정에 교육계의 모든 역량을 기울이고 있는 우리가 반추해 볼 대목이다.

영국에서의 논의는 종래 도덕교육의 일환으로 기능하던 역사교과를 지적 능력의 함양을 위한 교과로 전환시키는 데 기여했다. 이로써 역사교과는 과학적 탐구를 통해 사고력을 기르는 교과로 주목받게 되었고, 그 탐구의 방법으로 사료 학습이 부각되었으며 역사 교사의 전문성을 중시하게 되었다. 그리고 이와 같은 방향에서 논의가 진전되고 있었기 때문에, 영국의 역사교육 연구는 저절로 역사 수업을 통해 학생들이 획득해야 하는 교육 목표를 구체적으로 제시하고 그 목표를 달성하기 위한 학습 과정을 조직 체계화하는 쪽으로 전개되었다. 1988년에 교육개혁법을 제정하여 국가 차원의 교육과정을 도입하게 된 것은 그 결실이었다. 이에 따라 1991년에 「국가교육과정」이 처음 그 모습을 드러냈고, 1995년과 1999년의 개정을 거쳐 오늘에 이르고 있다.

이 「국가교육과정」은 역사를 기초과목으로 분류하고 역사와 지리를 합한 수업 시수를 자국어인 영어나 수학의 시수와 동일하게 10시간으로 규정하였다. 그리고 그동안 이루어진 논의의 성과를 정리하여 역사교육을 통해 달성해야 할 목표를 '역사 지식과 이해', '역사해석', '역사 자료의 사용'이라는 3개 영역으로 나누고, 각 영역의 목표를 10개 수준으로 구분하였다. 그러나 실제 교육현장에서는 이러한 목표의 분리가 사실상 무의미하고 또 세분된 수준이 난이도를 정확히 반영한 것도 아니었기 때문에 목표의 영역 구분을 없애고 수준을 좀더 완화하는 방향으로 개정이 진행되었다. 외면상 이는 국가교육과정이 처음 시행

된 데 따른 혼선으로 비쳐지기 쉽지만, 역사교육에 대한 영국 사회의
높은 관심과 관련 학자 및 교육자들의 끊임없는 연구가 뒷받침된 변화였
다는 점에서 그 개정 과정을 주목해 보아야 할 것이다.

영국은, 미국이나 프랑스 등 이른바 선진국이 모두 그렇지만, 국가표
준을 정해 제시했다고 해서 이로써 현장의 교육 내용을 규제하려 들지는
않는다. 사회가 기대하는 교육의 목표와 수준을 그저 제시하고 이에
입각하여 평가할 뿐이다. 학교 역사교육의 자율성을 보장하고 교육
내용의 융통성을 인정하는 것이다. 이는 곧 역사교사의 전문성을 인정
하고 신뢰함을 의미하는데, 세세한 역사과 교육과정을 제시하고 사회
교사라면 누구나 그쯤은 가르칠 수 있다고 생각하는 우리로서는 심각하
게 스스로를 돌아보아야 할 측면이다. 역사교사의 전문성을 인정하지
않고서는 역사교육의 정상화를 도모하기 어렵다. 역사교과가 독립되어
야 하는 이유가 여기에 있다. 그리고 역사교사들이 역사교육 전문가들
과 협조하여 다양한 학습 자료를 자율적으로 제작하고 이를 서로 교류할
수 있도록 제도적 장치를 마련해 주어야 한다.61)

미국에서 역사교육을 둘러싸고 전개된 논쟁의 주요 논점은 대략
다음 세 가지로 압축될 수 있다. 첫째 무엇을 가르칠 것인가What to
teach, 둘째 어떻게 가르칠 것인가How to teach, 셋째 역사교육의 목표The
Aims of History Education다. 무엇을 가르칠 것인가 하는 문제에서는 백인
중심의 '전통적 역사'를 가르쳐야 한다는 주장과 역사 사실에 대해
다양한 관점multiple perspectives을 가르쳐야 한다는 주장이 대립했다.

---

61) 일례로 '전국역사교사모임'은 그동안 역사학습방법 및 교육 자료의 개발을 위해 애써
왔고 그 성과도 다대하다. 또한 '歷史教育研究會'와 정기적으로 회합을 갖고 역사교육의
정상화를 위한 여러 가지 방안을 협의하고 궁리해 왔다. 이와 같은 노력에 정책적인
지원이 요망된다.

또 어떻게 가르칠 것인가 하는 문제를 둘러싸고는 역사 사실의 전개에 대한 서술적 이야기narrative story에 비중을 두는 주장과 역사적 탐구 Historical inquiry에 더 비중을 두는 주장이 평형을 이뤘다. 그리고 역사교 육의 목표에서는 역사적 경험 그 자체History for its own sake와 문화적 교양Cultural literacy의 획득에 초점을 두어야 한다는 주장과 현실 사회의 과제를 해결하는 데 초점을 두어야 한다는 현재주의Presentism 혹은 미국시민중심주의Citizenship purpose적 시각이 맞섰다.62) 그러나 1994 년에 제정된 미국의 「국가역사표준」은 다양한 시각을 강조하고, 서술적 인 통사의 이해에 더 비중을 두며, 역사적 경험의 계승과 문화 능력의 획득을 역사교육의 목표로 채택하고 있다.

「국가역사표준」은 역사교육을 중시하는 미국 사회의 면모를 여실히 보여주는 산물이라 볼 수 있는데, 이를 분석해 보면 미국은 자국사 교육을 통해 스스로가 누구인지 정체성을 갖도록 하고, 세계사 교육을 통해 미국이 또는 미국인이 세계에서 무슨 역할을 수행해야 하는지 깨닫도록 하는 데 역점을 두고 있음을 알 수 있다. 요컨대 세계적 비전에 기초한 정체성의 획득이 지향점이다. 이를 달성하기 위해 사실 을 견해로부터 구별해 내는Differentiate fact from opinion 능력의 함양을 강조하는 한편 다양한 시각과 관점multiple perspectives의 획득을 권장한 다. 이를테면 예수의 탄생을 기점으로 한 B.C 혹은 A.D라는 연대 표기를 사용하지 말고 B.C.E(Before Common Era) 혹은 C.E (Common Era)라는 용어를 쓸 것을 권장하고 있는데, 이는 기독교 중심의 시각에서 벗어나 다른 문화에 대해서도 폭넓은 이해력을 갖도록

---

62) Linda S. Levstik, "NCSS and the Teaching of History", *NCSS in Retrospect*, edited by O. L. Davis, NCSS, 1996, 21~31쪽.

유도하기 위해서다.

미국의 국가역사표준에 나타나는 또 하나의 특징은 사료Primary Sources 학습을 특히 강조한 점이다. 역사를 서술적 이야기로 구성할 때 나타나기 쉬운, 편견에 의한 비판적 사고와 문화적 왜곡, 종족적 지역적 분파성 등을 억제하고 이로부터 벗어나려면, 당대의 여러 자료들을 직접 살피고 복합적이고 다양한 정보에 근거하여 사고하는 습관을 기를 필요가 있다고 판단한 결과다. 그리하여 미국은 역사가와 역사교사들이 다른 사회 및 문화권의 역사가·역사교사들과 유대관계를 맺고 역사적 사고를 상호 교류하며 공동 작업을 통해 역사 교재를 개발하는 프로젝트에 국가적 지원을 아끼지 않고 있다. 이는 미국이 교육의 목표를 현실적 필요성이라는 측면보다는 예기하기 어려운 미래의 변수에 대비한다는 측면에 두기 시작했음을 보여주는 사실이라 하겠다.

미국이 장차 어떤 위협에 당면할지 아무도 모르며, 그 어떤 위협에 당면하더라도 그것을 타개하는 유력한 수단은 국제 이해와 협력을 통해 모색될 수밖에 없다는 것이 지금까지 현대사를 주도해 온 미국이 그 역사 경험에서 얻은 결론이고 문화 능력인 셈이다. 우리는 자국사와 세계사를 똑같이 중시하며 사회교육보다 역사교육을 강화하고 있는 미국의 변화를 주목해야 한다. 거듭 강조하거니와, 역사교육 정상화 논의를 겨우 교과이기주의쯤으로 이해하고 매도하는 유치한 논의에 휘말려서는 곤란한 것이다.

물론 미국의 교육시스템이라고 해서 완벽한 것은 아니다. 역사적 탐구Historical Inquiry를 강조하지만 교육 현장에서는 시간 부족과 교사들의 능력 부족으로 원래 의도했던 바가 제대로 달성되고 있지 못하다.

미국사 교육에 해마다 수천 수억 달러를 투입하고 있는 이유가 기실 여기에 있다. 또 2000년 무렵부터 주 단위로 학업성취 정도를 측정하는 '주표준평가'가 강화됨에 따라 시험 대비용의 교과서 중심 역사교육이 이뤄지고 있는 점도 문제점으로 지적될 수 있다. 그러나 역사적 사고력을 하나의 독자적이고 독립적인 소양 혹은 기술 능력으로 파악하여 'HTS(Historical Thinking Skills)'라는 개념으로 규정한 것은 큰 성과로 인정되어야 마땅하다. 그리고 논의 과정을 통해 역사교육이 그 본연의 목표를 달성하기 위해서는 이를 전공한 자질 있는 전문교사의 양성과 교육 내용을 소화할 적절한 수업 시수의 확보가 무엇보다 중요한 전제임을 확인한 것도 주목할 성과였다.

3. 우리 『국사』 교육의 지표

　세계 주요국이 저마다 자국사 교육을 강화하고 역사 교과가 중요하다는 인식을 사회 구성원 전체가 공유하기에 이른 반면, 우리는 정상적인 자국사 교육을 거의 포기하는 방향으로 교육과정을 개편해 왔다. 이제 『국사』라는 교과목 이름까지 없애 버린 형편이다. 우리의 자국사인 『국사』는 「제3차 교육과정」 때 처음 독립 교과로 편제하여 필수로 가르쳐 왔는데, 「제6차 교육과정」에서 국사과를 폐지하고 『국사』 과목은 사회과 속에 포함시킴으로써 「제2차 교육과정」 때의 편제로 환원시키고 말았다. 『국사』가 독립 교과인 반면 『세계사』는 사회과의 한 영역으로 편제됨으로써 야기되어 온 역사 교육의 비효율 구조를 개선하기 위해 양자를 같은 교과로 묶는다는 취지였다. 『국사』와 『세계사』를 하나의 틀 속에서 유기적으로 학습하게 하려면 독립한 역사 교과를 설정하여 그 안의 영역으로 묶어 두면 될 일이었음에도 불구하고 굳이 일반사회·지리와 함께 사회과로 해소한 것은, 표면상의 이유가 무엇이든 역사 교육의 의의에 대해 아무런 이해가 없었음을 의미하는 일이었다. 『국사』는 그래도 독자의 교과서를 사용할 수 있도록 했다고 하지만, 학생 성적표의 과목에 『국사』가 표시되지 않도록 조처한 것은 어느 모로 보아도 『국사』 교육의 후퇴였음이 분명하다.

「제7차 교육과정」에서는 8·9학년에서 각 시대의 정치사적 흐름과 사건의 실상을 이해하고, 이를 토대로 10학년에서 민족사의 전개를 분야별로 구분하여 학습하도록 구조화하는 조처가 단행되었다. 그리고 『한국 근·현대사』는 『국사』에서 따로 분리하여 『세계사』와 함께 '고교 선택과목'으로 편성했다. 이는 사실상 『세계사』 교육을 포기하고, 『한국 근·현대사』를 『국사』로부터 분리하여 마치 '국사'가 아닌 것처럼 만든 파행이었다. 게다가 수업 시수가 크게 줄어 중학교 국사는 2·3학년을 합쳐 4시간에서 3시간으로 축소되었으며, 고등학교 국사도 주당 3시간에서 2시간으로 축소되었다. 중학교 『국사』가 과목이 아니라 사회과의 영역으로 바뀐 것도 '국사' 교육의 후퇴를 말해주는 한 징표였다.

그리고 「2007 개정 교육과정」에서는 『국사』라는 이름 자체가 사라졌다. 이를 『세계사』와 묶어 『역사』로 개편한 것이었다. 민족주의적 국사 인식의 폐해를 극복하고 세계사적 안목에서 역사를 이해하기 위함이라는 명분이 어느 정도 통하여 이렇게 된 것이었지만, 기왕 '국사'라는 이름이 사라진 마당에는 그 교육 자체를 폐기하는 것도 여반장如反掌의

322

일이 된 셈이었다. 실제로 「2009 개정 교육과정(미래형 교육과정)」에서는 '국민공통기본교육과정' 10년을 '공통교육과정' 9년으로 축소하여 고등학교 전全 교육과정을 선택 교육과정으로 전환하면서, 10학년(고1)에서 필수로 배우던 『역사』 교과목을 『한국사』로 개명하여 자연스럽게 선택과목으로 돌렸다. 국민적인 우려와 역사·역사교육 학계의 반발 속에 『한국사』는 '모든 학생이 이수하도록 권장'하겠다는 방침을 세웠지만, 이제 우리가 '국사'를 후손이 알아도 그만 몰라도 그만인 많은 선택 과목의 하나로 취급하기에 이른 것만은 분명한 사실이다.

이에 '국사' 교육을 파행으로 몰고 간 '국사'에 대한 우리의 유견謬見을 바로잡고 '국사' 교육의 목표를 재점검함으로써 '국사' 교육의 정상화를 촉구하는 근거로 삼으려 한다.

1) '국사' 교육을 둘러싼 훤요喧擾와 정견正見

우리는 우리의 역사가 우리에게 어떤 의미를 지니는지, 지구상에 유례가 없는 일제의 가혹한 식민지통치 과정에서 몸으로 경험한 바 있다. 일제는 철저한 민족말살정책을 추진하여 한민족韓民族 자체를 지상에서 삼제芟除하고자 하였다. 이 정책의 요체는 이른바 일선동조론日鮮同祖論을 내세워 그 역사를 없애고 창씨개명創氏改名으로 그 민족의식의 생장을 억제하며, 한국어의 사용을 금지하여 그 말과 문화전통을 말살하는 데 있었다. 우리 역사를 가르치고 안 가르치고는 단순히 하나의 교과를 치폐置廢하는 문제가 아니라 민족의 사활과 관련된 문제임을 우리는 이 과정에서 절감하였다. 국사는 우리로 하여금 우리로서 존재하게 하는 정신이요 사상인 것이다.

일제는 「제1차 조선교육령」 시기인 1910년대에 초·중등학교에서 한국사에 대한 교육을 전혀 실시하지 않았으며, 1919년 3·1운동이 일어나자 1920년부터『심상소학국사보통교재尋常小學國史普通教材』라는 보충교재를 따로 만들어 '조선사[국사]'를 가르치다가, 「제2차 조선교육령」 시기(1922.2.4~1938.3.2)에는 일본사 국정교과서인『국사國史[일본사]』에서 '조선사'를 일본사 중간에 끼워 넣어 교육하였다. '조선사' 교육의 주안점은 한국사회의 후진성을 역사에서 '과학적으로' 이해하는 데 놓였으며, 구체적으로는 그 역사의 '타율성他律性'과 '정체성停滯性'을 깨달아 스스로를 열등민족으로 비하하게 만드는 것이었다. 그러나 그나마 1941년부터는 '조선사' 교육이 아예 금지되고 말았다.

이 시기 역사학의 주류는 일제 관학자들에 의해 주도된, 실증을 표방한 문헌고증사학이었다. 역사의 연구는 주로 일본인들에 의해 이루어졌고, 교육은 그 성과를 홍보하는 방향으로 전개되었다. 우리 사회에서 역사학과 역사교육이 유리遊離·격절隔絕되게 된 것은 이때부터의 일이다. 지금 한국에서는 역사 교과서의 집필을 학자들이 담당하고, 교사는 그것을 마치 '성전聖典'처럼 여기며 학생들에게 그 내용을 전달하기만 하는 실정에 있다. 바람직한 역사교육을 위해서는 연구와 교육을 분리시켜 생각하는 식민성에서 하루빨리 벗어나야 한다.

한편 1945년 8월 15일의 해방은 한국이 제 역사, 자신의 주체성을 회복할 기회였다. 그러나 현실의 해방은 일제에 대신한 또 다른 외세의 점령일 뿐이었다. 미군정은 한국에 대해 거의 무지한 상태로 진주하여 법령을 공포하고 점령지역에 대한 통치에 임하였다. 따라서 그들의 교육정책에서 한국 역사의 유구함과 독자 문화의 흥륭이 주목될 리 없었다. 한국은 식민지의 경험을 가진 열세한 미개 집단으로 간주되었다. 미군정기 교육의 목표는 이 미개한 민족을 여하히 근대민주시민으로 전환시킬 것인가에 놓여졌다. 역사는 지리·공민과 함께 사회생활과로 편제되었다.

역사는 단순히 하나의 교과 영역에 지나지 않았고, 그 내용의 근간은 '선진'의 서양사였다. 국사는 여전히 한국의 후진성을 자각하기 위한 교육의 수단으로서만 의미를 지녔다. 대학에서도 사학입문史學入門은 우리의 역사성과 그 발전 방향, 그리고 그에 대한 선학들의 고뇌와 거기서 나온 사론史論에서 출발하지 않고, 헤로도투스와 랑케를 소개하는 것으로 시작되었다. 주체와 주관·자존은 없었다. 사학은 곧 서양사학이었고, 국사학은 동양사학과 더불어 겨우 1/3의 지분을 차지하면 다행인 처지였다. 사정은 일제강점기와 별반 달라진 것이 없었다.

『국사』를 『사회생활과』의 한 영역으로만 취급하는 기조는 제1차·제2차 교육과정에서도 그대로 유지되었다. 서양을 모범으로 삼고 서구화의 추진을 지상의 목표로 아는 집단이 정책결정을 전횡하는 상황에서 이는 필연이었다. 그러던 중, 제3차 교육과정에서 비로소 『국사』가 독립 교과로 분리되고 필수화되었다. 이는 매우 당연하고 뒤늦은 조처였음이 분명하였다. 그러나 여기에 역사의 본의와 전혀 상관없는 '불순한' 정치적 의도가 개입한 사실이 문제가 되었다.

1972년 10월 17일 비상계엄을 선포하고 대통령 특별선언('10월 유신')을 발표함으로써 출범한 박정희 유신정권은 '10월 유신'을 '한국적 민주주의'로 분식粉飾하고, '국적 있는 교육'을 통해 그 정당성을 선전하려 하였다. 『국사』가 이를 위한 중심 교과로 부각되었다. 박정희는,

이에 앞서, 1972년 3월 24일 대구 실내체육관에서 열린 '총력안보를 위한 전국 교육자대회'에서 「올바른 국가관에 입각한 우리 교육을」이라는 치사를 통하여, '국적 없는 교육'에서 '우리의 국가 현실에 알맞는' '국적 있는 교육'으로 나가야 하며, 이를 위해서는 '주체적인 민족사관'을 정립하고 '민족 주체사상'을 확립함으로써 '한민족 국가의 정통성이 우리 대한민국에 있다'는 것을 자각하고 '북괴의 남침 야욕을 억지'해야 한다고 강조한 바 있었다.

이에 따라 당시 문교부는 ① 대학입학 예비고사에 『국사』를 독립 과목으로 추가하여 30점을 배정한다. ② 14개 '국사' 관련 학회를 통합하여 한국학센터를 설치하고 '국사' 연구비를 대폭 증액한다. ③ 초·중등학교에서 『국사』를 독립 교과로 개편하고, 국사교육 강화를 위하여 17명으로 구성된 위원회를 문교부 자문기구로 발족시킨다는 대책을 마련하였다. '국사교육 강화위원회'는 1972년 7월 5일, 중·고등학교 교육과정에 독립된 교과로 국사 과목을 신설하고, 대학에 교양필수 과목으로 『국사』 교과를 설정한다는 등의 「국사교육과정 구조개편안」을 마련하여 문교부에 건의하였다. 그러나 당시 동위원회는 교재의 획일화, 특히 『국사』 교과서의 국정화國定化 방안에 대해서는 민족사 교육의 강화라는 본래의 취지에 역행하는 뜻하지 않은 부작용이 야기될 가능성이 있다고 지적하며 반대하였다고 한다.

국사교육의 강화와 그 교과서의 국정화는 유신체제를 합리화하고 이를 지지하는 국민을 육성하기 위한 목적임이 분명하였다. 의당 이에 대해서는 많은 비판이 끊임없이 제기되었다. 그러나 그 비판은 국사교육의 정상화를 위한 노력으로 전개되기보다 그 정치적 악용을 차단함에 초점을 두는 방향으로 전개되었다. 정권 측의 의도에 대한 반발이 그에 악용될 소지가 있는 국사교육을 축소하거나 사회과로 해소하자는 논의로 나타난 것이었다. 국정교과서 제도의 문제점이 중점적으로 지적되고, 교육의 정치적 중립화를 추구할 필요성이 제기되면서 국책 과목 설정의 부당성이 부각되었다.

국가가 정책적으로 필수 과목으로 지정하여 보호하지 않으면 제 나라의 역사를 가르치는 교과가 위기에 처할 수밖에 없다는 것이 한국의 안타까운 현실이었지만, 이를 개탄하고 그 정상화를 위해 노력하는 시도는 전무하다시피 하였다. 1996년부터 적용되기 시작한 「제6차 교육과정」 이후 중·고등학교『국사』가 독립 교과로서의 위치를 부인 당하고 마침내 사회과의 한 영역으로 해소되고 만 사실이 그 단적인 표징이다. 또 교육 당국이 1988년에 국책 과목을 폐지하기로 결정하자 각 대학은 그동안 교양필수 과목으로 지정해 온 한국사를 이듬해부터 앞 다투어 선택 과목으로 바꾸어 버렸다. 국책 과목의 폐지가 곧 필수 과목으로부터의 제외를 의미한 것은 아니었지만, 국책 과목은 구시대 의 부정적 유물이므로 더 이상 필수로 가르칠 필요가 없다는 섣부른 인식이 자기 역사에 대한 이해와 교육의 의의마저 부정하기에 이른 것이었다.

이미 여러 경로를 통해 지적된 바와 같이, 박정희정권기 이래로 『국사』는 정치적으로 오용·악용된 측면이 분명히 있다. 그러나 이 때문에 국사 교과를 축소·해소시켜야 한다는 주장은 터무니없는 것이 었다. 마치, 손가락에 가시가 자꾸 박히고 또 그럴 우려가 있으니 아예 그 손가락을 잘라버리자는 주장과 같은 것이었기 때문이다.『국사』의 정치적 악용은 국사의 본령과는 전혀 별개의 문제다. 그것은 그것대로 악용을 최소화할 방안을 강구하면 된다.

그리고 『국사』를 하나의 교과로만 보는 시각은 위험하다. 교육 현장에서 외형은 그렇게 운영될 수밖에 없겠지만, '국사'의 본질을 외면하면 안 된다. '국사'는 자기의식의 표상이고 정신·사상이다. 독도의 가치를 지가地價로만 따질 수 없는 것과 같다. 따라서 『국사』를 사회과에 함몰시킨 교육과정의 마련은 주체와 자존을 포기한 처사로서 당장 시정되지 않으면 안 된다.

거듭 말하거니와 지금 『국사』 교과는 더 이상 존재하지 않는다. 사회과의 한 영역으로 편제된데다 수업 시수도 줄어 '진도'를 나가기도 어려운 형편이며, 장차는 『한국사』로 이름을 바꾸고 학생들의 선택을 기다려야 하는 처지가 되었다. 사회과에 속해 있으므로 굳이 역사교육을 전공한 교사가 아니라도 일반사회를 전공한 이든, 지리를 전공한 이든, 사회과 교사면 아무나 『한국사』를 가르칠 수 있다. 『한국사』는 사회과목이기 때문이다. 이는 우리나라에서 정책의 입안과 결정을 주도해온 계층이 『국사』 교과의 독자성과 그 교육의 전문성을 인정하지 않는 데서 초래된 결과라 할 것인데, 이러한 사고의 연원은 한 세기를 소급한다. 민족의 자주와 자존에 기초를 두기보다 외국을 무조건 선진이자 모범으로 설정하고 그것을 모방하는 데 급급해온 우리의 근대사와 맥락을 같이하기 때문이다.

우리는 근대의 성격을 제대로 이해하지 못한 상태에서 변변한 저항도 못하고 일제의 식민지로 전락해 가면서 20세기를 맞았다. 그 전락의 원인은, 형태 면에서 우리가 적극적이고 발빠르게 근대화를 달성하지

못한 데 있었다고 하겠지만, 본질적으로는 역사 주체로서의 자기의식
이 박약한 데서 초래된 불행이었다. 간단히 말해서, 근대화를 이루려면
막대한 비용과 시간·노력이 드는데 마침 일제가 그것을 이루어주겠다
고 하니, 나라를 그들에게 맡기자는 것이 식민지화의 기본 논리였다.
합방 조처에 즉각적인 민족적 저항이 일어나지 않았으니 더 이상 길게
말할 나위가 없다. 실상은 침략에 의한 강점이었지만 외형상의 결과는,
우리가 스스로 노력하여 주체적으로 살기보다 남에게 속박되어서라도
편익을 누릴 길을 택한 셈이었다. 자주·자존의 포기였다.

근대화는 그동안 우리가 추구해 온 역사적 발전 방향의 연장선상에서
검토하고 추진해야 할 과제였다. 근대화 자체가 아니라 그 형태가
문제였던 것이다. 그러므로 식민지로의 전락은 자기의 역사성을 버린
결과가 분명하였다. 제 역사를 알지 못하는 민족이나 국가는 발전
방향을 상실하고 다른 민족이나 국가에 예속되기 마련이다. 이 점에서
박은식·신채호·정인보 등 정통 역사학자들이 역사의 주체로서 민족
을 주목하고 그 정신과 얼, 국수國粹를 논한 것은 매우 당연하였다.
그 국수는 쇼비니즘chauvinism이 아니었다. 자기의 확인이고 주장이었
다.

포스트모더니즘 계열의 역사인식을 가진 이들은 흔히 민족 중심의
역사인식을 우려하고 비난한다. 한국사에 대한 올바른 인식을 막아온
장본이 민족주의라는 것이다. 그러나 민족주의가 민족의 동질성을
회복하기 위한 것이라고 할 때, 하나의 민족이 남북으로 분단되어
서로 상대를 거부하는 상황에서 그런 민족주의가 한국에 성립할 수나
있었는지 의문이다. 분단 후 '민족주의'는 한국에서 거의 고사된 상태에

있었다고 해도 과언이 아니다. 1970년대 박정희정권이 '민족적 민주주의'를 표방할 당시에 일부 국학관계자와 정책결정자들이 국수적 색채를 드러내기도 하였으나 이 경향을 민족주의라고 불러서는 곤란하다. 그것은 '의사민족주의疑似民族主義'라고나 불러야 마땅할 것이었다.

우리나라에서 '민족주의'는 식민지민족주의로 성립하고 발전하였다. 외적으로는 침략세력에 대항하고 내적으로는 봉건세력과 투쟁해야 했으며 민족의 분열 또한 저지해야 했던 많은 부담 속에서 우리의 민족주의가 성장했었다. 게다가 그 침략세력은 일본이라는 후발자본주의국가였다. 이는 한국의 '민족주의'가 세계사적 보편성 속에서도 특수성을, 일국사적一國史的 특수성 속에서도 보편성을 동시에 획득하고 해결해야 한다는 다중의 과제를 안고 출발했음을 의미한다. 따라서 그것은 역사학 분야에서, 그동안 장구한 세월 발전해온 전통 역사학을 근대적으로 성립시키는 과정이 될 수 있었다. 즉 우리의 '민족주의'는 자기 역사의 전통을 주체적으로 계승하는 면에서 근대에 대한 학문적·실천적 이해의 방법론으로 체계화된 것이었다.

이 점에서, 한국사 인식의 진전을 막아온 장본은 '민족주의'가 아니라, '민족주의'를 제대로 계승하지 못하도록 만든 제반 여건이었다고 해야 옳다. 해방 후에도 '민족주의'가 정통역사학으로 자리잡아 앞선 단계의 그것이 지녔던 한계를 극복해 나갔더라면 한국사 인식과 그 교육의 방향이 지금과는 전혀 다른 형태로 바람직하게 전개되지 않았을까 전망한다. 그러나 아쉽게도 지금 우리에게 그런 '민족주의'는 없다.

국가가 저작권을 가지고 단일본으로 펴내 온 『국사』 교과서가 많은 오류와 문제점을 포함하고 있었다는 것은 이미 많은 연구자들이 여러 차례 지적한 바와 같다. 그러나 그 교과서의 집필은 대부분 민간 국사학자와 교사들로 구성된 국사교과서편찬위원들이 담당해 왔다. 이는 국사 교과서 제도가 앞으로 검인정제로 바뀌든 자유발행제로 바뀌든 그러한 문제점이 전혀 개선되지 않고 지속될 가능성이 적지 않음을 의미한다. 지금까지도 교과서의 집필은 결국 '민간'이 행해 온 것이기 때문이다. 어떤 역사 서술에서도 사실 왜곡의 가능성은 상존하는 위험 요소다.

『국사』 교과서에서 가장 주의해야 할 사항이 사실事實을 서술하고 해석을 가하는 데 있어서 왜곡이 있어서는 안 된다는 점이라는 것은 두말할 나위 없는 일이다. 거짓을 통해 후세를 교육할 수는 없기 때문이다. 따라서 『국사』 교과서에는 연구 결과 확실하다고 인정된 사실史實만을 기술할 것이 요구된다. 그러나 이 문제는 그렇게 간단하지 않다. 『국사』 교과서는 '국사'를 교육할 뿐 아니라 '국사'로서 교육하기 위해 마련된 교과용 도서이기 때문이다. 이는 『국사』 교과서에 실리는 사실史實들이 교육의 목표에 부합하는 것이어야 함을 의미한다.

그러므로 국사 교과서를 편찬할 때에는, 학생들에게 가르쳐주는 것이 바람직하다고 생각되는 사실과 그렇지 못한 사실을 가리고, 가르쳐야 할 사실도 교육 목표에 맞게 가공하여 서술하게 되는 것이 일반이다. 또 우리나라의 역사 발전을 체계적으로 서술하기 위해 아직 연구가 충분하지 못한 부분도 서술 내용에 불가피하게 포함시키게 되는 경우가 많다. 왜곡의 소지는 여기에 깃든다. 게다가 사실의 서술만으로는 교육적 성과를 거두기에 미흡하므로 그에 대한 역사적 해석을 가하게 되는데, 여기에는 감정이입historical empathy과 도덕적 판단·평가가 적절히 동반된다. 왜곡의 소지는 이 과정에서 더욱 높아진다.

아무리 과학성을 추구한다고 해도 역사는 진술statement과 해석 interpretation이란 상대성의 범위에 머무는 것이다. 진술은 단어와 어휘를 통해 이루어진다. 같은 뜻을 지녔어도 어떤 단어, 어떤 어휘를 사용하여 진술하는가에 따라 그 진술 전체의 의미가 달라진다. 또 국사교육은 선행·공훈·인덕·의리·지조·풍류·호연·권선징악 등 우리 민족이 가진 정서와 보편가치를 함께 서술하고 가르쳐야 그 본연의 임무를 다하는 것이다. 과학적 인식도 이를 통해 완성된다. 따라서 왜곡의 소지가 있다고 해서 해석을 기피할 수는 없는 노릇이다. 여기에 난점이 있다.

그렇지만 분명한 것은, 국사교육이 가진 이러한 한계를 구실로 그 축소를 도모한다는 것은 있을 수 없는 일이라는 점이다. 국사의 본질이 국가와 민족의 과거에 대한 기억이기 때문이다. 기억은 우리 자신을 우리 자신으로 존재하게 하는 유일한 매체다. 기억상실증에 걸린 이가 더 이상 그일 수 없는 것과 같다. 국사교육의 축소는 자기 자신에 대한 부정 이외에 그 아무것도 아니다.

2) 포스트모더니즘의 '한국사' 별견瞥見과 정통적 '국사' 이해

포스트모더니즘은 기본적으로 국가의 계획과 통제에 저항하는 움직임에서 체계화된 사조다. 이 점에서 포스트모더니즘은, 적어도 서방에서, 상당한 설득력을 가지고 적잖은 성공을 거둔 듯 보인다. 특히 금융부문에서, 서방 정부들은 국가가 으레 짊어져야 할 통제 책임을 포기하고 국경을 넘나드는 자본의 흐름을 막아온 규제 장벽을 허물었다.

대부분의 개발도상국들도 거대한 세계자본의 흐름에 문을 열고 국제자
본가들에 대해 거의 무한정한 자유를 보장했다. 국가는 위기에 봉착하
고 민족의 의미는 희미해졌음이 분명하다.

그러나 이러한 현재의 상황을 포스트모더니즘이 이룬 성과라고 보기
는 곤란하다. 신좌파에 대응한 자본주의의 강화에서 초래된 변화라고
보아야 옳을 것이다. 본디의 지향과는 달리, 결과적으로는 포스트모더
니즘 또한 '신경제'의 대두에 복무하고 만 것이었다고 하겠다. 포스트모
더니즘과 신좌파는 엄연히 구분되지만, 자본주의에 대해서는 매우
비슷한 처지에 있다. 포스트모더니즘의 이론가 중에 신좌파의 유력한
지도자였던 이들이 있는 사실과, 68혁명은 자본주의를 오히려 강화시
킨 역설적 혁명이었다는 평가가 나오는 이유가 이와 같은 사정과 멀리
있지 않다.

포스트모더니즘이 자본주의의 변용에 이용된 측면이 있다면, 이는
포스트모더니즘이 스스로의 지향을 재검토해야 할 단계가 되었음을
의미한다고 여겨진다. 그 지향 자체의 오류와 책임을 규명해야 한다는
취지에서가 아니라, 현 상황에 대응할 필요가 있다는 뜻에서다. 최근에
이 사조가 약화되는 경향을 보이고 '문화주의culturalism'에 대한 반성이
고개를 들고 있는 것은 그 반영일 것이다. 역사적 사회적 맥락·원인으
로부터 인간의 삶을 지나치게 유리시켜 파악한 결과가 이렇게 나타난
것이 아닌지 점검되어야 한다. 거대구조와 그 변화의 역사적 맥락을
외면하면, 스스로 알지 못하는 사이에, 뜻한 바와 정반대로, 이에 이용되
기 십상인 까닭이다.

근대 자본주의는 체제 내의 모순을 몇 차례 수정하며 진전되어 왔다.

국가 계획과 통제가 필요했던 것도, 또 그것을 거의 포기하게 되었던 것도 모두 그 수정 과정의 산물이며, 포스트모더니즘이 대두한 연유 역시 근대 자본주의 체제의 모순에 대한 저항으로서였고, 신경제를 제창하기에 이른 것도 이에 대한 자본주의의 반격으로서였다. 그렇다면 지금 당면한 과제는 후기자본주의가 이룬 신경제체제에 대한 저항이다. 그리고 그것은 국가의 통제를 강화하는 방향에서 모색되어야 할 것이다. 무한한 자유를 관철하고 있는 세계화된 금융에 대항할 힘은 국가 이외에서 달리 찾기 어렵다는 것이 많은 이들의 생각이기도 하다. 이 점에서 포스트모더니즘은 국가나 민족에 대한 사고의 틀을 재검토해야 할 당위가 있다.

　물론 그렇다고 해서 국가나 민족에 절대적인 권위를 부여해야 한다는 뜻은 아니다. 그럴 수도 없고 또 그래서는 곤란하다. 개인과 일상에 역사적 의미를 부여한 포스트모더니즘의 성과는 존중되어야 한다. 국가의 계획과 통제는 과거의 이념에 입각해서가 아니라 개인과 일상을 존중하고 보호하는 테두리 혹은 장치로서 거듭난 형태여야 할 것이다. 이 점에서도 포스트모더니즘은 의연히 존재 이유가 있다고 생각한다.

　그렇지만 기존의 포스트모더니즘에 입각한 역사인식을 한국사의 이해에 그대로 원용하고, 나아가 지금까지의 역사 서술과 교육을 비판하는 준거로 삼으려는 최근의 시도는 다소간 무리를 동반하고 있음이 분명하다. 포스트모더니즘의 탈민족주의적 성향을 방편으로 삼아 종래의 한국사 이해를 비판하는 이들은 대개 외국사 연구자들로서 국사를 제대로 알지 못한 채 흘끗 보고[瞥見] 말하는 경우가 많다. 이에 동조하는 한국사 연구자들도 거개는 실증적 연구보다 '새로운' 연구방법론에 더 흥미를 가져온 이들이다. 이들에 의하면 민족은 구체성이 없는 거대담론에 불과하며, 종래의 민족 중심 역사서술은 역사의 실상을 상당 부분 왜곡하였을 뿐만 아니라 지나치게 주관적이어서 전 지구적 당면 과제인 세계화·국제화를 추진하는 데 장애가 된다고 한다. 따라서 그에 입각한 역사교육은 이제 파기·수정되어야 한다는 것이다.

기실, 종래의 한국사 서술과 『국사』 교육이 적지 않은 문제점을 안고 있다는 데 이의를 제기하기는 어렵다. 이와 관련해서는 이미 적잖은 비판과 자성이 행해진 바 있다. 그러나 그것이 민족 중심의 역사이해에서 비롯한 문제점이라는 지적은 오해에 가깝다. 아직 우리의 한국사는 문헌고증학적 연구 성과의 망라일 뿐, 제대로 된 민족 중심의 역사이해를 성취한 바 없기 때문이다. 몇 종의 『한국사』 총서가 모두 그러한 수준을 벗어나지 못하였고, 『국사』 교과서가 역시 그러하다. 그동안 『국사』 교과서가 사실의 지루한 나열에 불과하다고 비판받고, 시대구분이 체계성을 잃고 있다고 지적받아 온 이유가 바로 역사이해의 일관성 부재에 있었다. 민족 중심의 역사이해는 고사하고, 어떤 형태로든 일관하는 역사 이해체계 자체가 아직 성립한 바 없는 형편인 것이다. 게다가 지금은 그 체계를 세우기 위한 노력마저 거의 포기한 실정에 있다는 점에서, 한국사가 안고 있는 최대의 과제가 민족 중심 역사인식의 극복이라는 지적은 공허하기까지 하다.

물론, 사정이 이러함에도 불구하고 저러한 지적이 나오는 데도 연유가 있다. 작금의 한국사 연구자 대다수가 이른바 '민족주의사학'을 표방하며 작업에 임해 왔고, 『국사』 교과서는 저들의 연구 성과를 충실히 반영하여 편찬되어 온 것이 사실이라는 점이 그것이다. 그러니,

근대에 이루어진 한국사 연구와 서술의 주류를 '민족주의사학'으로
오인할 만도 하다. 그렇지만 이는 두 가지 면에서의 오류를 안고 있는
인식이다.

첫째 박은식·신채호가 제기하고 정인보·백남운·안재홍·문일
평·홍이섭·손진태 등으로 이어진, 민족을 주체로 하여 제 역사를
이해하려 한 일련의 역사 연구 경향을 '민족주의사학'이라고 부르고
이를 서구의 내셔널리즘·쇼비니즘과 같은 맥락에서 평가하는 시각의
오류다. 이들의 사학은, 고조선에서 조선 말에 걸쳐 장구한 세월 발전해
온 고대·중세의 전통 역사학이 근대적으로 성립한 우리의 정통역사학
일 뿐이지 다른 무엇이 아니다.

둘째 민족의 혼과 얼로 표현되어 온, 우리 역사 속에 구현된 의리義理와
호연浩然 및 지조志操·풍류風流, 권선勸善·징악懲惡·숭덕崇德의 보편가
치를, 역사에서의 객관성과 과학성을 빌미로 삼아 더 이상은 기피해야
할 주관·불합리로 여기면서 언필칭 민족주의를 내세운 이들의 역사인
식을 액면 그대로 '민족주의사학'으로 평가하는 시각의 오류다. 이성이
나 자유·평등만 보편이고 일반이라는 생각은 당치않다. 우리 역사는
우리의 정조情操를 풍토색 짙은 문장과 사상으로 표현할 때 비로소
구체성·개별성을 갖는 것이며, 이 개별성을 세계 각국의 역사와 연계
하여 인식할 때 인류세계사의 보편성·일반성도 획득할 수 있는 것이
다. 제 정조를 제 가락으로 이해하려는 노력을 국수주의의 발로로
폄훼하는 역사인식을, 표방 그대로 '민족주의사학'으로 파악하는 것은
부당하다. 의사민족주의疑似民族主義일 뿐이다. 그리고 이것이 종래의
한국사 인식과 국사교육을 왜곡으로 이끈 장본이다.

포스트모더니즘 계열의 인식에 의하면 한국인·한국 민족은 역사적
으로 실체가 분명하지 않은, 따라서 객관화될 수 없는 허구적 단위라고
한다. 더욱이 민족은 근대의 산물로서 성립하는 것이므로 전근대의
역사를, 당시엔 존재하지도 않은 민족을 중심으로 파악하고 서술하게
되면 필연적으로 역사의 왜곡과 오류를 범할 수밖에 없다는 것이다.
그렇지만 이러한 인식은, 역사를 실체가 아닌 담론의 형태로 보는
포스트모더니즘의 기본 시각으로 볼 때, 이율배반적인 자기기만의
함정에 빠진 것일 개연성이 크다.

그 시각에서라면, 민족이란 실체가 아니므로 더구나, 응당 담론의
형태로 파악했어야 논리적이었다고 판단된다. 많은 이들이 누차 지적
한 바와 같이, 민족이란 본디 혈통이나 체질에 의해 저절로 생겨나는
것이 아니다. 스스로 동질적인 집단이라고 생각하고, 따라서 자기들은
독립된 통일국가를 건설하여 함께 살아야 한다는 뚜렷한 목적의식을
가지게 된 인간공동체다. 즉 민족은 역사적으로 형성된 '형태'이고
'양식'인 것이다. 그렇다면 민족은 오히려 '집단심성'보다도 더, 역사학
이 구체적인 담론으로 파악해야 할 과제로 인식되었어야 순리였다.

우리에게 몇 계통의 형질이 공존한다고 하여도, 우리 민족이 중국이
나 일본 등 주변 민족과 구별되는 하나의 문화적 정치적 단위로서
형성된 것은 청동기시대의 일이었고, 그 후에 혈통 상 다소간의 혼합이
있었다 하여도 우리만큼 혈통의 순수성을 유지해 온 민족은 세계에
드문 것이 사실이며, 나라가 나뉘고 합쳐지는 몇 차례의 과정에서도
우리는 언어와 문화가 다른 타 민족과 일정한 구별 속에서 존재해
왔다. 그리고 현재 우리는 이러한 인식에 기초하여 남북통일을 지향하

고 있다. 민족의 개념이 모호하므로 우리의 통일 의지가 허구적 역사 사실에 입각한 망상이라고 한다면 이는 지나치다.

우리에게 '민족'은 nation이 그렇게 번역되어 소개되기 전부터 역사 속에서 의식과 전통으로 작동해 온 개념이고 실체다. 예컨대 안정복·정약용 등 실학자 대부분이 고조선의 위치를 대동강 유역으로 설정하게 된 데에도 민족적 처지에 대한 의식이 작용하였다. 청淸이 조선을 무력으로 침략하여 짓밟고 『만주원류고滿洲源流考』를 펴내 저들과 우리가 본디 같은 종족적·문화적 뿌리에서 기원했음을 주장하자 이에 대응하여, 저들과 우리는 처음부터 서로 다른 지역에서 발상發祥하여 각기 발전해 온 별개의 민족임을 강조하게 된 것이었다. 전근대에도 우리에게는 민족적인 의식이 내재하였음을 엿볼 수 있는 단면이다.

거칠부의 『국사』 이래 우리는 자신의 역사를 국가 중심으로 인식하고 서술해 왔다. 주변의 다른 나라와 구별되는 독자의 역사와 문화를 가졌다는 인식이 그것을 하나의 원리와 체계로 파악하게 한 것이었다. 우리가 민족 문화를 발전시키고 나라의 독립을 유지해 온 힘이 바로 이러한 『국사』 의식에서 나왔다. 그러나 일제에게 나라를 빼앗겼을 때, 그리하여 '우리나라'가 더 이상 존재하지 않게 되었을 때, 우리의 역사 또한 '국사'로 서술될 수 없었다. 이에, 명맥을 다한 국가에 대신하여 민족이 우리 역사의 중심이 되었던 것이다. 즉 우리에게 있어서 민족은 고대·중세를 거쳐 유구히 전승되어 온 '국가'의 내면적 부활의 형태다. 이를 근대의 산물이라거나 이념이 만든 허구라고 파악하는 것은 제 내력을 잊은 소치라 하겠다.

물론 국가 중심의 역사인식이 사실을 왜곡한 면도 없지 않을 것이다.

그러나 이를 극복하기 위한 방법론이 엄연히 실재한 저 국가적 민족적 의식을 부인하는 방향에서 모색되어서는 곤란하다. 그것이 근대 '민족'이 아니라면 민족태民族態든 민족체民族體든, 이와 같이 우리의 역사 속에서 실제로 작동해 온 의식과 전통이 무엇인지 밝히고 그 정조를 역사로서 서술해야 마땅하다. 거듭 말하거니와, 우리에게 있어 민족은 논증할 수 없는 '거대담론'도, 그릇된 역사 조작에 의한 산물도 아니다.

민족을 독자의 역사 주체로 인정할 수 없다는 것 역시 미국과 같은 다민족 국가의 특수한 사정에 근거한 또 다른 담론일 뿐이다. 우리가 스스로의 역사 체계를 세우는 데 차용할 명제가 아니다. 우리 역사학의 이론과 방법은 우리 자신의 정서와 삶의 궤적을 근거로 도출된 것이어야 한다. 제 스스로의 가치관을 상실하고 남의 눈으로 본 나를 진정한 나로 착각한다면 나는 더 이상 나로서 존재하기 어렵다. 문제는, 역사학의 세계적인 추세가 어떠한가가 아니라, 어떤 역사인식이 우리로 하여금 우리로서 생존하게 할 수 있느냐 하는 것이다. 서구가 그들의 역사를 이해하기 위해 만들어낸 내셔널리즘 개념을 준거로 삼아 그간 이루어진 한국사 이해 형태를 재단하려는 시도는 한계가 있다.

민족과 민족의 단일성을 주장하는 것은 폐쇄적이고 배타적인 태도로서 세계화·국제화에 기여할 가치가 아니라는 주장이 있다. 또, 다른 나라의 처지에서 생각해 보는 객관적 태도야말로 세계화시대에 사는 우리가 지녀야 할 덕목이라고 한다. 그러나 이는 객관의 참뜻을 이해하지 못한 데서 온 단순논리다. 객관이란 대상을 대상으로서 주관화하는 것을 말한다. 그러므로 주체와 주관이 있어야 객관도 있는 것이다. 내가 보는 것은 주관이고 남이 보는 것은 객관이라고 생각한다면 이는

착각이다. 주체가 없는 주·객의 구분은 성립하지 않으며, 주체·주관
이 있다면 스스로에 대한 객관화도 가능하다. 우리는 민족과 민족의
단일성을 '주장'해 온 것이 아니라 이를 사실 혹은 담론으로 여기며
단일한 민족국가를 건설하고자 지향해 왔을 뿐이다. 이는 '폐쇄'나
'배타'와 무관한 일이다. 내가 나를 나로서 인식하는 행위일 따름이다.

우리의 민족의식은 주체로서의 역사성을 살피는 과정에서 나온 산물
로서, 요체는 우리가 독립된 개체로 존재한다는 인식과 개체로서의
존립을 가능하게 만드는 우리의 살가죽이 민족이라는 인식이다. 이는
선택의 문제도 호오好惡의 문제도 아니다. 역사성, 그것일 뿐이다. 그러
므로 민족을 중심으로 제 역사를 이해하려는 사학을 '민족주의사학'이
라고 불러 서구의 내셔널리즘과 혼동하기 쉽게 만드는 것은 바람직하지
않다. 불필요한 논쟁의 다수가 이 혼동에서 기인하였다.

그리고 세계 각 국·각 민족의 주체적인 자기주장을 세계화·국제화
의 대세를 거스르는 요소로 간주하는 시각은 근거가 박약하다. 만일
그것이 '세계화'에 반하는 것이라면, 그 '세계화'의 실상은 패권주의적霸
權主義的 제일화齊一化다. 진정한 세계화·국제화는 모든 나라와 모든
민족이 대립·갈등을 넘어서 화해와 협력으로 나아감을 의미한다.
그리고 그 화해와 협력은 이미 누차 지적되어 왔듯이, 각종 문화의
다양성과 고유성·주체성을 서로 이해하고 존중하는 데서 도모될 수
있는 것이다.

포스트모더니즘적 역사인식에 입각하여 정통의 한국사 인식을 부정
적으로 보는 관점에서 주체성의 결여가 발견되는 이유는 그것이 남의
사론史論을 소개하는 데서 시작되었기 때문으로 보인다. 오랫동안 맥을

이어온 자기 고민에서 나온 논의가 아니므로 우리의 존재 혹은 삶에서 유리된 명제로 성립하고 말았다. 포스트모더니즘의 역사인식은, 가령 문헌고증사학이 가진 한계를 인식한다든가 하는 데 유효할 것이다. 우리 역사의 체계화와 관련하여 여러 가지 사론을 검토할 수 있으나 역사의 본질은 그러한 모색과 탐사에 그치는 것이 아니다. 우리가 자존을 지키며 살아남을 수 있도록 하는 사상이고 실천이다. 포스트모더니즘을 둘러싼 논의가 우리 자신의 고민 위에서 적극 활성화되길 기대한다. 그리하여 우리의 사론과 방법론을 세우는 데 기여하고, 그것으로써 당당히 세계 역사를 주체적으로 연구할 수 있기를 희망하는 것이다.

3) 국사교육에 대한 교육목표적 접근의 의의

오늘날 세계 대부분의 국가에서 역사교육은 자국사自國史를 중심으로 이루어지고 있고, 그 기본 이념은 대개 내셔널리즘이다.[63] 중세 보편주의에서 벗어나 내셔널리즘을 새로운 시대의 이념으로 삼으면서 근대민족주의 국가를 건설하고 국사를 서술하여 가르쳐 왔기 때문이다. 그러나 우리나라의 경우, 국사의 전통은 깊고 그 의의는 무겁다. 우리 국사의 본령은, 보편주의가 극성한 중세에조차, 민족의 단일함과 국가의 통일과 문화 전통의 독자성을 자각하고 긍지를 지님으로써 국민된 지조와 조국애를 기름에 있어 왔다. 이러한 인식이 곧 우리 국가의 독립과 민족의 번영을 가능케 해온 원동력이었거니와, 서구의 내셔널리즘과는

---

63) 尹世哲, 「自國史, 그 當爲와 實際」, 『歷史敎育』 69, 1999.

형성 과정이나 성격 면에서 계통을 달리하는 자기주장이고 인식이었다.

그러나 20세기 근대화 과정을 겪으면서 근대화·세계화의 논리 속에서 우리 국사의 의의는 점차 축소되고 부인되어 왔다. 세계문화의 보편성·기능성·효율성이 강조될수록 그에 반비례하여 민족·자주·주체의 의미가 퇴색되어 온 것이다. 특히 실생활중심의 현재 지향적·실용적 사고가 교육의 목표와 내용을 지배하게 되면서, 미군정기 이후 줄곧, 국사를 사회생활과의 영역에서 다루는 것을 당연시하는 풍조가 만연하였다. 한때 국사교육이 강조되기도 하였으나, 이는 특수 및 고유를 정신면에서 부각시킴으로써 굴절된 형태의 근대화와 민주화를 합리화하는 방편으로 삼는 한에서였다.

그리하여 국사가 통합사회과의 명목 아래 완전히 해소되어 있는 지금, 국사교육의 궁극적인 목표는 모호하며 내용은 절충과 망라에 불과한 실정이다. 국사교과는 서로 연관성 없는 사건·인물·연대가 무미건조하고 지루하게 나열된 암기 과목이라는 것이 일반적인 인식처럼 되어 있다. 『국사』 교과서에 대한 부정적 시각이 특히 심하여, 심지어는 그 내용을 참된 우리 역사라고 볼 수 없다는 주장이 노골적으로 표출될 정도다. 일반 대중을 대상으로 출판된 시중의 한국사 개설서가 '바로 보는', '다시 찾는'이라는 수식어를 그 표제에 내건 것은 그 반영이라 할 것이다. 여기에는 현행의 『국사』 교과서로서는 진정한 국사교육의 목표를 달성하기 어렵다는 생각이 깔려 있다.

그러나 국사학계에서 국사교육의 목표나 가치·유용성을 주제로 진지한 토론을 전개한 적은 거의 없었다. 한국에서 한국사를 연구하고 교육한다는 것의 당위성은 자명하다고 여긴 나머지 굳이 검토할 필요성을 느끼지 않은 때문일 것이다. 또 한편으론 국사교육이 국책화되던 때 처신이 곤란한 면이 있었기에 일부러 회피한 경향도 없지 않았다. 국사학계의 국사교육에 대한 관심은 학문적 연구 성과가 교과서에 어떻게 반영되고 있는가에 치우치고 한정되었다.64) 그리고 그 수준도, 개설서를 쓰거나 교과서 편찬 혹은 준거안 마련에 참여하게 된 경우, 작업과 관련하여 한국사의 의의를 단편적으로 언급하거나 내용상의 단원 목표를 진술하는 정도에 머물렀다. 국사학계의 관심과 참여가 부진한 가운데, 국사교육의 목표와 유용성은 주로 교육학적 차원에서 가늠되고 설정되어 왔다.

물론 국사교과 역시 교육 일반의 목표를 달성하기 위한 교육과정의 한 영역임이 분명하다. 그동안 국사교육의 목표가 일반적 교육목표의 구성 요소를 그대로 적용하는 선상에서 설정되어 온 이유도 여기에 있다. 그러나 이러한 측면만 강조될 때, 국사교육의 목표는 국사 본연의 성격을 반영하는 방향에서가 아니라 교육학 쪽에서 제시한 일반 교육 목표의 틀 속에 국사교과의 내용을 짜 맞추는 방향에서 고려되고 제시되게 된다. 국사교과의 특성을 무시하고서 그것을 사회생활과의 한 영역으로 다루려는 시도가 지금까지 부단히 지속될 수 있었고 결국 실제로 그렇게 되기에 이른 것은 이 때문이다. 국사를 실생활의 측면에서, '대세'로 포장된 현대의 관점에 입각해서만 다루게 되면, 우리 민족이 유구한 세월 전통으로 추구해온 삶의 방식과 방향을 상실하기 십상이라는 사실을 간과한 결과였다.

교육학 분야에서 역사교육의 목표가 독립적으로 따로 논의되기 시작

---

64) 宋相憲, 「이론 역사교육의 성과와 한계」, 『歷史敎育』 70, 1999, 163~166쪽.

한 것은 1970년대에 들어와서의 일이다. 이전에는 이를 일반적인 교육
목표분류학에 토대를 두고 설정된 사회과교육 목표의 일부로서 부분적
으로 다뤄 왔다. 따라서 역사적 사고나 이해의 본질을 반영한 역사교육
고유의 목표 설정은 근래의 세계적인 과제였다.65) 우리 나라에서는
역사교육의 목표를 학문적으로 체계화하려는 노력이 최근에야 본격화
되고 있다. 그러나 교육목표를 '지식 및 이해', '지적 기능', '태도'의
세 영역으로 구분하는 일반론 위에서 역사교육의 목표를 그 중 어느
영역에 어떻게 배분하느냐를 논의하는 데 초점을 맞추고 있는 실정이
다.66) 1991년, 영국이 그들의 국가교육과정에서 역사교육의 목표를
'역사에 대한 지식과 이해', '해석', '역사적 자료의 사용'으로 설정함으로
써 역사교과의 특성을 명시적으로 표출67)한 것과는 사고의 입각점부터
다르다.

　　우리나라는 역사교육의 목표를 1955년의 제1차 교육과정 이래 역사

---

65) Geoffery Partington, "Why Teach History in Schools?", *The Idea of an Historical Education*, NFER Publishing Company, 1980.
SK Kochhar, "Aims, Objectives and Values", *Teaching of History*, Sterling Publishers Private Limited, 1984.
Theodore S. Mamerow, 앞의 "What is the use of History".
Richard E. Sullivan, "Speaking For Clio, part Ⅱ", *The Uses of History*, Thomas Jefferson Univ. Press, 1991.
Bevery Southgate, "Why history? past answers", *History : What and Why?*, Routledge, 1996.
John Tosh, "The uses of history", *The Pursuit of History*, Longman, 2006 (4th ed.).

66) 김여칠, 「國史教育 目標의 研究 - 初·中·高校의 教育課程을 중심으로 -」, 『歷史教育』 17, 1975.
이존희 외 8인, 『국사과 교수-학습 목표 상세화 - 중학교 2·3학년 -』, 연구보고 '91-7, 중앙교육평가원, 1991.
金漢宗·宋相憲, 「중·고등학교 국사교육목표의 설정 방안」, 『歷史教育』 63, 1997.

67) 金漢宗·宋相憲, 위의 논문, 5쪽의 註 8).

적 사고력의 육성·함양에 두고 있다. '역사적 사고 historical thinking'의
실체가 모호하기는 하지만, 대략 '역사문제에 접했을 때 가설을 산출하
거나 해결방안을 모색하면서 사료를 수집하고 해석하며 판단함으로써
역사이해에 도달하려는 복합적인 정신능력'을 지칭하는 것이라고 볼
때, 그 육성이란 결국 학생으로 하여금 역사가처럼 사고하는 능력을
기르게 함을 의미한다 할 것이다.68) 즉 학생들의 능동적 학습 참여를
전제로, 학생들이 전문역사가의 역사 연구 과정과 같은 방법으로 결론
을 내릴 수 있는 능력을 습득하도록 함을 교육목표로 설정해 온 것이다.

　그러나 학교 교육의 실상은 이러한 목표와 전혀 다른 방향에서,
역사학의 학문적 성과의 정수를 요약하여 전달하는 쪽으로 이루어지고
있었다. 학생들은 수동적으로 사실의 암기에 몰입할 뿐이었다. 이와
같은 교육 현장의 실정은 역사교육을 단순히, 교육학적 지식에 입각하
여 주어진 역사 내용을 학생들에게 효율적으로 가르치는 영역이라고
여기는 경향을 낳았다. 교육학의 지식을 가진 사람이면 누구나 제대로
쓰여진 역사 개설서를 통독한 후 역사를 가르칠 수 있다는 생각과,
역사학의 연구 성과에 해박한 사람은 기본적인 교육학 지식을 익힌
후 역사교사로 활동할 수 있다는 생각이 모두 타당하다고 판단될 정도였
다. 서울대학교 종합화 당시에, 사범대학 역사과의 위상이 이러한 판단
위에서 '역사교육과'로 정해졌다. 역사의 연구는 다른 이들이 수행할
몫이고, 사범대학에서는 단지 그것을 교육하는 기능만을 담당하면
된다는 생각에서였다.69)

---

68) 金漢宗, 「歷史的 思考力의 槪念과 그 敎育的 意味」, 『李元淳敎授停年紀念 歷史學論叢』,
敎學社, 1991, 476~483쪽.
崔祥勳, 「역사적 사고력의 하위범주와 역사학습목표의 설정방안」, 『歷史敎育』 73,
2000, 8~9쪽.

내용 전달 중심의 역사교육관은 학문중심의 교육을 표방한 제3차 교육과정(1975~1981)을 통해 논리적 근거마저 지니게 되었다. 부르너의 지식구조론이 그 근거였다. 그리하여 역사교육의 문제는 수많은 역사 사실을 어떻게 효과적으로 가르칠 것인가 하는 문제로 요약되게 되었다. 이에 특수한 개개의 사실보다도 지식의 기본이 되는 개념을 가르쳐야 한다는 개념학습론이 제기되고,70) 학생들이 수업에 지나치게 수동적으로 임하는 현실에 대한 반성으로 탐구학습이 강조되었다.71) 1973년 독립 교과화한 국사교과가 제3차 교육과정 시기를 경과하면서 제자리를 찾고 활성화된 데에는 역사교육 분야에서 이루어진 이런 논의와 그 성과의 기여가 컸다. 학문중심의 국사교과는 그동안 이루어진 국사학계의 연구 성과를 수용하여, 식민사관에 입각한 내용에서 벗어나 정통·자주·발전의 역사 내용을 축으로 체계성을 갖추어 나갔다.

그러나 학문중심·내용중심의 역사교육이 진전될수록 학문적 성과를 각급 학교의 수준에 적합하도록 어떻게 구분하여 설정하고 각각의

---

69) 역사의 연구와 교육이 다른 주체를 통해 이루어져야 한다는 것은, 일본인이 정리한 역사연구의 결과를 조선의 역사 선생이 가르치도록 한 일제강점기의 왜곡된 교육구조에 그 계통을 두고 있는 생각이다. 역사 연구자가 중등학교 교육에 관심을 갖고 참여하는 것을 본업을 벗어난 행위로 터부시하거나 역사교사의 연구 활동을 주제넘은 일로 여겨온 작금의 풍조는 저 식민지적 발상을 제대로 청산하지 못한 데서 생긴 것이라 하겠다. 역사교육만이 아니라 사범교육 전반의 정상화를 위해서는 연구와 교육을 이분법적으로 갈라서 이해하는 사고의 극복이 무엇보다 시급한 과제다.

70) 崔敦鎬, 「槪念學習이 歷史認識에 미치는 影響에 관한 硏究」, 『서울師大附高硏究年譜』 15, 1972.
崔敦鎬, 「槪念學習의 實際指導와 그 效果에 관한 硏究」, 『서울師大附高硏究年譜』 16, 1973.
康宇哲, 「歷史知識과 基本槪念」, 『새교육』 1979년 10월호.
金漢宗, 「歷史的 槪念의 學習方法과 '定義'의 活用」, 『歷史敎育』 41, 1987.

71) 鄭善影, 「認知過程에 따른 歷史敎科의 探究方法研究」, 『歷史敎育』 25, 1979.

346

내용을 어떤 형식으로 알맞게 정리하여 제시할 것인가, 그리고 그것은 누구의 일인가 하는 문제가 난제로 떠올랐다.72) 이는 역사학자나 교육학자 어느 쪽도 자신 있게 할 수 있는 일이 아니었다. 특히 국사학의 경우, 시대별 분야별로 연구 성과의 취약 부분이 많고 또 이견의 대립이 숱하여 그 내용을 그대로 학교 교육에 적용하기 곤란하였고, 급격한 사회변동에 부응하여, 혹은 대응하여, 수시로 바뀌고 대립하는 여러 사관을 학교 현장에서 어떻게 흡수해야 하는지 큰 문제가 아닐 수 없었다. 『국사』 교과서의 내용이 절충으로 점철되고 사건·인물·연대의 밋밋한 나열로 일관되게 된 것은 이런 형세에서 불가피한 선택이었던 셈이다.

그러므로 역사교육이 제대로 이루어지기 위해서는 역사학의 연구 성과로부터 일정한 거리에 독립하여 서야 할 필요성이 있다는 견해가 제기되기에 이르렀다. 이에 따라 역사교육은 역사를 가르치는 것이 아닌 역사로써 가르치는 것이라는 인식이 보편화되고, 역사적 사고력의 함양이라는 교육 목표를 내용보다는 방법을 통해 추구하려는 시도가 일반화되었다. 학생들이 능동적으로 학습에 참여하여 전문역사가와 같은 작업 과정을 경험하게 하되, 역사 내용의 이해보다는 역사적 지식의 획득 방법을 스스로 체득함에 초점을 두어야 한다는 것이었다. 학생들이 도출하는 결론이 논리상·방법상의 하자가 없다면, 그것이 비록 기존의 연구 성과와 동떨어진 내용이라 할지라도 학생들의 몫으로서 그대로 인정될 필요가 있다는 것이 이 견해의 입장이었다.

역사교육은 이로써 역사적 사고력의 함양이라는 본래의 교육 목표를

---

72) 尹世哲, 「韓國史研究와 韓國史敎育論」, 『金容燮敎授停年紀念論叢(1) 韓國史 認識과 歷史理論』, 지식산업사, 1997, 638쪽.

학교 현장에서 구현하기 위한 구체적 방향을 찾은 것으로 보인다. 최근 역사교육학에서 '과학적 사고', '상상적 이해'가 차지하는 역할과 의의가 주요한 연구 과제로 부각되고 있는 것[73]은 이 방향을 체계화하는 작업의 일환이다. 이러한 논의는 궁극적으로 역사교육학을 역사학 또는 교육학과 분리된 독자적 학문 영역으로 성립시키고, 역사 교사의 전문성을 높이는 출발점이 될 것으로 생각된다.

그러나 내용을 기정사실로 간주하여 논외로 제쳐두고서 방법에 초점을 두는 역사교육론이 독자적 학문으로 성립할 수 있을 것인가는 회의적이다. 그래도 좋을 만큼 한국사의 내용이 충실히 연구되지도 못한 상태일 뿐 아니라, 내용의 선정 자체가 역사교육의 대체大體이고, 그것은 교육 목표에 전적으로 부수되는 것이므로, 얼마든지 유동적으로 모색될 수 있다고 할 방법론에 초점을 두어서는 그 체계성의 한계가 분명하겠기 때문이다. 목표가 모호한 상태에서는 어떠한 다양한 방법도 그 교육적 성과를 기대하기 어렵다. 즉, 학생 스스로 가설을 설정하고 자료를 수집하여 결론을 낸다는 방법이 역사적 사고력의 함양에 유효하다고 해도 그 역사적 사고가 무엇을 위한 것인지 뚜렷하지 않다면 상대적·개별적 가치만을 양산하는 결과를 초래하는 데 그치고 말 것이다.

물론 역사교육의 교육목표적 접근은 역사적 사고력을 일정한 범주로 한정하기 쉽다는 점에서 또 다른 문제점이 없지 않다. 그것을 지나치게 구체적으로 제시할 경우엔 내용의 나열이 되기 쉽고, 추상화할 경우엔

---

73) 鄭善影, 「科學的 歷史說明論理와 歷史敎育에의 適用 – 市民革命에 關한 說明을 中心으로 –」, 서울대학교 박사학위논문, 1993.
　　　金漢宗, 「歷史學習에서의 想像的 理解」, 서울대학교 박사학위논문, 1994.

목표가 없는 것이나 마찬가지가 되기 쉽다. 그러나 역사적 사고력의 함양을 통해 학생들로 하여금 응용력·판단력·분석력을 지니게 한다고 할 때, 이런 능력이 무엇을 위해 기능하기를 국가와 사회가 기대하는지 분명하지 않다면 역사교육의 존재 이유 자체가 위협받게 된다. 특히 국사교육의 경우는 더욱 그러하다. 앞서 살펴보았듯이 한국사 인식 자체가 우리 사회의 환경 및 지향과 직결되어 있는 까닭이다.

이와 같은 사정은 역사교육이 역사학의 연구 성과로부터 분리되어서는 독자적 학문 영역으로 성립하기 어려움을 뜻한다. 그러므로 역사교육학의 전문성 내지 독자성은 오히려, 역사 인식의 구조를 밝히고 그 습득에 이르는 과정을 체계화하며, 교육현장의 현실적 요구를 토대로 역사학의 방향 설정과 내용 연구에 적극 동참하는 선상에서 획득될 수 있으리라 여겨진다. 개별 시대사가時代史家들이 결여하기 쉬운 역사 발전의 통시대적 전망과 그것을 체계적 구조적으로 학생들에게 전달함에 있어 불가결한 계기적繼起的 인식을 갖기 위해 스스로 연구에 매진할 의무가 역사교육학자들에게 있다. 그리고 이것과 더불어, 민족의 유구한 삶에 기초한 전통의 방향을 가늠하여 이를 역사교육의 목표로 설정하는 작업은 역사교육학자들이 담당할 몫이다.

4) 『국사』 교육의 목표와 '민족문제'

국사교육의 목표는, 그것에 부합하도록 한국사 내용을 전개시키기 위해 설정하는 지표가 아니라, 한국사의 학습을 통해 학생들이 획득하는 어떤 형태의 역사적 사고력에 의미와 가치를 부여할 것인지 사회적으로 합의한 형태를 제시하는 것이다. 효과적인 연역演繹을 위해서가 아니라 오류를 최소화한 인식을 위해 목표가 필요하다. 그러므로 특정한 이념이나 주의가 국사교육의 목표 설정에 간여할 수 있다고 하더라도, 내용을 규제하는 지표로 작용해서는 곤란하다. 목표로써 연역된 내용은 아무리 그럴듯해도 역사일 수 없다.

현재 「사회과 교육과정」이나 『국사』 교과서에 표명된 국사교육의 목표는, 학생들로 하여금 민족공동체의식을 기르고, 민족의 문화유산을 바르게 이해하며, 민족의 정체성을 올바로 인식하여 민족문화의 창달과 국가사회의 발전에 기여하도록 한다는 것으로 요약된다. 이러한 민족 중심적 목표는 우리의 국사에서뿐만 아니라, 세계 모든 국가의 자국사 교육 목표에서 공통적으로 명시되고 있는 바다.[74] 자국사는 본디 국민들이 자기 이해를 통해 국민 된 긍지와 조국애를 갖게 한다는 국가적·사회적 필요에서 교육되는 것이다. 따라서 그 이념은 저절로 '민족주의' 혹은 '국가주의'의 형태를 띠기 십상이다.[75]

그러나 기실 이는 이념이랄 것도, 주의랄 것도 없는 것들이다. 문화유산의 가능성과 문제점을 올바로 인식한 토대 위에서의 자기이해 증진, 자기가 속한 공동체에 대한 애정의 고양, 자기 시대의 가치·업적에 대한 평가 능력과 과제 인식력의 확대, 그리고 국제 이해의 증진 등은 역사를 연구하고 교육하는 기본적이고 일반적인 목적으로서,[76] 이를 어떤 특정한 이념으로 분식해야 할 하등의 이유가 없는 요소들이다. 세계에 대한 각 민족·국가의 자기 중심적인 이해는 불가피한 것이다.

---

74) 양호환, 「미국 역사교육의 동향과 쟁점」, 『역사와현실』 20, 1996.
　　정재정, 「강화와 개혁의 길로 들어선 일본의 역사교육」 『역사와현실』 20, 1996.
　　정현백, 「독일의 역사문화와 역사교육」, 『역사와현실』 20, 1996.
75) 尹世哲, 앞의 「自國史, 그 當爲와 實際」, 4~16쪽.
76) SK Kochhar, 앞의 논문, 15~20쪽.

문제는 그 이해가 다른 민족·국가를 침해하고, 자기 자신을 왜곡하는 형태여서는 곤란하다는 것일 뿐이다.

이 점에서 우리의 국사교육 목표가 제시하는 민족 중심적 가치는 결코 사리에 어긋나는 것들이 아니라고 할 수 있다. 우리는 세계를 구성하는 일부지만 세계를 이해하는 주체다. 한국사는 세계사의 내포內包이자 외연外延인 것이다. 내용 면에서 국사는 세계사의 일부이나, 인식 면에서 국사는 세계사의 외연에 있는 것이 당연하고 타당하다. 우리로서는 세계를 제대로 이해하기 위해 그 속의 한국을 고려하는 것이 아니라, 한국을 올바로 인식하기 위해 세계에 대한 전망을 필요로 하는 것이다. 이것은 생존의 문제이기 때문이다. 국사란 본디 우리가 살아남겠다는 주장과 노력의 산물이다.[77] 세계에의 기여도 일단 생존한 연후에야 가능한 일이다.

그럼에도 불구하고 우리의 국사교육은 적지 않은 문제점을 안고 있다고 지적되어 왔다. 그 목표 자체에 혐의를 두는 견해도 있지만, 목표가 내용을 강하게 규제해 온 데 문제의 근인根因이 있다고 생각된다. 지금은 많이 나아졌다고 해도 종래의 국사교육에서 목표가 내용에 우선하는 경향이 뚜렷하였음을 부인하기 어렵다. 여기서 문제가 파생된 것이었다. 민족 중심의 역사인식과 그에 입각한 국사교육이 내용을 통제함으로써 획득되고 이루어져서는 곤란하다. 목표가 내용을 규제하는 준거로 작용해서는 안 되었던 것이다. 목표는 획득하고자 하는 가치일 뿐이기 때문이다. 목표가 뚜렷했던 중세에도 국사 서술의 내용을 통제하지는 않았다. 그동안 국사학계 안팎에서 중·고등학교『국사』

---

77) 김철준,『한국문화전통론』, 세종대왕기념사업회, 1983, 5쪽.

교과서를 제1종 교과서로 분류하는 데 반대해 온 이유도 여기에 있다.

내용을 규제하는 지표로서 목표를 생각하게 된 원인은 우리가 근대의 여명을 멸망의 위기감 속에서 맞았던 데 있다. 게다가 일제의 식민주의 사관이 목표를 위해서라면 내용의 왜곡과 날조를 서슴지 않는 침략적인 형태를 띠고 우리를 공격하였다. 실제적일 뿐만 아니라 관념적이기까지 한 일제의 침략에 대응하여 우리는 자신에 대한 강한 애착을 본능적으로 키워 왔다. 민족을 역사의 주체로 인식하고 그 정신과 얼을 아무리 미화하더라도 그것이 결코 정도가 지나친 것일 수 없던 상황이었다. 내용은 저절로 목표에 종속되었다.

그러나 해방과 더불어 국사는 마땅히 본연의 위치로 복귀하여야 하였다. 종래의 한국사 인식에 대한 반성으로서 한편에서는 처절한 자기 비판을 행하고 또 한편에서는 자조自嘲마저 꺼리지 않았던 것은 궁극적으로 국사에 객관성이라는 중심축을 되돌려주기 위한 노력의 일환이었다. 그러나 정국의 흐름이 이러한 노력을 어렵게 만들었다. 근대화 및 선진강국을 향한 정치적 추구와 남북 분단의 민족적 처지가 국사교육의 목표를 여전히 내용에 우선하여 생각하는 잘못을 조장하였다. 국사의 내용은 통제되었고, 목표가 이를 합리화하였다. 그 결과 후진성의 자각과 선진성에 대한 맹종, 이념의 최우선시가 한국사 인식의 기본 방향처럼 되고 말았다. 외국인의 눈에는 현대 남한의 집단 심성이, 가치있는 전통 문화를 용도 폐기하고, 근·현대사를 통해서 유일무이한 야만성을 발휘한 서양과 그 아류인 일본을 추종하는 것을 지성과 미덕으로 아는 딱한 형태로 비쳐질 정도니,[78] 이런 인식의

---

78) 박노자(블라디미르 티호노프), 「유럽은 약탈적인 오랑캐였다」, 『한겨레21』 333호, 2000년 11월 8일.

폐해가 어떠하였는가를 굳이 부연할 필요가 없다.

그러므로 이러한 사태의 출발이 국사교육의 그릇된 목표에 있었다고 여겨지고, 그 목표가 이른바 '민족주의사관'의 고취에 있기 때문이라고 지목되는 것도 무리는 아니었다. '민족주의는 반역'이라는 주장까지 제시되기에 이르는 형편이었다.[79] 그리하여 '민족주의'는, 아직 그 대안이 없어 망설이고 있을 뿐, 이제 마땅히 폐기되어야 할 구시대의 유물임이 분명하다는 견해가 큰 흐름을 이뤘다. 그리고 이에 입각하여 '민족사관'에 입각한 국사교육은 앞으로 더 축소하고, 보편주의적 관점이 강한 사회교과로 해소함으로써 그것이 가진 폐단을 최소화해 나가자는 것이 교과과정 개편이 거듭될수록 뚜렷해지는 방향이다. 이와 같은 견해는 흔히 다음과 같은 논리로써 보강되기도 한다. 즉 현재의 국가와 사회가 요구하는 가치관을 미래사회의 민주시민으로 살아갈 학생들에게 강요하는 것은 현대 교육의 본질상 바람직하지 않다는 것과, 현재의 관점에서 볼 때도 '민족주의'는 세계화시대에 걸맞지 않는 이념이라는 것이다.

그러나 앞서 언급하였듯, 그리고 그것이 진정 '민족주의사관'이었다면 적어도 서양의 가치와 문화를 맹종하는 폐단을 초래하지는 않았을 터이므로, 이는 민족 중심의 국사교육 목표 자체가 그릇된 데서 파생한 문제라고 보기 어렵다. 물론 '민족주의'가 국사교육의 목표에 작용한 것과 그 목표가 내용을 규제한 것은 온당한 일이 아니었음이 분명하다. 그러나 그렇다고 해서 '민족주의' 자체와 국사교육의 목표 자체가 잘못된 것이었다고는 할 수 없으려니와, 우리의 '민족주의'는 마땅히 비난받

---

79) 임지현, 『민족주의는 반역이다』, 소나무, 1999.

아야 할 내셔널리즘이 아니다.

기실 우리의 국사교과는 진정한 '민족사관'을 제대로 교육해 본 경험을 가지고 있지도 않다. 그동안 국사학계의 주류가 '민족사관'의 확립을 위해 부단히 노력해 왔지만, 우리의 근대사 전개 과정은 이를 용납하지 않는 방향에서 진전되고 있었던 까닭이다. 우리는 아직도 그것을 진정한 사관으로 체계화시키기에 이르지 못한 실정이다. 권력은 구체적인 내용을 갖지 못한 채 겨우 윤곽만 잡아가는 '민족주의사관'을 악용해 체제의 합리화에 이용하고, 이 점에 주목한 논자들은 '민족주의' 자체가 본디 그런 악용의 가능성을 필연적으로 내포하고 있다고 진단하여 그에 입각한 사관을 배격해 왔다. 우리가 추구하는 '민족주의'의 실상은, 체제유지에 악용되어 왜곡된 형태로 현실화된 민족주의에 의해 가려지고, 그 드러난 왜곡된 '민족주의'에 대한 우려와 공격이 결국은 우리가 표상으로 가진 '민족주의'의 체계화를 봉쇄하는 악순환이 계속되어 온 것이다.

물론 국사교육의 목표는 불가불 학생들의 가치관에 대한 국가적·사회적 요구를 담게 되는 것이 사실이다. 그러나 이 점을 확대하여, 국가사회의 요구를 반영할 수밖에 없는 교과는 그것이 체제유지에 이용될 수 있음을 뜻하기도 하는 것이므로, 그런 요구에 부응할 여지를 없애기 위해 세계 보편의 가치를 전폭 수용한 내용으로 재편하든지, 아니면 교과 자체를 축소하고 해소할 필요가 있다고 주장하는 것은 논리상의 명백한 비약이다. 국사에서 보편 이외의 내용을 사상해버린다는 것은 자신의 독특한 가치와 존엄을 부정하고 남에 대한 종속과 돈수頓首를 감수한다는 뜻이려니와, 설사 국사가 체제유지에 이용된 측면이 없지 않다고 해도 그것은 국사의 기능이 본디 그러해서나 국사교육의 목표 자체가 그릇되어서가 아니다. 더구나 국사교육이 체제유지에 악용되어 왔다는 지적은, 체제를 성립시키고 그것을 지지하여 유지시킨 사회 전반의 책임을 외면한 것으로, 그대로 타당하다고는 말하기 어렵다.

오히려 국사교육은 교과의 특성상 과거에서 현재로 이어진 발전의 방향을 다루기 때문에 그 방향에서 이탈한 체제에 대해 어느 과목보다 강한 비판 기능을 수행해 왔던 것이 사실이다. 우리 사회의 왜곡된 발전 방향이 국사교육을 제자리에서 이탈하게 하였으나, 그나마 국사 교육이 본원적으로 가진 기능과 작용력이 국가·사회의 방향잡기에 나침반이 되어 왔다고 할 수 있다. 따라서 국사교육에 부정적인 요소가 있었다면 그것을 최소화하는 방안은 국사교과가 지닌 국가적·사회적 기능성을 억제하거나, 국사교과 자체를 축소·해소하는 쪽에서 모색되 어서는 곤란하다. 오로지 국사교육의 목표가 내용을 통제하고 왜곡하 는 준거로 이용되지 않도록 교과의 독자성과 자율성을 제도적으로 보장하는 방향에서만 극복이 가능하다. 이는 국사교육의 목표가 교육 과정 전체의 일반 목표에 종속·규제되기보다 그 일반 목표의 설정에 주체적으로 관여하는 위치에 놓일 필요가 있음을 뜻한다.

그렇다면 국사교육은 국가와 사회가 요구하는 현재의 가치를 미래 사회의 시민인 학생들에게 강요하기 쉬우므로 국사교육의 강화를 주장 하거나 그 교과 고유의 교육 목표를 강조하는 것은 시대착오적이라는 견해는 어떠한가?

본디 학생중심 교육의 필요는, 새로운 지식이 시시각각 폭증하는 현대사회에서 종래의 전통 교육만을 고집할 경우 미래 사회를 담당할 학생들로 하여금 새로운 사회에 창조적으로 적응할 능력을 갖게 하기 어렵다는 데서 제기되었다. 그리하여 교육 내용을 학생들의 필요 즉 미래에 대한 대응력의 육성에 초점을 둔 형태로 새로 구성하는 교육 혁신이 이루어졌다. 이는 물론 당위적이고 바람직한 교육의 발전이었다. 국사교육의 목표나 내용도 이런 견지에서 재구성되어야 할 것이다.

그러나 이와 같은 사실에 근거하여, 국사교육의 강화가 시대착오적이라는 주장을 피력할 수 있다고 여긴다면 그것은 터무니없는 생각이다. 이 주장은 흔히 교육의 수요자는 학생이므로 그들이 원하는 내용을 제공하는 방향에서 교육이 이루어져야 한다는 논리를 곁들이고 있는데, '수요자중심 교육관'이란 '학생중심 교육관'이 경제 논리와 맞물리면서 원래의 취지가 왜곡된 형태에 불과하다. 교육의 본질은 기본적으로 국가와 사회에 필요한 인재를 양성한다는 데 있다. 어느 나라나 그 나라 국민으로서의 자각과 자질을 기름에 교육 목표를 두고 있는 것이다. 학생중심 교육관도 이 원칙에서 벗어난 것이 아니었다. 어떻게 변화할지 예측하기 어려운 미래 사회에 대응력을 가진 인재를 양성하려는 것이었기 때문이다.

따라서 교육의 수요자를 전적으로 학생이라 생각하는 견해는 부당하다. 굳이 지적한다면 그것은 학생 개인보다 국가이고 사회여야 옳다. 국민의 세금으로 학생을 교육하는 국공립 교육기관을 설치하고 또 한편으론 의무교육을 설정해 온 이유가 여기에 있다. 그러므로 학생만을 교육의 수요자요 수익자로 보는 교육관은 학생중심 교육관 본연의 취지와도 전연 별개의 것일 뿐더러, 교육의 저와 같은 본질을 크게 왜곡한, 위험한 상업 논리라 할 것이다. 이는 이른바 '수요자중심 교육관'

이 국가적·사회적 관점에서 국사교육의 목표를 설정하는 데 대한 반대 논리가 될 수 없음을 의미한다.

미래의 변화를 예측하고 이에 대한 대응을 준비하는 교육에 반대할 이유가 없다. 그러나 그 대응이 교육의 모든 것이 되어서는 안 된다. 그것은 교육이 아니라 운동 혹은 투기일 뿐이기 때문이다. 교육의 입각점은, 현재, 이 나라, 이 사회다. 과거로부터 현재에 이르는 변화에 대한 철저한 이해가 없이 장차의 변화에 능동적으로 대응한다는 것은 기대할 수 없는 일이다. 『국사』가 바로 우리 국가·사회의 현재에 대한 이해의 폭을 과거로 확대하고 세계적 안목으로 높이는 목표를 가진 교과다. 학생중심·수요자중심 교육관을 운위하며 국사교육을 축소하려는 생각은 근거 없고 위험하다.

그렇다면 국사교과의 특성상 우리나라 문화와 전통에 대한 정체성을 강조하게 되는 것이 세계화시대의 민주시민 양성이라는 교육 일반목표에 역기능적으로 작용할 수 있다는 생각은 어떠한가?

물론 국제화·세계화는, 세계자본이 주도하는 시장경제가 영향을 미치지 않는 지역이 없다시피 하고, 통신의 발달로 말미암아 정보가 한순간에 전 세계에 파급되는 현실에서, 불가피한 추세임에 분명하다. 우리는 '지구촌'이라는 용어의 함의가 실감되는 시대에 살고 있다. 이런 추세라면 장차는 국가와 민족이라는 개념이 무의미해지는 시대가 도래할는지도 모르겠다. 그러나 지금은 그런 때가 아니다. 오히려 세계화의 진전과 더불어 제 국가와 제 민족의 대립·갈등이 증폭되는 양상을 보이고 있는 것이 현실이다.

이렇게 되는 원인은 다방면에서 찾아질 수 있겠지만, 세계화시대를 주도하며 국가와 민족의 벽을 허물 것을 요구하는 강대 세력이 기실은 국가주의를 강화하고 있다는 점을 간과할 수 없을 것이다. 미국·일본의 경우, 그들은 자국사 교육을 강화하고 자기 문화·전통의 정체성에 대한 국민의 인식을 강조하고 있다.[80) 남에게는 무장해제를 강제하면서 스스로는 국가주의를 강화한다면 그것은 곧 패권주의의 전형이다. 따라서 약소국 또한 이에 대응하여 반사적으로 자신의 정체성을 추스르게 될 수밖에 없게 되는 것이다. 우리도 당장은 제 자신을 보호할 대책을 강구하지 않으면 안 될 처지에 있다. 이 점에 유의한다면 민족주의는 대응논리로서라도 아직 효력을 상실하지 않았다 할 것이다.

그러나 이러한 양상과 추세는 일시적인 것일 가능성이 크다. 결국은 진정한 '지구촌화'가 추진되면서 화해와 협력이 회복되고 확대될 것이다. 설령 대립·갈등이 있더라도, 하나의 울타리 속에서 일어날 수 있는 '사소한' 현상에 지나지 않게 될 날이 올 것이다. 그런 미래에 대한 희망을 갖고 그 구현을 위해 노력할 책무가 세계 모든 시민에게 있다. 그러므로 이런 지향을 담은 세계관이 국사교육에도 반영되어야 한다. 객관과 보편을 전제한 새로운 형태의 자기 인식이 필요하다. 그렇다면 민족 정체성의 추구는 포기되어야 하는가?

여기서 주목해야 할 점이, 그 화해와 협력은 각종 문화의 다양성과 고유성이 서로 존중되는 가운데서만 도모될 수 있다는 사실이다. 세계화는 획일화의 추구가 아니다. 지구촌화는 유구한 역사 속에서 형성된 여러 지역의 민족문화들이 하나로 융합됨을 의미하는 것이 아니라는 것이다.[81) 그렇게 하려는 것이 바람직하지 않음은 물론, 될 수도 없는

---

80) 양호환, 앞의 「미국 역사교육의 동향과 쟁점」, 92쪽.
   정재정, 앞의 「강화와 개혁의 길로 들어선 일본의 역사교육」, 99~101쪽.

358

일이다. 세계화시대의 문화는 패권적이고 획일적인 문화가 아니라 다양성이 보장된 민주적이고 자주적인 문화다. 우리 문화·전통의 정체성을 객관적으로 이해하고 그 토대 위에서 우리 것을 더욱 존중하고 사랑하여야 할 이유가 여기에 있다.

우리는 중요한 인물을 전쟁에서 잃고, 좌우 균형 있는 사고를 억제당하며, 권력에 의해 왜곡되고, 세계보편주의의 관점에 의해 비난받으면서도 우리의 역사를 자주自主와 자존自尊에 입각하여 이해하고 체계화하고자 노력해 왔다. 자주와 자존은 세계화시대에 역기능적인 개념이 아니다. 이 개념은 자유민족의 것이다. 자유를 상실하고 타율·종속에 놓인 속에서 자주·자존이란 존재하지 않는다. 그리고 자신의 자주·자존을 중히 여길 줄 아는 민족만이 타민족의 자주·자존을 존중할 줄 안다. 따라서 이 개념에 기초한 민족주의는 배타성·침략성을 지닐 수 없다. 그러하다면, 지금까지의 인류 역사에서 그런 '민족주의'를 발견할 수 없었다는 사실이, 우리가 그것을 체계화하고 실천함으로써 인류공영과 세계문명의 발전에 기여할 새로운 이념으로 제시할 수 있다는 전망을 흐리게 하는 것은 아니라 할 것이다.

우리에게는, 한편으로 획일적·침략적 패권주의에 대항하고, 또 한편으론 폐쇄적·국수적 '민족주의'를 극복하기 위해 노력해 온 그 동안의 연구 성과가 있고, 세계 내셔널리즘의 흐름 전반을 조망하여 그 한계와 폐해를 직시해 온 비판정신이 있다. 우리는 유례가 드문 질곡의 현대사 전개 과정에서 지속적으로 '민족주의'를 하나의 사관으로 체계화하기 위해 노력해 온 민족이다. 이 역시 세계사상 유례가 드문 경우다.

---

81) 정재정, 「역사교육 경시는 '세계화'의 역행이다」, 『역사비평』 1996년 봄호, 22~23쪽.

이는 우리가 다른 어느 민족보다도 '열린 민족주의'의 본질을 학문적으로 체계화하여 세계화 시대의 새로운 사관으로 제시함으로써 인류공영에 기여할 수 있는 기반과 능력을 가졌음을 의미한다. 단기적으로 보든, 장기적으로 보든, '민족주의사관'과 이에 입각한 국사학·국사교육은, 우리가 기피하고 억제해야 할 대상이 아니라 세계적인 수준으로의 체계화를 위해 부단히 지양해 가야 할 과제인 것이다.

우리는 한 세기 전에 국권을 침해당하다가 결국 상실하고 만 경험을 하였다. 그 원인은 두 가지였다. 첫째는 급변하는 세계질서의 변화에 능동적으로 대응하지 못했다는 것이고, 둘째는 외국의 근대 문물과 사상을 받아들임에 있어 민족적인 자기 정체성 의식이 박약했다는 점이다. 국권상실에서 이 두 원인의 비중은 대등하다. 그런데 현재 우리의 세계화는 첫째의 원인만을 지나치게 부각하여 인식한 위에서 추진되고 있다. 민족적인 자기 의식의 중요성을 경시하는 까닭에 국사의 의의를 부정하고 그 교육 목표를 곡해하는 것이다. 서구의 역사 경험에서 나온 보편가치가 아니라, 우리 자신의 역사 경험에서 추출된 보편가치로써 세계문화의 폭을 확대할 수 있다는 자신과 신념이 우리 국사교육의 목표에 투영되어야 한다.

V. 결어

지난 한 세기 동안 이루어진 한국고대사 연구와 교육을 돌아보면, 격동과 분단 속에서 근대 한국 사회가 역사학에 부과한 과제를 주도적으로 해결하는 방향에서 이루어져 왔음을 발견하게 된다. 고대사는 일제의 침략에 저항하는 한국인의 정신적 지주가 되었고, 분단 상황에서 민족의 동질성을 확인하는 토대가 되었다. 한국고대사는 근대역사학으로 성립한 이래, 우리 역사의 주체를 구체화하고 고대의 발전을 계기적으로 파악함으로써 한국사 이해 전반을 과학적으로 체계화하는 데 기여해 왔다. 이 과정에서 적지 않은 문제점이 드러나고 논란이 끊임없이 이어졌지만, 그것은 한국사 이해의 심화와 확대를 위한 부단한 노력의 결과였다.

한말, 우리는 서세동점西勢東漸의 세계사적 대세에 대응하여 우리 자신이 역사의 주체라는 인식을 갖기 시작했다. 그동안 중국사를 모범으로 여겨 아동들에게 국사보다 먼저 가르쳐온 데 대해 깊이 반성하고, 우리의 전통과 문화 능력을 근대적 안목으로 체계화하여 그것을 토대로 서구의 근대 문명을 수용하려는 움직임이 일었다. 편년사編年史 중심의 정통론적 인식에서 벗어나 근대 역사학의 방법론으로 한국사를 서술하려는 시도가 뒤를 이었다. 그 결과, 사관史觀의 근대성은 지배층 중심의 전통 역사인식에서 무시되어 온 민족·민중에게 역사 주체로서의 지위를 되돌려주는 데서 비로소 획득될 수 있다는 사실이 점차 명백해졌다.

그러나 이러한 노력은 일제에 의해 국토가 강점되면서 좌절되었다. 일제는 한국사를 타율과 정체의 역사로 매도했으며, 사실을 왜곡하고 부인했다. 특히 한국고대사의 훼손이 극심하였다. 이에 한국인의 자주와 자존을 말살한 침략사관에 대항하여, 부인당한 기록들을 과학적으로 설명함으로써 역사 사실로 복원하고 손상된 민족정신의 원형을 회복하는 것이 우리나라 정통역사학의 최대 과제로 부각되었다. 정통 역사학자들은 고조선 사회의 발전이라는 맥락에서 삼국의 국가 형성과 그 사회의 발전을 이해하는 안목을 구체화하고, 나아가 그 속에서 한국 민족이 지속적으로 추구해온 고유의 사상과 정신을 발견하였다. 이들이 축적한 사실 고증의 방법은 전통 고증학을 계승하여 근대화한 것으로서 한자의 음운에 정통하고 정확한 한문 해독·구사 능력을 지녔으며 한국 사서史書뿐 아니라 중국 문헌을 널리 섭렵한 기초 위에서 구축된 것이었다.

그렇지만 특수성론에 입각한 일제의 침략사관에 제대로 대항하기 위해서는 한국사를 세계사적 보편론에 근거하여 체계화할 필요성이 있었다. 그리고 이에 더하여, 한국이 독립하여 자주적 민족국가로 비약해야만 하는 당위성을 학문적으로 입증하는 일도 함께 과제로 부과되었다. 이른바 '사회경제사학'은 이런 배경 속에서 성립하여 발전하였다.

해방 후 한국사학은 정통역사학과 '사회경제사학'이 이룬 성과를 토대로 이것을 종합하는 방향에서 전개되었다. '신민족주의' 역사학이 내적으로는 민족을 구성하는 여러 사회계층의 대립을 해소하고, 외적으로는 민족 자주의 태도를 견지하는 새로운 역사인식의 획득을 추구하였다. 그러나 미·소가 국토를 분할 점령한 상황에서는 이와 같은 자주 사관이 정립될 수 없었다. 6·25사변을 경과하면서 신민족주의사관의 정립을 위해 애쓰던 학자들이 절멸하고 친일 세력이 득세하자 민족의 자주와 자존을 중시하는 사관 또한 질식하였다.

한국고대사학의 전개도 이와 같은 한국 근대 사학의 흐름과 맥락을 같이하며 이루어졌다. 민족·민중을 역사 주체로 보며 고조선사와 삼국시대사의 계기성에 주목하는 관점은, 객관과 합리를 내세워 역사의 정신을 외면하는 문헌고증사학에 밀려 퇴조하였다. 자주·자존을 상실한 역사학의 처지는 역사교육에 그대로 반영되어, 마치 봉건사회에서 중국사가 그랬듯이, 서양사가 모범으로 표상되고 국사는 다시 식민성의 역사로 전락하였다. 『국사』교과서는 사실의 무미건조한 나열로 일관될 뿐이어서, 반만년의 역사를 다 배우고 나서도 학생들은 우리의 역사 전통과 문화 능력을 토대로 현실의 과제를 추출하고 해결할 의지나 능력을 갖지 못하였다.

고대사에서 문헌고증사학은 문헌에서 사실事實과 허구를 가려 역사학에서 운용할 수 있는 사료史料의 폭을 확대하는 것이 본연의 소임이었으나, 적잖은 기록과 문헌을 불확실하다는 이유로 두찬杜撰·위서僞書로 몰아 허다한 사실을 허구로 단정하고 마는 한계를 보였다. 이는 한국의 문헌고증사학이 침략사관에 대항하여 투쟁하는 가운데 진실을 찾아 제시하고 한국사 발전을 계기적으로 이해하고자 진력하는 과정에서 성립한 것이 아닌 데서 온 한계였다.

한편 북한에서도 1950년대까지는 삼국을 한국사 최초의 계급국가로 보고 논의를 전개하였다. 다만 그것이 노예제국가였는지 아니면 봉건국가였는지를 둘러싸고 대립하였을 뿐이다. 그러나 1960년대를 경과하면서, 고고발굴의 성과를 기초로 삼국에 선행한 사회를 고대사회로 보고 삼국을 봉건사회로 파악하는 관점이 대세로 굳어졌다. 이는 남한의 학자들이 그 신뢰성을 부인하여 외면한 선진시대先秦時代의 문헌들을 적극 활용한 결과이기도 했다.

북한은 고조선에서 부여, 고구려, 발해로 이어진 북방의 역사를 한국사의 주류로 파악하는 고대사 인식체계를 세우고 있다. 따라서 고구려 중심의 삼국사 인식이 근간을 이룬다. 그러나 북한의 역사 연구가 역사학 본연의 자리를 벗어나 정치적 선전의 장으로 들어서 있기 때문에 그 학문적 성과는 매우 미미하다. 또 구래의 '정통론'적인 역사인식이 갖는 지방분파성은 민족사의 기본 토대를 흔드는 요소로 작용하고 있다.

통일을 예상하게 된 현시점에서, 남북한의 역사인식을 통합할 수 있는 새로운 고대사 인식체계가 필요하다. 그것은 사실 고증의 치밀한 토대 위에서 이루어진 남한의 연구 성과와 삼국에 선행한 사회에 대한 북한의 연구 성과를 일관된 체계로서 종합함으로써, 삼국의 성립을 고조선 사회의 계기적 발전이라는 맥락에서 체계화하는 방향에서 모색되어야 할 것으로 전망된다. 이는 고대 이래 면면히 계승되어 온 우리나라 정통역사학의 맥을 잇는 방향이기도 하다.

그런데 지금 한국고대사는 절체절명의 위기에 당면해 있다. 밖에서는 일본 중학교 교과서가 여전히 식민주의사관을 불식하지 못한 서술로 한국사 관련 사실을 왜곡하고 있고, 중국이 국가적 사업으로 추진한 '동북공정'의 역사인식이 우리의 '국사' 이해체계 자체를 흔들고 있다. 그리고 안에서는 연구방법론 면에서 서구 사회과학의 이론을 무비판적으로 수용하고, 인식 면에서 신라 중심 시각에 매몰된 고대사 연구가 인접국의 우리 역사 왜곡을 조장하는 형세다.

따지고 보면 중국의 동북공정 역사인식도 우리 고대사 인식의 허점을 교묘히 파고든 것이라 할 수 있다. 서구 인류학의 사회발전단계론을 하나의 '이론'으로서가 아니라 우리 고대사의 부족한 자료를 메워 줄 '사실事實'로 받아들이고, 이를 토대로 경주에서 발생한 '사로' 소국이 주변의 소국들을 병합해 신라로 발전했다는 인식을 구축한 다음 현재의 대한민국은 그 신라를 계승한 나라라고 생각함으로써, 고조선에서 고구려·발해로 이어진 북방의 우리 역사를 중국이 자국사라고 주장할 수 있는 빌미를 주었다. 지금이라도 어서 정신 차리지 않으면 안 된다.

최근에 다링허·랴오허 유역에서 발굴된 많은 유적·유물들은 고조선 사람들이 남긴 것일 개연성이 큰 것으로 보고되고 있다. 고조선을 이뤘던 모든 사람들이 우리 조상은 아닐지 모르나, 그때 함께 했던 사람들의 이야기는 고조선의 역사와 문화를 계승하여 오늘날에 이른 우리가 서술해 주지 않으면 안 된다. 삼국의 국가 형성 과정을 지금처럼 인식해서는 '국사'의 반쪽을 내주는 데 그치는 것이 아니라 영토의 반, 민족의 반을 고스란히 남에게 내주는 역사상 최대의 치욕을 당하고 말 것이다.

물론 사실을 부인하거나 왜곡하고서는 역사를 말할 수 없다. 또 과학적·합리적인 학문 태도를 떠나서는 역사를 연구할 수 없다. 아무리 심증이 가더라도 결정적 단서·자료가 없으면 아무말도 할 수 없는 것이 역사다. 그러나 학문의 객관성을 오해한 나머지 남의 눈으로 내 역사를 보는 어리석음을 범해서는 안 된다. 남의 눈으로 보는 역사는 객관적 역사가 아니다. 남의 주관에 종속된 노예의 역사일 뿐이다. 올바른 '국사' 이해체계를 확립하여 후손에게 전해야 한다.

　우리는 강대국에 인접하여 저들과 겨루면서 독자성을 잃지 않고 발전해 왔으며, 우리 나름의 전통과 문화를 창조하여 세계적인 수준으로 키워 왔다. 이는 고대 이래로 우리가 자신의 역사를 '국사'로 인식하고 정리함으로써 자주·자존의 심성을 지켜온 결과였다. 그러나 20세기에 들어선 이후 우리는 제국주의의 침탈로, 근대화를 향한 열망으로, 그리고 또 세계자본주의체제로의 종속 결과, 자신이 생장해 오고 처한 독특한 삶의 방식과 여건을 스스로 외면하거나 부인하고 획일적 가치를 보편으로, 강자의 논리를 정의로 잘못 생각하는 경향이 우세해지면서 점차 자주·자존을 잃어가고 있다. 지금에 와서는 자주를 독단으로, 자존을 편협으로 여기는 견해가 큰 흐름을 이루기에 이른 형편이다. '국사'의 의의가 부정되고, 그 교육을 위한 교과가 사회과로 해소되는 데서 나아가 선택 과목으로 밀려나기에 이른 것은 이러한 추세의 결과다.

　『국사』를 'National History' 쯤으로 번역하여 이해하는 것은 잘못이다. 우리의 『국사』는 '한국역대국가계승사The History of Past Successive States in Korea'로서 그 인식체계의 본령이 내셔널리즘과 전혀 무관하다. 이 개방 시대에 무슨 민족주의고 국수주의냐는 식의 생각에서 『국사』 교육의 정상화에 반대한다면 반대의 근거 자체가 오류라 할 수 있다.

분단된 우리의 처지에서, 그리고 우리 역사인식에 대한 주변국의 위협이 점증하는 현실에서, '국사'의 의의는 심중하고 다대하다.

우리의 '국사' 인식은 민족의 성장과 발전 과정을 세계사의 보편적 발전 원리 위에서 과학적으로 이해함으로써 민족의 독자성과 자존심을 지키면서도 국제사회에 개방적인 방향을 지향하며 성숙해 왔다. 그런 가운데 역사의 주체를 민족으로 보는 시각에 여러 갈래의 생각들이 혼효混淆되고 착종錯綜되기도 하였지만, 세계 각 민족·국가의 서로 다른 처지와 그 문화의 다양성을 인정하고, 우리 민족사와 세계사를 일관하는 하나의 논리로써 이해하며, 그리하여 각 민족·국가의 공영과 평화의 실현에 기여하고자 하는 노력이 주류를 형성하였다. 국사교육의 목표도 이러한 가치를 획득하는 데 놓였음은 물론이다.

그러나 정국의 흐름 속에서 국사교육의 목표가, 추구하여야 할 가치로서의 본연의 위치에 머물지 않고 역사 내용을 규제하는 준거로까지 작용하였다. 이로 말미암아 『국사』 교과서의 내용에는 목표에 맞추어 연역된 사실들과 이해가 틈입闖入하였고, 특히 현대사의 일부 사실은 왜곡에 가까운 서술을 보였다. 연역된 사실을 역사라고 부를 수는 없다. 따라서 국사교육의 목표, 심지어는 국사교육의 의의까지 부정적으로 인식하는 견해가 번지게 되었고, 결국 국사교과의 해소로 이어졌다. 그렇지만 이는 국사교육의 목표가 내용에 관여하지 못하도록 교과의 독자성과 자율성을 제도적으로 보장하는 방향에서 그 해결 방안이 모색되어야 할 문제였다. 국사교육의 목표로 제시된 가치 자체가 그릇된 것은 아니었기 때문이다.

우리가 체계화하기 위해 애써온 한국사 인식의 주류를 '민족주의사

관' 혹은 '민족사관'이라고 불러 온 데서 침략성·배타성을 띤 서구의
내셔널리즘과 혼동이 생겼으나, 양자는 명백히 다르다. 우리의 것은
민족사와 세계사의 발전 과정을 통일적·과학적으로 인식하되 각 민족
의 특수성과 다양성을 인정하며 공존·공영을 추구하는 사관이다.
이른바 '세계화'의 추세와도 결코 배치되는 사관이 아니라 할 것이다.
아직 그 이해체계가 완성된 것은 아니지만, 질곡의 현대사를 살아오면
서 지속적으로 그러한 화합의 사관을 획득하기 위해 노력해온 우리는
다른 어느 민족보다도 그 체계화를 통해 세계사에 기여할 가능성이
크다고 생각한다. 이는 세계의 모든 민족·국가에 필요한 사관이다.
현재 진행되고 있는 바 이를 기피하고 억제하려는 시도는 재고되어야
한다.

　국사교육의 궁극적인 지향은, 세계화시대의 민주시민으로 살아갈
'한국인'이 지녀야 할 역사적 사고력을 육성함에 있다. 그리고 이는
우리 문화·전통의 정체성에 대한 인식에 입각하여 세계 문화와 전통을
이해하는 방향에서 추구되는 역사적 사고력이다. 세계적 시야에서
보편과 객관에 서서 우리 문화·전통의 특수·독자를 이해해야 함은
물론이다. 이러한 국사교육의 목표를 실현하기 위해서는 새로운 '국사'
인식과 역사이론이 필요하다. 우리에겐 그것을 획득할 충분한 여건이
갖추어져 있고 또 능력이 있다고 생각한다. 그러기 위해, 역사학계와
역사교육계가 만나서 진지한 연구와 토론의 장을 마련해야 할 것이다.
　그러나 새로운 '국사' 인식의 방향이 '한국사'여서는 곤란하다. '국사'
를 단지 군사독재 시대에 정권을 정당화하고 유지하기 위해 설치한
국정교과쯤으로 오해하는 이들이 '한국사'라는 과목명을 지지하는 듯

하나, 이는 '한국사'가 1948년 8월 15일 이후의 역사만 '우리' 역사라고 여기며 전근대의 역사를 '우리' 역사로 생각하지 않는, 그래서 통일의 지향을 반대하는 인식의 산물이라는 점을 알지 못한 처사다. 「2009년 개정 교육과정」에서 『국사』라는 과목명을 『한국사』로 바꾼 것은 바람 직하지 않은 조처였다. 바꾸더라도 '국사' 인식만큼은 포기해서는 안 된다.

지금까지의 검토를 통해서 몇 차례 거듭 강조한 바와 같이, 오늘날 '민족주의'에 대한 공격은 다방면에서 이루어졌으나 그 큰 맥락의 요체 는 간단하며 명료하다. 즉 '민족'을 운위하는 것은 북한 공산주의 세력과 제휴하겠다는 의도를 가진 불순의 표징으로 간주되어야 한다는 주장을 통해 민족주의에 색깔을 입힘으로써 정작 친일의 색조를 가려보겠다는 것이다. 따라서 '민족'이라는 개념의 역사성과 의의를 말하며 '국사' 의식의 정당한 자리와 그 교육의 가치를 강조해 온 사람들은 이런 황당한 논법에 대항하는 것만으로도 벅찬 처지에 있다. 일제의 식민 통치를 근대화를 위한 시혜로 여기고 또 통일을 원하지 않는 사람이 아니면, '민족주의'에 대한 공격을 잠시 멈추고 논전에서 한 걸음 뒤로 물러나 있어 주는 것이 도리일 것이다.

포스트모더니즘 계열의 사론이 한국사 이해에 적극 원용되기 시작하 면서, 종래의 '민족주의사학'에 대한 질타가 계속되고 있다. '긍정적' 사실만을 기술하고 '부정적' 사실을 외면함으로써 결국 자민족 예찬에 빠지고 말았고, 민족의 정체성을 과도하게 강조함으로써 폐쇄성과 배타성을 지니게 되었다는 것이다. 한국사 연구자들이 경청하고 자성 해 보아야 할 지적들이다.

　그러나 한국사 이해를 이렇게 만든 장본은 의사민족주의사학疑似民族
主義史學이지 진정한 '민족주의사학'이 아니다. 흔히 민족주의사학이라
고 부르는, 고대·중세를 거치면서 장구한 세월 발전해 온 우리의
전통 역사학을 근대적으로 성립시킨 정통역사학이 제대로 발전을 계속
하였다면 우리의 역사가 이 지경에 이르지 않았을 것이다. 스스로의
독자성과 존엄성을 주체적으로 인식하더라도, 제 자신의 잠재적 능력
뿐 아니라 한계를 명확히 알고, 그럼으로써 다른 국가나 민족의 주체성
과 고유성을 존중하는 방향에서 역사의 연구와 교육이 이루어졌을
것이기 때문이다. 이 점에서, 근래의 비판과 자성은 정통역사학의 회복
으로 진전되어야 한다.

　한국사에 포스트모더니즘의 역사인식을 원용하는 연구가 진척되면
피지배층의 일상과 심성 등 종래의 역사학이 등한시해 왔던 측면에
대한 이해가 넓어질 것으로 기대된다. 그러나 이 작업들이 국가·민족
중심의 역사인식이 가질 수 있는 폐해를 지적함에 골몰하여 그 의의를
극구 부인하려는 경향을 띠고 있는 점은 신중히 재고해 볼 부면이다.
지금 필요한 것은 종래의 잘못된 방향을 돌리기 위한 반작용이 아니라,
본디 어떠했어야 했는지 정도正道를 되찾는 일이다.

　포스트모더니즘은 본디 국가 계획과 통제에 반발하여 진행된 1960년
대의 사회변화를 배경으로 대두한 사조였다. 1917년의 러시아 혁명으
로 정점에 달했던 국가계획의 구상과 1929년부터 시작된 세계대공황의
타개책으로 제시된 케인즈의 국민경제에 대한 국가통제 이론이 구현됨
으로써 전 세계가 국가 중심의 사고를 강화해 오던 터에 일어난 저항의
한 형태가 이 사조였던 것이다. 그러므로 이 안목에서 본다면 국가·민

족 중심의 역사이해는 더 이상 용납될 수 없는 것일 수밖에 없다. 그렇지만 또 한편으로, 포스트모더니즘의 이런 반발이 오히려 '신경제'라는 강화된 자본주의 체제를 범세계적인 것으로 확산시키는 데 기여한 측면이 있다는 점을 간과해서는 안 된다. 이는 포스트모더니즘이 지향한 바가 아니었다.

인간의 삶은 사회적 맥락이나 원인으로부터 자유로울 수 없는 것이다. 포스트모더니즘은 그 맥락을 판단할 준거를 거부하고 사상시킨 결과, 뜻하지 않은 역할을 본디의 지향에 반하여 수행하게 된 것이라고 할 수 있다. 국가나 민족의 장벽을 허문 것이 자본주의의 변용과 강화에 이용된 측면이 있다면, 적어도 현 상황에 대응할 필요가 있다는 점에서, 포스트모더니즘 스스로 그 지향을 재검토해 보아야 할 단계에 이른 것이 아닌가 여겨진다. 국가·민족의 역할은 아직 종료되지 않았다.

민족 중심의 역사 이해가 한국사를 왜곡으로 이끌었다는 지적은 부당하다. 민족 중심의 사관과 역사서술은 우리가 완성하고 이루어내야 할 과제다. 그것은 민족의 성장과 발전 과정을 세계사의 보편적 발전 원리 위에서 체계적으로 이해함으로써 민족의 독자성과 자존심을 지키는 동시에, 각 민족의 특수성과 다양성을 인정하며 공존·공영을 추구하는 사관이기 때문이다. 그동안은 이것이 제대로 서지 않았기 때문에 의사민족주의가 세를 얻고 역사교육이 정치적으로 악용될 수 있었던 것이다.

질곡의 근대사에서 한국사학이 추구해 온 '근대성' 또한 제 역사성을 벗어나 서구적 가치에 매몰되어 왔음이 사실이다. 그 '근대성'을 반성하고, 우리가 추구해야 할 올바른 가치관과 연구 방법론을 모색할 필요가 절실하다. 그러나 그것은 또다시 새로운 '서구'에 의존해서 모색될 일이 아니다. 더구나 포스트모더니즘의 한계가 이미 명백히 드러나고 있는 마당에, 이에 기대어 '국사'를 부정하는 것은 길이 아님이 분명하다.

그럼에도 불구하고 당국은 『국사』 교과를 사회과에 함몰시키고, 결국 '한국사'로 한정하여 선택 과목으로 편제함으로써 배워도 그만 배우지 않아도 그만인 과목으로 만들고 말았다. 이는 자주국가라면 도무지 생각할 수 없는 일이다. 정신을 방기한 행위이기 때문이다. 『국사』는 단순한 하나의 과목이 아니라, 우리 민족이 가진 자기의식의 표상이고 정신·사상이다.

우리의 '국사' 인식에 민족 중심의 정신이 담겨 있다면, 그것은 대략 이런 것이다. 비유해서 말하면, 세계라는 꽃밭은 다양한 꽃으로 이루어져 있다는 사실을 인정하는 태도, 우리가 그 중 어떤 꽃인지 분명히 인식하고 다른 꽃을 선망하여 그것이 되기 위해 안달하지 않는 태도, 아무리 우월한 품종의 꽃이라 할지라도 그 꽃으로 꽃밭 전체를 단일화하자는 데 반대하는 태도, 그리하여 어느 한 꽃이 자기 개체수를 늘리기 위해 다른 꽃을 시들게 하거나 유전자를 조작하려는 시도를 결코 좌시하지 않는 태도로 표현되는 정신이 『국사』를 통해 후손에게 전하려는 정신이다. 우리 자신의 정체성을 인식하고, 마찬가지로 다른 모든 국가나 민족의 정체성도 인정하며, 그 토대 위에서 상호간의 이해와 협력을 바탕으로 평화롭고 아름다운 세계를 구현하자는 것이다. 따라서 폐쇄적이니 배타적이니 하는 비난을 들을 이유가 없다. 만일 그러한 요소가 있다면 그것은 본연의 '국사' 인식에서 벗어난 것이니 바로잡으면 그만이지 『국사』 교육을 포기할 이유가 될 수 없는 것이다.

지금까지 제시된 논리와 여러 형태로 나타난 징후로 보아『국사』를
『한국사』로 전환한 데에는, 1948년 8월 15일에 출범한 '대한민국 정부'
의 통치 범위 안에 드는 사람들만을 '우리 민족'으로 생각하고 이 '정부'의
정통성을 산업화에서 찾는 이른바 '뉴라이트'의 역사인식이 큰 구실을
했다고 판단된다. 그러나 '민족'을 근대국가 성립의 부산물로만 여기는
것은 국사를 잘못 이해한 점에서 이미 오류지만, 더 근본적으로 반反통일
적 속성을 지니기 쉽다는 점에서 위험한 인식이다. 우리 역사는『국사』
로서 가르쳐야지『한국사』로 가르쳐서는 안 된다.

　흔히『국사』의 문제점으로 일국사적一國史的 관점의 협소함을 지적하
며 이로부터 탈피하여 세계사적世界史的 관점에서 관계사關係史로 가르칠
필요성을 주장하는 이들이 있으나, 이는 그런 양자택일의 문제가 아니
다. 관계사는 자국사自國史에 대한 올바른 인식을 전제로 해서만 파악이
가능한 것이기 때문이다. 반反통일적『한국사』 교육을 시행하려는 계획
은 당장 철회되어야 마땅하다. 유감스럽게도, 우리 역사 속에서 올바른
『국사』 교육은 단 한 번도 제대로 시행되어 본 적이 없었다. 지금
우리가 그 본연의 위치를 찾아주어야 한다.

찾아보기